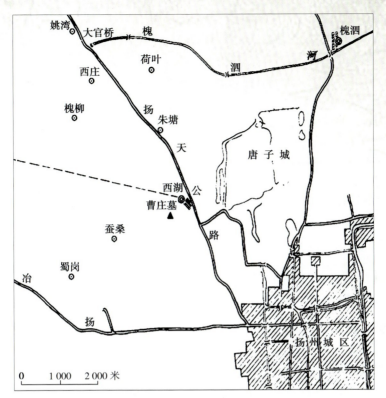

墓葬位置示意图

M1（隋炀帝陵，下同）全景（棚顶俯拍）由北向南

M1 出土蹀躞带(左图为现场,右图为整理后)

M1 出土鎏金铜铺首

M1 出土墓志

M1 出土文吏俑

M2(萧后墓,下同)全景(由北向南俯拍)

M2 出土陶牛(由西向东)

M2 出土铜编钟

M2 出土辟雍砚

M2 出土执盾武士俑

M2 出土玉璋

流光王朝的遗辉

"隋炀帝与扬州"国际学术研讨会论文集

扬州市文物局 编

主编／冬冰

苏州大学出版社
Soochow University Press

图书在版编目(CIP)数据

流星王朝的遗辉:"隋炀帝与扬州"国际学术研讨会论文集/扬州市文物局编. —苏州:苏州大学出版社,2015.8
ISBN 978-7-5672-1396-8

Ⅰ.①流… Ⅱ.①扬… Ⅲ.①隋炀帝(569~618) - 墓葬(考古) - 国际学术会议 - 文集 Ⅳ.①K878.84-53

中国版本图书馆 CIP 数据核字(2015)第 185074 号

书　　名:流星王朝的遗辉:"隋炀帝与扬州"国际学术研讨会论文集
主　　编:冬　冰
编　　者:扬州市文物局
责任编辑:刘　海
装帧设计:吴　钰
出版发行:苏州大学出版社(Soochow University Press)
出 品 人:张建初
社　　址:苏州市十梓街1号　邮编:215006
印　　刷:苏州工业园区美柯乐制版印务有限责任公司印装
E - mail:Liuwang@ suda. edu. cn　　QQ:64826224
邮购热线:0512-67480030
销售热线:0512-65225020
开　　本:700 mm×1 000 mm　印张:18　插页:2　字数:330千
版　　次:2015年8月第1版
印　　次:2015年8月第1次印刷
书　　号:ISBN 978-7-5672-1396-8
定　　价:68.00元

凡购本社图书发现印装错误,请与本社联系调换。服务热线:0512-65225020

编 委 会

主任委员：卢桂平　董玉海
主　　编：冬　冰
副 主 编：徐国兵
编　　委：卢桂平　董玉海　冬　冰　刘马根
　　　　　　顾　风　徐国兵　姜师立　刘德广
　　　　　　吴善中　居再宏　李文才　徐　成
　　　　　　樊余祥　刘尚杰　徐忠文　束家平
　　　　　　高　荣　张兆维　王小迎　张　静
　　　　　　郭　果　朱明松

序

随着2013年扬州曹庄隋炀帝墓的发现，隋炀帝这位中国历史上的重要人物，重新吸引了学者们的注意力。

在传统的史书记载当中，隋炀帝是一个暴君的形象。在唐朝史官的笔下，一个末代帝王的种种丑行、无能、残暴都被贴在了隋炀帝身上。的确，短短三十年的隋祚，结束在炀帝统治时期；一个蒸蒸日上的王朝，断送在炀帝的手中；隋末起事的一位位英雄人物，都想杀炀帝而后快。然而，经过史家的仔细研究，人们得知：辉煌的唐帝国，基本的制度都是隋代创建；贯通南北粮道、接济长安君臣的大运河，是在隋炀帝时候开凿的；连接东西文明的丝绸之路，也是在隋代再度繁盛起来；炀帝大业年间聚集的图书，比唐开元盛世时长安的皇家图书馆的藏书还要丰富。拨开旧史家的有意遮障，隋炀帝正面的历史地位越来越多地被学术界所认同。

对于隋炀帝这样一位褒贬不一的人物，传统的认识主要都源自唐朝的记录。隋炀帝及其萧后墓葬的发现，无疑为相关问题的研究提供了许多珍贵的材料。仅仅从考古学方面来讲，这两座分别属于唐朝贞观初年和末年的墓葬，从其形制到出土的高等级文物以及在都城之外扬州这种地域加以埋藏的是亡国皇帝陵墓，都给考古学研究提供了新的素材，也提出了许多新的问题，这必将深化今后隋唐考古学研究的某些方面。

扬州不仅仅是隋炀帝的埋葬之地，更重要的是，它是即帝位前的杨广曾经生活过十年的地方。作为扬州总管，他在这里广纳英才，充分吸取南方文化，并且随着他的即位，以扬州为中心的南方文化被输入长安、洛阳，隋朝的制度、思想、文化、宗教等许多核心内容，由此而经过了"南朝化"的过程。进入唐朝以后，扬州仍然是中国最重要的城市之一，有所谓"扬一益二"的说法，扬州在商业贸易、对外交往、工艺技巧、思想文化、文学艺术等方面，都有辉煌的成就，引领风骚。隋炀帝墓及其文物的出土，为我们今后进一步研究扬州提供了丰富的材料和新的视角。

本次"隋炀帝与扬州"国际学术研讨会的召开，既是对新发现的隋炀帝墓葬及其文物的迅疾反映，也是今后新阶段隋炀帝、扬州这两个学术主题的重新起步，预示着今后相关领域研究的进步。

扬州市文物局发起组织这次学术研讨会，北京大学中国古代史研究中心荣幸加入合办单位。我因出国在外，由鄙中心朱玉麒教授代表参加，会后拜读诸位大文，受益良多。今蒙顾风先生厚爱，嘱作书序，不敢不应，因略述"隋炀帝与扬州"研究之学术旨趣，聊以为序。

荣新江
2015年6月17日于朗润园

目 录

编钟、编磬与神怪俑
　　——隋炀帝夫妇墓所见北朝至唐初丧葬礼制(俗)点滴
　　……………………………………………………………… 韦　正(001)
隋江都与隋炀帝墓砖……………………………………… 汪　勃(011)
隋代东都城规划设计思想分析…………………………… 石自社(024)
隋代东都洛阳城考古学观察……………………………… 韩建华(040)
扬州曹庄隋唐墓葬的发现与隋炀帝多次改葬之谜……… 顾　风(063)
试述隋唐大运河与南北方陶瓷器的交流………………… 孙新民(074)
江南运河与唐前期江南经济的面貌……………………… 张剑光(082)
恰逢其时
　　——试论"中国大运河"隋代的贯通和唐代的维护 … 王　睿(101)
杨广的十年扬州总管与隋朝的国运……………………… 王虎华(112)
重新审视隋炀帝的"大业"梦……………………………… 徐俊祥(120)
墓志所见隋炀帝与扬州资料试析………………………… 黄正建(129)
隋长安、洛阳、扬州城营建执掌人辑补
　　——以墓志资料为主………………………………… 牛来颖(134)
燃灯、狂欢与外来风
　　——兼论隋炀帝与元宵节俗及扬州灯市…………… 王永平(143)
交叉区民众心态之研讨
　　——以唐朝长城区域为例…………………………… 李鸿宾(166)
隋炀帝三征高丽及其失败的原因
　　——从单纯军事因素角度的思考…………………… 李文才(185)
隋代后妃制度研究札记两则……………………………… 陈丽萍(196)
隋炀帝评说………………………………………………… 宁　欣(204)
隋陈叔忠墓志考
　　——兼谈隋炀帝对陈朝皇族后裔的政策…………… 李春林(208)

隋炀帝墓志的发现及其意义
　　——兼论墓志铭复原案……………………………氣賀澤保規(214)
杨广总管扬州与南方文化名士抚慰……………………………马春林(228)
世系与婚宦：扬州出土《姚嗣骈墓志铭》所见杨吴·南唐晋陵姚氏家族
　　………………………………………………………………胡耀飞(244)
隋炀帝与扬州……………………………………………………朱福烓(256)
北司前奏：唐初内侍制度的转型及运作………………………徐　成(261)
编后记………………………………………………………………(279)

编钟、编磬与神怪俑

——隋炀帝夫妇墓所见北朝至唐初丧葬礼制（俗）点滴

韦 正

扬州曹庄隋炀帝夫妇墓形制基本完整，还出土了一批随葬品，为探讨北朝至唐初丧葬文化提供了新材料。[1] 其中的编钟、编磬与神怪俑价值尤高（图一），是透视北朝至唐初丧葬礼制（俗）"复古"现象特点的珍贵资料。[2]

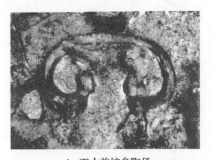
1. 双人首蛇身陶俑

2. 编钟出土现场

图一 曹庄 M2 出土的陶俑

一、编钟、编磬

编钟一套 16 件，编磬一套 20 件，出土于曹庄 M2 即萧后墓中。中国古代文化常常被称为礼乐文化。乐器是实现乐文化的基本手段，钟、磬则是最重要的乐器，钟、磬连称往往就表示乐文化。礼乐文化的核心之一是强调封建等级性，作为乐器之尊的钟、磬的使用有严格的等级性。不过，上述情况主要存在于先秦时期，西汉前期尚有一些编钟和编磬的考古发

---

[1] 南京博物院:《江苏扬州市曹庄隋炀帝墓》,《考古》2014 年第 7 期。
[2] 朴南巡在《赞皇北朝李氏家族墓葬的初步整理和研究》（北京大学硕士研究生学位论文,2013 年）中指出,北朝时期部分大族墓葬中存在"复古"现象。刘庆柱先生也发表了相似的观点，见束家平等:《江苏扬州曹庄隋炀帝墓考古成果专家论证会纪要》,《东南文化》2014 年第 1 期。

现,东汉以后几乎不见了,因此,M2 出土的这套编钟和编磬值得注意。

发掘简报说,M2 出土的编钟、编磬"是目前国内唯一发现的唐代编钟、编磬实物"①,翻检隋墓资料,也未见。再翻检北朝资料,发现河北磁县东魏茹茹公主墓中出土有陶编钟、编磬(图二),分别为 12 件、9 件,磁县湾漳北齐大墓出土陶编钟 33 件、陶编磬 21 件(图三),山西太原北齐贺拔昌墓中有陶钟形器 1 件②。《隋书》卷一五《音乐志下》载:"二曰编钟,小钟也,各应律吕,大小以次,编而悬之,上下皆八,合十六钟,悬于一簨簴。"M2 的埋葬年代为唐贞观二十二年(648 年),其所出编钟 16 件,与《隋书》记载合。M2 之外三墓都已被盗扰,不能确定下葬时编钟、编磬的数量。出土编钟、编磬的墓葬以笔者目前所见仅此四墓,目前尚无法就北朝隋唐钟、磬制度本身进行研究。

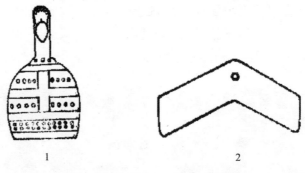

图二　茹茹公主墓出土的陶编钟、编磬

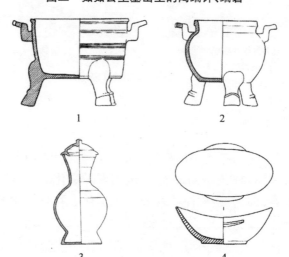

图三　磁县湾漳壁画墓出土的陶礼器

---

① 以上皆引自南京博物院:《江苏扬州市曹庄隋炀帝墓》,《考古》2014 年第 7 期。
② 太原市文物考古研究所:《太原北齐贺拔昌墓》,《文物》2003 年第 3 期。

曹庄M2没有出土文字材料，但被推断为萧后墓是可信的。编钟、编磬之外，M2还出土有玉璋。玉器也是中国古代礼乐文化的主要构成部分之一，玉璋可以说是玉器之尊，象征着崇高的地位。编钟、编磬与玉璋一道，将曹庄M2墓主身份推向非萧后莫属。

磁县湾漳大墓墓主被怀疑是北齐文宣帝高洋墓，迄今无异议。东魏茹茹公主的身份也很高很特殊。茹茹公主为柔然主阿那瑰孙女，于东魏兴和四年（542年）奉静帝诏与东魏政权实际掌握者高欢第九子高湛成婚，高湛即是后来的北齐武成帝。茹茹公主卒于550年，此时柔然势力尚强。茹茹公主卒时年仅13岁，但墓葬规模宏大，近方形的墓室分别长5.23、5.28米，且陪葬于齐献武王即高欢茔内。已经发掘的东魏北齐墓葬有一定数量，封王或王之上的墓葬有娄睿墓、徐显秀墓、库狄回洛墓、磁县湾漳大墓等。库狄回洛墓封土被扰，但墓室未遭盗劫，墓室近方形，长度分别为5.42、5.44米。库狄回洛为顺阳王，但墓室中没有出土编钟、编磬。这个情况或可说明，编钟、编磬用于封王之上人物，茹茹公主墓以编钟、编磬随葬属礼加数等，与东魏天子所诏"送终之礼，宜优常数"①有关。墓葬被盗、墓主身份极其尊贵大概是编钟、编磬发现很少的缘故。

太原北齐贺拔昌墓被盗，只出土1件陶钟形器，但贺拔昌之父为北齐并州刺史安定王，其本人的身份也不低，死前为右卫将军、开府仪同三司，死赠沧、瀛二州诸军事及瀛州刺史。

经由《隋书·音乐志》，东魏茹茹公主墓、磁县湾漳大墓、北齐贺拔昌墓与萧后墓出土编钟、编磬连接在一起，前后历时约百年。萧后墓编钟为青铜铸造而成，也颇费匠心。而且《资治通鉴》卷一百九十八载：贞观二十二年（648年）三月，"庚子，隋萧后卒，诏复其位号，谥曰愍，使三品护葬，备卤簿仪卫，送至江都，与炀帝合葬"。因此，茹茹公主墓、磁县湾漳大墓与萧后墓出土之编钟和编磬大概不是一时心血来潮之物，也不仅仅是简单的身份象征物，它们可能代表了北朝至唐早期真实存在过的某种礼仪制度。而且，编钟、编磬这种西汉中期之后几近消失的礼乐之器重又出现在历史舞台之上，不能不使人怀疑北朝至唐早期存在过某种"复古"现象。恰好考古材料中提供了一些其他证据，证明了上述怀疑不无道理。

上古礼乐制度由礼与乐两部分构成，北朝至唐初当也不例外。乐器既然已有着落，自当勘查礼器之有无。"夫礼之初，始诸饮食"②，故上古礼器

---

① 茹茹公主墓志。
② 《礼记·礼运》。

多为饮食器,以鼎、簋为尊。查阅北朝至唐初相关资料,若干墓葬中果然有陶鼎等特殊陶器。时代较早的墓例如河南偃师杏园北魏 M1101 出土有汉代样式的陶壶①,山东寿光北魏孝昌元年(525 年)贾思伯墓出土有汉代样式的陶壶②,河北赞皇北魏永熙三年(534 年)李弼墓出土有汉代样式的陶壶、陶钫③。较晚的墓例如卒于贞观十七年(643 年)的唐长乐公主之墓出土有陶耳杯、陶鼎④。墓主身份最高的墓葬是磁县湾漳大墓,其中既出编钟、编磬,也出陶鼎、陶耳杯和汉代样式的陶壶。陶鼎分罐式和盆式两类,与以往历代鼎式皆不相类,为北齐时期之新见,应为追求礼仪制度而特造。另外,北齐娄睿墓、北齐徐显秀墓等墓葬中出土有汉代样式的釉陶壶。上述墓葬中往往还出土有(釉)陶托杯、豆形盘等,可能是与陶鼎、陶壶等配合使用的礼器。这些陶礼器的另一特点是多数形体较大,有别于其他日用陶器。它们在墓室中的位置也较特殊,如保存完好的赞皇李弼墓中汉代样式的陶壶、陶钫与墓志相邻,摆放在棺木前端,远离其他日用陶瓷器。因此,虽然一些墓中没有发现编钟、编磬,但陶鼎、壶、耳杯等与编钟、编磬一样都没有实用价值,只有礼仪上的"无用之用",反映了北朝至唐早期存在着一定的"复古"式丧葬礼乐制度。

陶鼎、壶、耳杯自北魏晚期至唐初而不断。茹茹公主墓的营造距北魏灭亡不及十年,此数年间高欢与宇文泰连年大战,无暇创改礼制,所以,编钟、编磬制度很可能在北魏已经存在,茹茹公主墓不过是承袭而已。进言之,很可能早在北魏洛阳时代,北魏朝廷已经按照当时的理解部分恢复了上古时期的礼乐制度,曹庄 M2 萧后墓的编钟、编磬是"复古"活动的延续和具体表现。由于战争动乱、地域状况、身份差异等因素的影响,这种"复古"性质的礼乐制度可能只在社会最高等级得到施行,又由于墓葬被盗扰等因素的干扰,这种"复古"现象现在还不能充分看清来龙去脉,有待更多考古材料的补充。

二、神怪俑

曹庄 M1 即隋炀帝墓出土的双人首鸟身陶俑和 M2 即萧后墓出土的双人首蛇身陶俑很引人注目,简报认为"此类俑多见于南方江西、湖南,江苏的

---

① 中国社会科学院考古研究所河南二队:《河南偃师县杏园村的四座北魏墓》,《考古》1991 年第 9 期。
② 寿光县博物馆:《山东寿光北魏贾思伯墓》,《文物》1992 年第 8 期。
③ 河北省南水北调考古资料,现藏河北省文物保护中心。
④ 昭陵博物馆:《唐昭陵长乐公主墓》,《文博》1988 年第 3 期。

唐、五代墓葬,北京、辽宁的同时期墓中也有发现,而西北的长安、洛阳未见",需予补正的是这类神怪俑北朝时期已经出现于关东地区(图四)。

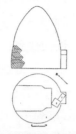 

1. 一号墓平、剖面图　　　　　2. 12号墓出土的连体俑

3. 12号墓出土的人首蛇尾俑　　4. 12号墓出土的跪拜俑

5. 10号墓出土的十二时动物之蛇　6. 17号墓出土的十二时动物之鼠

图四　临淄北朝崔氏墓形制和出土物

目前所见神怪俑实物最早见于山东临淄北朝崔氏墓群的M12,系北齐武平四年(573年)墓,墓主为崔博。该墓墓室平面呈圆形,其中除双人首人身连体俑外,尚出有人首人身蛇尾俑、跪拜俑。神怪俑的图像资料出现很早。年代相当于东晋时期的朝鲜平安南道德兴里壁画墓在前室北壁墓顶绘有双人首连体怪兽。山东长清孝堂山东汉祠堂壁面上有双首连体怪兽。有关双首连体怪兽的文献记载的年代更早,《山海经》卷九《海外东经》:"虹虹在其北,各有两首。"双首连体怪兽往往还伴有其他怪物同时出现。山东嘉祥武氏祠画像石中双龙首怪兽似与跪拜俑存在组合关系,德兴里墓双人首连体怪兽附近有人首鸟身形象。在南方地区的东晋南朝画像砖中也可见到一些人首鸟身、兽首鸟身形象,但不见双首连体怪兽、跪拜俑。隋炀帝夫妇墓中没有可以肯定的南方文化因素,因此其中的双人首鸟身陶俑和双人首蛇身陶俑都应从北方传来,而不是南方本地特色。

与双首连体怪兽性质相近的十二时俑的流传情况有助于说明隋炀帝夫妇墓中的这类陶俑来自于北方。十二时动物在东汉王充的《论衡》中有系统记载。先秦简牍文书中代表十二支的十二种动物与《论衡》中的十二时动物略有差异。据郭沫若的研究,十二支的起源则远在殷商时代,是受到巴比伦文化影响的产物。不过,将代表十二支、十二时的动物做成俑的形象最早还是北朝时期,也还是在北朝崔氏墓群中。具体而言,出土于北魏晚期的 M10 和 M17 中。M10 已被破坏,墓葬平面呈圆形,计出土有带龛台的虎、蛇、马、猴、狗各一,还有一龛中的动物已失。M17 也遭破坏,墓葬平面也呈圆形,计出土不带龛台的虎、牛、羊、鼠、蛇各一。已经发掘的北魏墓葬数以百计,但只有崔氏墓 M10 和 M17 出土了十二时俑。隋炀帝夫妇墓中虽然没有出土十二时俑,但长江中游的武昌马房山隋墓、武汉东湖岳家嘴墓和湖南湘阴大业六年(610 年)墓都出土了十二时俑。已经发掘的南朝墓葬数量不下数百座,从未见十二时俑,而且武昌马房山三墓中的瓷器和陶俑多具有北方特征,所以,十二时俑也应是由北方传入。神怪俑和十二时俑是在北方文化凭借政治上的胜利进入南方时传入的,只不过不同地区传入或选择的俑类有别。

　　北朝崔氏墓群的另一特别之处是墓室呈圆形,这与十二时俑、神怪俑一样,也经历了向外地扩散的过程。据王佳月和齐东方等学者的研究,圆形墓的分布范围从北魏至北齐不断扩大,北魏时期扩至今山东德州、河北吴桥,北齐时期扩至今河北平山、北京,隋代在关中左近的潼关也出现了圆形墓,唐朝则扩及辽宁朝阳等地,并且与十二时俑或神怪俑,或与二者同时出现,还构成了以此为鲜明特征的环渤海文化圈。① 在此宏观视野之下,隋炀帝夫妇墓中的神怪俑不能不归之于由北方传来。

　　隋炀帝夫妇墓中的神怪俑来自于北方也符合北朝晚期疆域变迁与隋、唐初的政治形势。梁末侯景之乱时,东魏乘机向江淮之间推进。侯景败亡后,东魏占领江淮之间的许多地区,"(辛)术招携安抚,城镇相继款附,前后二十余州。于是(由东徐州——今下邳)移镇广陵"②。北齐竟能派遣军队入建康(今江苏南京)助王僧辨与陈霸先争斗,足见北齐在江北势力之炽盛。南方当然没有轻易将江淮地区拱手相让,北齐天保四年(553 年),有梁将东

---

① 王佳月:《北朝崔氏墓研究》,北京大学硕士研究生学位论文,2013 年。齐东方:《隋唐朝环岛文化的形成和展开——以朝阳隋唐墓研究为中心》,载《盛唐时代与东北亚政局》,上海辞书出版社,2003 年。
② 《北齐书》卷三十八《辛术传》。

方白额在东楚州(治今江苏宿迁附近)进行扰乱。天保五年(554年),"梁江严超达等军逼泾州(今安徽天长西北),又陈武帝率众攻广陵"①。这些军事行动都被北齐挫败。北齐疆域南界推到长江北岸,北方文化因此得以直接传播到扬州地区。扬州从东晋以来是南兖州治所在,南朝时期也一直给予重视,刘宋时还常派宗王出镇。被北齐占领后,扬州作为威慑南方的桥头堡,地位不降反升。山东地区与今苏北毗连,包括青州在内的山东地区自东晋晚期至刘宋晚期被南方控制半个多世纪,山东地区经由今苏北地区与建康的联系非常紧密。北齐控制长江以北地区后,原来的交通线路转而主要成为北方文化南下的通衢。

南朝陈灭亡后,六朝古都建康被夷为平地,建康的地位被扬州所代替。隋炀帝对扬州情有独钟,开通大运河,频繁巡幸至此,进一步提升了这里的地位。各种人员、物资将新的文化因素带到扬州。扬州与洛阳以及长安的关系愈益密切,但并没有削弱扬州经由邗沟、泗水与今苏北和山东地区的联系,这在隋末起义过程中表现得较为明显。如大业十一年(615年):"东海贼李子通拥众渡淮,自号楚王,建元明政,寇江都。"十三年(617年):"齐郡贼杜伏威率众渡淮,攻陷历阳郡。"②时代稍晚但更形象的文字资料是白居易的《长相思》:"汴水流、泗水流,流到瓜洲古渡头。吴山点点愁。"北朝崔氏墓群所在的青州向南越大岘山到达沂、沭河流域,顺此而下即可抵泗水,再经古邗沟而直奔广陵。神怪陶俑有可能循此通路而出现于隋炀帝夫妇墓葬之中。

三、大族的作用

从茹茹公主墓、磁县湾漳大墓、隋炀帝夫妇墓来看,北朝至唐初在国家层面上对高级人物的丧葬礼制有一定的规定,特制的陶器、青铜编钟、编磬也非普通人物所能制造和拥有。上文推测这种礼制可能创建于北魏洛阳时代,不仅在于东魏时期的形势无暇顾及礼制革新,还在于北魏平城时代的墓葬大量发现,其中没有发现编钟、编磬等这些源自华夏传统的礼乐之器,它们很可能是在北魏孝文帝汉化和迁都洛阳之后的产物。但这并不是说这些礼乐之器(特别是陶器)及其所代表的礼乐制度一定来自于北魏朝廷的规定,现有材料表明:它们最初出现于一些汉人大族门第,是他们获得族姓地位后在文化上高自标榜的思想和行为的产物,它们中的一些内容被

---

① 《北齐书》卷十六《段韶传》。
② 《隋书》卷四《炀帝纪下》。

朝廷所吸收而变为国家礼制。上文列举的几座出土陶礼器的墓葬中，只有山东寿光贾思伯的身份较高，"其先乃武威之冠族"①，本人曾任安东将军、青州大中正，并任侍读，讲杜氏春秋于显阳殿前；赞皇李弼属于山东崔、卢、李、郑四大名族中的李氏，其本人的身份不过是太尉府行参军；河南偃师杏园 M1101 墓主不详，从边长近 4 米的近方形墓室看，身份也不高。李弼墓系从洛阳迁葬回赞皇，其中并无洛阳地区常见的陶俑，其本人身份不高，而且其时洛阳北魏政权已经崩溃，华北地区陷入极度的混乱之中，因此，其墓中随葬的陶礼器当不缘于其个人官职之高低，而应与其家族地位及文化有关。偃师杏园 M1101 和贾思伯墓葬的情况恐也如此。

相距悬远的偃师、赞皇、寿光三地北魏晚期都出现陶礼器，其中看不到朝廷制度上的约束，说明丧葬礼制（俗）上的这种"复古"应是大族的自发行为。这种行为借助于大族所拥有的势力，有可能对朝廷的丧葬礼制产生影响，湾漳北朝大墓出土的陶鼎、壶、耳杯可视为产生影响的例证。编钟、编磬这种规格更高的礼器出现于高级墓葬中不好说是否与大族直接有关，但受大族丧葬礼制（俗）的影响或者系朝廷接受大族的建议而施行也未可知。换言之，以编钟、编磬和陶鼎、壶、耳杯为代表的丧葬礼乐器及其礼乐制度，最初是由获得族姓地位的汉族大族门户所创建或恢复的；其产生的动力在于：诉之于"礼"是中国传统社会的基本思维方式和有效手段，处理死亡的丧葬之礼与维护现实社会秩序的各种礼制具有同等的重要性。大族所创建的丧葬礼制部分成为国家礼制，部分则继续行于大族之间，获得礼俗上的意义。

与编钟、编磬和陶鼎、壶、耳杯等传统礼乐器相比，神怪俑不仅显得怪诞，而且更显示出大族在丧葬礼制方面的创造性，这方面居北朝隋唐四大家族之首的崔氏功莫大焉。据目前所见材料，神怪俑与圆形墓室、十二时俑最初都出现在崔氏墓群之中，所以，很可能始作俑者就是崔氏。② 如众所知，丧葬文化的保守性很强，改革既不易，改革之理由也需特别充分，方可能获得从家族成员到社会民众的认可和支持。丧葬活动在古代从来都不只是家庭或家族之内的事情，墓葬也绝不只是封闭的地下空间，从随葬品的制造购买、墓室的修造到丧葬活动的进行，都在世人的高度关照之下。何况像崔氏这样的第一流高门，从皇帝和朝廷同僚，到姻亲故旧弟子门生，再到其他大

---

① 贾思伯墓志。
② 现有崔氏墓群材料中，圆形墓室和十二时俑出现时间在北魏后期，神怪俑出现于北齐晚期，王佳月主张应将十二时俑和神怪俑两个系统区别对待，按照本文的理解，也可以视为崔氏家族丧葬礼制（俗）创建活动的不断进取。

族,都会对崔氏丧葬活动的一举一动密切注视,因此,神怪俑与圆形墓室、十二时俑刚刚被推出时所具有的"革命性"和轰动性是可以想见的。神怪俑与圆形墓室、十二时俑后来产生了巨大的影响,为北朝隋唐乃至更晚时期的墓葬所采用,成为一种礼俗乃至礼制,恐怕创制者也是始料未及的。

值得注意的是,圆形墓室、十二时俑的出现时间与贾思伯墓、李弼墓和偃师杏园 M1101 的时代很接近。而且,崔氏墓群与寿光贾思伯墓距离很近,但崔氏墓群与贾思伯墓差异甚大。这一情况说明当时似乎存在着不约而同地探求和创建丧葬礼制(俗)的社会潮流,但这并不意味着不同的取向。编钟、编磬和陶鼎、壶、耳杯等传统礼乐器合乎通常的"复古"思维,其实,如上文所述,十二时俑和神怪俑的文字或图像材料早已存在,如果将圆形墓室理解为对天空的模仿,那么,看似怪异且突兀而起的崔氏墓群也还是以"复古"为旨归的①,只有这样才能理解为何圆形墓室、神怪俑和十二时俑为同样注重礼法的其他大族逐渐接受。② 这是大族在丧葬礼制(俗)创建过程中的主导地位得以实现的基础。

不过,隋炀帝夫妇毕竟曾经是帝、后而不是大族,萧后卒后,唐太宗诏复其位号,也就是皇后之号,因此至少萧后之墓是比照皇后一级而建的,那么,神怪俑与编钟、编磬一样也是得到朝廷丧礼监临官员的允许而被放入墓葬中的,这说明这一源自于大族的丧葬礼制(俗)得到了官方的认可。编钟、编磬——传统的国家层面的礼乐之器,与神怪俑——大族首创的民间层面的丧葬之物携手同现于前朝帝、后墓葬中,这是相当出乎意料的。疆域变迁、交通路线、文化传播等种种条件虽然为北方文化南传至今扬州一带创造了

---

① 对于圆形墓室、十二时俑和神怪俑的出现,学术界的解释有多种,或认为圆形墓室模仿了草原少数民族毡帐(黄河舟,《文博》1985 年第 3 期),或认为模仿佛教石窟以示好北魏皇室(倪润安,《北京大学学报》2010 年第 3 期),或将圆形墓室与神怪俑、十二时俑合并考虑,认为受到天师道影响(沈睿文,《唐研究》第十八卷);前一种解释属于推测,后两种解释引进了佛教或道教因素,牵涉到中国古代墓葬与宗教的关系问题。从新石器时代直至近现代,不排除宗教因素偶尔或局部出现在墓室之中,但主导世俗人物丧葬文化的还是"大象其生以送其死也"(《荀子·礼论》)的思想以及勘舆术,大量的墓葬表明,北朝隋唐时期也不例外。只有这样理解,才不至于使崔氏墓群及以后的类似墓葬成为不着边际的空中楼阁。

② 圆形墓室、神怪俑和十二时俑虽然都各有源头,但是将它们组合到一起并非是"复古"二字所能完全概括,尤其是根据后来的文献记载,神怪俑和十二时俑属于葬法中的神煞明器,古代葬法继承性很强,崔氏墓神怪俑、十二时俑以及圆形墓室也有可能与葬法有关,是古代图墓之术的细化和深入,它从只讲究墓穴位置的选择,发展成为经营墓室内部的空间位置,与佛教、道教的关系都不大。之所以如此,根本上还是为了谋福利,为子孙万代计,这是与北朝晚期开始大族整体上已经衰落相联系的,大族在现实世界中已经无力挽救颓势、扭转乾坤,无法为自己的后代提供现实保证,生死相应的传统思想促使大族转而乞灵于地下神怪和法术。进入北宋以后包括葬法在内的风水术更加盛行,是庶民社会中个体或家族愈发不能主宰命运而又别无他术的结果。

条件，但并不能保证神怪俑一定出现在这里，一定出现于隋炀帝夫妇墓葬中。因此，这种情况的出现，固然可视为大族所创建的丧葬文化的成功，但也迫使我们重新审视和评估北朝晚期至唐初江淮地区的社会变迁状况，对国家与民间丧葬礼制（俗）的相互关系给予更多的关注。

（作者单位：北京大学考古文博学院）

隋江都与隋炀帝墓砖

汪 勃

隋炀帝时期的扬州城有江都宫城和东城。江都之名称始于西汉景帝时期。《汉书》中有"广陵国,高帝六年(前201年)属荆州,十一年(前196年)更属吴,景帝四年(前153年)更名江都,武帝元狩三年(前120年)更名广陵。莽(8—22年)曰江平。属徐州。户三万六千七百七十三,口十四万七百二十二。有铁官。县四:广陵,江都易王非、广陵厉王胥皆都此,并得鄣郡,而不得吴。莽曰安定。江都,有江水祠。渠水首受江,北至射阳入湖。高邮,平安。莽曰杜乡"①。《水经注》中就"又东过淮阴县北,中渎水出白马湖,东北注之"。注解道:"县有中渎水,首受江于广陵郡之江都县,县城临江。应劭《地理风俗记》曰:县为一都之会,故曰江都也。"②可见,江都初为广陵国属县,因其"临江"且"为一都之会"而被称作"江都"。

西晋"永嘉之乱"(永嘉五年,311年)后,北人大批南迁。东晋明帝太宁三年(325年)侨置兖州于广陵,成帝时改称南兖州,治所在京口(今江苏镇江)。刘宋武帝永初元年(420年),撤南青州并入南兖州;文帝元嘉八年(431年)南兖州割江淮为境,治广陵,领广陵、海陵、山阳、盱眙、秦(六合县北)、南沛(天长石梁镇)、新平(海安)、北淮阳(宿迁东南)、北济阴、北下邳、东莞等11郡。萧齐高帝建元四年(482年),南兖州领广陵、海陵、山阳、盱眙、南沛等五郡。北齐文宣帝天保三年(552年),南兖州归属北齐,改名为东广州,下置广陵、江阳2郡。陈宣帝太建六年(574年)东广州入南朝复称南兖州,太建十一年(579年)南兖州又入北朝改名吴州并置总管刺史,仍治广陵。

隋文帝开皇九年(589年)改吴州为扬州,设置总管府,广陵地区始称扬州;开皇十八年(598年),广陵县改称邗江。隋炀帝大业元年(605年)废诸

---

① [汉]班固著、[唐]颜师古注:《汉书》第1638页,地理志第八下广陵国,中华书局,1962年。
② [北魏]郦道元:《水经注》第235页,卷三十·淮水,时代文艺出版社,2001年。至于文中的"永和"年号,有东汉永和(136—141年)、东晋永和(345—356年)、后秦永和(416—417年)、北凉永和(433—439年),郦道元生卒年约为470—527年,一般认为文中指的是东晋永和。

州总管府,大业三年(607年)"改州为郡",扬州遂为江都郡,下辖江阳、江都等16县,治所在江阳县。① 隋炀帝《泛龙舟》诗中有:"舳舻千里泛归舟,言旋旧镇下扬州。借问扬州在何处,淮南江北海西头"②,明确说明了"扬州"的地理位置在淮南、江北、海西;诗中用"扬州"而非"江都",反映出在隋炀帝的内心深处,扬州就是总管府时期炀帝率军南征灭陈的"扬州"。

一、隋江都

隋炀帝征伐高丽、开凿运河、急于求大成,超越时代的思维和做法导致众叛亲离。江都作为运河交通枢纽城市,是将东南财物调度至北方的重要中转站,具有极为重要的战略地位。据文献记载,隋江都有东城、江都宫城和成象殿、隋十宫、临江宫、迷楼等宫苑。隋扬州城虽是当时的一座地方城市,但其规模远非一般地方城市所能比拟,宿白先生因此将隋扬州城归类为都城级的城市。③ 隋炀帝时的江都,既有江都宫城,又有东城,再加上隋炀帝墓,虽然是"行都"亦可谓初具都城规制。扬州城历史最辉煌的时期是在隋唐,隋江都奠定了唐至五代扬州城鼎盛的基础。尽管史籍中的隋炀帝急功近利且甚为暴戾,但对于扬州而言,没有隋炀帝也就没有扬州此后的繁盛。

从文献记载来看,隋江都至少有江都宫城和东城,江都宫城的西北角或就是现在蜀岗城址的西北角,宫城分布于蜀岗城址西半至东城以西,宫城之东即东城。唐临淄县主《与独孤穆冥会诗》记弑炀帝之事云:"江都昔丧乱,阙下多构兵。豺虎恣吞噬,干戈日纵横。逆徒自外至,半夜开重城。膏血浸宫殿,刀枪倚檐楹。"似可说明隋江都已有"重城"之称谓。

《隋书》中关于江都宫的具体记载较少,除了炀帝数下江都之外,还有"俄而敕(张)衡督役江都宫""(徐)仲宗迁南郡丞,(赵)元楷超拜江都郡丞,兼领江都宫使"等记载。④ 根据文献记载,隋江都宫城之城门各有名称,南门为江都门(行台门),北门或为玄武门,东门或为芳林门⑤,西门名称失载。

---

① [唐]魏徵撰:《隋书》第873页,志第二十六,地理下·扬州·江都郡,中华书局,1973年。
② 扬州市政协文史和学习委员会编:《隋炀帝与扬州》第89页,苏出准印(2011)字JSE-1001400,2001年。
③ 宿白:《隋唐城址类型初探(提纲)》,《纪念北京大学考古专业三十周年论文集》第279—285页,文物出版社,1990年。
④ [唐]魏徵撰:《隋书》第1391、1251页,列传第二十一张衡、列传第十一赵芬,中华书局,1973年。
⑤ 顾风:《隋江都罗城规模的蠡测》,《东南文化》1988年第6期,认为芳林门为宫城东门;王冰《扬州古城变迁简史》(《扬州博物馆建馆五十周年纪念文集(1951—2001年)》第83—93页,《东南文化》2001年增刊1第85页、92—93页注释[8]),认为芳林门为外城北门。

玄武象征北方，故北门称玄武门无疑。"芳林"之名与"华林"有关，最早称作"芳林"，后因避讳齐王曹芳之"芳"字而改称"华林"，北周时期可能复称"芳林"，唐宋时期又恢复了"芳林"园的称谓。

曹魏和北魏洛阳城芳（华）林园位于城北，东魏邺南城华林园也位于城北，而南朝建康城的华（芳）林园则位于城东偏北的位置。① 隋继北周而兴，隋大兴唐长安城的芳林门位于玄武门之西的北城墙上。隋江都即与洛阳密切相关，或又与建康城有所关联。勘探出的古代水系刚好通过北、东城墙。故而，隋江都宫城的"芳林门"是位于北城墙上，还是位于东城墙上，尚需更加确切的证据。

根据对扬州城的分析和蜀岗古代城址的勘探结果（图一），王学荣绘制

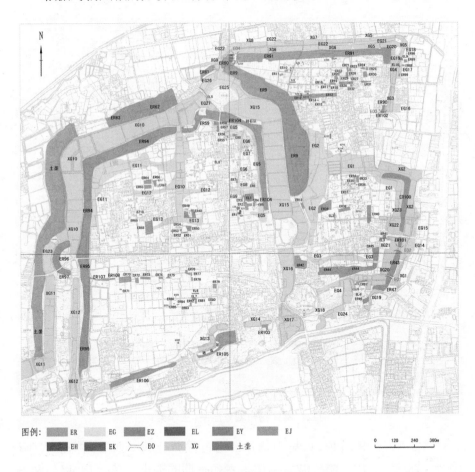

图一　城址勘探结果总图

---

①　汪勃：《汉代有无华林园及天泉池考——史籍中所见芳（华）林园及天渊（泉）池》，《汉代西域考古与汉文化》第245—256页，科学出版社，2014年。

了隋江都宫平面布局意象图(图二)①,对比隋唐洛阳城、隋大兴城太极宫的形制布局,结合文献中有隋江都宫和东城的记载,蠡测扬州蜀岗隋代城址内的区域划分具有两个特点:① 整体形制布局与隋洛阳宫城和皇城近似,蜀岗隋城即为"江都宫"和皇城,中间为宫城,宫城东侧有东城,宫城西侧或有隔城,宫城和东城北侧有相当于圆壁城和含嘉仓城的部分,宫城和东城以南为皇城;② 宫城的形制布局与隋大兴城近似,中有成象殿,东为东宫,西或有相当于掖庭宫的区划。隋两京的设计者为宇文恺,隋炀帝下扬州沿线的建筑也是宇文恺布置的,江都宫城的设计若确实与其人相关的话,将两京的因素糅合起来用于江都的规划也并非全无可能。

图二　隋代扬州城复原图(王学荣)

隋江都宫城的迹象,可见于扬州蜀岗古代城址城圈西北角探沟 YZG1 隋唐时期城墙之内。隋代城墙利用了六朝时期的夯土墙体,只在墙体两侧包砌有城砖,城角东西宽 27 米,内拐角呈 90 度直角形,残存的城壁砖高

---

① 中国社会科学院考古研究所、清华大学建筑学院:《扬州城国家考古遗址公园唐子城·宋堡城城垣及护城河保护展示设计方案》(内部资料)第 17 页,2012 年。

3.15、厚 0.8 米,壁面城砖用特制的斜面砖砌出清水磨砖对缝状墙面(图三、图四);这种斜面城砖和砌法与洛阳隋唐宫城城墙作法相同,而与唐宋时期砌法有异。① 另外,扬州蜀岗城址北城墙上探沟 YZG5 内有隋唐时期的夯土墙体,用灰褐色与黄褐色土夯筑而成,由此蠡测隋江都宫城北墙西半在北城墙西段,北墙东半或在北城墙西段向东的延长线上,而在北城墙东段西部以南勘探到的长 234.0 米、宽 20.0～27.0 米的 ER12 或许与宫城东区的北墙相关。

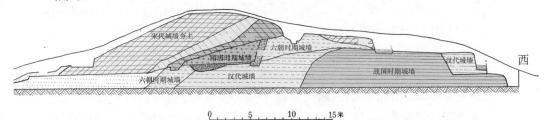

图三 2 YZG1 南壁

图四 2 YZG1 城圈西北内拐角照片

隋江都"东城"在《隋书》"宇文化及传"中有记载②,江都的"东城"之名应当是源自隋洛阳的东城,"东城"的城门名称失载。东城若存在,其东墙或与由 ER44 东端和 ER45、夯 90 组成的城址东半城圈内侧勘探出的夯土条带

---

① 中国社会科学院考古研究所、南京博物院、扬州市文物考古研究所编著:《扬州城1987—1998 年考古发掘报告》第 23—26 页,文物出版社,2010 年。

② [唐]魏徵撰:《隋书》第 1888、1889 页,列传第五十"宇文化及",中华书局,1973 年。

有关。勘探出的ER44基本为东西向,长354.9米、宽25.7~69.3米,可分为上下两层夯土,上层0.7~1.2米,为黄褐色与浅褐色土夯筑,含炭屑、烧土粒等;下层由黄褐色生土夯筑,土质黏硬,西厚东薄。ER44东端的发掘结果虽然表明其上层夯土不早于晚唐、直接叠压在生土之上的下层夯土不早于隋,但是若要明确ER44是否为城墙并解明其与东城的关系,尚需继续选点发掘证明。东城的北墙,或与在北城墙东段以南ER12之北勘探到由ER19、ER28、ER31构成的夯土带相关,该夯土条带均由含灰色沉积膏泥的黄色生土夯筑,土质黏硬。推测江都宫城北墙(ER12)与东城北墙之间有南北向的ER18,夯18或即为东城北墙西端与宫城北墙东端的连结墙。

相当于隋唐洛阳城含嘉仓城位置的蜀岗城址的东北部分,若隋江都宫城、东城确实存在于上述之地,那么该部分的存在就是客观事实,或其本身并无专有称谓。在北城该区域内调查勘探时发现有大量的灰坑,尚不能确定这些灰坑的性质,其与建筑物是否相关亦尚不知,或与含嘉仓城同样具有仓储性质。①

如果隋扬州江都宫城和东城存在,就意味着需要有百姓生活的区域,那么"隋罗城"存在与否呢?迄今为止,在蜀岗下城址四面城墙和城门的发掘中,如YLG1~YLG7和杨庄西门②、铁佛寺东侧唐子城和唐罗城连结点③等处的发掘中均未找到早于唐代的隋代遗存。城内遗址中也多为唐及其后的堆积,如1975年发掘的手工业作坊遗址的文化层,唐代文化层在现地表下4~4.5米,个别灰坑深至距地表7米,其下即为黄沙土④;扬州城南门遗址的唐代地面也距现地表2米左右,城墙之下亦为黄沙土⑤。因此,基本可以认为蜀岗下城墙始筑于唐。唐罗城内的遗迹和地层堆积说明,唐代文化层之下多为长江冲积层的黄色沙土,即蜀岗下的文化遗迹多始于唐。换言之,可以认为隋代蜀岗以南有居民区或活动区,但应该没有修筑城墙,即隋代在蜀岗以南并无"城"。隋代大兴土木修建宫苑,扬州城市也有所发展,随着居住区向蜀岗之外的扩展,在"扬州商场"工地发现墓葬随葬青瓷盘(豆)和饼

---

① 汪勃:《扬州城遗址蜀岗上城垣城壕之蠡测——基于2011年扬州唐子城宋堡城考古调查勘探的结果》,扬州博物馆编《江淮文化论丛》第二辑第43—62页,文物出版社,2013年。
② 中国社会科学院考古研究所、南京博物院、扬州市文物考古研究所编著:《扬州城1987~1998年考古发掘报告》第66—77、55页,文物出版社,2010年。
③ 汪勃、刘涛等:《扬州唐城考古取得新收获》,《中国文物报》2007年3月21日第2版。
④ 南京博物院、扬州博物馆、扬州师范学院发掘工作组:《扬州唐城遗址1975年考古工作简报》,《文物》1977年第9期。
⑤ 中国社会科学院考古研究所、南京博物院、扬州市文物考古研究所扬州唐城考古工作队:《江苏扬州城南门遗址发掘报告》,《考古学集刊》第19集第369—419页,科学出版社,2013年。

足青瓷碗等江西丰城窑隋代产品的墓葬①也是正常的。当然,也不能排除百姓居住的隋罗城尚未被发现的可能性。不过,与唐罗城相关的遗迹都表明,唐代文化层之下即为长江冲积层的黄色沙土,由于长江北岸线南移、人口增多、经济发展的因素,唐代扬州在蜀岗下才有了较大的发展,即蜀岗下的文化遗迹始于唐,"隋罗城"存在与否尚需商榷。②

从发生兵乱到隋炀帝被弑、埋葬、改葬的相关历史文献涉及东城、江都宫城及江都宫城中的温室、凤楼、成象殿、迷楼等建筑以及雷塘、吴公台等较多与隋扬州城遗址相关的地名、遗迹名等,均与扬州城的关系极为密切。

二、隋炀帝墓砖

扬州曹庄隋唐墓葬是隋炀帝墓和萧后墓的同茔异穴合墓葬,发掘编号分别为 M1、M2。

M1 由墓道、甬道、东耳室、西耳室、主墓室等 5 部分组成,主墓室四壁用砖砌成,东西两壁和北壁的砖墙厚度约为砖长度的 1.5 倍,耳室以北的砌砖与主墓室包砖墙相连结但与主墓室砖墙并非完全构成整体,主墓室底部为席纹铺地砖面。从发掘情况来看,主墓室底部当还有基础铺砖,其上残存墙体砌砖方法可分为 3 种:① 由 3 层平铺砖和其上的 1 层端面朝墓室的侧立砖成 1 组,平铺砖的上层和下层为顺砖,中间夹层多为丁砖、墓室拐角连接处为顺砖,有 6 组;② 上述 6 组砖之上,由 1 层平铺砖和其上的 1 层端面朝墓室的侧立砖成 1 组,平铺砖为顺砖,仅 1 组;③ 上述 1 组砖之上,由 2 层平铺砖和其上的 1 层平面朝墓室的侧立砖成 1 组,平铺砖下层顺砖、上层丁砖。由墓门、甬道起券位置推测,第③组砖之上应开始起券。耳室砌法与主墓室相同,甬道双层发券,墓门用平铺条砖封砌。墓室砖墙无收分,黏合剂很薄似为黄泥浆,砖之间较为紧密。用砖规格为斜面砖长 34.5 厘米、宽 18.4 厘米、厚 7.4 厘米,条砖长 35.0 厘米、宽 17.0 厘米、厚 7.0 厘米。

隋炀帝墓志文中有"贞观元年"(627 年),但 M1 砖室的垒砌方法和用砖的规格、文字、制作方法等均与下文所述隋江都宫西北内拐角城砖、国防路南朝墓砖有近似之处;其砖室垒砌方法与贞观二十二年(648 年)合葬于此的萧后墓砖室近似,均与南朝墓砖室做法更为接近,但用砖规格明显不同。换言之,单从墓室用砖及其垒砌方法来看,尚不能完全否认曹庄隋炀帝墓有在修

---

① 顾风:《隋江都罗城规模的蠡测》,《东南文化》1988 年第 6 期。

② 汪勃:《唐扬州城遗址的考古发掘与研究》,上海博物馆《匠人营国:中国城市的考古学观察》,待刊。

成之后又于635年至648年间再次埋纳物品的可能性。

M2由墓道、甬道、东耳室、西耳室、主墓室等5部分组成,主墓室四壁和东、西耳室用砖砌成,墓室砌砖也是平铺砖和侧立砖结合的砌法。砖规格有:长30.0厘米、宽14.8厘米、厚4.7厘米,长29.5厘米、宽14.0厘米、厚5.0厘米,长29厘米、宽14.5厘米、厚4.2厘米,长30厘米、宽15厘米、厚4.5厘米等几种,在主墓室倒塌淤积土中发现少量的龙纹砖与莲瓣纹砖。M2的时代确定为初唐时期,墓砖垒砌方法与曹庄M1基本相同,其用砖规格与扬州唐代常用的小砖较为接近。① M2用砖上明显残留有陶拍形状的绳纹,这与其后的扬州小砖有所不同。扬州发现的中唐之后的小砖多为素面,因此推测唐代小砖上有绳纹者可能属于初唐时期。

在扬州蜀岗古代城址城圈西北角探沟YZTG1的发掘中,找到了隋江都宫城圈的西北内拐角,出土了隋代包砖城墙。包砖墙基槽内有填砖6层,最底下一层为平铺顺砖,其上平铺丁砖、交替填砌,至基槽口的外侧,用两行侧立顺砖砌出双线道,与基槽口平齐,然后再在基础砖上垒砌城墙;墙面以基槽外侧口(即砌出的双线道)向内缩进35厘米起建城墙砖,城墙包砖墙厚0.8米;用砖有两种,第一种是用在城墙外表的面砖,为素面灰砖,砖土细腻,火候高,质硬,制砖坯时把砖的一侧长边和宽边都去掉一直角棱使砖成有倾角的斜面砖,砖规格为长35厘米、宽17厘米、厚7厘米(图五);第二种为砌在面砖内侧的填砖,多饰绳纹,规格有:长36厘米、宽18厘米、厚8厘米,长35厘米、宽16厘米、厚5.5厘米,长35厘米、宽14.5厘米、厚4.5厘米。在隋代城墙包砖墙和城墙坍塌土中有少量模印或刻划的文字砖,如斜面砖上模印"□□伯齐九分",直书、反文,有的横列刻划"祀礼祷□";有的砖是在宽面上刻写有"十""五十""六十""一百"等字样的记数砖。城面皆用斜面砖,斜面朝外,四顺砖加一丁砖平铺错缝砌,墙面厚35厘米;自下而上每砌高1米,墙面内收16厘米,用黄泥砌墙,每层都用细腻泥浆灌注,城墙壁面非常光平,似磨砖对缝砌法;填砖均用条砖垒砌,平铺错缝顺砌,加少量丁砖,用黄泥垒墙,技法粗糙;面砖和填砖不相互交叉衔接,呈两张皮状,故墙面砖易外鼓残毁脱落。② 在扬州蜀岗城址北城墙东段西端的发掘中,也出土有宽16厘米、厚4~6厘米的斜面砖。

---

① 汪勃:《扬州城遗址唐宋城时期用砖规格之研究——兼及城砖烧制特征和包砖墙修砌技法等》,扬州博物馆编《江淮文化论丛》第二辑第1—26页,文物出版社,2013年。

② 中国社会科学院考古研究所、南京博物院、扬州市文物考古研究所编著:《扬州城1987~1998年考古发掘报告》第23—26页,文物出版社,2010年。

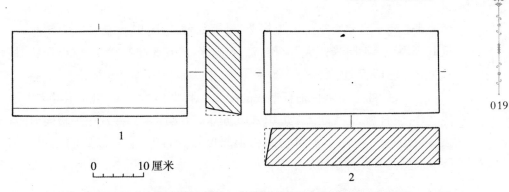

图五 2 YZG1 城圈西北内拐角隋江都宫西北城墙包砖墙及斜面砖

  隋炀帝墓用砖中的斜面砖,与江都宫城西北拐角使用的第一种城砖近似,均为素面斜面。江都宫城西北角包砖墙第一种用砖较为特殊,砖上铭文也与唐宋时期城砖迥异①,记数砖在上述的扬州国防路南朝墓砖上亦可见到,应该是为修建江都宫城而专门烧制的;第二种砖上有绳纹,规格不甚统一,可能使用了前代砖。墓室的修砌技法,特别是面砖和填砖呈两张皮状的现象,应当是隋代的砌法。在扬州城南门遗址中,中唐和晚唐时期修城时所用城砖垒砌方法明显不同,中唐仍是面砖和填砖几乎各自独立,而晚唐已经是面砖和填砖呈相互咬合状了。②

  扬州国防路南朝砖室墓③由甬道、主墓室两部分组成,墓室内的砖面上饰有莲花化生纹或莲花纹、鸟纹等,砖上有的有文字,有用于券顶的特型砖(图六~图十四)。墓砖基本侧置,端头向内,故较多砖的明确长度未能测量。莲花纹砖有 3 种,纹饰在端头:① 莲花化生纹砖,长 32.8 厘米、宽 15.4 厘米、厚7.1厘米;② 半莲花纹砖,长 32.8 厘米、宽 16.3 厘米、厚 6.6 厘米或 7 厘米,两砖拼合成整莲花纹,砖面有绳纹;③ 莲花纹砖,长 32.3 厘米、宽 15.8 厘米、厚 6.3 厘米或宽 11.3 厘米、厚 7 厘米。另有似葵纹的莲花纹砖,纹饰在端头,可分为数种,有的仅是纹饰中心部分,有的纹饰还有叶子;有的单砖整体纹饰,有的两砖拼成较大纹饰,一般宽 16.4 厘米、厚 6.3 厘米。鸟纹砖有 2 种,迦陵频伽(KALAVIUKA)纹砖,宽 16 厘米、厚 7.3 厘米,纹饰在砖端头,两砖拼合而成完整图案;凤鸟纹砖,宽 10.5 厘米、厚 6.3 厘米,纹饰

---

  ① 汪勃:《扬州城遗址出土唐宋城砖铭文内容之研究》,扬州博物馆编《江淮文化论丛》第 156—176 页,文物出版社,2011 年。
  ② 中国社会科学院考古研究所、南京博物院、扬州市文物考古研究所扬州唐城考古工作队:《扬州城南门遗址发掘报告》,《考古学集刊》第 19 集第 369—419 页,科学出版社,2013 年。
  ③ 扬州市文物考古研究所发掘资料,经同意使用了该墓用砖资料,参见汪勃:《扬州出土汉至初唐砖》,扬州博物馆编《江淮文化论丛》第三辑,待刊。

在端头。砖上文字有"十四""大""中"等几种,"十四"字砖,长 32.5 厘米、宽 16 厘米、厚 4 厘米;"大"字砖,宽 16 厘米、厚 6.3 厘米;"中"字楔形砖,长 32 厘米、宽 15.7 厘米、厚 4~8.4 厘米,端头有"中"字,切去了条砖一个平面的部分,砖面上有陶拍拍打形成的绳纹。特型砖除了上述的"中"字楔形砖之外,还有长 32.4 厘米、宽 10~16 厘米、厚 7 厘米的券顶用等腰楔形砖。该墓用砖的长、宽略小于 M1 用砖,但厚度较为接近,唐代以后的扬州城用砖中未见再有此种用砖规格者。

图六 扬州国防路南朝墓湿婆像、莲花纹、迦陵频伽纹砖

图七 扬州国防路南朝墓凤鸟纹砖

图八 扬州国防路南朝墓凤鸟纹砖

图九 扬州国防路南朝墓凤鸟纹砖

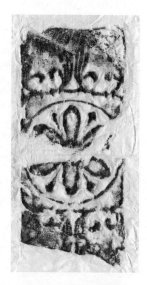

图十 扬州国防路南朝墓凤鸟纹砖

图十一　扬州国防路南朝墓"十四"字砖

图十二　扬州国防路南朝墓"大"字砖

图十三　扬州国防路南朝墓"中"字砖

图十四　扬州国防路南朝墓楔形砖

曹庄隋炀帝墓出土的蹀躞带、铜铺首、冠饰以及成组的编钟、编磬等高等级文物反映出最高的等级规制，同出的建筑构件、漆木器、陶瓷器、铜器等是研究隋末唐初时期遗物的重要资料，这些文物对于区分隋、唐遗物特别是建筑构件具有重要意义。隋炀帝墓的发掘不仅具有重大历史价值，而且也敦促了扬州城遗址的发掘和研究，二者具有互补、互证、互相促进的作用。隋炀帝墓的发现和发掘是深化隋唐扬州城研究的一个契机，隋炀帝墓及其出土文物的研究对于推进隋江都宫城以及唐扬州城遗址的发掘和研究也有着重要意义。

曹庄隋炀帝墓用砖规格与南朝墓砖及中唐之前唐砖及比较表

（长×宽－厚，单位：厘米）

扬州国防路南朝墓砖	莲花化生纹砖	32.8×15.4－7.1
	半莲花纹砖	32.8×16.3－6.6
		32.8×16.3－7.0

续表

扬州国防路南朝墓砖		莲花纹砖	32.3×15.8-6.3
			?×11.3-7.0
		似葵纹莲花纹砖	?×16.4-6.3
		迦陵频伽纹砖	?×16.0-7.3
		凤鸟纹砖	?×10.5-6.3
		"十四"字砖	32.5×16.0-4.0
		"大"字砖	?×16.0-6.3
		"中"字楔形砖	32.0×15.7-(4.0~8.4)
		等腰楔形砖	32.4×(10.0,16.0)-7.0
江都宫城用砖	江都宫城砖	绳纹条砖	36.0×18.0-8.0
			35.0×16.0-5.5
			35.0×14.5-4.5
		斜面砖	35.0×17.0-7.0
	北城墙东段西端	斜面砖	?×16.0-(4.0~6.0)
曹庄隋炀帝墓砖	M1	斜面砖	34.5×18.4-7.4
		条砖	35.0×17.0-7.0
	M1	绳纹砖	30.0×14.8-4.7
			29.5×14.0-5.0
			29×14.5-4.2
			30.0×15.0-4.5
唐子城出土唐代用砖	北城墙东段	单面绳纹砖	?×13.0-3.5
			?×13.5-4.0
			?×14.0-(4.0~4.5)
			?×15.5-4.5
			?×16.0-(5.0,5.5)
	北城墙东段西端	单面绳纹砖	?×13.0-4.0
			?×16.0-5.0
		素面砖	26.0×13.0-3.0
	水井(J1)	近井底	26.0×13.0-2.8
		井腹壁	35.0×17.0-5.0

续表

唐罗城出土中唐用砖	扬州城南门	素面砖	25.5×12.5-3.0
			26.0×13.0-4.0
			27.5×13.5-5.0
			30.0×14.0-4.5
	农学院西门		30.0×15.0-4.0

（作者单位：中国社会科学院考古研究所）

隋代东都城规划设计思想分析

石自社

隋代东都城,始创于隋炀帝大业元年(605年),称东京或东都,历经隋、唐、五代至北宋,相继沿用。都城位于洛阳盆地的西端,四周群山环抱。伊洛平原土壤肥沃,物产丰富;水陆交通便利,地势险要,地理位置优越。都城南对龙门伊阙,北倚邙山,东跨瀍水,西临涧水,洛水从郭城中部穿过。东去汉魏故城18里,西距周王城5里(图一)。

图一 洛阳盆地都城遗址位置分布图

隋代东都城的形制布局因应"前直伊阙,背依邙山,左瀍右涧,洛水横贯其中"的地理环境因素,其规划设计与山川形势和谐统一。效法秦汉时期"象天立宫"的都城设计理念①,隋代东都城的形制布局既体现了皇权的至高无上,又兼顾了安全、实用的原则,达到了"天人合一"的设计理念。同时,隋代东都城的规划设计不仅非常注重城市的管理功能,形成了中国古代城

---

① 《隋书》卷六十八《宇文恺传》载:"自永嘉之乱,明堂废绝,隋有天下,将复古制,议者纷然,皆不能决。"《隋书》第1588页,中华书局,1975年。

市最为完备的里坊制度,而且还注重城市的经济功能,加强了对自然河流的开发与利用,形成了河网密布、贯通南北的漕运中心。隋代东都城的形制布局和建筑特点在中国古代都城建设史上具有重要的地位,对后世都城制度也产生了深远影响(图二)。

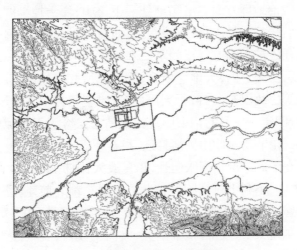

图二　隋代东都城山川形势图

一、隋代东都城的创建因素

第一,在经济方面。隋开皇元年(581年),隋文帝杨坚建立隋朝并定都长安,开皇二年营建都城大兴城,开皇九年(589年)统一全国。经过南北朝时期的动荡纷乱,当时的经济重心已南移至江淮地区。此时都城所处的关中地区难以维持庞大的消费需求,"时天下户口岁增,京辅及三河,地少而人众,衣食不给"①。开皇四年(584年)和开皇十四年(594年)关中大旱,隋文帝杨坚不得不亲率百官和关中百姓就食于洛阳。② 陈寅恪先生认为:"夫帝王之由长安迁居洛阳,除别有政治及娱乐等原因,如隋炀帝、武则天等兹不论外,其中尚有一主因为本章所欲论者,即经济供给之原因也。盖关中之地农产物虽号丰饶,其实不能充分供给帝王宫卫百官俸食之需,而其地水陆交通不甚便利,转运米谷亦颇困难,故自隋唐以降,关中之地若值天灾,农产品不足以供给帝王宫卫及百官俸食之需时,则帝王往往移幸洛阳,俟关中农产

---

① 《隋书》卷二十四,志第十九,《食货志》第682页,中华书局,1976年。
② A.《隋书》卷一《高祖纪上》第22页,中华书局,1976年。
　 B.《隋书》卷二《高祖纪下》第39页,中华书局,1976年。

丰收,然后复还长安。"①并说长安虽"尤能得形势近便之利,然其地之经济运输则远不及洛阳之优胜"②。由于经济重心的南移,而洛阳处天下之中,各地贡赋的调集、商贸的往来处于道里均衡的有利位置,经济方面的考虑是隋炀帝开创东都的关键因素之一。

第二,在政治地理方面。洛阳地处天下之中,便于控御四方,有其独特的优势。大而言之,北起幽燕,南逾江淮,西对关陇,东抵黄河下游平原,洛阳位置居中,便于控御四方。正如隋仁寿四年(604年)的诏书中所说:"然洛邑自古之都,王畿之内,天地之所合,阴阳之所和。控以三河,固以四塞,水陆通,贡赋等。故汉祖曰:吾行天下多矣,唯见洛阳。"③营建东都的政治因素在隋仁寿四年十一月的诏书中说得很清楚:"今者汉王谅悖逆,毒被山东,遂使州县或沦非所。此由关河悬远,兵不赴急,加以并州移户复在河南。周迁殷人,意在于此。况复南服遐远,东夏殷大,因机顺动,今也其时。"④隋大兴城偏处关中,不利于对全国的控制。营建东都之前,隋炀帝广置关防,为新创东都做外围安全防御设施。文献记载:"十一月丙申,发丁男数十万掘堑,自龙门东接长平、汲郡,抵临清关,渡河至浚仪、襄城,达于上洛,以置关防。"⑤说明隋炀帝在为营建东都洛阳做外围防御方面的准备。同时隋炀帝还在舆论方面造势,《大业杂记》记载:"时有术人章仇太翼表奏云:陛下是木命人,雍州是破木之冲,不可久住,闻初皇时有童谣云:修治洛阳还晋家。陛下曾封晋王,此其验也。帝览表怆然,有迁都之意,即日车驾往洛阳"⑥。隋炀帝并在诏书中说:"今所营构,务从节俭,无令雕墙峻宇复起于当今,欲使卑宫菲食贻于后世。有司明为条格,称朕意焉。"⑦

第三,在山川地理形势方面。洛阳盆地四周群山环抱,西连崤山,东傍嵩岳,南亘熊耳,背依邙山,伊、洛二河蜿蜒流淌,汇入黄河,正所谓"河山拱戴,形势甲于天下"。北宋文学家李格非在《洛阳名园记·吕文穆园》篇中论曰:"洛阳处天下之中,挟崤渑之严阻,当秦陇之襟喉,而赵魏之走集,盖四方必争之地也。"⑧洛阳也因此成为帝王建都的首选之地,"崤函有帝皇之宅,河洛为王者之里"。

---

① 陈寅恪:《隋唐制度渊源略论稿》,三联书店,2001年。
② 陈寅恪:《隋唐制度渊源略论稿》,三联书店,2001年。
③ 《隋书》卷三《炀帝纪上》第61页,中华书局,1976年。
④ 《隋书》卷三《炀帝纪上》第61页,中华书局,1976年。
⑤ 《隋书》卷三《炀帝纪上》第61页,中华书局,1976年。
⑥ 《大业杂记辑校》第2页,长安史迹丛刊,三秦出版社,2006年。
⑦ 《隋书》卷三《炀帝纪上》第61页,中华书局,1976年。
⑧ 李格非:《洛阳名园记》,选自《古今逸史精编》第235页,重庆出版社,2000年。

洛阳以其优越的山川地理形势、天下居中的地理位置、河网密布直通江淮达于全国的舟楫之利,加之肥沃的土壤、适宜的气候等条件而在中国都城建设史上具有极为重要的地位。隋炀帝于仁寿四年七月即位,十一月乙未,便行幸洛阳。大业元年(605年)三月,便下诏营建东京。① 在隋代东都城创建的诸因素中,经济因素起了决定性作用,其目的是利用洛阳"居天下之中"的位置以及发达的水陆交通,从而坐拥江淮的富庶;政治地理因素方面则因洛阳居中且四塞险要,还有利于加强对全国的控制。

二、隋代东都城的选址与形制布局成因

东都城自隋至北宋相继沿用,其形制布局隋代创建,唐宋因之。其间近五百余年虽历经多次大规模的修葺和改建,从目前的考古工作来看尚不能准确界定隋代与唐代都城布局间的差异,但其基本格局没有发生重大变化。

(一) 东都城的选址

文献记载,隋炀帝巡洛阳亲自选定了都城位置,"初,炀帝尝登邙山,观伊阙,顾曰:此非龙门邪?自古何不建都于此?仆射苏威对曰:自古非不知,以俟陛下。帝大悦,遂议都焉。其宫室台殿,皆宇文恺所创也。恺巧思绝伦,因此制造颇穷奢丽,前代都邑莫之比焉"②。从记载可以看出,前直伊阙的都城形势首先确定了都城轴线的位置,东都城的具体选址也就确定下来了。

《元和郡县图志》卷五《河南道一》载:"仁寿四年,炀帝诏杨素营建东京,大业二年,新都成,遂徙居,今洛阳宫是也。其宫北据邙山,南直伊阙之口,洛水贯都,有河汉之象,东去故城一十八里。"③可见,正是这种要南对伊阙山口,达到"表山为阙"的都城气势,以及"洛水贯都,有河汉之象"的规划思想,与周围山川地理形势的融合决定了东都城的城址位置。

"大业元年三月丁未,诏尚书令杨素、纳言杨达、将作大匠宇文恺营建东京,徙豫州郭下居人以实之。……又于阜涧营建显仁宫,采海内奇禽异兽草木之类,以实园苑。徙天下富商大贾数万家于东京。"④同时,还开始了大运河的开凿,"辛亥,发河南诸郡男女百余万,开通济渠,自西苑引谷、洛水达于

---

① 《隋书》卷三《炀帝纪上》载:"三月丁未,诏尚书令杨素、纳言杨达、将作大宇文恺营建东京,徙豫州郭下居人以实之。"第63页,中华书局,1976年。
② 《隋书》卷三《炀帝纪上》第61页,中华书局,1976年。
③ [唐]李林甫撰:《元和郡县图志》卷五《河南道一》第131页,中华书局,1983年。
④ 《隋书》卷三《炀帝纪上》第61页,中华书局,1976年。

黄河,自板渚引河通于淮河"①。另据《隋书·宇文恺传》记载:"及迁都,上以恺有巧思,诏领营新都副监。高颎虽总大纲,凡所规画,皆出于恺。……恺揣帝心在宏侈,于是东京制度穷极壮丽。帝大悦之,……"②由此可见,东都城的建设应是工程浩大,建筑奢华。同年三月,"大业二年春正月辛酉,东京成,赐监督者各有差。夏四月庚戌,上自伊阙,陈法驾,备千乘万骑,入于东京"③。后又于"大业五年春正月丙子,改东京为东都"④。

(二) 东都城非对称布局成因

隋代东都城平面略呈方形,南面略宽,北面稍窄。四面皆有城垣,西垣逐洛河之势而曲折。以洛河为界,郭城分为洛南里坊区和洛北里坊区两部分,里坊区内南北向街道和东西向街道纵横交错,将郭城划分为一里见方的里坊。宫城、皇城和东城位于郭城的西北隅,皇城居于宫城之南。宫城以洛城大内为主体,北面三重小城,东西两面各两重小城,并南与皇城对宫城大内形成拱围之势。皇城、宫城东面有东城和含嘉仓城与之相接。郭城正门建国门、宫城正门则天门,南直伊阙,组成了都城的南北轴线。这条都城的轴线没能像大兴城那样,位于都城的东西正中,形成中轴线对称布局,而是偏于都城的西部,同时宫城和皇城也没有位于郭城北部正中,而是偏于西北部。

东都城的南北轴线虽偏于郭城西部,构成了城址的非对称形制布局,但若仅相对于宫城和皇城而言,仍呈中轴线对称布局。隋代东都城的这种形制布局仍体现了中国古代都城制度的主体规划思想,同时又具有鲜明的时代特征和自身特色。

从地理形势上分析,东都城的规划布局、宫城皇城的布置是充分考虑并合理利用了城址范围内各种地形地貌特点而最终形成的。为了达到"表山为阙"的都城气势,南直伊阙的地理形势首先确定了都城轴线,相应的也就确定了宫城的轴线和位置。而这一区域内洛河北岸至邙岭之间较为平整之地的空间相对较为狭窄,南北宽仅两千多米,大面积的里坊区和工商业区只能南跨洛河向南和东跨瀍河向东发展了。

然而,郭城为什么不向西发展如隋大兴城一样,规划成规整的中轴线对称布局呢?主要有以下四方面的因素。

---

① 《隋书》卷三《炀帝纪上》第 61 页,中华书局,1976 年。
② 《隋书》卷六十八,列传第三十三,《宇文恺传》,第 1588 页,中华书局,1976 年。
③ 《隋书》卷三《炀帝纪上》第 61 页,中华书局,1976 年。
④ 《隋书》卷三《炀帝纪上》第 61 页,中华书局,1976 年。

第一，都城西侧便是东周王城和汉河南县城旧址。宫城西墙西侧一百多米处便是东周王城东墙旧址和汉河南县城旧址，隋炀帝在仁寿四年的诏书中曾说："但成周墟堵，弗堪茸宇。"①考古资料证实，隋唐时期东周王城和汉河南县城旧址仍有断壁残垣残存于地表之上，并发现有隋唐时期修补使用的痕迹。《太平寰宇记》卷三《河南县》条记载："历魏、晋及后魏，皆理于今苑城东北隅，后周大象二年移于故洛城西。隋大业二年，又移于今洛阳城内宽政坊。"②这说明汉河南县城址废弃于后周大象二年，隋筑东都城时汉河南县城残址理应尚存。为避开东周王城和汉河南县城旧址便在新址建新都，因而都城未向西而是向东向南扩展。

第二，洛河北岸地理形势的制约。洛河北岸的地势北高南低，邙山岭由洛河北岸起向北地势逐渐抬升。在这一区域内，地势又呈西高东低状，由东向西地势逐渐升高。这一区域的等高线呈西南—东北向弧形，由西北向东南方向等高线由160逐渐递减至130。宫城位于西北隅，由南向北跨洛河北岸的三级台地，以建瓴之势，居高临下，俯瞰全城，控制全城制高点，既符合宫城"居高"礼制要求又利于防御。如果郭城再向西发展而形成郭城中轴线对称布局，那么宫城西侧的全城制高点将成为里坊区，这样既不符合都城规划中的宫城"居高"原则——以凸显宫城建筑的宏大威严，也不利于宫城的安全防御。

第三，由于宫城和皇城地势西北高、东南低，宫城和皇城内的用水系引自西面的谷水入宫城，然后向东南辐射而形成宫城和皇城的水系网。如果郭城向西发展，宫城引水来源势必要经过里坊居民区，这样不利于宫城和皇城的用水安全，亦不符合都城规划的原则。

第四，洛河从郭城西南面呈西南—东北向流入都城，洛河南岸的郭城西垣逐洛河之势而曲折，已知的考古资料证实郭城西垣以西为洛河河道和洛河冲积区域。《河南志》引《河南图经》记载：洛水自苑内上阳宫南，弥漫东注。隋宇文恺板筑之。时因筑斜堤，束令，义不可通。东北流，当水中捺堰，作九折，形如偃月。谓之月陂。③《元和郡县志》卷第五《河南道一》亦有相似的记载："洛水，在县西南三里。西自苑内上阳南弥漫东流，宇文恺筑斜堤束令东北流。当水中，捺堰九折，形如偃月，谓之月陂，今虽渐坏，尚有存

---

① 《隋书》卷三《炀帝纪上》第61页，中华书局，1976年。
② 宋本《太平寰宇记》卷三《河南县》第29页，中华书局，2000年。
③ [清]徐松辑：《河南志》"京城门坊街隅古迹"，中华书局，1994年，第24页。

者。"①由于这一区域地势亦呈西高东低之势,洛河东岸地段无险可守,以致洛河曾弥漫东流。在对郭城西垣进行考古发掘时发现,城垣以西皆为洛河冲积区。如果郭城向西扩展,形成中轴线对称布局,整个郭城西南部里坊区将置于洛河河道和洛河冲积区域内,不但可居之地甚少,而且将给这一区域内的里坊带来很大的水患,因此郭城不可能再向西发展了。另外,伊河从都城南面的伊阙山口向北流出,在郭城东南面折向东流。郭城东南面的运渠即系引伊水而来。郭城以东区域即进入洛水和伊水之间的夹河区域,这一区域水患频繁,亦不适于建城。由此,都城被限定在了规划设计所处的位置。

如上所述,形成东都城这种非对称形制布局的决定性因素是山川地理形势的制约,是规划设计者充分考虑并合理利用这一区域内的各种地形地貌特点而最终形成的,同时也充分兼顾了中国古代都城建设规划设计的基本原则,并与秦汉、魏晋以至南北朝都城的发展模式一脉相承。

三、隋代洛阳城规划设计思想渊源分析

中国古代都城制度的形成和发展,是与中国古代哲学思想的发展过程相辅相生的。中国古代都城制度在发展中有继承,在继承中也有发展。在每一历史时期都融合了不同时期的人文哲学思想和政治制度,并受其影响而呈现出不同的时代特色。但中国古代都城制度中体现"皇权至上"的思想主线始终贯穿于中国古代都城制度的发展和演变过程。隋唐东都城的形制布局既体现了中国古代都城制度的主体规划思想,也具有鲜明的时代特征和自身特色。

隋代创建的大兴城和东都城,无论是都城的规划设计者,还是都城建设的主持者,他们均出身于北朝世家大族,深受北朝都城文化的影响。同时,隋代在礼仪和制度方面仿效"汉魏旧制"②,这种"将复古制"的记载③在两座都城的规划设计方面都有一定的体现。另据《隋书》记载:"初造东都,穷诸巨丽。帝昔居藩翰,亲平江左,兼以梁、陈曲折,以就规摹。曾雉逾芒,浮桥跨洛,金门象阙,咸竦飞观,颓岩塞川,构成云绮,移岭树以为林薮,包芒山以为苑囿。"④隋代东都城的规划设计应该还参照了南朝建康城的设计理念,至少在"洛水贯都,有河汉之象"的规划理念上与秦咸阳城跨渭水而建、

---

① [唐]李吉甫撰:《元和郡县图志》卷第五《河南道一》,中华书局,1983 年,第 131 页。
② 陈寅恪:《隋唐制度渊源略论稿》,商务印书馆,2011 年,第 91—7110 页。
③ 《隋书》卷六十八《宇文恺传》载:"自永嘉之乱,明堂废绝,隋有天下,将复古制,议者纷然,皆不能决。"中华书局,1976 年,第 1588 页。
④ 《隋书》卷二十四《食货志》,中华书局,1976 年,第 672 页。

建康城秦淮河横穿外郭之势如出同源。

（一）秦汉都城"象天立宫"规划思想的影响

中国古代的建筑融入了古代朴素的哲学思想，建筑设计象天、法地、法人、法自然，讲究天人合一，天、地、人和谐相处。特别是在都城建筑的设计中采用"象法天地"的理念，将国家的政治中心都城按照"天"的理念营建，以此来体现以"天子"自居的古代帝王是代表上天来统治天下。中国古代天文学家把天界分为"三垣、四象、二十八宿"，以北极星集合周围各星为一区，居于中心位置，名为"紫微垣"，作为"天帝""天邑"之所在。《汉书·霍谞传》注中就有"天有紫微宫是上帝之所居也。王者立宫，象而为之"①的记载，这种取法天象"象天立宫"的思想对中国古代都城的规划设计产生了很大的影响。

秦都咸阳城的规划设计就融入了"象天立宫"的思想，《三辅黄图》记载：始皇"筑咸阳宫，因北陵营殿，端门四达，以则紫宫，象帝居。渭水贯都，以象天汉，横桥南渡，以法牵牛"②。《史记·秦始皇本纪》载"表南山之颠以为阙。为复道，自阿房渡渭，属之咸阳，以象天极阁道绝汉抵营室也"③。咸阳城的规划，将渭河比作天上的银河，咸阳宫象征天极，并以其为中心，各宫殿环列周围，形成拱卫之势，构造成"为政以德，辟如北极，居其所而众星揣之"的格局。

汉长安城因应地理形势和军事防御的需要，因地制宜，城垣曲折，形制屈曲不规则。其整体形状亦与"象天立宫"设计思想吻合，其布局颇似北斗星之形状，故又被称为"斗城"。张衡《西京赋》曰："正紫宫于未央，表峣阙于闾阖。"正是这种法天象的描述。

《大业杂记》载："宫城东西五里二百步，南北七里。城南东西各两重，北三重。"④隋代东都宫城以大内为核心，北面三重小城，东西各两重小城，南与皇城一起形成对洛城的拱围之势，这种形制布局形象地反映了秦汉都城以北极为天中而众星拱之的"象天立宫"规划思想。

但是，隋代东都城的宫城布局和秦汉都城还有明显的区别。中国古代都城布局从周代的前朝后市，到秦汉时期的多宫制和东汉时期的南北宫制，再发展到曹魏时期的单一宫城制。隋东都宫城的这种以大内为核心、小城

---

① 《后汉书·霍谞传》卷四八，唐代李贤注云："天有紫微宫，是上帝之所居也，王者立宫，象而为之。"中华书局，1983年，第1617页。

② 何清谷撰：《三辅黄图校释》卷一《咸阳故城》，中华书局，2005年，第22页。

③ 《史记》卷六《秦始皇本纪》，中华书局，1976年，第256页。

④ ［唐］杜宝撰：《大业杂记》，选自长安史迹丛刊《大业杂记辑校》，三秦出版社，2006年，第3页。

拱卫的形制布局模式,并不是秦汉时期的多宫制,仍属于单一宫城制范畴。小城是宫城大内的附属部分,分担了宫城的部分功能并满足了宫城安全防卫的需要。

同时,隋东都城的规划设计效法秦咸阳城"引渭水贯都以象天汉"的象天思想,表现出以天为则设都,其宫室建筑也追求与天同构。

隋代都城规划思想出现了一些新气象,在秦汉时期"象天"思想的基础上融入了"法地"思想,达到了"天文"和"人文"和谐统一,形成了"天人合一"的都城规划设计新理念。隋东都城的规划设计正是融入了"象法天地,天人合一"的都城设计思想。《元和郡县图志·关内道》记载:"隋氏营都,宇文恺以朱雀街南北有六条高坡,为乾卦之象,故以九二置宫殿,以当帝王之居,九三立百司,以应君子之数,九五贵位,不欲常人居之,故置玄都观及兴善寺以镇之。"①《周易》和堪舆风水思想也被融入了都城规划设计中,东都城宫城正殿乾阳殿之名就是由《周易》演化而来的。此外,东都城宫城和皇城正南布列有南北四列、东西六排共计二十四个里坊,象征着一年四季二十四节气,都城规划设计中越来越多地融入了人文和自然的设计理念。

此外,东都城"洛水贯都,有河汉之象"是法天象的表现,同时也是都城规划思想从天文向人文转变的体现,城市规划在注重政治功能的同时,也更加重视经济和社会功能,形成了以洛河为轴的功能性轴线。以洛河为轴,坊市布列南北两岸,通过纵横交错的人工和天然河道,形成了东都城的经济轴线,建立了以洛阳为中心连接全国各地的庞大水运系统。

(二) 秦汉时期都城"居中"规划思想的影响

中国古代的"居中"思想对都城的规划设计有很大的影响,在中国古代都城和礼制建筑中体现得特别突出。《吕氏春秋》中说:"择天下之中而立国,择国之中而立宫。"《荀子·大略篇》中说:"王者必居天下之中,礼也。"《周礼·考工记·匠人》篇中说:"匠人营国,方九里,旁三门。国中九经九纬,经涂九轨。左祖右社,面朝后市,市朝一夫。"这些理想化的都城规划思想和设计理念在都城规划建设中虽然没有能够完全实现,但其蕴含的设计理念和规划思想却对中国古代都城的规划和建设产生了很大的影响。

汉长安城虽是多宫制,但以大朝正殿为准形成了西安门至横门的南北轴线格局。这条轴线偏于长安城的西部,但正位于长安城的政治中枢未央宫前殿的正中,从而体现了居中的设计思想。东汉洛阳城为南宫、北宫形制布局,南宫正殿前殿正对大城平城门,从而形成了都城的轴线。曹魏邺城宫

---

① [唐]李吉甫撰:《元和郡县图志》卷一《关内道一》,中华书局,1983年,第1页。

城位于都城北部居中略偏西位置,由宫城正殿文昌殿、端门、止车门和都城南门中阳门组成的宫城轴线略偏于都城西部。曹魏、西晋时期,洛阳城形成了位于大城北部的单一宫城制,由宫城正殿太极殿、宫城正门阊阖门和大城的宣阳门形成的南北轴线偏于大城西侧。北魏时期的洛阳城基本沿袭了曹魏、西晋时期的形制并在大城外修建了外郭城,轴线仍略偏于西侧。六朝建康城宫城位于都城北部略偏西,以宫城正殿、宫城正门和都城正门组成的主轴线也略偏于都城西部。隋唐之前的都城主轴线虽然多数不是严谨的居中设置,但相对于宫城本身而言却都是"居中"设置,从而体现了"王者必居天下之中"的思想,这也与中国古代都城"居中"的规划设计思想相一致。

隋代所创大兴城和东都城,也体现了"居中"的规划设计思想。特别是隋大兴城、唐长安城的宫城位于郭城北部正中,宫城正殿太极殿与宫城承天门、皇城朱雀门,向南经朱雀大街至郭城明德门构成了全城的中轴线,形成了极其规整的中轴线对称布局,将都城规划的"居中"思想演绎到了极致。东都城的宫城和皇城虽偏隅于郭城西北部,但其内部布局结构也充分体现了居中的设计思想。以宫城的洛城为核心北面三重小城,东、西两面各两重小城,南与皇城一起对洛城形成拱围之势。其宫城正殿、宫城正门、皇城正门构成了宫城和皇城的中轴线对称布局,轴线再向南延伸与郭城正门直至龙门伊阙构成了全城的轴线。

《管子·乘马》篇曰:"凡立国都,非于大山之下,必于广川之上。高毋近旱,而水用足;下毋近水,而沟防省。因天材,就地利,故城郭不必中规矩,道路不必中准绳。"都城的"居中"设计思想只是一种理想化的布局模式,秦汉以来的都城布局中多数宫城和轴线不在都城的正中位置,而是偏于一侧,特别是多偏于西侧。由此都城轴线的确立不是由郭城或大城的形制布局决定,而是由宫城正殿和宫城正门的位置确立的。刘庆柱先生认为,"关于宫城轴线,一般位于宫城之内东西居中位置。由于都城轴线受宫城轴线制约,轴线位置前者由后者所决定"[①]。在都城建设上本着"天子至尊"的思想择中立宫,形成了以宫城南北中轴线为都城轴线的中国都城建设模式。东都城的轴线设置也是以宫城和皇城为准的,相对于宫城和皇城呈中轴线对称布局,从而体现了"天子居中"的设计思想。

(三)秦汉都城皇权"居高"规划思想的影响

宫城是中国古代都城内等级最高的区域,一般均选址于地形最高处营建。在高地上营建的建筑从视觉上更显高大雄伟,能更好地体现古代帝王

---

① 刘庆柱:《中国古代宫城考古学研究的几个问题》,《文物》1998年第3期。

"君临天下""高高在上"的气势,所以"居高"设计思想在中国古代都城规划设计中极为普遍地被应用。《三辅黄图》说:始皇"筑咸阳宫,因北陵营殿,端门四达,以则紫宫,象帝居……"①。秦都咸阳城的咸阳宫是建在全城的制高点北陵上。汉长安城西南部地势最高,宫城未央宫就选址在此,站在殿址高处向北可远望渭水。魏晋、北魏洛阳城的宫城也位于城内北部的高亢之地,其正殿太极殿正位于全城制高点上。隋大兴城、唐长安城筑于龙首原南部,都城地势北高南低,宫城太极宫、大明宫都建在都城北部的高地上。

宫城在都城中的"居高"设计思想不但体现了皇权"至高无上",同时占据制高点也是安全和防御的需要。东都城处于洛阳盆地西部,其背依邙岭,南跨洛河,地势北高南低,西高东低。无论是从"居高"的设计思想,还是从安全防御的角度考虑宫城的位置都应置于都城西北部的高亢之地上(图三)。

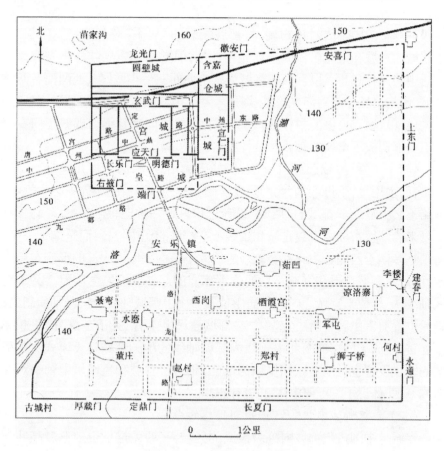

图三　隋唐洛阳城实测图

---

① 何清谷撰:《三辅黄图校释》卷一《咸阳故城》,中华书局,2005年,第22页。

（四）宫城之南确立皇城的新模式

在宫城之南筑皇城是这一时期都城布局的创新，同时也是由魏晋南北朝时期的都城形制布局不断发展而来的。曹魏邺城创立了位于都城北部的单一宫城制，官署集中于宫殿之南，北魏洛阳城宫城阊阖门南面的铜驼街两侧布列官署府寺，隋唐时期在继承魏晋南北朝都城布局的基础上将官署集中、整齐布置筑城而形成皇城，这种新建皇城的布局不仅体现了功能区的划分，也是封建等级制度的体现。

宫城居于郭城北部是因应地势的需要，隋大兴城和东都城的地势都是北高南低，宫城要占据高地之上就必然要位于郭城北部，同时宫城居于郭城北部也是城市功能上的需要。《长安志》卷七有这样的记载："自两汉以后，至于晋、齐、梁、陈，并有人家在宫阙之间，隋文帝以为不便于民，于是皇城之内，唯列府寺，不使杂人居止，公私有便，风俗齐肃，实隋文新意也。"①统治者所居要与城市居民分离以便于其活动不为民扰、不为民所见。《河南志》"上阳宫"条记载："刘仁轨谓御史狄仁杰曰：古之陂池、台榭，皆在深宫重城之内，不欲外人见之，恐伤百姓之心也。……"②可见，将宫城皇城置于郭城之北部，将其与里坊居民分离，其用意十分明了。

隋大兴城和东都城的宫城和皇城位于郭城北面，并在宫城之南新建皇城的布局模式是在都城形制布局上的一种创新，同时也是对曹魏邺城和北魏洛阳都城布局的继承和发展。

（五）宫城和皇城的防御系统

东都城的宫城和皇城位于郭城西北高地之上，其北依邙山，西连禁苑，南临洛河，有着天然的安全屏障，非常有利于防御。宫城北面有三重小城，东西各有两重小城，并且南与皇城对宫城构成拱围之势，隋大业九年（613年），又于宫城和皇城之东构筑了东城和含嘉仓城，于是宫城和皇城的布局体系形成，安全防御措施非常严密。史载唐武德四年，"秦王世民围洛阳宫城，城中守御甚严……世民四面攻之，昼夜不息，旬余不克"③。宫城和皇城的防守之坚固可见一斑。

考古资料显示，东都城的宫城、皇城和东城城垣除宫城大内洛城的东西墙宽约 3 米外，其余各城墙宽度均在 8~11 米之间，且城墙外侧多有城墙包砖，城墙建筑非常坚固。此外，在东城东墙外侧、宫城北墙和西墙外侧都发

---

① [宋]宋敏求纂修：《长安志》，《宋元方志丛刊》，中华书局，1990 年，第 107 页。
② [清]徐松辑：《河南志》"唐城阙古迹"，中华书局，1994 年，第 127 页。
③ [宋]司马光等：《资治通鉴》卷一百八十八《唐纪四》，中华书局，1956 年，第 5905 页。

现有马面设施,可见其防御措施十分严密。而此时的郭城城墙,规模却很小。隋代郭城南墙和东墙宽仅2.2米,而且没有发现包砖痕迹;唐代的郭城城墙宽度也仅有3米。《资治通鉴》记载:"初,隋炀帝作东都,无外城,仅有短垣而已,至是,凤阁侍郎李昭德始筑之。"①《隋书·李密传》载:"长白山贼孟让掠东都,烧丰都市而归。……武贲郎将裴仁基以武牢归密,因遣仁基与孟让率兵二万余人袭回洛仓,破之,烧天津桥,遂纵兵大掠。"②可见,东都城的郭城在战争中基本上是起不到防御作用的,防御的重点在宫城和皇城。宫城和皇城不但有地形地势的天然屏障之利,而且有防守严密、坚固的城防体系。

此外,隋代在宫城西侧还设置了皇家园林,称会通苑,后改称上林苑,这与汉长安城西侧上林园的设置十分相似。同时,这种园林的设置也起到了护卫宫城的作用。

(六)宫城和皇城的布局模式关系

文献记载,隋大兴城和东都城都是在很短的时间内建起来的,这和都城规划设计的模数是分不开的,正是由于有了这种模数分割关系,建城才能如此神速。宫城和皇城的布局以模块分割的形式呈倍数关系,考古资料显示:宫城的大内部分洛城南垣、北垣、东垣和西垣的长度均为1050米,即洛城呈边长为1050米的正方形;皇城南垣东西长2100米,曜仪城北垣东西长2100米,皇城西垣、西夹城西垣、玄武城西垣和曜仪城西垣南北共长约2100米,皇城东垣、东夹城东垣、玄武城东垣、曜仪城东垣共长约2100米,皇城、洛城及洛城北、东、西三面各两重小城共同组成边长为2100米的正方形。即宫城(圆璧城除外)和皇城组成的子城的面积正好是宫城大内部分洛城的4倍,而大内洛城的面积正好是东都城一个里坊面积的4倍。由此分析,东都城的布局规划应是以一个里坊的面积为模块分割布置的。规划设计中以一个里坊为模块,放大4倍为宫城大内洛城的面积,放大8倍为宫城和皇城组成的子城的面积(图四)。

从文献记载分析,隋大兴城创建于公元582年,东都城创建于公元605年,两者相差23年,宇文恺也从28岁到了51岁,正是他规划思想成熟的时期。隋东都城看似不规整,其中却暗含着规整的模块倍数关系。

---

① [宋]司马光等:《资治通鉴》卷二百五十《唐纪二十一》,中华书局,1956年,第6478-6479页。
② 《隋书》卷七十《李密传》,中华书局,1976年,第1628页。

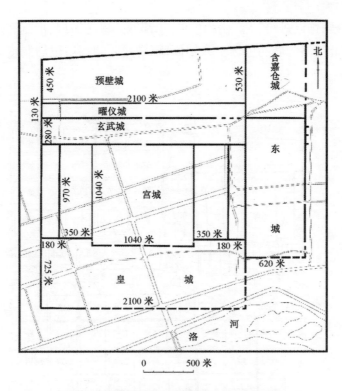

图四 隋唐洛阳城宫城、皇城和东城实测图

（七）东都城里坊形制的渊源

中国古代封闭式的里坊起源于先秦，城市中居民的基本单位以"里"计，曹魏邺城就已经出现了统一规划的里坊布局。《洛阳伽蓝记》记载："京师东西二十里，南北十五里，户十万九千余，庙社宫室府曹以外，方三百步为一里，里开四门，门置里正二人，吏四人，门士八人，合有二百二十里。"①北魏洛阳城的里坊不但规划整齐，而且有一套严格的管理机构和制度，里坊制度已基本完备了。陈寅恪先生认为，隋唐制度的渊源主要来自于北魏、北齐，隋唐时期的里坊规划和里坊制度也应受到邺城和北魏洛阳城的直接影响。② 隋唐东都城的里坊以一里见方，中有十字街，坊墙四面居开门。《河南志》引韦述《两京新记》记载，"每坊东西南北各广三百步，开十字街，四出趋门"③。《大业杂记》记载，洛水"大堤南有民坊，各周四里，开四门临大街。

---

① 范祥雍校注：《洛阳伽蓝记校注》卷五，上海古籍出版社，1958 年，第 349 页。
② 陈寅恪：《隋唐制度渊源略论稿》，三联书店，2001 年。
③ ［清］徐松辑：《河南志》"京城门坊街隅古迹"，中华书局，1994 年，第 3 页。

门并为重楼,饰以丹粉"①。由此可见,东都城的里坊布局、形制和规模与曹魏邺城及北魏洛阳城的里坊十分相似,应是受北朝都城里坊制度影响的结果(图五)。

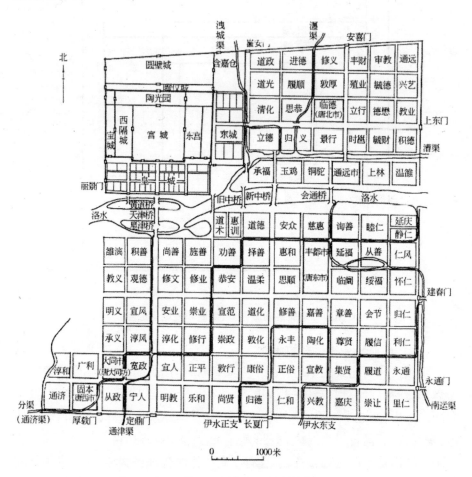

图五　隋唐洛阳城文献复原图

四、结　论

古代都城是国家的政治中心、文化礼仪中心、经济管理中心和军事管理中心,最能反映当时社会的政治、经济和文化面貌。都城的规划设计理念凝聚了社会的政治礼制思想、哲学观念和文化艺术素养,是社会政治、经济和

---

① ［唐］杜宝撰:《大业杂记》,选自长安史迹丛刊《大业杂记辑校》,三秦出版社,2006年,第4页。

文化进步的最集中表现。

　　隋代东都城的创建是在中国经济中心南移的历史大背景下产生的,同时也是统治者为了"居天下之中"加强对全国控制的需要。东都城的规划设计因应山川地理形势的需要,遵循中国古代都城规划的原则,其形制布局既体现了皇权的至高无上,又兼顾了安全防御,其设计思想融合了秦汉以来的"法天象"和这一时期兴起的"法人文"思想的转变,达到了"天人合一"的设计理念;同时还注重了城市经济功能的应用,加强对自然河流的改造、利用和开发,使之成为河网密布、四通八达的经济中心。东都城独特的形制布局在中国都城建设史上具有重要的地位,对后世和东亚国家都城制度的发展也产生了深远的影响。

　　　　　　　　　　（作者单位:中国社会科学院考古研究所）

隋代东都洛阳城考古学观察

韩建华

洛阳位于黄河中游南侧、河南省西部的洛阳盆地，优越的地理位置和山川形势使得洛阳成为古代帝王建都的首选之地。6世纪末，隋王朝结束了数百年的分裂局面，国家重归统一，中国封建社会进入了前所未有的盛世。洛阳，一座新兴的城市崛起在帝国的东方。隋炀帝新建的东都城，成为全国的政治中心、文化中心、交通大动脉以及国际性的大都市，其战略地位十分重要。

隋炀帝以东都洛阳为中心，修驰道开运河，通漕运储粮仓，征高丽，巡塞北，实施了一系列的强国措施，其宏图伟略虐用民力，加速了隋王朝的灭亡。规制宏伟的东都洛阳城被取而代之的唐王朝继续沿用。隋朝短祚，隋东都洛阳城也被淹没在唐帝国的辉煌之中。作为存续15年的隋代东都城，洛阳的考古工作难度可想而知。后人对于隋代东都城的研究，多忽略之，或隋唐同述，或只言唐代洛阳城，对于隋代洛阳城的布局等问题则鲜有述及。笔者试图通过梳理零散的考古发掘成果，结合有关文献，就隋东都洛阳城的相关问题等进行初步探讨，以期抛砖引玉。

一、营建东都

仁寿四年(604年)七月，隋文帝崩，隋炀帝在仁寿宫即位。同年十一月，隋炀帝下诏，营建东京洛阳城。诏曰："……洛邑自古之都，王畿之内，天地之所合，阴阳之所和。控以三河，固以四塞，水陆通，贡赋等。"①大业元年(605年)"三月丁未，诏尚书令杨素、纳言杨达、将作大匠宇文恺营建东京。二年春正月辛酉，东京成"②。从下诏营建东京洛阳城到建成，前后历时不到一年。

---

① 《隋书》卷三《炀帝纪》，中华书局，1975年。
② 《隋书》卷三《炀帝纪》，中华书局，1975年。

东都城的营建,工程非常浩大,"每月役丁二百万人"①。"以越国公杨素为营东京大监,安德公宇文恺为副。"②纳言杨达"领营东都副监"③。由专人负责宫皇城的建设。"卫尉卿刘权、秘书丞韦万顷总监筑宫城,一时布兵夫周匝四面,有七十万人。城周匝两重,延袤三十余里,高四十七尺,六十日成。其内诸殿基及诸墙院,又役十余万人。直东都土工监常役八十余万人,其木工、瓦工、金工、石工又役十余万人。"④

隋炀帝营建东都洛阳城是根据实地勘察和科学规划而设计的。此前,他曾率领苏威等人到洛阳来相宅。炀帝登邙山,观伊阙曰:"此龙门耶。自古何为不建都于此?"苏威曰:"以俟陛下。"⑤隋炀帝任用规划设计大兴城的宇文恺规划东都洛阳城。宇文恺"揣帝心在宏侈"⑥,在规划设计时,根据洛阳周围的山势、河流、水陆交通、自然风景等都做了精心的选择,充分利用了自然地理条件,汲取了长安的经验,布局上不拘于方整对称,而是配合地形,因地制宜,"其宫北据邙山,南道伊阙之口,洛水贯都"⑦。城内以街道分割成众多里坊形成一种棋盘式的城市布局,把东都洛阳城规划设计得十分宏大。"初造东都,穷诸巨丽。帝昔居藩翰,亲平江左,兼以梁陈曲折以就规模。曾锥逾芒(邙),浮桥跨洛,金门象网,咸竦飞观"⑧,甚得炀帝欢心。

新洛阳城作为都城营建,城内功能分区就严格按照都城的标准进行。新洛阳城跨河而建,洛河北岸建造宫城、皇城和其他重要建筑,洛河南岸大面积区域布置里坊区。将宫城、皇城置于郭城西北隅高地,前临洛河,后倚邙阜,东、西、北三面又有东城以及圆璧、曜仪等众城围护,其西与西苑毗连,宫廷防御措施远较长安严密。既从城市布局上形象地体现了东都洛阳下首都长安一等的实际地位,严密的防御设施又与其作为东方军事重镇的客观要求相符;在皇城、宫城近旁,设有大型粮仓(如隋子罗仓和隋唐含嘉仓)和商业市场(北市),可确保粮食和其他生活必需品充足无虞。新洛阳城规模宏大,布局有序。然后,隋炀帝又"徙天下富商大贾数万家于东京"⑨,洛阳

---

① 《资治通鉴》卷一百八十《隋纪四》。
② 《隋书》卷三《炀帝纪》,中华书局,1975年。
③ 辛德勇:《〈大业杂记〉辑校》,三秦出版社,2006年。
④ 辛德勇:《〈大业杂记〉辑校》,三秦出版社,2006年。
⑤ [唐]李吉甫撰,贺次君点校:《元和郡县图志》,中华书局,1983年。
⑥ 《隋书》卷六十八《宇文恺传》,中华书局,1975年。
⑦ [唐]李吉甫撰,贺次君点校:《元和郡县图志》,中华书局,1983年。
⑧ 《隋书》卷二十四《食货志》,中华书局,1975年。
⑨ 《隋书》卷三《炀帝纪》,中华书局,1975年。

城市发展到了一个新的高度。"既营建洛邑,帝无心京师。"①隋东都城建成后,炀帝把政府及皇室迁到洛阳,并在城西修建了西苑,"周长二百九十里一百三十八步"②。内开龙麟渠,沿渠设十六院,每院备有堂皇富丽的阶庭,并植名花、奇树。又沿洛河两岸建有显仁、冷泉、凌波、积翠等离宫。还造山为海(亦曰积翠池),周十余里,水深数丈。"中有方丈、蓬莱、瀛洲诸山相去各三百步。山高出水百余尺,上有通真观、集灵台、总仙宫分在诸山。别有浮桥、水殿(龙舟)泛滥往来。"③西苑是炀帝宴饮游乐之所,"每秋八月月明夜,帝引宫人三五十骑,开闾阖门入西苑,歌管达旦"④。

《隋书·炀帝纪》记载:大业元年(605年)三月辛亥,发河南诸郡男女百余万,开通济渠,自西苑引谷、洛水达于河,自板渚引河通于淮。通济渠,又名通远渠、通津渠,是隋朝南北大运河的四段之一,它北接永济渠以通琢郡,南接山阳渎、江南河以通余杭。公元610年,历时5年的隋大运河竣工。大运河以洛阳为中心,把钱塘江、淮河、黄河、海河、长江连接为一体,"商旅往返,船乘不绝"。东都洛阳真正成了"处乎中土,平夷洞达,万方辐辏"⑤,"水路通,贡赋等"的王者之都。

洛阳在隋代还是全国几大粮仓所在地,据《隋书·食货志》载:"开皇三年(583年),朝廷以京师仓廪尚虚,议为水旱之备……于卫州置黎阳仓。陕州置河阴仓,华州置广通仓,转相灌注,漕关东及汾、晋之粟,以给京师。"炀帝时,又在东都洛阳建含嘉仓与回洛仓。这些官仓规模巨大,"储米粟多者千万石,少者不减数百万石"⑥。可见所储米粟数量之巨,而且这些官仓均分布在北方黄河流域。

二、隋代东都城的考古发现

东都洛阳城的考古工作始于1954年。1954年,由国家文化部文化事业管理局和中科院考古研究所等单位组成调查发掘团,首次对隋唐洛阳城进行实地的考古勘察。自此以后,东都城的考古工作便陆续展开。近60年来,取得了大量考古资料,丰富了对隋唐洛阳城的认识。其中关于隋代洛阳城的资料很少,且比较零散,主要有城墙、城门、建筑基址、仓窖等,这些资料

---

① 《隋书》卷三《炀帝纪》,中华书局,1975年。
② [清]徐松辑,高敏校:《河南志》,中华书局,1994年。
③ [清]徐松辑,高敏校:《河南志》,中华书局,1994年。
④ [清]徐松辑,高敏校:《河南志》,中华书局,1994年。
⑤ [汉]班固《东都赋》。
⑥ [唐]杜佑撰,王文锦点校《通典》卷七《食货典》,中华书局,1988年。

对研究和认识隋代洛阳城至关重要。

隋建国门的发掘

建国门是隋东都城郭城正南门。《隋书·地理志》记载了郭城的5座城门："东面三门，北曰上春，中曰建阳，南曰永通。南面二门，东曰长夏，正南曰建国。"《大业杂记》亦记5座城门，对其所在位置记述较详：其一，建国门，"自重津南行，尽六坊有建国门，即罗城正南门也"。武德四年，建国门改定鼎门。

建国门为隋洛阳城的郭城正门，其南对伊阙，向北与建国门街、皇城端门、宫城则天门、乾阳殿、玄武门、龙光门南北一线，组成了隋洛阳城的南北轴线，在中国都城建设史上具有重要的地位。

建国门遗址为三门道过梁式建筑结构，是以城门楼为主体，两侧辅以朵楼，其间以城垣相连的一组宏大建筑群。遗址由门道、门址墩台、朵楼、马道、水涵道、郭城南垣、门外南北向路和东西向路等遗迹组成。

隋代建国门门址仅残存城门墩台与朵楼之间的连接夯墙、朵楼及城垣夯土。隋代城门墩台较唐代规模小，其基础部分东西两侧皆内收2.4米，东西长39米，南北进深皆为唐代所破坏。墩台与朵楼间城垣宽约5米，朵楼东西长16米、南北宽12米。隋代郭城南垣宽仅2.2米。隋代东朵楼东侧有洞穿城垣的砖砌水涵道，其南北进深2.2米、东西宽0.62米。涵道中间有砖砌分水墙①（图一）。

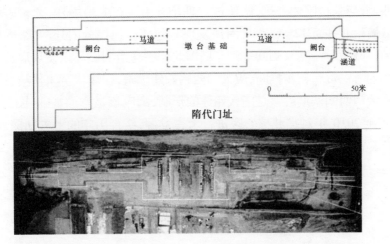

图一　隋代建国门平面图及高空照片

---

① 石自社：《隋唐洛阳城定鼎门遗址》，《中国考古学年鉴》，文物出版社，2007年。

隋则天门的发掘

则天门,"宫城正门曰则天门,南去端门五百步"①,"两重观,观上曰紫微观,左右连阙,阙高百二十尺"②。

发掘揭露出的则天门遗迹主要有朵楼、阙楼、廊庑和宫城南墙。依据夯土叠压打破关系,可将应天门西阙遗址分为三期。

一期应天门西阙(夯1)由朵楼、阙楼、朵楼与墩台间的廊庑、朵楼与阙楼间的廊庑,以及宫城南墙等遗迹组成。南部被二期增补夯土(夯2)、西部被三期增补夯土(夯3)叠压打破。一期应天门西阙遗迹保存状况较差,大部分地方夯土仅残存基础底部一至二层。西侧紧贴夯3部分保存较好,夯土残高1.5~3米。西阙通体夯筑,夯土红褐色,质硬纯净,夯层明显,层厚8~10厘米。夯窝密集,均为圜底圆夯。底层夯土中夹铺有河卵石。朵楼在发掘区北部。平面呈长方形,东西残长18.6米,南北宽15.4米,东北角因压在定鼎路下未能发掘。夯土残存高度5.3米。

以朵楼为中心,向西为宫城南墙基础,向东为连接朵楼与墩台的廊庑基础,简称东廊庑;向南为连接朵楼与阙的廊庑及阙楼基础,简称南廊庑。阙楼基础平面呈方形,西部被三期增补夯土(夯3)打破,东西残长14.2米,南北宽15.3米。东廊庑,东连墩台,西接朵楼。仅发现其与朵楼相接的西南角部分。南廊庑,呈南北向,北连朵楼,南接阙楼基础。南北长7.4米,西侧被三期增补夯土(夯3)打破,东西残宽9.4米。宫城南墙呈东西向。位于朵楼西侧,与朵楼同体夯筑,南侧被三期增补夯土(夯3)叠压,北侧破坏较甚。城墙南北残宽12米,在其南侧发现有包砖。包砖分内外两层,内层残存四层,外侧残存三层,顺向平砌。城墙北侧的马道因破坏未发现痕迹。结合东阙的考古资料初步推断,应天门西阙始建于隋,在唐代至宋代被长期使用。应天门西阙一期应该是隋代始建的形制,阙应该是方形基础(图二)③。2009年至2010年对宫城核心区进行考古发掘,结合历年的考古勘探,可复原隋东都宫城核心区建筑(图三)。

---

① 辛德勇:《〈大业杂记〉辑校》,三秦出版社,2006年。
② [清]徐松辑,高敏校:《河南志》,中华书局,1994年。
③ 韩建华、屈昆杰、石自社:《隋唐洛阳城应天门西阙遗址》,《2010年中国重要考古发现》,文物出版社,2011年。

图二　则天门西阙高空所摄照片　　图三　隋代则天门及宫城核心遗址分布图

德猷门的发掘

德猷门,在驾鸡沟村西、岳村北的邙山脚下,西距仓城西北角约 60 米处,为单门洞土木结构,1980 年发掘。地面保存的城墙宽 17 米,门洞长度应与城墙宽度相等。除城门南部被公路所压未发掘外,实际发掘南北长 12.46 米,东西宽 4.9 米,方向北偏西 5。据发掘情况分析,门址分为隋、唐两期修筑和使用。该门址始建于隋大业年间,重修于盛唐,有可能废弃堵塞于中唐,即安史之乱晚期史朝义战败、唐军收复洛阳城之际(图四)①。

马面的发掘

马面,是突出在城垣外侧的一种台状的城垣附属性设施。马面的功能,既可以加固城体,又利于观察和防御。

在隋洛阳城的东城东墙、宫城北墙和西墙共发现 7 处马面,其中东城东墙 4 处、宫城北墙 1 处、宫城西墙 2 处,形状作长方形。其中东城东墙、宫城北墙和西墙的马面均进行过发掘。东城马面依东墙夯土而筑,平面呈方形,通体夯筑,马面仅

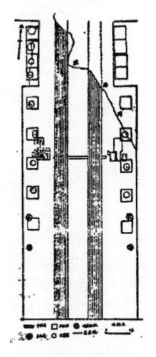

图四　德猷门遗址平面图

---

①　洛阳博物馆:《隋唐洛阳含嘉仓城德猷门遗址的发掘》,《中原文物》1981 年第 2 期。

存基础，现存夯土总厚度为1.1~1.45米，马面基础与城墙基础连体夯打，夯土颜色、质量和打法均与城墙相同，内含少量绳纹瓦片。始筑于隋大业九年（613年），唐时沿用。这是首次在隋唐两京城上发现的马面遗迹，是继汉魏洛阳城之后在中原地区城址上的又一次重要发现（图五）①。

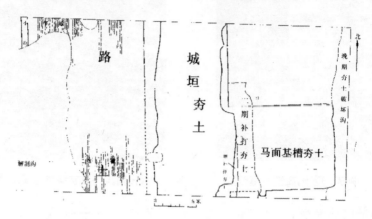

1. 东城东垣、马面及路上平面图

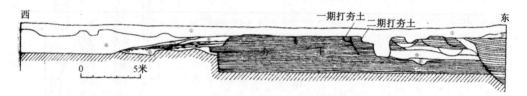

2. DT188 解剖沟北壁剖面图

图五　东城东墙一号马面平面及剖面图

宫城北墙马面分三期，其中第一期为隋代始建时的马面。马面依北墙夯土而筑，平面呈方形，通体夯筑，马面现存夯土总厚度为 5.1~6.8 米，由基础和地上两部分组成。基础部分用黄褐色土夯就，马面基础宽 10.50 米。地上部分是从基础部分的东、西两面分别内收。东西宽 10.2 米，南北长 13.4米（图六、图七、图八）②。

---

① 该资料为中国社会科学院考古研究所洛阳唐城队发掘资料，笔者为发掘参与者。
② 该资料为中国社会科学院考古研究所洛阳唐城队发掘资料，笔者为发掘参与者。

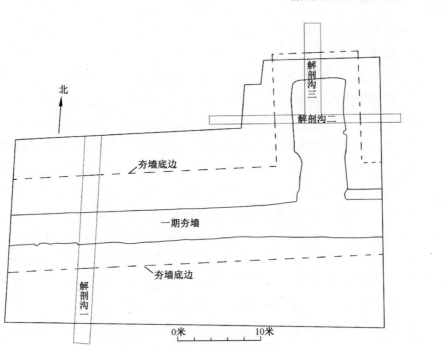

图六　宫城北墙隋代城墙及马面平面图

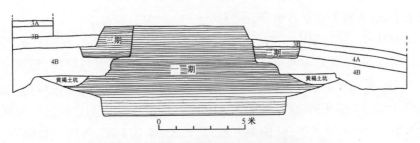

图七　宫城北墙马面解剖沟三剖面图

图八　宫城北墙马面

隋代仓窖的发掘
回洛仓的发掘

回洛仓,亦称"迴洛仓",炀帝所置,储粮极丰。其性质属于太仓,主要供应东都城内粮食需要。《资治通鉴》卷十百八十隋炀帝大业二年(606年):"十二月,置回洛仓于洛阳北七里,仓城周回十里,穿三百窖。"

大业十三年(617年),"(四月)癸巳,李密陷回洛东仓。"①《资治通鉴》卷一百八十三隋恭帝义宁元年(617年):"(四月)癸巳,密遣裴仁基、孟让帅二万余人袭回洛东仓,破之……密自帅众屯回洛仓,东都兵尚二十余万人,乘城击柝,昼夜不解甲,密攻偃师、金墉皆不克。乙未,还洛口……越王侗使人运回洛仓米入城,遣兵五千屯丰都市,五千屯上春门,五千屯北邙山,为九营,首尾相应,以备密……己亥,密帅众三万复据回洛仓……会密为流矢所中,尚卧营中。(五月)丁丑,越王侗使段达与庞玉等夜出兵,阵于回洛仓西北,密与裴仁基出战,达等大破之,杀伤太半,密乃弃回洛,奔洛口。""(六月)李密复帅众向东都,丙申,大战于平乐园。密左骑右步,中列强弩,鸣千鼓以冲之,东都兵大败,密复取回洛仓。"②"李密四月癸巳取回洛,乙未失之,己亥复得,五月丁丑再失,六月丙申又取,数易其手。"此后回洛仓之得失史书不载,大概如前双方争夺,不恒其守。

2004年,原洛阳市文物工作队为配合洛阳一拖东方红轮胎厂区的建设,在洛阳市东北郊瀍河乡小李村以西、邙山大渠以南区域钻探,钻探出仓窖71座、道路4条。仓窖位于探区南半部,排列规整有序,东西成排,南北成列,共计12排9列,仓窖间距8~10米之间。在已探明仓窖之间发现土路4条,呈十字形分布,总长449米、宽3米、厚0.1米,可能与仓储有关。这处仓窖向东、向南、向西均超出探区,仓窖的全部数量要超过71座,大概在南北长约330米、东西宽约480米的范围内分布着仓窖③。

2004年9月至2005年6月,对编号为C56、C63和C64的3座仓窖进行了发掘;发掘面积近1200平方米,发现的遗迹有灰坑、沟、房址、道路、仓窖等。此次发掘的3座仓窖,整体结构都呈口大底小的缸形,口径在13米至15米,窖深7.3米至9.6米,每窖可储粮15万至25万公斤。窖底平坦,可分两层:在平整夯实的黄白色窖底上涂抹有一层厚约1厘米的青膏泥,与窖壁相连;泥层上铺设木板,以达到防潮的目的。3座窖内均未发现粮食朽

---

① 《隋书》卷三《炀帝纪》,中华书局,1975年。
② 《资治通鉴》卷一百八十四《隋纪八》。
③ 谢虎军、张敏、赵振华:《隋东都洛阳回洛仓的考古勘察》,《中原文物》2005年第4期。

痕。其中 C56 窖内出土一块带字砖,刻有"大业元年"字样。仓窖内的包含物均为隋至初唐时期的遗物,且 C56 窖内出土一块"大业元年"铭文残砖,因此这处仓窖遗址的年代不晚于初唐①。

2009 年 7 月,又进行全面勘探,确定了仓城东、北、南三面城墙的准确位置。2012 年 1 月至 10 月底,为配合大运河申遗,进行第三次勘探、发掘。

回洛仓呈长方形,东西长 1140 米,南北宽 355 米,仓城墙宽 3 米。分为管理区、仓窖区、道路和漕渠几部分。仓窖成组分布,排列整齐,根据对仓窖分布规律的推算,整个仓城仓窖的数量在 700 座左右(图九—图十二)。

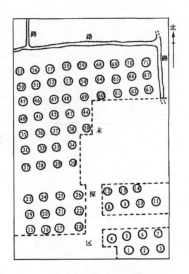

图九　回洛仓 2004 年钻探平面图

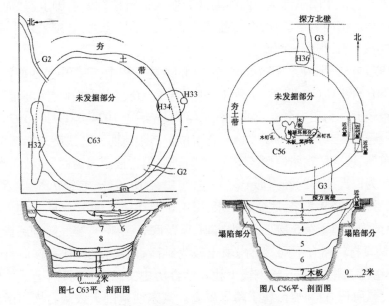

图十　回洛仓 C63、C56 平剖面图

---

① 洛阳市文物工作队:《河南洛阳市东北郊隋代仓窖遗址的发掘》,《考古》2007 年第 12 期。

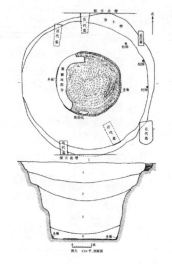

图十一　回洛仓 C64 平剖面图　　图十二　回洛仓房址 F1 平面图

子罗仓的发掘

子罗仓位于隋东都皇城西南隅,《大业杂记辑校》载:右御卫府"府西抵右掖门街。街西有子罗仓,仓有盐二十万石。子罗仓西,有粳米六十余窖,窖别受八千石,窖西至西城"。

1974 年 1 月,在洛阳市委家属宿舍的改建工程中,钻探出东西成行的古代地下仓窖 4 座(自西向东编为 1—4 号窖)。仓窖大小相似,深度相近,各窖相距较近。为了弄清仓窖的时代与结构,先后于 1974 年 1 月和 1975 年 5 月对一号窖、二号窖进行了发掘。仓窖位于洛阳市西工区凯旋东路南侧、七一路东侧、玻璃厂南路西侧范围内,即隋唐洛阳右掖门内街西、皇城西南隅。形制皆为口大底小的椭圆形土窖,一号窖口径 10.6 米、底径 7.6 米、深 5.4 米;二号窖口径 9.7 米、底径 6.9 米、深 4.6 米,口径与底径之比大约为 3 比 2。两窖均开口于第 5 层下,分为窖顶、壁及底等三部分,窖底防潮层皆分为 5 层,铺设材料略有不同。窖内填土较为纯净,遗物较少,计有侈口直颈陶罐、陶纺轮、铜饰及隋五铢铜钱 1 枚。结合历史文献资料可知,上述 4 座仓窖与文献所记方位吻合,属于隋子罗仓。其东西范围大致从右掖门街至皇城西城墙,南北范围不详。文献记载子罗仓有盐仓和粮仓两类,盐仓在东,粮仓居西(图十三)①。

---

① 洛阳博物馆:《隋唐东都皇城内的仓窖遗址》,《考古》1981 年第 4 期。

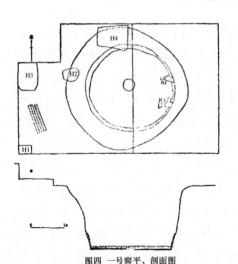

图四 一号窖平、剖面图

图十三 子罗仓一号仓窖平面图、剖面图

通济渠与通津渠的钻探

通济渠是隋炀帝营建东都洛阳的第三项重大工程。据《隋书·炀帝纪》载:"大业元年三月辛亥,发河南诸郡男女百余万,开通济渠,自西苑引谷、洛水达于河(黄河),自板渚引河通于淮。又通过邗沟直达苏杭,谓之御河。河畔筑御道,树以柳。"这是我国历史上流程最长的人工河道,后人多称其为南北大运河,是东都洛阳城对外的重要水上通道。据记载,隋炀帝于大业元年(605年)八月率领皇亲、百官及仆人等,乘坐各类船只上万艘从东都洛阳城出发,顺着刚完工的通济渠南下江都。

通济渠位于洛阳城西南,开凿于隋炀帝大业元年三月,"发河南诸郡男女百余万,开通济渠,自西苑引谷、洛水达于河"。据《河南志》载,通济渠从通济坊南入外郭城,故名通济渠。关于通济渠在城内的流向,《唐两京城坊考》中有较为详细的记载:"过通济坊,又东北流经西市,东折而东流至河南县之西,又北流至宽政坊之西北隅,东流过天门街,经宜人、正平坊,北流至崇政坊西,过河南府、宣范、恭安坊西北,又东北抵择善坊西北,东流经道德、惠和、通利、富教、睦仁、静仁六坊之南,屈而北流,过官药园、延庆坊之东,入洛水。"它是洛阳通往南北各方的重要水道,由它可入洛水和黄河,通过永济渠而北通涿郡,入淮河则可直达江南。唐玄宗天宝年间中,由于长期壅蔽不通,通济渠遂涸绝。1966年,对通济渠和通津渠进行钻探。钻探结果表明,通济渠自郭城西南城角入城,沿郭城南墙向东。这与文献记载相吻合。渠道宽25～30米,深4.8～7.5米,堆积层由上至下主要是淤土、细沙、卵石。通济渠在大同坊中部与通津渠汇合,曲折向东北流。后折向东南流,这与文献复原的继续东流方向不同,渠道宽度不同,基本宽40~44米,最宽处达80米,最窄处仅30米,渠道深4.6~7.1米(图十四)。

通津渠位于城南,隋大业元年开凿。《唐两京城坊考》记载:"于午桥庄西南二十里分洛堰引洛水……洛水一支西北流,名千步碛渠,又东北距离河南县三里,名通津渠。"通津渠由外郭城南面的厚载门东进入城内,从定鼎门街西第二街第一坊崇政坊之东向北流过,再折而东经宽政坊之南到达天街,即定鼎门街,后直向北流至天津桥南,汇入洛水。1966年对其进行钻探。钻探范围从郭城南墙厚载门至定鼎门街向北直至洛河南岸。钻探结果表明,通津渠由崇政坊与宁人坊的坊间大道东侧北向流,过永通门大街入大同坊,在大同坊中部与通济渠汇合后,折向东北流,经宽政坊西北角,顺淳风坊南部向东流至定鼎门街,折向北流,从淳风坊东北流至淳化坊西,折向北流至安业坊西南。再向北则因地下水位增高无法钻探。渠宽各段不同,最窄20米,最宽达70米,渠深4.7~6米。渠底南北稍有不同,从渠入城处至大同坊东街段,渠底为卵石,往北渠底则是生土底。

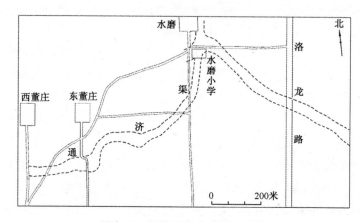

图十四 通济渠考古钻探路线图

三、隋代东都的军事防御

隋文帝时,为稳定河北、山东的高齐旧地,淡化河北、山东之地与其他地域的隔阂,特将河北之地与并州、营州合为一区,遣汉王杨谅镇守。"汉王谅有宠于高祖,为并州总管,自山以东,至于沧海,南距黄河,五十二州皆隶焉。"①

仁寿四年(604年)七月杨广即位,八月,"自以所居天下精兵处……阴

---

① 《资治通鉴》卷一百八十《隋纪四》。

蓄异图"①的汉王杨谅就起兵。炀帝却因"关河悬远,兵不赴急"②,很是被动。

待平定杨谅叛乱,炀帝于十一月巡幸洛阳,"发丁男数十万掘堑,自龙门东接长平、汲郡,抵临清关,度河,至浚仪、襄城,达于上洛,以置关防"。这项举措将洛阳围合在中心,不仅有利于巩固东都的安全,在军事上也大大加强了内卫力量。

地处伊洛平原的洛阳,北侧邙山成为洛阳盆地北面的屏障,西侧有秦岭的支脉崤山、熊耳山和伏牛山,南侧有龙门山。这些山脉层层包围,形成四面环山的险要地势,洛阳可凭借诸多山脉据险而守。东汉末年环洛阳设置的八关,是洛阳军事防卫的要地。凭借自然地形及人工的关隘和关防,形成外围的军事防线,是隋代东都洛阳军事之都的重要特征。

东都城的设计和营建突出了军事防御的功能,特别是宫城和皇城有着非常严密的防御体系。依据自然地理条件,把宫城和皇城设计在郭城西北部高地之上,北依邙山,西连禁苑,南临洛河,有着天然的安全屏障,非常利于防御。东都洛阳城北依邙山、南对伊阙形成的都城轴线,并非对称地布置郭城,而是巧妙地将此轴线设计成宫城、皇城的南北中轴。

隋代开创了皇城置于宫城之南的布局模式,不仅有利于功能区的划分,也是出于安全防卫的目的。"自两汉以后,至于晋、齐、梁、陈,并有人家在宫阙之间,隋文帝以为不便于事,于是皇城之内,唯列府寺,不使杂人居止,公私有辨,风俗齐肃,实隋文新意也。"③

宫城、皇城是都城最核心的部位,也是都城防御的核心,其中又以宫城为中心。隋东都初建时就是以宫城和皇城为重点,宫城和皇城修建得比较完备。宫城是皇帝处理政务和起居的地点,皇城是中央衙署所在地。宇文恺在兴建东都城时,在北依邙山、南对伊阙的轴线上确定了一个中心点,就是隋乾阳殿的中心④。以此为中心点,按前朝后寝的原则布置宫城的内朝、中朝、外朝,由北向南依次排列,构成全城的中心。宫城又划分为若干城,居于正中的是宫城的核心部分,即"大内",基本为方形。它的东西侧对称布置太子的东宫和主要为王子、公主居住与游玩的西隔城,在东宫、西隔城之外侧又各有一夹城,夹城外侧之城墙即宫墙之东西墙。在大内、东宫、西隔城、

---

① 《资治通鉴》卷一百八十《隋纪四》。
② 《隋书》卷三《炀帝纪》,中华书局,1975 年。
③ 宋敏求:《长安志》卷七《唐皇城》,三秦出版社,2014 年。
④ 傅熹年:《隋唐长安洛阳城规划手法的探讨》,《文物》1995 年第 3 期。

夹城的北墙之北，为玄武城。玄武城之北为曜仪城。曜仪城之北为圆璧城，其北墙即东都外郭之北墙西端。宫城北面的三重小城，及大内东西两面各两重小城，南与皇城一同对宫城构成拱围之势，形成了严密的防御网。

皇城北接宫城，位置重要。皇城与宫城连接在一起，城墙建制同于宫城，常常作为一个防御整体，为宫城提供有力的支援。加之皇城南临洛河，洛河成为天然的屏障，加强了皇城的防御。由于"洛水贯都"，皇城南临洛水，城内用地受到地理条件的限制，形成了东西狭长的皇城。随着中央衙署机构的庞大，以及职能区划的不同，皇城不能满足衙署机构的空间拓展与延续。大业九年（613年）三月，隋炀帝"发丁男十万城大兴"①，引起杨玄感叛乱，"六月乙巳，礼部尚书杨玄感反于黎阳。丙辰，玄感逼东都"②。杨玄感于"丙辰，玄挺直抵太阳门，弘策将十余骑驰入宫城，自余无一人返者，皆归于玄感"③。当时没有修建东城，杨玄感率兵自外郭城上春门入，经上春门街可直抵皇城东太阳门，直接威胁宫城的安全。待平定杨玄感叛乱之后，在宫城之东增修东城。"东城，大业九年筑"④，将一些中央衙署置于其中。东城的修筑，"在很大程度上是出于军事目的，为了防卫宫城而设"⑤。东城东墙发现的马面，更进一步说明了东城的防御功能。

从文献中也能看出东都洛阳城宫城和皇城防御设施的坚固："唐武德四年，秦王世民围洛阳宫城，城中守御甚严，世民四面攻之，昼夜不息，旬余不克。"⑥而与之相对应的是郭城，"初，隋炀帝作东都，无外城，仅有短垣而已"。《隋书·李密传》载："长白山贼孟让掠东都，烧丰都市而归。武贲郎将裴仁基以武牢归密，因遣仁基与孟让率兵二万余人袭回洛仓，破之，烧天津桥，遂纵兵大掠。"据此可以看出，东都城的郭城在战争中基本上起不到防御作用。

隋代宫城和皇城是防御的重点。在宫城和皇城之东构筑了东城和含嘉城，与宫城和皇城一同形成了更为牢固的安全防御体系。宫城和皇城的防御不但有地形地势之利，而且有严密坚固的城防布局。考古发现东城东墙和宫城北墙上均有防御用的马面设施。

---

① 《资治通鉴》卷一百八十二《隋纪六》。
② 《隋书》卷四《炀帝纪》，中华书局，1975年。
③ 《隋书》卷三《炀帝纪》，中华书局，1975年。
④ ［清］徐松辑，高敏校：《河南志》，中华书局，1994年。
⑤ 霍宏伟：《隋唐洛阳东城形制布局的演变》，《文化传承与历史记忆学术研讨会论文集》，2007年。
⑥ 《资治通鉴》卷一百八十八《唐纪四》。

城门是东都城重要的防御部位。隋代建国门经科学考古发掘，遗址为三门道过梁式建筑结构，是以城门楼为主体，两侧辅以朵楼，其间以城垣相连的一组宏大建筑群。其形制独特，不同于以往的城门，在城门两侧的城墙上增设朵楼。朵楼的出现加强了城门的防御功能。从目前考古资料来看，最早的朵楼就是出现在隋东都洛阳城的建国门和则天门。城门和朵楼均发现包砖，它增加了建筑物的牢固程度，使建筑物的抗打击能力更强。

三、隋东都洛阳宫城形制

由于文献记载的矛盾，隋代东都宫城的形制就成为困扰学界的问题之一。《大业杂记》载："出含嘉城西，有圆璧门。门西有圆璧城。城正南有曜仪门，门南即曜仪城。城南玄武门，门内即宫。"说明宫城北面有两座小城。《河南志·隋城阙古迹》也有相同的记载："（宫城）北面一门曰玄武门，玄武门北，曰曜仪门。其北曰圆璧门。"这些记载均以玄武门作为坐标，在玄武门北有两重城，即曜仪城和圆璧城。但实际的考古发掘情况是，在宫城背面发现三重城，由南而北为玄武城、曜仪城和圆璧城。与这三座城相对应的三道城墙也被考古发现了。城墙相对的中部位置均有城门。其中玄武门经考古勘探确定其位置位于宫城大内北墙正中，其北侧为玄武城，玄武城北门为曜仪门，门虽然未发现，但门两侧的城墙被确定。曜仪门北为曜仪城，其北门为圆璧南门。"曜仪城北则圆璧城，城三门：南面曰圆璧南门，北面曰龙光门，东面曰圆璧门。"1985年钻探确认了圆璧城东墙上的圆璧门遗址。门址距北墙约318米，大部分被压在房屋下。钻探表明门址为单门道结构。门道南北两侧均发现城墙夯土，经复原城墙宽20米。门道内外均发现路土。

1997年对圆璧城南门遗址进行了发掘。从圆璧城南门的考古发掘情况看，在"唐代城门墩台基槽的底部，发现长达40余米的南北向路土遗迹，说明在这座城门兴建之前，这里早就有一条南北向的通道"①。隋至唐初，此处并无门。文献也没有隋代圆璧城南门的名称记载。圆璧城南门是唐代改造隋代圆璧城时新增加的一道城门，把隋代的圆璧城分隔为二，由此隋代的曜仪城改称为玄武城。隋代圆璧城的规模应是唐代圆璧城加上曜仪城。

隋代宫城以大内为中心，东、西、北三面各两重隔城。大内，平面呈方形，边长1040米。大内东面是东隔城，即东宫。平面呈长方形，南北长970米，东西宽350米。东宫东面为东夹城即左藏、右藏，呈南北长方形，南北长

---

① 中国社会科学院考古研究所洛阳唐城队：《洛阳唐东都圆璧南门遗址发掘简报》，《考古》2000年第5期。

同东宫,东西宽180米。大内西面为西隔城,与东宫东西对称,规模相同。西隔城西为西夹城,与左藏、右藏东西相对,规模相同,东西宽180米。

近年对东城北墙和东墙进行了考古发掘,可以确认东城北墙与含嘉城北墙平行,均呈西南—东北向。在东城北墙与东墙交接处发现有马面,同时两墙相交处之间并无打破关系,而是一次完成,形成相字相交。通过考古资料,我们可以确信隋东都洛阳城的东城和含嘉城是同时进行增修的。《河南志·隋城阙古迹》记载:"东城,大业九年筑。"可以说含嘉仓城可能也是大业九年筑成的①。

通过对隋唐洛阳城宫城区域考古发掘资料的梳理,结合有关文献记载,将隋代洛阳城宫城、皇城的布局情况进行了分析,认为大业元年初建的东都城的宫城是由大内及其东、西、北三面的两重隔城组成。皇城位于宫城之南,呈东西长方形,东西与宫城同宽,从南面拱卫着宫城,符合皇城位于宫城之南的新创制。大业九年,随着形势的发展,在宫城、皇城之东修筑东城和含嘉城,其筑建时代是文献记载的隋大业九年。

四、隋代的仓储与通济渠、漕渠

隋王朝重视大型官仓建设,在隋文帝时代就在黄河沿岸设置了四处粮仓。据《隋书·食货志》载:"开皇三年,朝廷以京师仓廪尚虚,议为水旱之备,于卫州置黎阳仓,陕州置河阴仓,华州置广通仓,转相灌注,漕关东及汾、晋之粟,以给京师。"隋炀帝兴建东都洛阳,围绕东都城增设洛口仓和回洛仓。这些官仓规模巨大,"储米粟多者千万石,少者不减数百万石"。可见所储米粟数量之巨,而且这些官仓均分布在北方黄河流域。

洛口仓。一名兴洛仓,位于洛州巩县(今巩县东北旧巩县)东面洛水东岸,因地处洛水入黄河之口,故有是称。大业二年(606年)置,筑仓城周围二十余里,穿三千窖,每窖容八千石,置监官并镇兵千人守卫。全仓储米约有二千四百万石,是隋代最大的一个粮仓。苏轼称:"汉以来丁口之蕃息与仓廪府库之盛,莫如隋。"洛口仓既是东都洛阳的外围粮仓,又是用兵东北的军粮转运站,在隋一代地位极为重要。

回洛仓。大业二年十二月置于洛阳城北七里,仓城周围十里,穿三百窖,是隋代东都洛阳的粮库。隋末为李密和隋军剧烈争夺的目标。入唐以后,其地位才为含嘉仓所代替。近年回洛仓考古发掘成果显著。回洛仓呈长方形,东西长1140米,南北宽355米,仓城墙宽3米。分为管理区、仓窖

---

① 李永强:《隋东都洛阳宫皇城考》,《三门峡职业技术学院学报》2011年第1期。

区、道路和漕渠几部分。仓窖成组分布,整齐排列,根据对仓窖分布规律的推算,整个仓城仓窖的数量在 700 座左右。

在隋东都城内设置子罗仓,是炀帝时期的创举。子罗仓位于隋东都皇城西南隅,《大业杂记辑校》:"(右掖门街)街西有子罗仓,仓有盐二十万石。子罗仓西,有粳米六十余窖,窖别受八千石,窖西至西城。"1974 年,洛阳博物馆钻探发现 4 座仓窖,并对其中的 2 座进行了发掘。其东西范围大致从右掖门街至皇城西城墙,文献记载子罗仓是一座储盐储粮、可能直接为供应皇宫而建造的大型仓窖。

唐代建设东都时,吸取隋代大型粮仓分布在洛阳城外、城内严重缺粮的教训,重视城内粮仓的建设,利用隋代的含嘉城建设含嘉仓,改变了隋代时大型粮仓分散的局面,含嘉仓成为唐时洛阳唯一的一座国家大型官仓。

通济渠是炀帝营建东都洛阳的第三项重大工程。据《隋书·炀帝纪》载:"大业元年三月辛亥,发河南诸郡男女百余万。开通济渠,自西苑引谷、洛水达于河(黄河),自板渚引河通于淮。又通过邗沟直达苏杭,谓之御河。河畔筑御道,树以柳。"这是我国历史上流程最长的人工河道,后人多称其为南北大运河,是东都洛阳城对外的重要水上通道。据记载,隋炀帝于大业元年八月率领皇亲、百官及仆人等,乘坐各类船只上万艘从东都洛阳城出发,顺着刚完工的通济渠南下江都。

大运河以洛阳为中心,把钱塘江、淮河、黄河、海河、长江相连接,"商旅往返,船乘不绝"。东都洛阳真正成了"处乎中土,平夷洞达,万方辐凑""水路通,贡赋等"的王者之都。

通济渠自西苑引谷水、洛水后沿什么样的线路达于黄河,是学界关心的问题,同时关于通济渠与隋东都城以及与洛河、漕渠之间的空间位置关系,也是学界讨论的焦点。苏健先生认为,通济渠上段"起自东都洛阳以西的西苑,引谷水(涧河)、洛水(洛河)贯洛阳城,即在洛水北岸开一条漕渠,东出循周、汉时开凿的阳渠故道,然后至偃师与鸿池相汇,入于洛水"①,洛水与通济渠是两回事。方孝廉先生认为"隋通济渠的源头就在东城南门承福门外,向西与皇城南城前的黄道渠相接。也就是说西苑内的谷水和洛水是通过黄道渠进入通济渠的",通济渠、洛水和漕渠是一回事。主要依据是没有找到漕渠遗迹。

其实,20 世纪 60 年代,中国科学院考古研究所依据文献记载在隋东都城南侧钻探发现了通济渠与通津渠。渠道走向基本与文献记载相同,略有

---

① 苏健:《洛阳与大运河》,《河洛春秋》2007 年第 3 期。

出入,渠道宽度40~44米,最宽处达80米,最窄处仅30米,渠道深4.6~7.1米。从这一发现可知,显然至少隋建东都时通济渠与洛河不是一回事(图十五)。

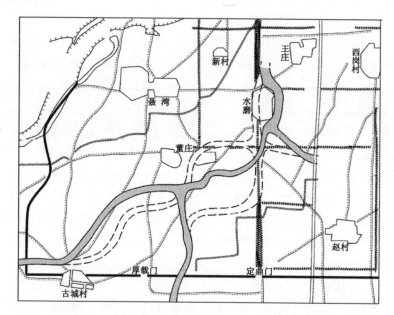

图十五　通济渠、通津渠考古调查与文献复原对照图

隋建东都时,是否引发洛河改道?方孝廉先生认为,现在的洛河其走向与隋代所开通济渠的走向是一致的,也就是说,今洛河就是古代的通济渠,是人工开挖的运河,而非天然河道;隋代以前,洛水的走向是由宜阳县进入洛阳市境内后,经周山、三王陵南,再经隋唐洛阳城南东去①。段鹏琦先生指出:"从现状看,在洛阳附近,洛河流向仍与《水经注》记载基本相符。"②

洛河是黄河的重要支流,发源于今陕西南部洛南县,东流,入河南境,沿崤山与熊耳山之间穿行,多峡谷,两岸悬崖陡壁,谷深在200米左右,滩险流急,经卢氏县东流入洛宁,在宜阳入洛阳境。综观洛河沿岸地理形势,其上游多为丘陵山地,河床窄而高。在宜阳界内,洛河脱离山区,水面渐宽,洛河穿流在海拔200~250米的丘陵间,河床海拔高度160~170米。到洛阳境,洛河在伊洛河平原上流淌,河床高度降至海拔150米以下。今洛河自宜阳进入洛阳境后,沿龙门西山北麓的二级阶地东北流,经周灵王冢和三王冢

---

① 方孝廉:《隋开通济渠与洛河改道》,《考古》1999年第1期。
② 段鹏琦:《汉魏洛阳与自然河流的开发和利用》,《庆祝苏秉琦考古五十五年论文集》,文物出版社,1989年。

南,过今洛阳城南,左合涧谷和瀍水,向东经汉魏故城南,左合伊水,又向东经偃师商城南,至巩县界内,注入黄河。

有关洛阳地区水系的记载,主要见于汉代桑钦所著的《水经》和北魏郦道元为其所撰之注。这些有关汉魏时期洛阳水系的记载,为我们复原汉魏故城以西洛河的流经地提供了很好的帮助。《水经·洛水注》载:洛水过宜阳县后,"又东北出散关南,洛水东,径九曲南,其地十里,有坂九曲,洛水又东,枝渎左出焉。枝渎又东,径周山,上有周灵王冢。又东北,径三王陵,又东北过河南县南,又东过洛阳县南,伊水从西来注之"。由此段文献看,北魏时洛水和洛水支渎皆由周山和三王陵南东北流。方孝廉先生在20世纪90年代通过实地考察指出:"至于北魏洛水和洛水支渎的具体地望,显然应在周山、三王陵至非山北麓二级阶地间为一条状低地,而这一条状低地今尽为洛河河道所占据,要在此处查明北魏时期的洛水水道和洛水支渎实不可能,但由此可以认定,当时的洛水当在今洛河河道处。"① 这一条状低地,是洛河由山区丘陵进入伊洛河平原的最后通道,随着河床高度的陡然降低,洛河会在此处呈喇叭状向伊洛河平原上奔流。洛河在伊洛河平原的河床的南北界,是确定洛河是否在隋代兴建东都城时改道的关键。

洛水南面是龙门西山北麓的二级阶地,地势较高。根据地理形势,龙门西山北麓二级阶地是洛水在此区域的最南边界。洛河南界超不过龙门西山二级阶地,洛河考古调查也基本确定了这个边界。

图十六　隋代夯土建筑的剖面

---

① 方孝廉:《隋开通济渠与洛河改道》,《考古》1999年第1期。

洛水北界,至少可以说隋建东都以前,洛水北界也经考古发掘证实,是在今洛阳市老城区贴廓巷位置。此处是邙山的二级台地,在此形成一个断崖,此断崖南发现有河道堆积的泥沙和卵石。同时,隋代夯土就建在河道堆积上(图十六)。所以有理由认为隋建东都以前,洛河在很长时间里摆动在南至龙门西山、北至贴廓巷的范围内。同时在发掘隋唐洛阳城定鼎门遗址时,发现门址南北两侧的隋代道路下面均为厚约50厘米的黄土,黄土下面为卵石和泥沙等河道堆积。在对南市遗址进行钻探时,发现也有卵石堆积。据在隋唐洛阳城遗址上一些村庄进行的调查,董庄、赵村和茹凹等村居民在打井挖坑时,也都发现有卵石堆积,卵石距地表深1.5~4米不等。这些现象说明:今洛河以北至贴廓巷,洛河以南至龙门西山北麓,在地下普遍存在着卵石堆积。所以洛河改道之说是不成立的。所以说在隋营建洛阳城之前,洛水的位置与今洛河基本一致,隋洛阳城是跨洛水而建。

漕渠,本名通远渠,大业二年(606年)"四月,敕土工监丞任洪则开东都漕渠。自宫城南承福门分洛水,东至偃师入洛。又迕洛水湍浅之处,名干步、陂渚两碛,东至洛,通大船入通远市"①。《河南志·唐城阙古迹》"漕渠"条:"本名通远渠。自斗门下枝分洛水。东北流至立德坊之南,西溢为新潭。又东流,至归义坊之西南,有西漕桥。又东流,至景仁(行)坊之东南,有漕渠。又东流,经时邕、毓财(材)、积德三坊之南,出郭城之西南。"主持漕渠修建工程者为土工监丞任洪则,参与者为官奴。修建的原因是因为洛水多石碛,不通舟航,故开漕渠。"当洛水中流立堰,令水北流入此渠。有余水,然始东下。时令官奴捺此堰,亦号蜀子堰。亦隋炀帝以为水滩泄,多石碛,不通舟航,乃开此渠。下六十余里,至偃师之西,复与洛合。"②这段记载说明了漕渠与洛河是相关的,漕渠分洛水而成,其分洛的位置在东城的南门承福门外,即今洛阳南关附近。此处洛河向北有个很大的拐弯,附近现在仍保存着明清时的南关码头,其位置应该是一直延续下来的。

20世纪90年代中期,洛阳市修建九都路老城段,于老城南关花园附近开挖管沟,在地下约2米处发现有排列整齐的长方形青石;在洛阳市民俗博物馆西侧修建新街时,也揭露出排列规整的青石,根据地望推测有可能为漕渠遗迹。为配合大运河申遗,2011年11月10日,考古所洛阳唐城队和洛阳

---

① 辛德勇:《〈大业杂记〉辑校》,三秦出版社,2006年。
② [清]徐松辑,高敏校:《河南志》,中华书局,1994年。

市文物工作队组成联合调查队,对隋唐洛阳城内漕渠遗址进行了调查。此次调查先后发现洛河至九都路段漕渠遗迹、老城风化街建筑工地遗迹、洛阳老城贴廓巷小学家属院内淤土沟遗迹和路土遗迹(图十七)。漕渠与洛河相接处因洛河的北移而无法确定,但漕渠在隋洛阳城的路线基本可以确定,与文献记载一致。

图十七　考古调查漕渠路线

洛河至九都路段漕渠遗迹。此段为西南—东北走向,位于南关码头西35米处,宽80米左右。其西南起始于现洛河北堤北凸转弯处。东北至九都路与风化街交叉口。全长300米左右。距地表深3~4米。最深处距地表深5.25米,海拔高126.86米,其正南洛河底海拔高127米左右。

贴廓巷小学家属院内淤土沟遗迹。淤土沟呈东西向,已探出东西长26米、南北宽40米左右。为青灰色淤土,内有少量炭灰、陶渣、布纹里瓦片、蚌壳片等。南有东西向路土,此处遗迹北距宣仁门大街430米左右,东距东城东墙300米。位置在立德坊的东偏南。柳林街和小石桥南路土遗迹在东西线上,从走向看,与漕渠南北两岸道路有关。

考古调查基本能复原漕渠在隋洛阳城内的线路,其位置在洛河以北,并不与洛河重合(图十八)。

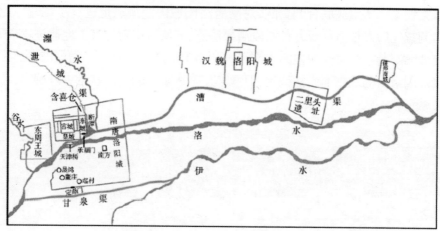

图十八　洛水和漕渠位置示意图(引自李永强:《隋唐大运河洛阳段相关问题试析》，《四川文物》2011年第4期)

运河的开凿使洛阳城内的漕运交通也极为便利。在纵横的大街小巷和一百多个里坊间,河渠如网。整个漕运系统以洛水为中轴,南北两翼遍布着弯弯曲曲的河渠,处处通漕。在洛水北有漕渠、泄城渠和瀍河,这三条河渠相汇处的立德坊成为漕运的主要集中点,其繁荣可想而知。在洛水南有通济渠、通津渠、运渠、分渠,还南引伊水形成两条小渠与运渠相通。这样精心安排都市漕运交通与大运河相通,无疑会促使工商业更加繁荣。隋代,运河中心的洛阳逐渐成为国际性的商业都市,与南北大运河的开凿和漕运的畅通是一脉相通的。

(作者单位：中国社会科学院考古研究所)

扬州曹庄隋唐墓葬的发现与隋炀帝多次改葬之谜

顾 风

2013年3月,在扬州市邗江区西湖镇曹庄中星海上紫郡房地产建设项目工地上发现了两座隋唐墓葬,经过半年多的考古发掘,出土了《隋故炀帝墓志》及一批随葬品。11月16日,由国家文物局、中国考古学会在扬州组织召开了考古发掘成果专家论证会并进行了新闻发布,确认曹庄M1、M2不仅是隋炀帝杨广和萧后的墓葬,也是隋炀帝杨广的终葬之所。这一重大考古新发现揭开了隋炀帝葬地历史之谜,对客观公正地评价隋炀帝、推动隋朝历史研究都具有十分重要的意义。

尽管这次考古解决了长期困扰学界的历史悬疑,但围绕考古新发现,又有一些新的问题摆在我们面前,比如隋炀帝多次改葬的真相究竟是什么?曹庄M1的性质和具体年代? 由于考古工作仍在进行,考古资料尚未完全发表,本人只能根据相关史料结合已发表的考古材料对曹庄隋炀帝陵做些初步研究。

一、关于多次改葬的问题

根据《隋书》《北史》《旧唐书》《新唐书》《资治通鉴》等史籍和新出土的《隋故炀帝墓志》记载,有关隋炀帝杨广埋葬和改葬的信息主要有以下15条。

1. "上崩于温室,时年五十,萧后令宫人撤床簀为棺以埋之。"(《隋书·卷四·炀帝下》)

2. "萧后与宫人撤漆床板为小棺,与赵王杲同殡于西院流珠堂。"(《资治通鉴·卷一百九十八·唐纪十四》)

3. "帝崩于扬州江都县,殡于流珠堂。"(《隋故炀帝墓志》)

4. "(宇文)化及发后,右御卫将军陈稜奉梓宫于成象殿,葬吴公台下。发敛之始,容貌若生,众咸异之。"(《隋书·卷四·炀帝下》)

5. "宇文化及引军北上,召棱守江都,棱集众缟素,为炀帝发丧,备仪卫,改葬于吴公台下。"(《隋书·陈棱传》)

6. "宇文化及引军北上,召棱守江都,棱集众缟素,为炀帝发丧,备仪改葬于吴公台下,衰杖送丧,恸感行路。"(《北史·陈棱传》)

7. "隋江都太守陈棱求得炀帝之柩,取宇文化及辇辂鼓吹,粗备天子仪卫,改葬于江都宫西吴公台下,其王公以下,皆列瘗于帝茔之侧。"(《资治通鉴·卷十百八十六·唐纪二》)

8. (武德三年六月)"癸卯,诏隋炀帝及其宗室柩在江都者为墓室,置陵庙,以故宫人守之。"(《新唐书·本纪第一·高祖》)

9. (武德五年八月)"辛亥,葬隋炀帝于扬州。"(《旧唐书·本纪第一·高祖》)

10. (武德五年八月)"辛亥,葬隋炀帝。"(《新唐书·本纪第一·高祖》)

11. (武德五年八月),"改葬隋炀帝于雷塘。"(《资治通鉴·卷190·唐纪六》)

12. "大唐平江南之后,改葬雷塘。"(《隋书·帝纪第四·炀帝下》)

12'. (武德七年三月),"靖率轻骑先至丹阳……公祏拥兵东走……擒获,江南悉平。"(《旧唐书·李靖传》)

12''. (三月)"戊戌,赵郡王孝恭大破辅公祏,擒之,丹阳平。"(《旧唐书·本纪第一·高祖》)

12'''. "执(辅)公祏,送丹阳枭首,分捕余党,悉诛之,江南皆平。"(《资治通鉴·卷一百九十·唐纪六》)

13. "贞观元年(627年),葬于扬州。"(《隋故炀帝墓志》)

14. "贞观二十一年(647年),殂。诏以皇后礼于扬州合葬于炀帝陵,谥曰'愍'。"(《北史·十四》)

15. "贞观二十二年(648年),三月庚子,隋后卒,诏复其位号,谥曰'愍',使三品护葬,备卤簿仪卫,送至江都与炀帝合葬。"(《资治通鉴·卷一百九十八·唐纪十四》)

综合以上史料统计,隋炀帝从初葬、改葬到合葬前后竟有7次之多。根据 M1 和 M2 的发掘,可以确定萧后与杨广合葬时沿用了传统的同茔异穴式的葬制,在施工过程中并未对 M1 墓室本体产生扰动。虽然,贞观二十二年(648年)的合葬对于 M1 来说也算改葬,因其未对 M1 产生实质性影响,所以,这次改葬可以排除在外。从余下的 6 次信息中我们注意到:唐初官方编纂的《隋书》记录的隋炀帝丧葬信息仅有 3 次,它们分别是大业十四年(618

年)三月萧后安排的初葬;同年8月江都留守陈棱将军主持的改葬吴公台下和大唐平江南之后李唐王朝安排的改葬雷塘。完全没有提及武德三年(620年)和武德五年(622年)的两次改葬。对于武德年间刚刚发生的重大事件,史臣们不可能因工作疏忽而遗漏失载,他们不予采信肯定是有原因的。因自隋末以来,江淮地区先后属于杜伏威、李子通、辅公祏等军阀的势力范围,武德三年(620年)、武德五年(622年),唐高祖李渊父子为了巩固政权、争夺天下,还在与劲敌窦建德、王世充、刘黑闼浴血苦战,虽然曾下诏安葬隋炀帝,但这通诏书下达时在江淮地区并不具有行政效能和实施条件。这两次改葬信息虽由官方发布,不过是代表了李渊于公于私对隋炀帝被弑后事处理的政治态度,对天下人有个交代而已,应该是形式大于内容。所以,宋元之际著名的史学家胡三省在《资治通鉴音注》中指出:"《考异》曰《实录》'武德三年(620年),癸巳,有诏葬隋帝及子孙,此又云葬炀帝,盖三年(620年)李子通犹据江都,虽有是诏,不果葬也。'"直到武德六年(623年),因辅公祏据丹阳反,唐高祖才派遣李孝恭、李靖前往讨伐,唐军主力才首度进入江淮地区。随着武德七年(624年)辅公祏被擒,江南才完全平定,李唐政权这才实际控制了江淮地区。《隋书》记载的最后一条改葬信息,其实施的时间虽不具体,但可以肯定在武德七年(624年)之后,这与《隋故炀帝墓志》记载的两年之后的"贞观元年"(627年)恰好可以衔接起来。如果剔除了武德三年(620年)、武德五年(622年)两次不靠谱的改葬信息,再把"江南平定之后"与"贞观元年"两条信息合而为一,那所剩的丧葬信息便只有三条。以此看来,隋炀帝在初葬江都宫流珠堂之后,改葬的次数可能不会超过两次。

二、关于贞观元年的改葬

曹庄M1内出土了《隋故炀帝墓志》和相关重要文物,从而确认了隋炀帝的终葬之所。作为唐代改葬重要物证的这方墓志,由于长期浸泡在水中表面腐蚀十分严重,尽管志面文字已漫漶不清,但残留的关键信息与史籍记载可以完全对应。特别是志文中残留了"贞观元年"的字样,进一步明确了唐初实施改葬的具体时间。然而,这次改葬隋炀帝事件却在正史中找不到任何记载,这又是什么原因呢?正当武德七年(624年)前后李唐王朝在军事上取得节节胜利,实际控制的区域不断扩大,政权日益巩固的时候,太子李建成、秦王李世民兄弟之间的矛盾却日益加深,最终演变成血腥的"玄武门之变"。李世民以残暴的手段夺取了皇位,逼迫李渊退位当了太上皇。为了巩固封建统治,或许也是为了完成其父李渊在位时的未了事宜,所以李世民登基之后就做了安排并简单实施了对隋炀帝的改葬。鉴于其父李渊早在前几年已经正式颁诏,加之刚刚退位,所以这次改葬的主体既不便明确为李渊(已退位),又不便明确是李世民(不便重复颁诏),于是改葬事件被淡化和模糊处理了。但也有另一种可能,就是武德七年(624年)江南平定之后,改葬隋炀帝的工作已经展开,恰恰在工程实施过程中,突然发生了政权更迭,改葬工程被迫草草收场,墓志的改葬年号只好写"贞观"而不是"武德"。但不管是哪种情况,在敏感的"贞观元年",漏记改葬隋炀帝的事件,绝不会是史臣们的疏忽!它却是一个强烈的政治信号,反映了当时与江都宫政变有牵连,并因为该事件的发生获利上台的李渊父子作为统治者在江山坐稳之后,对这一弑逆事件旗帜鲜明的反对态度。而且,贞观元年(627年)改葬隋炀帝的确不是一个孤立的事件,在此之后,唐太宗李世民为整肃纲纪、拨乱反正采取了一系列的措施,它与之后发生的一连串事件有着十分紧密的联系。贞观二年(628年),李世民多次与魏徵等臣属议论隋亡的原因。六月辛卯(十六日)"上谓侍臣曰:君虽不君,臣不可以不臣。裴虔通炀帝旧左右也,而亲为乱首。朕方崇奖敬义,岂可犹使宰民训俗"①。接着下诏对江都宫政变的这名首犯进行严肃处理,将其免官后流放驩州日南郡(今越南中部)。同年七月,又下诏对其余参与弑逆事件的骨干莱州刺史牛方裕、绛州刺史薛世良、广州都督府长史唐奉义、隋武牙郎将元礼"宜依裴虔通,除名配流岭表"②。到了贞观四年(630年)隋萧后及隋炀帝之孙杨政道由突厥颉利可汗部下酋长执失思力护送回到长安③,一说由李靖派人护送至长安④。萧后和杨政道回到长安后受到了良好的待遇,不仅被妥善安置在"兴道里",杨政道还被"授员外散骑侍郎"⑤。唐太宗不仅对当年参与弑逆事件的主要骨干毫不留情地进行清洗,贞观七年(633年)正月又下诏,对弑逆事件的19名主要参与者"其子孙并禁锢,勿令齿叙"⑥。为旌表忠烈,贞观十二年(638年)唐太宗下诏追封隋炀帝的忠臣尧君素"往在大业,受任河东,固守忠义,克终臣节,虽桀犬吠尧,有乖倒戈之志而疾风劲草,实表岁寒之心……追赠蒲州刺史,仍访其子孙以闻"⑦。

---

① 《旧唐书·本纪第二·太宗上》。
② 《旧唐书·本纪第二·太宗上》。
③ 《新唐书·卷一百一十·列传三十五》。
④ 《旧唐书·本纪第二·太宗下》。
⑤ 《隋书·列传第二十四》。
⑥ 《旧唐书·卷三·太宗下》。
⑦ 《资治通鉴·卷一百九十五·唐纪十一》。

唐太宗之所以对弑逆事件作严肃处理,除了政治因素之外,亲情在其中也产生了一定的影响。李渊与杨广原本就是姨表弟兄,李世民即位后亲上加亲,又册封了隋炀帝女儿为妃,这位杨妃还为李世民生了一个文武全才,唐太宗称其"英果类我"①、十分喜爱的儿子李恪。吴王李恪"地亲望高,中外所向"②。李世民嫌李治懦弱,有意立李恪为嗣君,若不是国舅长孙无忌出于私心坚决反对,历史将会改写。除此而外,唐初萧氏一门也有多人在朝为官,尤其是萧后两个身居要职的弟弟萧璟和萧瑀,前者仕唐任黄门侍郎转秘书监,封兰陵县公。而萧瑀地位更加显赫,在贞观年间官至尚书左仆射,深得唐太宗信任,被封为宋国公。贞观二十二年(648年)三月,萧皇后病逝,唐太宗"诏复其位号,谥'愍',使三品护葬,备卤簿仪卫,送至江都与炀帝合葬"③。对萧后后事的处理是贞观年间唐太宗为江都宫政变平反昭雪所做一系列工作中的最后一件事,史籍记载的这次隆重而正式的葬礼被曹庄 M2 的考古发掘成果所证实,与 M2 的墓葬形制和出土文物的品类、规格也是对应的。

三、改葬吴公台与改葬雷塘

之前本文在对隋炀帝多次改葬的史料做了研究分析之后,得出了改葬不会超过两次的初步结论。如果对应史籍记载,第一次改葬应该是隋炀帝旧部陈稜将军在杨广遇害当年实施的,地点在吴公台;另一次改葬应该是"大唐平江南后",由唐朝官方于贞观元年(627年)实施的,地点是在雷塘。因此,要深入研究曹庄隋唐墓,确定 M1 的时代和性质,最终揭示隋炀帝多次改葬之谜,必须首先研究吴公台和雷塘的历史沿革、相对位置以及它们的相互关系。

关于吴公台的来历,清初顾祖禹在《读史方舆纪要》中说得相对详细,"吴公台在府城(明清扬州城)西北四里,一名弩台,刘宋大明三年(459年),沈庆之攻竟陵王诞,筑台以射城中。陈太建中,吴明彻攻广陵,增筑之,故名"。本人现查阅到关于吴公台的早期记载来自中唐诗人刘长卿,他在著名的五律诗《秋日登吴公台上寺远眺》的诗题中写道:"秋日登吴公台上寺远眺,寺即陈将吴明彻战场"。可见吴公台在唐代不仅是扬州一处凭高怀古的历史名胜,而且上面已建有寺庙,反映吴公台是一处具有

---

① 《唐会要·卷五》。
② 《新唐书·列传第五》。
③ 《资治通鉴·卷一百九十八·唐纪十四》。

相当规模的高地。此后,生活在宋元之际的两位学者在其学术著作中也留下了对吴公台的记录,马端临在《文献通考·卷三百十八·舆地考四》中明确记载:隋代设置的江都县境内重要的地标建筑有芜城、吴公台、雷塘;胡三省则在《资治通鉴音注》中说,吴公台"相传以为陈吴明彻攻广陵所筑弩台,以射城中"。由于隋炀帝改葬于吴公台,这一带又毗邻隋宫城,属于隋炀帝生前活动的范围,加之"隋炀帝之事晚唐盛传,文士颇喜道之"①,吴公台在唐代与隋炀帝扯上了关系,又被称为斗鸡台。这在几位晚唐诗人的诗作中有所反映,如杜牧《扬州三首》之二中的"秋风放萤苑,春草斗鸡台"、赵嘏《广陵道》中的"斗鸡台边花照尘,炀帝陵下水含春"、罗隐《所思》中的"梁王兔苑荆榛里,炀帝鸡台梦想中"。在诗中,他们不约而同地把斗鸡台和隋炀帝联系起来,证实了在晚唐"文士颇喜道之"风气的影响下,吴公台又被赋予了新的文化内涵,同时也催生了《大业拾遗记》《海山记》《迷楼记》等一批文学作品的问世。而《大业拾遗记》和《海山记》中有关隋炀帝"尝游吴公宅鸡台"与陈后主相遇的故事其渊源明显出自晚唐。

　　以上引用的晚唐诗人的诗句不仅反映了斗鸡台(吴公台)与隋炀帝的关系,还反映了斗鸡台的相对位置,从而也印证了隋炀帝陵在吴公台的史实。在众多史料中,明确提到吴公台具体位置的有两条重要史料,一是《资治通鉴·卷一百八十六·唐纪二》中记载隋炀帝"改葬于江都宫西吴公台下";另一条史料出自《资治通鉴音注》:"今扬州城西北有雷塘,塘西有吴公台。"胡三省注的重要性在于,它不仅反映了吴公台的方位,还确定了吴公台与雷塘的相对位置。如果把两条史料结合起来,我们可以得知吴公台与雷塘相距不远,且都在隋江都宫西面。经过多年的考古勘探和试掘,现已确认隋江都宫与汉、六朝广陵城遗址基本重叠,就在今天蜀冈扬州古城遗址的西半部。再与历代关于吴公台位置的史料联系比勘,吴公台遗址应该就在今天扬州古城遗址西部的蜀冈西峰。

　　关于雷塘,古代称为雷陂,最早的记载可追溯到汉代,江都王刘建"游雷陂,天大风,建使郎二人乘船入陂,船覆,两郎溺"②。至于雷陂名称的来历,从《晋书·刘颂传》中或能找到一点线索,"刘颂,字子雅,广陵人,汉广陵厉王胥之后也。世为名族,同郡有雷、蒋、谷、鲁四姓,皆出其下,时人为之语曰'雷、蒋、谷、鲁,刘最为祖'"。雷陂或是由雷姓主导开凿的,或其附近为雷

---

①　《唐五代志怪传奇叙录》序《唐稗思考录》。
②　《汉书·卷五十三》。

氏族居之地,所以后世有称雷塘为雷公塘的。至于雷塘是因为隋炀帝遭天谴,葬后数次为雷所击而形成的天坑,则是后世民间讹传,纯属无稽之谈。雷陂其实就是水库,主要作用是蓄水灌溉农田。作为水利设施,用则兴,弃则废,两千年来,雷塘经历了无数次的兴衰,其范围和功能也是有沿有革的,史料中也反映出这样的变化:唐朝初年,扬州大都督、长史李袭誉为鼓励郡人发展农业生产,"引雷陂水,又筑勾城塘,以灌溉田八百余顷,百姓获其利"①;中唐时期正值朝廷倚重江淮漕运的关键时期,雷陂在补水济运中也发挥了重要作用;在杜亚任淮南节度使期间,"时河渠填淤,积岁为病,乃酾二浸于蜀冈之西,浚旧防以股引,顺地势而启闭,涤源导滞,力省功倍"②,"然后漕挽以兴,商旅以通"③;杜佑接任之后,"又潴雷陂以溉稉地,酾引新渠汇于河流,皆省工费而宏利泽"④。

  从史料记载来看,唐代在蜀冈之上大兴水利建设、保水济运,作为传统水利设施的雷塘,其形态结构可能产生了较大的变化。这从《宋史·刘敞传》中可以找到证据:"扬之雷塘,汉雷陂也。旧为民田,其后官取潴水而不偿以他田,主皆失业,然塘亦破决不可漕,州复用为田,敞据唐旧券,悉用还民。"从这段文字中我们可以解读出这样一些信息:其一,雷陂改称雷塘至迟在北宋,很可能是唐代;其二,唐代兴修水利工程,改造扩建雷陂时,又征用了一部分农田,并且产生了历史遗留问题;其三,长期以来灌溉农田并发挥补水济漕作用的雷塘在北宋时已经残废,完全丧失了济漕的功能;其四,北宋时对雷塘业已干涸的部分进行了复垦。正是经历了这样多次的沧桑变化,雷塘到后来形成上雷塘、下雷塘或上、中、下三塘也就不奇怪了。而且这些水塘之间可能还有渠道相联系,从而组成了蜀冈之上的水利灌溉系统。至于上、中、下三塘名称的由来,我认为不外乎两种情况:一是根据其形成时间的早晚来定的,早期的部分为上,晚期的为下;二是根据水体与参照物的距离来定的,距离参照物近的为上,距离远的为下,而古人设定或约定俗成的参照物应该是扬州城区。与城市距离近的为上,距离远的为下。清代嘉庆年间,扬州乡贤阮芸台误定隋炀帝陵,究其原因,就是对雷塘的历史沿革缺乏深入了解,误将下雷塘当成了上雷塘。加之当时也没有考古手段做支撑,确认槐泗隋炀帝陵的线索仅仅来自于《嘉靖淮扬志》中的图标和当地老

---

① 《旧唐书·列传第九》。
② 《全唐文》卷四百九十七。
③ 《全唐文》卷五百一十九。
④ 《全唐文》卷五百一十九。

农的口述。今天我们不应该苛责前贤,相反,槐泗隋炀帝陵的发现应该看作是明清以来扬州人在探寻隋炀帝陵漫长过程中取得的阶段性成果,反映了扬州人的历史观和对隋炀帝的情感、态度。

曹庄隋炀帝陵的发现,不仅证实了陵就在吴公台附近,而且证实了古雷塘也在这一带。难怪唐人有关隋炀帝的诗作中或指在吴公台,如白居易的"土坟数尺何处葬,吴公台下多悲风"(《隋堤柳》);或指在雷塘,如罗隐的"君王忍把平陈业,只换雷塘数亩田"(《炀帝陵》);也有将吴公台和雷塘合而为一的,如赵嘏的"斗鸡台边花照尘,炀帝陵下水含春"(《广陵道》)。作为文学作品的诗歌,它们同样具有重要的史料价值。唐人去隋不远,诗人们当时在扬州活动,不但可以看到隋宫的遗迹,同样还看到了隋炀帝陵。唐佚书《燕吴行役记》的作者于晚唐元和时期在扬州拜谒了隋炀帝陵,而且还做了记录:"炀帝陵高五十余尺,后齐王暕、赵王杲、其孙燕王倓,三陵东西罗列,各高二十余尺。"从唐人的诗作到宋人的著述,到扬州隋唐城多年累积的考古成果,再到曹庄的考古新发现,它们相互联系,相互支持,形成了较为完整的证据链条。据此,我们或许可以得出以下的结论:吴公台和雷塘是隋江都宫西同一地域的两个相邻或相近的地标性建筑,隋炀帝的改葬从来没有离开过这一区域。

四、关于曹庄 M1 的时间和性质

既然吴公台和雷塘在同一区域,曹庄 M1 的考古结论又是隋炀帝的终葬之所,那么隋末陈棱与唐贞观初实施的两次改葬到底有没有关联?两者之间又是一种什么关系?曹庄 M1 真是唐初建造的吗?要解答这些疑问,还要从 M1 的墓葬本体和出土文物中寻找答案。

曹庄 M1 是一座坐北朝南,由墓道、砖券甬道、墓室构成,墓室平面呈长方形,两侧设置耳室、券顶的大型砖室墓。其形制与关中地区流行的宽凸字形的高等级墓葬一致,明显属于北朝系统。隋代墓葬少见砖室墓,这与北周的墓葬制度相关。北周提倡节俭,不封不树,以致于北周的皇陵及贵族墓葬均不采用砖室墓。与 M1 最有可比性的是经过考古发掘的陕西潼关税村壁画墓(墓主人疑为隋废太子杨勇),它由长斜坡墓道、6 个过洞、6 个天井、4 个壁龛、砖券甬道和墓室构成,水平长度达 63.8 米,尽管它的结构看起来比曹庄 M1 复杂讲究,但如果去除过洞、天井,其结构则基本相同。相比税村大墓,M1 更显得古朴、单纯,合乎旧制。与墓葬形制无关的是施工质量,从考古发掘的情况看,在营造 M1 的整个过程中,草率、将就的痕迹随处可见,如墓葬是平地砌筑的;由于墓道是预留的,墓道壁凹凸不平,显然未经夯实、修整；而且类似木梯这样的施工用具被随意弃置于墓道中；再如，墓室两侧的两个耳室没有从内到外整体发券，而是在门口部位安装木质的门楣，木材朽烂后导致局部坍塌。最能直观反映 M1 仓促营造的是墓葬的建筑材料，M1 使用的墓砖与 20 世纪 80 年代后期扬州唐城考古队在扬州古城遗址西北角发现的隋宫城墙体上的砖块规格是相同的，从这些砖块表面色泽不匀且多数存在开裂、酥松、剥脱的现象可以判断，M1 使用的墓砖是一批营建隋宫城过程中被淘汰、弃用的建筑材料。为节约时间，就地取材，最有可能利用废弃的城砖营造墓葬的是隋朝的陈稜将军。据《隋书》记载，宇文化及走后，陈稜先把隋炀帝从流珠堂地下请出来，"奉梓宫于成象殿"停灵待葬。曹庄 M1 正是在这段时间内仓促营造的。根据《资治通鉴·卷一百八十六·唐纪二》的记载，从宇文化及三月下旬率众离开扬州，到陈稜将军主持改葬吴公台，其间约有 4 个月的时间。在这么短暂的时间里营造这样规模的墓葬虽然是可能的，但难免会出现上述多处因陋就简、马虎草率的现象和问题。如果 M1 是李唐朝廷在贞观元年营造的，在和平的环境下，就完全没有赶工期的必要。对比建于贞观二十二年（648 年）的 M2，两者不但在墓葬形制、墓砖的规格上有了明显的区别，而且，M2 工程的整体质量也明显高于 M1。

  判断 M1 建于隋末的证据，我们还可以从 M1 的出土文物中寻找。由于 M1 墓室顶部全部坍塌，该墓是否早期被盗，考古队没有给出明确的答案，但后代局部的扰动是肯定存在的。M1 出土的主要文物有：13 环蹀躞金玉带 1 条，鎏金铜铺首两副共 4 只，石质墓志一副和灰陶俑数十件（部分表面有彩绘）。先看金玉带，这种多环蹀躞金玉带源于游牧民族，流行于北朝时期，为帝王贵族使用的高档日用品，而这条 13 环蹀躞金玉带属最高等级，很可能是隋炀帝初葬流珠堂即用于陪葬的随身之物。再看鎏金铜铺首，M1 内出土的铺首其形制、工艺、尺寸与唐大明宫出土的铺首十分相似，这种铺首本是江都宫用于宫门上的构件或构件的备用件。如今这种既有使用功能、也有装饰效果的物件在墓葬内出土，其用途应该是棺木上的构件，对其用途的认定依据有二：一是我们在 M1 墓室的底部发现了棺木朽烂后残留的痕迹和部分漆皮。二是在史料中也能找到对应的信息。如"发敛之始，容貌若生，众咸异之"[1]说明陈稜把隋炀帝棺木从流珠堂挖出来，重新进行了装敛，废弃了萧后当初草草安葬隋炀帝时用漆床改制的小棺，赶制了相对讲究的"梓宫"，并在隋宫的成象殿停灵祭奠。否则的话，他们为何要打开初葬的棺具

---

[1] 《隋书·卷四·炀帝下》。

呢？又怎能见到下葬不久、容貌未曾改变的隋炀帝的尸身呢？把宫门构件的备件（有可能是直接从宫门上拆卸下来的）装在"梓宫"上，也算得上陈稜为隋炀帝"粗备天子仪卫"的一项内容，用宫门铺首作为棺木上的装饰构件，既提升了安葬的规格，也从另一个侧面反映了改葬准备工作的仓促。再看，从 M1 墓室两侧耳室里出土的陶俑形态质朴，尺寸较小，其风格比较接近北朝。内中出土的一种甲骑具装俑对墓葬断代具有一定的参考价值。古代军队中骑士和战马都披铠甲称为甲骑具装，这类重骑兵是十六国至隋代中国军队的主力兵种。甲骑具装俑作为陪葬的俑偶，最早在十六国时期墓葬中就有发现，在北朝上层官吏墓葬中也多有出土。据不完全统计，隋代出土甲骑具装俑的墓葬也有 7 例之多，最早为开皇三年（582 年）的刘和墓，最晚是开皇十七年（597 年）斛律彻墓①。在隋末唐初战争实践中，重骑兵逐渐让位于机动灵活的轻骑兵，与之对应的陪葬俑偶其形象随之产生了变化，甲骑具装俑也从唐初墓葬中消失了。这批陪葬俑偶应该是隋末陈稜将军主持改葬时放入，而不是唐贞观元年（627 年）改葬时放入的。

从 M1 的墓葬形制、建筑材料、出土文物研究分析以及地理位置的考订，所有的结论都把 M1 的营建时代指向了隋末。但偏偏在 M1 墓室里出土了唐贞观元年（627 年）的墓志，这又如何解释呢？在这里我们首先要对改葬的含义做一个澄清，因为一说到改葬，人们很容易与迁葬混为一谈，这也是隋炀帝身后葬所让人感到扑朔迷离的原因之一。其实改葬的内涵远比迁葬丰富，择地重葬叫改葬；在墓葬原地增加建筑物、构筑物叫改葬；萧后与隋炀帝合葬，对 M1 来说也可以叫作改葬；打开坟墓放入重要的陪葬品仍然可以称为改葬。我个人认为贞观元年（627 年）的改葬就属于最后一种情况。唐代补刻的墓志是后放入隋末的墓室中的，墓志的残文中隐约透出了这样的信息——志文中出现了"西陵荆棘"几个字，"西陵"在这里应指位于江都宫西的炀帝陵寝，或指江都宫西的高丘，无论是哪种含义，都直接或间接与炀帝陵有关。由于隋末改葬的仓促和简陋，唐初陵墓的环境已是荆棘丛生，一派荒芜。唐朝派人到这里来干什么呢？他们无非是在榛莽之中踏勘寻找隋炀帝的陵寝，实施改葬。但我们的考古同行在进入考古发掘第二阶段时，并没有发现墓室前有被打开过的痕迹，也就是说墓志不是从墓门放入的。那就存在另一种可能，墓志是从墓室直接放入的。由于宇文化及率领叛军刚刚离开，周边割据的军阀都在觊觎这座东南重镇，江都处境非常危险。陈稜将军虽然尽了很大努力，但受工期和其他物质条件的限制，工程质量的确

---

① 山西大学刘斌《十六国北朝时期的甲骑具装及甲骑具装俑研究》。

难以保证。而且,墓室顶部发券是施工的技术难点,使用如此低劣的建筑材料,即使不马虎草率,也会给工程留下重大隐患,墓顶坍塌在所难免。唐人正是发现了坍塌的墓室,所以才舍难求易从墓室直接进入的。我们第一阶段的抢救发掘也是从坍塌的墓室直接往下进行的。作为正式改葬,在放入墓志之后唐人一定对墓顶进行了修复(这正是唐人决定从墓室放入墓志的原因)。同样也是因为发券的技术问题,加之就地取材,墓顶不久便又坍塌了。由于墓室早期的坍塌最终才使蹀躞金玉带、鎏金铜铺首这样一些主要文物免于被盗。或许有人要问:贞观元年(627年)的改葬就是如此简单吗?回答是:可能的。因为贞观元年(627年)唐太宗刚刚夺取皇位,立足未稳,内政外交等军国大事牵扯了唐太宗太多的精力,出于君臣之义和亲情改葬隋炀帝已算不上重要的事情,何况改葬工程还是替太上皇李渊处理的未了事宜,或许李渊在位时工程已经启动了……当然考古工作尚未完全结束,今后还有可能发现与贞观元年(627年)改葬相关的信息和物证。

对比贞观末唐太宗对萧后身后的安排,不仅"诏复位号",正式给予"愍"的谥号,还按礼备了卤簿仪仗,命三品官员护葬,千里迢迢送往扬州与隋炀帝合葬。从曹庄M2出土的编钟、编磬、冠饰和玉璋等重要文物不仅证明了萧后的身份,也证实了这次葬礼的正式和隆重。特别是墓内放置了古代帝王外出巡游祭祀山川才使用的玉璋,耐人寻味!隋炀帝和萧后身后没有能按正常情况安葬在京畿附近,玉璋的陪葬具有重要的象征意义,虽然玉璋是用在了萧后的葬仪中,但这更像是为隋炀帝准备的,或许是对贞观元年(627年)简易改葬的一种补偿。这一切都表达了唐太宗对隋炀帝和萧后的政治态度与私人情感。萧后与隋炀帝的这次合葬,虽然没有影响M1本体,但按规制对墓葬封土加高加大,周围环境的整理提升,几位亲王墓葬的修缮,应该是合葬工程必不可少的内容。正因为如此,中唐、晚唐人才有机会见到高耸的隋炀帝陵,才能去凭吊,发思古之幽情。

(作者单位:扬州市文物局)

试述隋唐大运河与南北方陶瓷器的交流

孙新民

2014年6月,在卡塔尔多哈举行的第38届世界遗产大会上,中国大运河项目成功入选世界文化遗产名录,成为我国第46个世界遗产项目。大运河是世界上建造时间最早、使用最久、空间跨度最大的人工运河,自开凿至今已有1600多年,是中华民族留给世界的宝贵遗产。中国大运河分别由隋唐大运河和京杭大运河组成,隋唐大运河又包括了通济渠和永济渠两大段。其中通济渠开凿于隋大业元年(605年),大业四年又开凿永济渠。第一次将海河、黄河、淮河、长江、钱塘江五大水系,通过永济渠、通济渠、邗沟、江南河连接贯通,使南北物资得以漕运交流,促进了中国封建社会的大发展。隋代虽然是短命王朝,但大运河的开凿却是人类史上的创举,南北方水运的畅通极大地促进了经济的发展,开启了大唐盛世的新时代。本文仅对隋唐大运河与南北方陶瓷器的交流试作一阐述,以就教于学者。

一、通济渠河段出土的陶瓷器

早在中国大运河申遗前,安徽省考古工作者先后于1999年发掘了濉溪县柳孜运河遗址、2006年发掘了宿州市西关运河遗址、2007年抢救性发掘了宿州市区古埇桥地带运河遗址三处,开创了大运河考古的先河,取得了较为丰富的实物资料[①]。上述三次考古发掘出土了大量的陶瓷器,归纳起来主要有四个方面的特点。

一是数量巨大。其中柳孜运河遗址发掘面积900余平方米,出土各类陶瓷片10万片,可以复原完整的陶瓷器900余件。宿州市西关运河遗址发

---

① 安徽省文物考古研究所、安徽省淮北市博物馆:《淮北柳孜运河遗址发掘报告》,科学出版社,2002年;王兴平:《隋唐大运河通济渠出土陶瓷内涵及其历史意义》,《外销瓷器与颜色釉瓷器研究》(中国古陶瓷研究辑丛),故宫出版社,2012年。

掘面积 600 平方米,出土各类文物 1500 余件。宿州市区古埇桥地带运河遗址发掘面积 464 平方米,出土以瓷器为主的文物 2500 余件及瓷片数十万片。

二是窑口众多。这批大运河出土的陶瓷器目前能够辨别出窑口的多达数十个。其中隋代主要为青瓷器,多为安徽淮南窑或临近地方所烧制。唐及五代品类与数量明显增多,涉及产地主要有湖南长沙窑、浙江越窑、安徽寿州窑、河南巩义窑、河北邢窑和定窑等。宋金时期产地更加广泛,与隋唐时期相比增加了南方的江西、福建和北方的陕西,主要有陕西耀州窑、河南临汝窑和禹州钧窑、河北定窑和磁州窑、浙江越窑、江西景德镇窑和吉州窑、福建建窑、安徽繁昌窑和萧窑等,基本上涵盖了当时南北地区的诸名窑。

三是品种丰富。在出土的陶器中,可以看到唐宋时期灰陶、釉陶和三彩;所见瓷器有黄釉、酱釉、青釉、白釉、黑釉和青白釉;装饰方法有划花、刻花、剔花、印花、贴花和绘花,如白釉珍珠地划花、青白釉划花、青釉瓷的刻花和印花、黑釉贴花、白地黑花等;器类更是丰富多样,基本上包括了当时陶瓷器的所有品类。

四是质量上乘。尽管该段大运河出土的陶瓷器不一定是南北方各窑口的最精产品,但由于是用于市场竞争和销售的陶瓷商品,可以肯定应是各窑口生产的大众化促销产品。其中不少产品质量较高,大致可以反映出唐宋时期陶瓷生产的制作工艺水平。

近年在中国大运河申遗过程中,安徽省考古工作者又于 2012 年发掘了濉溪县柳孜运河遗址[1],河南省考古工作者相继发掘了商丘市南关外码头遗址、夏邑县黎阳镇运河遗址、洛阳市回洛仓遗址[2]等,在通济渠沿线都出土有一些各时期的陶瓷器。由于相关考古资料发表得比较少,这里不再赘述。不过,唐宋时期的郑州,作为通济渠上的一个州城,南北方货物也在这里集散交流。河南省文物考古研究院历年来配合郑州老城区改造工程,在郑州市东西大街出土了大量的历代陶瓷器,其中以唐宋时期为最多,陶瓷器窑口大体上与濉溪县柳孜运河遗址相一致[3]。正是隋唐大运河的开凿便利了南北方物资的漕运,陶瓷器作为漕运中的很少一部分,由于它的易碎才

---

[1] 安徽省文物考古研究所:《安徽省柳孜运河遗址 2012—2013 年发掘收获》,《2013 中国重要考古发现》,文物出版社,2014 年。

[2] 洛阳市文物考古研究院:《洛阳隋代回洛仓遗址》,《2013 中国重要考古发现》,文物出版社,2014 年。

[3] 河南省文物管理局、郑州市文化局:《辉煌的历史记忆——郑州配合基本建设考古成果展精品图录》,香港国际出版社,2002 年。

被大量保存下来,成为大运河历史变迁的见证。

二、北方陶瓷器的南下

自越窑在东汉后期创烧成熟青瓷器,历经三国两晋南北朝,基本上是南方青瓷独步天下,一枝独秀。北方地区直到北朝时期才开始烧制瓷器,最初也只有河南巩义市白河窑、河南安阳县相州窑、河北省临漳县曹村窑、山东省淄博市寨里窑等寥寥几处,且均以烧制青瓷为主。巩义市白河窑窑工经过尝试,在烧制青瓷的过程中率先烧制出最早的白瓷。一直到隋代,在北方瓷窑中还是白瓷和青瓷混烧,但是白瓷烧制技术趋于成熟,已经能够制作出薄胎的透影白瓷器。到唐代,制瓷业迎来它的大发展时期,形成了"南青北白"的陶瓷生产格局。南方青瓷窑除越州窑外,还出现了婺州窑、岳州窑、寿州窑、洪州窑等多个名窑。北方地区也有多个窑口生产白瓷,如河北邢窑、河南巩义窑、陕西耀州窑、河北定窑和井陉窑等,其中以河北邢窑、河南巩义窑为代表。

邢窑是唐代著名的白瓷窑场,唐李肇《国史补》中有"内丘白瓷瓯,端溪紫石砚,天下无贵贱通用之"的记载,说明当时邢窑白瓷与端砚齐名,并且为寻常百姓所乐用。邢窑遗址以内丘县城为中心,包括邢台、内丘、临城和高邑等四县一区,分布范围约700平方公里,目前已经确认了北朝至元明时期瓷窑址26处。自20世纪80年代以来,河北省文物部门共对邢窑遗址进行了5次考古发掘,先后对内丘县城关和临城县祁村等多处窑址进行了发掘,发现窑炉10余座,出土各类器物标本上万件,时代涵盖了北朝、隋、唐、五代、金五个朝代[1]。邢窑始烧于北朝,隋代已烧制出透影白瓷,中晚唐时期所产精致白瓷器洁白如雪,有的还刻有"官""盈""翰林"等字款,与陕西省西安市唐大明宫遗址出土的刻款邢窑白瓷完全相同。在扬州市出土的邢窑瓷器主要有白釉执壶、白釉碗;定窑瓷器有唐代白釉葵口碗、五代白釉花式口碗和白釉盂等[2]。

巩义窑主要包括站街镇的黄冶唐三彩窑址和北山口镇的白河瓷窑址。2002—2004年对巩义市黄冶窑址进行了考古发掘,2005—2007年又发掘了巩义白河窑址,其中黄冶窑以烧制三彩为主,白河窑以烧制白瓷为主。两处

---

[1] 河北省文物研究所、内丘县文物保管所、临城县文物保管所:《邢窑遗址调查、试掘报告》,《考古学集刊》第14集,文物出版社,2004年;邢台市文物管理处:《邢台隋代邢窑》,科学出版社,1996年;赵庆钢、张志忠:《千年邢窑》,文物出版社,2007年。

[2] 扬州博物馆、扬州文物商店:《扬州古陶瓷》,文物出版社,1996年。

窑址在唐代不仅生产唐三彩、绞胎器,还烧制有精美的白瓷和青花瓷①。在《新唐书·地理志》《国史补》《元和郡县志》卷五中均记载:河南府盛产白瓷,并贡奉于国都长安。在唐长安西市遗址和大明宫遗址中均出土有巩义窑白瓷器,可以证实文献记载无误。在黄冶窑出土有白瓷贯耳瓶、三足樽、三足炉和唾壶,皆器形硕大,制作精致,非一般百姓所用之物,为巩义窑开元贡白瓷找到了实物依据。

扬州市文物考古研究所在配合扬州城市建设工程的考古发掘中,曾出土有一批巩义窑白瓷、彩瓷和青花瓷器,"扬州出土的这批唐代巩县窑白瓷和彩瓷,按地层年代来分,它主要出土于唐代中晚期地层中,与之伴出的有越窑、宜兴窑、洪州窑、寿州窑、邢窑、定窑、长沙窑的唐代各类窑口瓷片以及波斯陶等,其中巩县窑各类陶瓷片仅次宜兴窑和长沙窑"②。在扬州市区范围内出土的巩义窑完整陶瓷器中,不仅有唐三彩武士俑、生肖俑、贴花兽纹三足炉、贴花三足炉、盂、鹰首壶,还有白釉蓝彩盖罐、黄釉绞胎枕、白釉碗、白釉净瓶、青花瓷盘、青花瓷碗和青花瓷执壶等,几乎包括了巩义窑生产的所有品种③。在江苏出土的陶瓷器中,1962年镇江地区出土的三彩鸭形角式杯、1972年句容县出土的三彩贴花宝相花纹三足炉、1973年邗江县出土的绞胎盘,以及唐三彩脉枕、唐三彩马和白釉绿彩"张"字款粉盒等④,也均为巩义窑所生产。

浙江临安晚唐钱宽夫妇墓埋于同一封土之内,两墓东西并列,相距6米,分别发掘于1978年和1980年。钱宽墓出土精致白瓷15件,器形有花口碟、敞口碗、执壶、海棠杯、腰形盘;其中有13件刻有"官"字款,1件刻有"新官"款;钱宽夫人水邱氏墓出土精致白瓷17件,器形有花口碟、敞口碗、葵口碗、执壶、海棠杯、云龙把杯、杯托;其中有3件刻有"官"字款,11件刻有"新官"款。专家基本认定,钱宽和水邱氏墓出土的这批"官"和"新官"款白瓷应该出自一个窑场,最大可能是定窑所烧制⑤。

---

① 河南省文物考古研究所、中国文物研究所《巩义市黄冶窑址发掘简报》,《华夏考古》2007年第4期;河南省文物考古研究所、中国文化遗产研究院、日本奈良文化财研究所:《巩义白河窑考古新发现》,大象出版社,2009年。
② 李久海、王小迎:《论扬州出土的巩县窑白瓷和彩瓷》,《中国古陶瓷研究》第十五辑,紫禁城出版社,2009年。
③ 扬州博物馆、扬州文物商店:《扬州古陶瓷》,文物出版社,1996年。
④ 杨正宏、肖梦龙、刘丽文:《镇江出土陶瓷器》,文物出版社,2010年。
⑤ 浙江省文物考古研究所等:《晚唐钱宽夫妇墓》,文物出版社,2012年。

三、南方青瓷器的北上

隋唐大运河的开凿与沟通，使扬州一跃成为我国南北水路交通的重要枢纽和国内外最大的商品集散地。我国南方生产的青瓷器也在扬州汇聚，"从众多的瓷器中分析，唐代以宜兴窑、越窑、长沙窑的产品最为丰富，其次为寿州窑产品，洪州窑产品较少；五代、北宋耀州窑的产品有发现，但数量不多；宋代以后龙泉窑产品增多"①。

越窑是中国古代最著名的青瓷窑系。越窑青瓷始烧于东汉后期，鼎盛于晚唐、五代。当时瓷器的烧制技艺已达到了成熟的程度，开始使用匣钵装烧技术，即将器物盛于匣钵之中放入窑炉，从而使器物与火分离，保证了成品后器形端正，釉色晶莹。越窑"秘色瓷"造型严谨，釉色青翠均匀，色泽典雅，体现了当时卓越的制瓷工艺水平。晚唐诗人陆龟蒙曾赋诗赞曰："九秋风露越窑开，夺得千峰翠色来"；陆羽在其名著《茶经》中认为"越州上"，赞美越瓷"类冰似玉"。《新唐书》卷四十一—"地理五"曾记载："越州……土贡……瓷器。"《吴越备史》卷四记述了吴越王向宋王朝贡奉的情况："王自国初贡奉之数，无复文案，今不得而书，惟太祖、太宗两朝入贡记之颇备，谓之贡奉录。今取其大者……金银饰陶器一十四万余事。"

越窑青瓷在唐代都城长安和东都洛阳都有较多的发现。陕西省扶风县法门寺唐代地宫发现于1987年，出土有越窑秘色瓷14件，其中有长颈八棱瓶、漆平脱银扣碗、五曲花式口碗和盘等器形，保存完整。法门寺地宫封闭于唐懿宗咸通十五年（874年），这批器物在同出的《衣物帐》中被明确记载为"瓷秘色"②。西安市唐咸通十二年（871年）张叔尊墓也出土有越窑八棱瓶1件，形制与法门寺地宫出土的八棱瓶相同。另外，在西安市羊头镇唐总章元年（668年）李爽墓还出土有1件越窑葫芦瓶③。

洛阳为通济渠与永济渠的交汇处，隋唐时期为东都，从南方运输来的物资在这里储存和分流。在河南偃师市杏圆唐大历十三年（778年）郑洵墓随葬1件越窑青釉划花鱼纹碗④；在洛阳市矿山机械厂唐墓出土有1件越窑青釉碗，洛阳市铁路分局指挥部住宅楼五代墓出土有1件越窑青釉瓜楞腹执壶⑤；还在洛阳铁道部15工程局驻地五代墓发现1件越窑青釉银扣五瓣花

---

① 王勤金、李久海：《扬州出土的唐宋青瓷》，《江西文物》1991年第4期。
② 陕西省法门寺考古队：《扶风法门寺塔唐代地宫发掘简报》，《文物》1988年第10期。
③ 陕西省文物管理委员会：《西安羊头镇唐李爽墓的发掘》，《文物》1959年第3期。
④ 中国社会科学院考古研究所：《偃师杏圆唐墓》，彩版16、6，科学出版社，2001年，第128页。
⑤ 《中国出土瓷器全集》12"河南"卷第50图、第56图，科学出版社，2009年。

口碗①。三门峡位于东都洛阳和西京长安之间的交通要道上,因此这里也发现了较多的越窑瓷器。1985年在三门峡市第二面粉厂发掘1座唐墓,墓主人为张弘庆,该墓出土有1件越窑青瓷扁壶和1件青瓷碟②。1994年,在三门峡市第二印染厂中亚服装公司唐墓出土有1件越窑青釉唾盂;2001年,在三门峡市电业局住宅小区唐墓出土有1件越窑青釉花口碗;2002年,陕县的1座唐墓也出土有1件越窑青釉穿带壶③。

值得注意的是,在位于北方地区的辽国皇室和高等级贵族墓葬中,也出土有不少越窑青瓷器。如葬于959年的辽太祖之女质古与驸马萧屈列合葬墓一次出土越瓷17件,葬于997年的辽始平军节度使韩轶墓出土有越瓷6件,葬于1018年的辽陈国公主与驸马合葬墓也出土有越瓷7件等。有学者指出:"级别很高的契丹皇族或是与契丹上层有密切关系的汉族官僚墓葬中出土的输入瓷器不但数量丰富,而且窑口也多。邢、越二窑的瓷器绝大多数仅见于这些墓葬中。这些瓷器可能是辽廷赐予随葬的中原贡奉品。"④如果这种推测无误,则辽境出土的这些越瓷也是先经过通济渠运抵中原地区,再转运至辽地的。

长沙窑位于今长沙市望城县铜官至石诸湖一带,是在唐代六大青瓷产地岳州窑的基础上发展起来的。长沙窑最突出的成就是在釉下彩绘工艺上取得重大突破,它改变了过去单色釉、釉上彩的传统工艺,为后世瓷器装饰开辟了新途径。8世纪及9世纪前半期是长沙窑的发展时期,釉色青中带黄,流行在壶、罐类和釉下饰圆形褐斑贴花。9世纪后半期是长沙窑的盛烧时期,釉色以青为主,装饰上盛行釉下彩绘,一般绘于壶、罐类腹壁以及碗、碟类内底等,主要是褐绿彩绘。彩绘题材丰富,有人物、飞禽走兽、花草、云气、山水、文字等。其中墨书文字含有各种诗词,内容丰富,真实地再现了当时中下层人民的生活面貌。

过去一般认为,长沙窑瓷器向唐代两京及北方地区输送,应是溯汉水而上。从扬州市区和通济渠柳孜段出土的长沙窑瓷器看,当时这些瓷器很有可能是从水路先运抵扬州,再通过邗沟、通济渠向北方地区分流。1964年,在洛阳市北郊地方国营砖厂曾出土有1件唐代长沙窑青釉褐彩鹿纹执壶⑤。1980年,陕西省安康市也出土有1件唐代长沙窑青釉贴花褐斑执壶;

---

① 洛阳博物馆:《河洛文明》第475页,中州古籍出版社,2012年。
② 《三门峡市两座唐墓发掘简报》,《华夏考古》1989年第3期。
③ 《中国出土瓷器全集》12"河南"卷第53图、第51图、第55图,科学出版社,2008年。
④ 彭善国:《辽代陶瓷的考古学研究》,吉林大学出版社,2003年,第260页。
⑤ 《中国出土瓷器全集》12"河南"卷第57图,科学出版社,2008年。

另外,1980年在陕西省西安市东郊还出土有唐代寿州窑黄釉印花圆角长方形枕1件①。

值得注意的是,在扬州市区曾经出土有1件五代耀州窑黑胎施白色化妆土的青釉唾壶,尽管发现的数量不多,但表明此时期耀州窑青瓷已经达到一定水平,开始参与南方青瓷的市场竞争。入宋以后,耀州窑青瓷和河南临汝窑青瓷在濉溪柳孜运河遗址、扬州市区都有较多的发现,表明北方青瓷开始向南方地区输出。而江西景德镇湖田窑生产的青白瓷也畅销于北方市场,陕西蓝田县五里头北宋吕氏家族墓地出土有湖田窑青白釉执壶、香薰、托盏、高足杯等②,河南洛阳安乐宋代窖藏也出土有青白釉瓷盂、罐③。正可谓此一时彼一时也,南方青瓷的垄断地位被打破,宋代的瓷业生产呈现出百花齐放的繁荣局面。

四、白瓷和白釉彩瓷的外销

唐代的扬州不仅是我国南北水路交通的重要枢纽、最大的商品集散地,也是当时著名的对外贸易港口。中国陶瓷器的外销开始于唐代。曾有学者将晚唐时期外销瓷形象地总结为"四组合",即浙江越窑、湖南长沙窑、邢窑白瓷和广东地区的青瓷④。也有学者提出:"而被称为邢窑白瓷的实际上包括了邢窑、早期定窑和河南巩县黄冶窑、白河窑等窑口生产的白瓷器,还有一定数量的三彩器物。从考古发现的实物看,北方白瓷实际上以巩县窑的产品占了多数。"⑤1998年,德国打捞公司在印尼勿里洞岛海域一块黑色大礁岩附近发现了一艘唐代沉船,船只的结构为阿拉伯商船,装载着经由东南亚运往西亚、北非的中国货物,仅中国瓷器就达67000多件。其中,长沙窑瓷器最多,约为56500件,有的瓷碗上写有"湖南道草市石诸孟子有名樊家记",说明产品来自长沙窑。另外还包括200件浙江出产的越窑青瓷、350件北方白瓷、200件北方白釉绿彩陶瓷和700余件广东地方窑口烧造的青釉器。因为出水的长沙窑瓷碗上带有唐代宝历二年(826年)铭文,结合其他器物考证,沉船的年代被确认为9世纪上半叶⑥。白釉绿彩器与河南巩义

---

① 《中国出土瓷器全集》15"陕西"卷第78图、第79图,科学出版社,2008年。
② 陕西省文物局、陕西省考古研究所:《留住文明——陕西"十一五"期间大遗址保护及课题考古概览》,三秦出版社,2012年,第185—200页。
③ 洛阳市文物工作队:《洛阳安乐宋代窖藏瓷器》,《文物》1986年第12期。
④ 马文宽:《长沙窑瓷器装饰艺术中的某些伊斯兰风格》,《文物》1993年第5期。
⑤ 秦大树:《中国古代陶瓷外销的第一个高峰》,《故宫博物院院刊》2013年第5期。
⑥ 谢明良:《记黑石号沉船中的中国瓷器》,《美术史研究集刊》第十三期,2002年。

窑及河北邢窑烧造的同类产品风格近似，3件唐青花瓷盘可以确定为河南巩义窑产品，纹样与扬州发现的唐青花执壶、碗、枕等残件近似，形成了从产地到销售地、再到市场的完整链条。

印尼井里汶沉船发现于2003年2月，2005年10月底打捞出水。该沉船里共发现近10万件越窑青瓷和2500多件白瓷器，是继黑石号沉船之后中国早期外销瓷器的又一重要发现。井里汶沉船没有明确纪年，但在一件越窑瓷碗的足底刻有"戊辰徐记烧"字样，说明该瓷碗的烧制年份应是北宋初的968年；一大批铅铸的"乾亨重宝"钱币，是由五代南汉于917—942年发行的。这批白瓷器中既有凤首壶、盖罐、注壶、枕和大量的碗、盘，也有高40多厘米的盘口长颈瓶和海螺形法器等。有学者认为："这批白瓷为高温烧成，胎骨坚实细致，器形考究，可以认定这些白瓷都是晚唐五代的定窑器。"[1]也有学者认为，这批白瓷主要是安徽繁昌窑的产品，"黑石号沉船出水的白瓷均为北方地区的产品，而印坦沉船、井里汶沉船两条10世纪沉船中出水的白瓷则以安徽繁昌窑为主，北方的产品只有少量的新密西关窑产品"[2]。

上述沉船一般认为是从扬州港出发的，沿中国东南沿海分别停靠在明州港、福州港和广州港，然后再开启到东南亚的航线。在出土的北方白瓷和彩瓷器中，主要有唐代的河北邢窑、河南巩义窑和晚唐五代的河南新密西关窑、河北曲阳定窑瓷器，无可争议的是它们都是经过通济渠，先期到达扬州港，或再转运至广州港出海。正是有了隋唐大运河，中国陶瓷器才由此走向了世界，所以说隋唐大运河也应是中国陶瓷之路的一部分。

（作者单位：河南省文物考古研究院）

---

[1] 林亦秋：《印尼井里汶沉船里的五代定窑白瓷》，《中国古陶瓷研究》第十五辑，紫禁城出版社，2009年。

[2] 秦大树：《中国古代陶瓷外销的第一个高峰》，《故宫博物院院刊》2013年第5期。

江南运河与唐前期江南经济的面貌

张剑光

研究唐代江南经济的学者都会注意到中唐以后江南在唐朝经济中的重要地位,认为江南成了唐朝整个国家的经济命脉,在全国财政收入中占有不可替代的地位。这样的观点在唐人的文章中早有表达:"江东诸州,……赋取所资,漕挽所出,军国大计,仰于江淮。"①说明江南稻米是唐王朝主要的粮食依靠。韩愈在《送陆歙州诗序》中更是强调:"当今赋出天下,江南居十九。"②杜牧也说:"三吴者,国用半在焉。"③意指江南对唐朝财政的支撑几乎达到一半。不过,人们在研究唐后半叶江南经济的重要地位时,往往疏忽了江南运河在隋末开凿后对唐代前期江南的影响,没有充分认识到江南运河对唐代前期社会经济的作用,更无法了解唐代前期江南经济发展的真实面貌。本文试就上述问题进行一些探索,不当之处,请方家多提宝贵意见。

隋唐时的"江南"所指的地域概念有宽有狭,本文所指的"江南"主要是指唐代前期江南东道的核心部分,约相当于今苏南和浙北的范围,但在具体论述时,主要以江南运河沿线的润、常、苏、杭四州为例加以说明。

一、隋朝江南运河的开凿

江南运河是隋代大运河的最南一段,北起京口,南抵杭州,纵贯太湖流域,是江南北部的交通大动脉。根据前人的研究,这条运河的开凿可以上推到春秋时期的吴国。④《史记》卷二十九《河渠书》云:"于吴,则通渠三江、五湖……此渠皆可行舟,有余则用溉浸。"这条吴地的"渠",显然指的是运河。学者认为苏州至吴淞江、苏州至无锡间的运道,吴国、越国的时候已经

---

① 权德舆:《权载之文集》卷47《论江淮水灾疏》,四部丛刊初编本。
② 韩愈著,马其昶校注:《韩昌黎文集校注》卷4,上海古籍出版社,1986年,第231页。
③ 杜牧:《樊川文集》卷14《赠吏部尚书崔公行状》,上海古籍出版社,2007年,第210页。
④ 魏嵩山、王文楚:《江南运河的形成及其演变过程》,《中华文史论丛》1979年第二辑。

开通,而今镇江至丹阳段的水道为秦时开凿。①《史记》卷六《秦始皇本纪》谈到始皇三十七年,"浮江下,观籍柯,渡海渚,过丹阳,至钱唐,临浙江",估计是从长江东至丹阳城,然后再往东南至今浙江境内。至公元1世纪前后,江南运河已基本贯通。孙权赤乌八年(245年)派陈勋带将士三万凿句容中道,清王鸣盛曰:"今水道自常府城外经奔牛、吕城以至镇江府丹阳县城外,自此再西北,行至府治丹徒县城外入江。此道大约当吴夫差尚未有,直至孙权方凿之。……丹徒水道,入通吴、会……自今吴县舟行,过无锡、武进、丹阳,至丹徒水道,自孙氏始。"②显然,运河的北段由于地势较高,为确保运道畅通,六朝时期一直是整治的重点。隋朝建立前,在江南实际上已经有一条各个朝代分段开凿和整修的运河,不过估计河道还没有完全疏通,阔狭不一,水位有高有低,想完全畅达地从长江运输货物至浙江,还不能轻易做到。

　　江南运河的全部疏通,是在隋炀帝时期。《资治通鉴》卷一百八十一记载,炀帝大业六年(610年)十二月下令开凿江南河:"自京口至余杭,八百余里,广十余丈,使可通龙舟,并置驿宫、草顿,欲东巡会稽。"十二月是江南一年中最冷的时候,地冻天寒,因此真正的动工肯定是要到来年的春天。关于此条材料,《隋书》没有记载,应该是因为唐初史官并不认为这是一件十分重要的事情,或者说工程量并不是特别大,对江南社会的影响并不严重。元末《无锡县志》卷一《津梁》谈到大市桥时说:"一名通济桥,跨运河,隋大业八年二月建。"在大市桥建桥以前,运河工程应该已经完成。因此最起码可以这样认为,无锡段运河大约在大业七年中已经修成,最迟不会超过大业八年二月。从唐初开始,唐代人对隋炀帝的奢侈和暴政不断进行批判。唐代后期,更是出现了《海山记》《开河记》和《迷楼记》这样的演绎小说,增添了炀帝很多情迹和具体的细节,但都没有涉及炀帝开江南运河。这可以说明,江南运河开凿时动用的人员数量还是有节制的,工程是在有组织有秩序的情况下进行的,人民的反感程度不是很高。

　　虽如上述,但并不是说隋朝开挖江南运河是不存在的,或者说只是对前代河道简单的疏浚。事实上,隋朝开江南河历代都认为是存在的,而且强调对江南交通和经济有很大的贡献。陆游《入蜀记》谈道:"自京口抵钱塘,梁、陈以前不通漕,至隋炀帝始凿渠八百里,皆阔十丈,夹冈如连山,盖当时所积之土。朝廷所以能驻跸钱塘,以有此渠耳。汴与此渠皆假手隋氏,而为

---

① 许辉:《历经沧桑的江南运河》,《运河访古》,上海人民出版社,1986年,第257页
② 王鸣盛:《十七史商榷》卷42《三国志四》,上海书店,2005年,第305—306页。

吾宋之利,岂亦有数邪?"①隋朝开挖的河道,至宋朝还有遗迹,丹阳段挖土堆成山。

《资治通鉴》记载,隋炀帝开凿的江南河"广十余丈",按隋小尺合今24.6厘米计,十丈为24.6米,"十余丈"取其中,以十五丈计,平均河面宽在36米至37米。又元《无锡县志》卷二云:"运河……胜七百石舟。……自京口至余杭郡八百余里,水面阔十余丈。"河面能通行装载七百石的船只,七百石相当于今六七十吨重。如此的载重量,船只的吃水肯定有数米深。江南运河是为了通行炀帝的龙舟才开挖的,而《资治通鉴》卷一百八十"大业元年八月"条谈到隋炀帝所乘坐的龙舟,上下"四重,高四十五尺,长二百尺。上重有正殿、内殿、东西朝堂,中二重有百二十房,皆饰以金玉,下重内侍处之"。虽然江南运河最后没有通行龙舟,但由此也大致可以知道河道的宽度和深度在开挖河道的时候肯定是有一定要求的。

作为运河的配套工程,隋代修建了驿宫和草顿。驿宫应是驿站,不过是驿站中最高级的一种,房子建造成宫殿一般,最初的考虑可能是为了炀帝上岸休息之用。草顿大概是临时性的简易休息场所。不过由于史料记载的缺乏,隋唐江南运河沿岸馆驿有确切建造时间的很少,明确说建于隋代的只有望亭驿。此驿位于无锡东南50里,离苏州也约50里。史云:"望亭,在吴县西境,吴先主所立,谓之御亭。隋开皇九年置为驿。"②至于大业间开挖运河时是否对望亭驿再加以修缮,史书没有明确记载。从润州经常州、苏州至杭州,江南运河沿岸可知的唐代驿站有30多个,其中一半左右在唐代前期的资料中已经出现,这些驿馆中肯定有一些是建于隋代的。

根据后代的一些运河配套设施来推测,学者认为江南运河疏浚时,"沿途的码头、渡口、纤道、桥梁等设施得到了进一步完善"③。除了前引通济桥外,隋代在运河修成后也建了一些桥梁。如《咸淳毗陵志》卷三谈到常州武进县的陈渡桥,"在县南广化门外四里,跨西蠡河。旧传隋陈司徒建"。再如无锡县的梁溪桥,"在县西五十步,跨梁溪,通大湖,隋大业中建",应是运河的配套桥梁。江南运河疏浚后没几年,隋朝就灭亡了,因而隋朝时期建设的桥梁并不是很多。

关于隋炀帝开凿江南运河,还有一个问题应该探讨:炀帝是否纯是为了东巡会稽追求个人享乐而决定开河?用今天的眼光来看,这开凿江南运河

---

① 陆游:《入蜀记》卷1,《全宋笔记》第五编第八册,大象出版社,2012年,第164页。
② 朱长文:《吴郡图经续记》卷下《往迹》,江苏古籍出版社,1999年,第59页。
③ 孙忠焕主编:《杭州运河史》,中国社会科学出版社,2011年,第27页。

的动机可能不会这样简单,我们推测可能与江南地区经济、政治的发展有关,当然与炀帝的个人主观动机也有关联。其一,江南地区的经济发展向炀帝提出了开凿运河的现实要求。早在南朝刘宋时就有人说:"江南之为国盛矣……地广野丰,民勤本业,一岁或稔,则数郡忘饥。会土带海傍湖,良畴亦数十万顷,膏腴上地,亩值一金,鄠、杜之间,不能比也。荆城跨南楚之富,扬部有全吴之沃,渔盐杞梓之利,充仞八方,丝绵布帛之饶,覆衣天下。"①经过南朝的开发,南方经济在不断追赶北方。由于关中地区人口密度较高,农业生产总量有限,并不能全部解决京师的粮食供应,必须仰仗各地的漕运。隋平陈后,朝廷对江南的粮食自然不会撇置不管,炀帝不会仅以江南行政上的归属作为统治的终极目标,沟通南北经济交流可能是他最终的想法。其二,江南地区的重要政治地位也是开凿运河的一大原因。江南原是陈朝统治的中心地带,陈亡后第二年就发生了大规模的叛乱,隋朝平叛所用时间比灭陈所用时间还要长。平叛结束后,隋文帝令杨广坐镇江南达十年之久,这充分说明了隋朝统治者对江南的重视。开运河的前一年,炀帝对给事郎蔡徵说:"自古天子有巡狩之礼,而江东诸帝多傅脂粉,坐深宫,不与百姓相见,此何理也?"蔡徵对曰:"此其所以不能长世。"②也就是说,炀帝认为一个帝王只是坐在皇宫中是不行的,必须深入到百姓之中,要到江东巡狩,才能巩固统治。尽管江南运河开凿后,炀帝没有过江,更没有到会稽,但从政治动机而言,帝王出巡对有效控制地方是十分有效的,会使老百姓产生强大的向心力。其三,从军事角度看,江南地区河网交织,擅长造船,一旦叛乱,水战是其特长,而且还会躲避于海上孤岛。开皇十年(590年)高智慧叛乱,与隋军战败后就逃至海上,而隋军要彻底消灭叛军,必然要用水军去对付。从平陈到杨素平叛,或从海道,或从山阳渎入扬子津来到江南,政府的水军发挥了积极有效的作用。因此,开凿江南河实际上就是为应付以后军事不测所做的一种准备。其四,就炀帝个人来说,到江南巡游享乐是开凿江南运河的一个重要原因,这个是不用隐晦的。炀帝刚登帝位,就"发大江之南、五岭以北奇材异石,输之洛阳"③,他"课州县送羽毛,民求捕之,网罗被水陆"④。他开凿大运河的其他几段,是为了自己巡狩享乐,巡幸江都时,大事铺张,极尽奢靡之能事。开江南运河,应该是延续了以前的做法,想到苏杭和会稽去巡

---

① 沈约:《宋书》卷54《孔季恭传》后论,中华书局,1962年,第1540页。
② 司马光:《资治通鉴》卷181"炀帝大业五年三月",中华书局,1956年,第5644页。
③ 司马光:《资治通鉴》卷180"炀帝大业元年三月",中华书局,1956年,第5618页。
④ 司马光:《资治通鉴》卷180"炀帝大业二年二月",中华书局,1956年,第5623页。

幸,只不过国破身亡来得快了一点。

不过,不管隋炀帝当年是出于什么目的决定开挖江南运河,毕竟在客观上为后人留下了一笔宝贵的遗产。他为江南地区疏浚了一条十分有用的河道,这条河道既宽又长,为江南日后的发展奠定了坚实的基础。从一定意义上说,这条运河改变了江南经济的走向,成就了江南历史发展的命运。

二、唐前期江南运河的维护和修整

江南运河虽然在隋末通航了,但至唐初在运行过程中却出现了一些问题,为了保证全线运输顺利通畅,人们在很多方面做了努力。

在运河上建设堰、埭和闸,这是当时最有效的维护航道通行的方法。运河通航后,要通行载重数百石的大船,必须保证有一定深度的水位。运河长达800里,而从润州到常州、苏州、杭州,各地的海拔有高有低,即使在同一地区内,地势起伏也会较大,这样运河各段就存在着较大的水位差。为保证各河段一定的水位标准,不使河水都往海拔低的地方流,唐代时的江南百姓通过在河中修筑土坝或石坝的办法拦阻河水。这种土坝或石坝当时称为堰或埭,具体做法即修筑一种横截河渠的坝基,使水从坝上漫过,因为将土坝或石坝修到了一定高度,就能抬高水位,控制河水的流失量。堰(埭)设立后,各段河道水位有了确保,就能维持河道通航。虽然船只通过堰(埭)时比较麻烦复杂,但不需要将货物全部搬上岸,通过一段陆上交通后再装船,整个航道仍能通畅无阻。这一办法并非唐朝首创,六朝时就已十分盛行。早在东晋时,京口至丹阳的水道上就设立了丁卯埭:"晋褚裒镇广陵,运粮出京口,为水涸,奏请立埭,以丁卯日,后人构桥,因名。"①唐朝因地制宜,将这种水利技术传承了下来,在江南运河上设置了多个堰(埭)及水闸,其中最主要的有:京口埭,庱亭埭,望亭堰、闸,长安闸。

京口埭在润州城西北京口港,距江1里左右。宋朝人认为,"唐漕江淮,撤闸置堰"②,意谓这里原来是闸,但为了使运输更方便,唐朝改立成堰。《万历丹徒县志》卷二说此堰置于唐朝,但"莫究所始",即具体建立年份不详。宋之问《登北固山》云:"京镇周天险,东南作北关。埭横江曲路,戍入海中山。"③孙逖也有《下京口埭夜行》诗④。因此京口埭设立于唐前期是可

---

① 乐史:《太平寰宇记》卷89《江南东道一·润州》,中华书局,2007年,第1760页。
② 俞希鲁:《至顺镇江志》卷2《闸》,江苏古籍出版社,1999年,第50页。
③ 彭定求:《全唐诗》卷882,宋之问《登北固山》,中华书局,1960年,第9967页。
④ 彭定求:《全唐诗》卷118,中华书局,1960年,第1193页。

以肯定的。《神仙感遇传》谈到:"韩滉廉问浙西,强悍自负,常有不轨之志。一旦,有商客李顺泊舟京口堰下……顷之复在京口堰下,既而诣衙投书韩公……"①韩滉是唐德宗建中二年(781年)到浙西任职的,而这时京口堰早已存在,可以推定此堰的设立必在唐代前期,而且时间较早。② 庱亭埭,在丹阳县东约47里处,《元和郡县图志》卷二十五云:"今置埭。"可知此埭设立于唐朝。由于丹阳以东地势渐低,庱亭埭的设立对保证运河丹阳至润州段水位的意义十分重大。《太平广记》卷四十四引《河东记》谈到贞元中已有庱亭埭,"舳舻万艘,隘于河次,埭开争路,上下众船相轧者移时",因此很可能此埭是建于唐代前期。同时我们也可以看到,庱亭埭是定时开放的,可能是以水位的高低作为是否开放的依据,埭旁已开设了逆旅招待船主人住宿。

望亭堰、闸,在无锡县西45里,据《咸淳毗陵志》卷十五《堰》记载,北宋淳化元年(990年)诏废望亭堰,所以此堰建于唐五代是可以肯定的。同卷《闸》又据《风土记》谈到望亭闸:"隋文帝至德初置。"至德为陈后主叔宝的年号,有可能此堰最初建立于陈末隋初,以后又不断加以修治。长安闸,据《咸淳临安志》卷三十九《水闸》云:"长安三闸,在(盐官)县西北二十五里,相传始于唐。"该书又云长安闸就是义亭埭。唐代在运河南端的长安镇设闸节制水流,并疏导西湖水入运河。不过闸设立的具体年份,未见史料明确记载。此外,《资治通鉴》卷二百六十一唐昭宗乾宁四年(897年)四月谈到嘉兴有驿亭埭,疑此埭是设立于运河之上,具体建埭时间不明。《咸淳毗陵志》卷十五《堰》谈到常州西27里有奔牛堰、闸,从苏东坡有"卧看古堰横奔牛"句可知,此堰的设立有可能是在唐朝。无锡县城西南有梁溪,南北长30余里,与运河相交,为保证运河水不从梁溪中流失,时筑有将军堰。传说是唐将军单雄信提兵路过此处,"以枪止水为堰",后景龙二年(708年)又在运河的北岸置闸。③ 由此可知,为保证运河顺利通航,确保一定水位,唐、五代时期在运河上设立了为数不少的堰(埭)和水闸,同时在与运河相交的河道口也设堰闸,以防过多的运河水流失。

---

① 卢宪:《嘉定镇江志》卷21《纪异》引,《宋元方志丛刊》,中华书局,1990年,第2537页。
② 《新唐书》卷41《地理志五》润州丹徒县下云:"(开元二十二年刺史齐浣)乃于京口堰下直趋渡江二十里,开伊娄河二十五里,渡扬子,立埭,岁利百亿,舟不漂溺。"据此,开元所立为伊娄埭,而京口埭的设立在之前。齐浣任润州刺史的时间在开元二十五年,《新唐书》这里的记载应该有误。
③ 《咸淳毗陵志》卷15《堰》引《祥符经》,《宋元方志丛刊》,中华书局,1990年,第3100页。《无锡志》卷2《总水二之二》云:"溪侧有将军堰,今构石梁于上,遗址尚存。……《风土记》云:'唐景龙三年置堰,堰旁有梁萧将军墓,宋嘉祐中开运河,通梁溪,取太湖水,堰遂废。'……旧有闸,今废。"

为了保证运河水位,人们还将其他湖泊的水源引进运河。运河丹阳至京口段,地势较高,河面浅狭,早在唐以前人们就认识到了这一问题,遂将河床挖深,但水流仍时常不足。这一段运河主要靠丹阳附近的练湖水补充水源,"官河水干浅,又得湖水灌注,租庸转运及商旅往来,免用牛牵"①。后人曾说:"湖水放一寸,河水涨一尺。"②这段运河依靠了练湖水就能确保通航。

此外,人们对江南运河还进行了疏浚并采用改动入江口等办法来保证运输畅通。元《无锡志》卷一《津梁》谈到无锡南市桥时说桥跨运河,"唐武德中凿运河时建"。这条资料与南宋的《咸淳毗陵志》记载相同,估计出于一源。如此看来,无锡附近的运河在唐代武德间再次进行了疏浚,估计是在隋朝开凿基础上的进一步修整,并不是新开运河。《无锡志》卷二《总水二之二》又云:"运河……胜七百石舟……自唐武德以后至今累浚,为东南之水驿。"可知,唐初武德间无锡的疏浚肯定是存在的,而且不只一次。运河的入江口隋唐前期在丹徒,而此时长江江面宽达 40 里,不过随着润州段长江主泓道的变迁,上游江水挟带而下的泥沙,在运河入江口淤积得越来越多。北岸扬州段江面积沙更多,沙洲不断上涨,渐渐露出水面,并渐渐与江北合拢,至开元时洲上已有百姓安居,江面变狭,仅为 20 余里。开元二十五年(737年),齐浣任润州刺史,因"润州北界隔吴江,至瓜步沙尾,纤汇六十里,船绕瓜步,多为风涛之所漂损"。为减少漕船在江中迂回航行的风涛危险,"乃移其漕路,于京口塘下直渡江二十里,又开伊娄河二十五里,即达扬子县。……又立伊娄埭,官收其课,迄今利济焉"③。这样,运河的入江口从丹徒移至京口埭。李白曾有诗歌颂这件事说:"齐公凿新河,万古流不绝。……两桥对双阁,芳树有行列。……海水落斗门,潮平见沙汭。"④新入江口的建立和江北伊娄河的开凿,使来往运河的船只较之前更为方便。

因为运河是江南水上骨干通道,所以唐前期持续不断地对之进行维护和修整,说明人们已清醒地认识到运河的作用。这种对江南运河通航能力的维护,必将对江南经济的发展带来较大的影响。

三、江南运河对唐代前期经济发展的作用

隋朝开通了江南运河,到了唐代前期又采取了不少措施来保持河道通

---

① 董诰:《全唐文》卷 370 刘晏《奏禁隔断练湖状》,上海古籍出版社,1990 年,第 1664 页。
② 董诰:《全唐文》卷 871,吕延桢《复练塘奏状》,上海古籍出版社,1990 年,第 4041 页。
③ 刘昫:《旧唐书》卷 190 中《齐浣传》,中华书局,1975 年,第 5038 页。
④ 李白著,瞿蜕园、朱金城校注:《李白集校注》卷 25《题瓜洲新河饯族叔舍人贲》,上海古籍出版社,1980 年,第 1440 页。

畅,这表明江南运河的通航是有着充分的现实需要的。那么,江南运河对唐代前期江南经济的发展带来了什么效应?

唐末诗人皮日休在《汴河怀古》一诗中说:"尽道隋亡为此河,至今千里赖通波。若无水殿龙舟事,共禹论功不较多。"①这首诗虽说的是汴河,但用到江南运河头上同样是十分适合的。尽管炀帝挖河的一个重要目的是为了通行龙舟,但在后人看来他挖河的功绩比禹还要大,至唐末大家都在依赖着这条河流的运输。

大体上说,江南运河对唐代前期江南经济发展的作用主要表现在以下几个方面:

1. 使江南与淮南、中原紧密地连成一片,同时拉近了闽、岭南与中原之间的距离。江南运河开凿后,南可通钱塘江,江南东道的几个地区相互粘合得十分紧密;北可通过山阳渎、汴河与淮南、中原地区连接起来。武则天时期的崔融曾描述唐代的交通:"四海之广,九州之杂,关必据险路,市必凭要津。……且如天下诸津,舟航所聚,旁通巴、汉,前指闽、越,七泽十薮,三江五湖,控引河洛,兼包淮海。弘舸巨舰,千轴万艘,交贸往还,昧旦永日。"②按他的意思,唐代整个交通格局中,闽、越是其中的一部分。之所以他有这样的观念,与隋朝大运河沟通后,由中原经运河,在扬州过江,通过江南运河来到闽、越,从而将淮南、中原和江南连为一体,进而向南经钱塘江进入闽、广,又把江南和闽、广连接进国家核心区域的现实情况有关。

将江南与淮南、中原地区串连成一片的是运河。这种连接的需要,实际上在南朝就已经出现。永嘉以后,中原动荡,北方移民中有许多人就是沿着泗、楚、扬到达晋陵和京口地区的,如祖逖"率亲党数百家避地淮泗",后"居丹徒之京口"。③ 隋朝灭陈时,贺若弼率领的一路大军从广陵渡江进入南徐州,在攻克建康后就挥师直下晋陵和吴州。④ 隋朝平陈后的第二年,陈朝旧地爆发了一场大规模的反隋运动,隋政府派杨素前往镇压,杨素率舟师自扬子津渡江进入江南,一路从晋陵、无锡、吴州镇压下去,深入东阳、乐安、永嘉,直至打到泉州平定叛乱为止。⑤ 这个时候,江南运河还没有沟通,但实际上当时的交通线路已基本上是沿着运河的走向通至江南纵深。自隋朝江

---

① 彭定求:《全唐诗》卷615,中华书局,1960年,第7099页。
② 刘昫:《旧唐书》卷94《崔融传》,中华书局,1975年,第2997—2998页。
③ 房玄龄:《晋书》卷62《祖逖传》,中华书局,1962年,第1694页。
④ 司马光:《资治通鉴》卷177"隋文帝开皇九年正月"条,中华书局,1956年,第5504—5505页;《隋书》卷52《贺若弼传》,中华书局,1973年,第1344页。
⑤ 魏徵等:《隋书》卷48《杨素传》,中华书局,1973年,第1284页。

南运河沟通后,由此向北通过山阳渎和通济渠,可直达中原。

江南运河将江南和淮南、中原串联起来的作用,唐政府最初并未充分意识到。但随着时间的推移,江南运河的作用越来越明显,政府明白了将江南作为经略东南的重要意义。皮日休有诗谈汴河说:"万艘龙舸绿丝间,载到扬州尽不还。应是天教开汴水,一千余里地无山。"①他认为从汴河到扬州,一千余里变成为一体,将中原和淮南紧密地连接在一起。而过了长江进入江南运河,江南和淮南亦被连接了起来。有人曾说:"汴水通淮利最多,生人为害亦相和。东南四十三州地,取尽脂膏是此河。"②其实就很清楚地指明了这一点。

2. 为人员往来、粮食货物的运输提供了便利。江南运河作为全国性的水上通道,是江南最主要的航道。江南运河北可进入山阳渎,中与长江相交,南与钱塘江相连,是全国水运网络的重要组成部分。

隋朝疏通江南运河,大大改善了运河的通航条件,唐朝则大受其益,江南的物资大多经运河北上运往中原。江南运河沿线数州的大量货物都是直接装船运向北方。即使是浙东地区,也是通过钱塘江、浙东运河再折入江南运河与中原地区紧密联系起来。唐朝前期,江南的粮食、赋税和其他货物,已大量地通过江南运河运向北方。在洛阳含嘉仓,曾经出土了八块武则天时期的仓铭砖,内中有一块是苏州的,记有"苏州租糙米"字样,说明其时的苏州粮食已作为租米运到洛阳储存。③ 苏州租米的运输路线,肯定是经江南运河运向北方的。开元年间,曾设立了管理漕运的专门官员转运使。政府第一次设立转运使是在开元二十一年(733年),"拜(裴)耀卿为黄门侍郎、同中书门下平章事,兼江淮都转运使"④。此后为转运粮食,唐政府屡设转运使,每年漕运南方上百万石粮食至北方,而这些粮食大部分来自江南东道,是经江南运河运向北方。裴耀卿曾向唐玄宗提出改造漕运的办法,其疏中说:"江南户口多而无征防之役,然送租庸调物,以岁二月至扬州……入斗门。"漕船一般来说是从江南运河再过江,从扬州入山阳渎到达北方,漕米往往是在江南运河的沿岸装上船的。他又说:"江南租船所在候水,始敢进发,吴人不便河漕,由是所在停留……臣请于河口置一仓,纳江东租米,便令江南船回。"⑤按照他的说法,江东租米装上船,由吴人运输,运粮的船叫江南

---

① 彭定求:《全唐诗》卷615《汴河怀古二首》,中华书局,1960年,第7099页。
② 彭定求:《全唐诗》卷508 李敬芳《汴河直进船》,中华书局,1960年,第5776页。
③ 河南省博物馆、洛阳博物馆:《洛阳隋唐含嘉仓的发掘》,《文物》1972年第3期。
④ 欧阳修等:《新唐书》卷53《食货三》,中华书局,1975年,第1366页。
⑤ 董诰:《全唐文》卷297 裴耀卿《请缘河置仓纳运疏》,上海古籍出版社,1990年,第1333页。

船。这里他将江东、江南、吴三个概念混在一起使用,其实是差不多的意思,却使我们看到了米在运河沿岸装船后,百姓沿运河往北运向中原的景象。再如天宝年间,缙云郡司法参军王元钦"遵为纲使,统税陈留",负责押运本州的租赋到中原,但"隙驹以往,吴郡染疾,见殁睢阳……浮离县河次,在船而终"①。处州租赋在浙江沿岸装船后顺流而下折入运河,至苏州时王元钦得病,在汴河边上的宋州睢阳郡去世。

行旅往来,经江南运河这一通道既舒适又快捷。延陵人包隰"因选,溯舟于隋河",就是说包隰曾乘船从江南河中由曲阿、润州过江赴选。②《太平广记》卷二十九引《原化记》"李卫公"条云:"苏州常熟县元阳观单尊师,法名以清,大历中常住嘉兴,入船中,闻香气颇甚,疑有异人,遍目舟中客,皆贾贩之徒……"从常熟至嘉兴,所走路线当先到苏州,再沿运河南下。李翱自中原前往岭南,到达扬州后,渡过长江经润、常、苏、杭进入浙江,一直往南,"自润州至杭州八百里,渠有高下,水皆不流"。意谓运河中的埭堰将各段河道的水位调整得高下错落,水流不因地势高下的影响而湍急,行船十分方便。③ 上引这几条虽是唐中期的情形,但想必唐前期的通航情况已是如此,说明运河对江南人民日常生活带来的益处是难以估量的。

3. 为江南农业灌溉和农田水利建设提供了有利条件。唐文宗大和年间,白居易来到两浙地区,他描绘一路上所见说:"平河七百里,沃壤二三州。"并自注云:"自常及杭,凡三百里。"④虽然这是唐后期的景象,但他谈到的却是运河沟通后对周围地区农业的影响,自常州历苏州至杭州,沿运河往东南,一路上全是沃土,依赖了运河,周围农田得以灌溉。

清人曾经论述江南运河苏州段的修筑对太湖东部地区的影响:"当时开浚河道,其深阔者固无处加工,至浅狭浮涨处,其土必堆积两旁,想塘岸之基始于此。"⑤隋朝开凿江南运河,将挖出的泥土堆在河的两旁,成为此后太湖东部吴江塘路的基础。太湖东部本来地势较低,因此中唐以后多次修筑堤塘阻水,使太湖东部免于湖水浸泡,土壤渐渐干结,后来经过农田水利建设,成为广袤的粮田。而吴江塘路最早的基础,应该是在隋初就已奠定。

在运河的周围地区,还修建了一些农田水利工程。江南地区十分重视

---

① 周绍良:《唐代墓志汇编》天宝一三七《太原王夫人墓志铭并序》,上海古籍出版社,1992年,第1628页。
② 钟辂:《前定录》"延陵包隰"条,《全唐五代笔记》,三秦出版社,2012年,第924页。
③ 李翱:《李文公集》卷18《来南录》,四部丛刊本。
④ 白居易:《白居易集》卷27《想东游五十韵》,中华书局,1979年,第607页。
⑤ 沈彤、倪师孟:《乾隆吴江县志》卷41《治水一》,江苏古籍出版社,1991年,第192页。

水利建设,在唐代已是"以塘行水,以泾均水,以塍御水,以埭储水,遇淫潦可泄以去,逢旱岁可引以灌"①。唐代前期,伴随着一些水利工程的修建,荒芜的土地逐渐得到开垦,很多农地成了旱涝保收的高产地。润州金坛县东南33里有南北谢塘,武德二年(619年)刺史谢元超在原来的基础上重新开挖,使之能够"溉田径千顷"。②紧邻太湖的湖州乌程县县令严谋达于开元十一年(723年)疏通荻塘,这是唐代首次在太湖东南方向筑堤浚塘,标志着运河西岸嘉兴湖荡低洼地的开发有了启动的可能性。苏州海盐县在唐穆宗长庆前已"有古泾三百一",虽没有明言这些泾筑于何时,但推测其中有一部分开挖于唐代前期是完全有可能的。盐官县还有捍海塘,"堤长一百二十四里,开元元年重筑"③。对此,《正德松江府志》认为:"唐开元元年筑捍海塘,起杭州盐官,抵吴淞江,长一百五十里。"④照此理解,唐代修的海塘不仅包括后世说的浙西海塘,还包括一部分江南海塘。因为有运河横贯在中间,所以有条件的地区在沿运河两岸修筑水利工程,使大量农田成为水稻产区。

4. 有利于江南城市的发育成长。江南运河是沟通和加强各地区经济联系的纽带,通过航运带来的繁荣是社会生产力发展的必要条件。比如润州,它位于隋唐江南运河北端入江口,北临长江,隔江与扬州相望。处在这样重要的水陆交通路线的关节点上,润州作为两浙地区交通枢纽的地位就自然而然地显现出来。从润州向北可沿运河到达中原,如由润州渡江,经扬州循运河可以到达汴州、洛阳和长安。从润州向西沿长江再往南可达岭南,往北可沿汉水进入中原,往西可达剑南益州。润州是江南的重要交通枢纽,是江浙地区粮食和各类物资北运的重要集散地,既是军事重镇,又是漕运的关键部位,"东口要枢,丹徒望邑,昔时江外,徒号神州,今日寰中,犹称列岳"⑤。润州之所以经济发展较快,以及在政治和军事上极具重要地位,主要是与江南运河有关。换言之,随着江南运河作用的日益突出,润州的地位就渐渐显现出来。

江南运河的南端是杭州。杭州向西南通过钱塘江进入岭南、福建,向东经越州、明州可与海相通。钱塘江自杭州向江南西南地区延伸,北可通江南运河,东可进入浙东运河,这样杭州就位于江南水运交织点上,连接着整个

---

① 朱长文:《吴郡图经续记》卷下《治水》,江苏古籍出版社,1999年,第51页。
② 顾祖禹:《读史方舆纪要》卷25《江南七·镇江府》,中华书局,2005年,第1267页。
③ 欧阳修等:《新唐书》卷41《地理志五》,中华书局,1975年,第1058页。
④ 陈威:《正德松江府志》卷3《水下》,《上海府县旧志丛书·松江府卷》,上海古籍出版社,2011年,第50页。
⑤ 周绍良:《唐代墓志汇编》垂拱〇五二,上海古籍出版社,1992年,第765页。

江南的水运网络。《元和郡县图志》卷二十五杭州钱塘县云:"浙江,在县南一十二里。……江源自歙州界东北流经界石山,又东北经州理北,又东北流入于海。"直接受益于钱塘江航道的有歙、衢、婺、睦、杭五州。因此杭州至中唐被人称为"东南名郡",是"咽喉吴越,势雄江海","水牵卉服,陆控山夷,骈樯二十里,开肆三万室"。① 杭州能取得这样的一种交通枢纽地位,完全是由江南运河的重要性决定的。

随着唐前期江南运河交通运输的发达,运河两岸渐渐出现了一些小城市。如永淳元年(682年)设立的杭州新城县,垂拱二年(686年)设立的常州武进县,垂拱四年(688年)设立的润州金坛县、杭州临安县,天授二年(691年)设立的湖州德清县,万岁通天元年(696年)设立的苏州长洲县,开元五年(717年)设立的苏州海盐县,天宝十年(751年)设立的苏州华亭县等。县城的设立有种种原因,但以上各县的设立与江南运河通航后促进了沿岸地区商品经济的发展有直接关系。其中武进县、长洲县虽然没有建新城池,县衙设在州城中,但设县管理在一定程度上就是经济发展的结果。

可以这么说,江南运河的开凿,促进了唐代前期江南经济的发展,江南地区农业生产、商品经济的发展都与运河交通运输有关。《说郛》卷二十四引宋代卢襄《西征记》云:"遂念隋大业间炀帝所以浚辟使达于江者,不过事游幸尔。……今则每岁漕上给于京师者数千百艘,舳舻相衔,朝暮不绝。盖有害于一时,而利于千百载之下者。天以隋为我宋王业之资也。"卢襄看到了隋代人的辛苦为宋代兴盛带来的好处,其实这条大动脉的作用,对唐代前期来说又何尝不是这样。

四、唐朝前期江南社会经济的真实面貌

通常的观点认为,江南的经济是到了安史之乱以后才有明显的进步。事实是否如此?我们认为,随着隋代和唐初对江南运河的开拓和疏浚,江南运河沟通了长江和钱塘江两大水系,使得从江南到中原的水上航行畅通无阻,这为江南农业、商业和手工业经济的发展带来了较为充足的前进动力。

1. 人口增长远快于全国平均水平

唐朝所处的时代,社会生产力水平仍然不是很高,作为物质基础的社会总产品是依靠了大量使用劳动力获得的,一定数量的劳动力与一个地区的经济发展水平大体是成正比关系。那么,唐代前期江南的人口状况是怎样的呢?

---

① 董诰:《全唐文》卷316,李华《杭州刺史厅壁记》,上海古籍出版社,1990年,第1417页。

根据两种新旧《唐书·地理志》，可看到贞观十三年（639年）江南运河沿线各州的户口数量如下表：

序号	州名	户数	口数	平方公里人口数
1	杭州	30571	153720	18.97
2	润州	25361	127104	16.05
3	常州	21182	111606	13.17
4	苏州	11859	54471	3.94

贞观十三年各州的每平方公里人口数量，我们是参照了翁俊雄先生的研究成果①，由于各州的面积统计或有误差，人口密度仅是一个参考数字。从表中的数字可以看到，杭、润两州人口密度较高，常州其次，苏州最低。苏州不但人口总数较少，而且分布不平均，太湖东部地区在唐初大多是土旷人稀的荒地，这种情况直到开元年间才有所改变。

我们可再观察天宝元年（742年）江南运河沿线的各州户口数量：

序号	州名	户数	增长率%	口数	增长率%	平方公里人口数
1	常州	102631	384.5	690673	518.8	81.5
2	润州	102033	302.3	662706	421.4	83.7
3	苏州	76421	544.4	632655	1061.4	45.8
4	杭州	86258	182.2	585963	281.2	72.3

天宝元年（742年）各州的每平方公里人口数量，我们仍是参照了翁俊雄先生的成果。②天宝年间，润、常二州人口数量接近，每平方公里的人口密度也接近。苏州尽管人口密度不如杭州，但人口总数已超过杭州。

从贞观到天宝，唐朝全国户数和口数都在增加，其中全国户增长率为195%，人口增长率为312.7%，而江南运河沿线四州的户增长率为353.3%，人口增长率为570.7%，远高于全国的平均增长率。有关专家研究表明，全国人口平均密度最高的是四川盆地、汾渭平原、华北平原，而江南紧接其后。天宝年间，四川盆地人口密度为每平方公里约145人，华北平原约

---

① 翁俊雄：《唐初政区与人口》，北京师范大学出版社，1990年，第96、286页。
② 翁俊雄：《唐朝鼎盛时期政区与人口》，首都师范大学出版社，1995年，第204—205页。翁先生的研究认为从贞观到天宝，润州、常州、苏州的行政区划没有变动，而杭州在贞观时为14366平方公里，到天宝时仅为8104平方公里。

为105人,京兆地区约为87人①,而江南运河沿线四州的人口密度已接近京兆地区,成为全国人口聚集的一个重要区域。

由人口增长的数字可以推测,从贞观到天宝,江南经济的发展速度必定快于全国的平均速度。至天宝时期江南人口的猛增,应是当地农田水利工程建设、城市商业发展以及交通发达等综合原因导致的。人口的快速增加,必然会导致经济加速发展,也就需要更为发达的交通运输业。

2. 农业生产的快速发展

我曾经做过统计,唐代江南东道(中唐后分为浙西和浙东)共有96项水利工程,其中唐代前期有21项,占五分之一强。除1项建设时间不详外,其他的20项中,建于高宗武则天时期的有7项,建于玄宗时期的有9项。同样,我们以北方较为重要的河南和河东地区做参照,唐代前期有水利工程46项,其中高宗武则天时期为15项,玄宗时期为11项。② 如果不考虑工程量的大小,只是从数量上看,武则天至唐玄宗时期,江南兴修的水利工程数量与同时期的北方相比,在三分之二左右。江南运河沿线的数州,唐代前期有多项水利工程已如前述,这些工程最直接的效果就是促进了江南水稻生产的发展。

在租庸调制时代,江南每年都有租赋上交政府,不过数量较少。唐代初年,"用物有节而易赡,水陆漕运,不过二十万石"。从江南运往北方的粮食还不是特别多。开元以后,中原粮食缺口增大,需要江南粮食运往北方。裴耀卿改革漕运后,三年间从江南运粮七百万石。以后崔希逸为转运使,每年转运一百八十万石。③

江南种植的水稻,品种日益增多。唐孟诜在《食疗本草》卷下谈到江南有一种粳米"其赤则粒大而香",其实就是红稻,也称火稻,这种稻"宜人,温中益气,补下元",是粳稻中一个特别的品种。粳稻在江南的种植十分广泛,"是时粳稻熟,西望尽田畴"④,红稻是其中的精品。孟诜又说:"江南贮仓人,皆多收火稻。"⑤这里的"收",意谓收购,见到优质的稻谷,商人就要想尽办法收购谋利。作为商品,江南粮食不断被外运各地。《唐国史补》卷中云:"江淮贾人积米以待踊贵,图画为人,持钱一千,买米一斗,以悬于市。"可知

---

① 费省:《唐代人口地理》第四章《唐代人口分布》,西北大学出版社,1996年,第87、94页。
② 张剑光:《关于唐代水利建设重心的一些思考——以浙东、浙西和河南、河东四道为核心》,《山西大学学报》2012年第4期。
③ 欧阳修:《新唐书》卷53《食货志三》,中华书局,1975年,第1365—1367页。
④ 彭定求:《全唐诗》卷189,韦应物《送张侍御秘书江左觐省》,中华书局,1960年,第1929页。
⑤ 孟诜著,郑金生、张同君译注:《食疗本草译注》,上海古籍出版社,1992年版,第206页。

江南有很多米商,他们操纵着粮食的价格,赚取极高的利润。杜甫在《舟中》谈到他在长江中见到"连樯并米船",推测其中的一部分必是江南地区的。《后出塞》又云:"云帆转辽海,粳稻来东吴。"① 反映的是江南的大米通过海道远销到辽东。必须明白的一个事实是,并不是安史之乱以后江南农业才开始突然发展起来,而是唐代前期就已经有了较高的技术和产量基础。

苏州海塘的修筑,对中唐以后江南农业生产区的拓展意义十分重大,正是它们才使得太湖东部地区大量的荒地得到开辟。特别是唐代宗广德年间在太湖东南地区的嘉兴屯田,出现了"嘉禾在全吴之壤最腴","嘉禾一穰,江淮为之康;嘉禾一歉,江淮为之俭"的局面。② 可以确定,中唐安史之乱后江南之所以能迅速成为国家重要的财赋之地,与武则天至玄宗年间一系列重要水利工程的修建密切相关。农业基础打在初唐与盛唐时期,而成效显现于广德、大历年间。

3. 城市建设加快了步伐

隋末唐初,由于社会动荡较少,江南城市没有出现大规模的建设热潮,不过仍有不少城市的城墙在增筑维修。

杭州城始建于隋文帝开皇十一年(591年)。《太平寰宇记》卷九十三《杭州》云:"十一年,复移州于柳浦西,依山筑城,即今郡是也。"关于杨素所创杭州城的范围,《九域志》云:"隋杨素创州城,周回三十六里九十步。"③ 至唐初,在太湖南岸设立湖州。高祖武德四年(621年),越郡王李孝恭新筑湖州城。新筑的湖州城:"罗城东西一十里,南北一十四里。《统记》云:一十九里三十步,折二十四里。"④ 围绕罗城有护城河,"罗城壕周罗城外,唐武德四年李孝恭筑城时所筑"。子城也有护城河,"子城濠分霅溪支流,自两平桥入桥之西隅,有柱石存。旧可通舟楫,市鱼虾菱藕者集焉"。隋代曾将苏州迁至城西南十多里的横山,"空其旧城"⑤,不过到了唐武德九年(626年),又迁回古城,重加以整修,而城墙其实是沿用六朝的苏州城增墙。

县城的修建比较多见。唐代前期,新修造的县城较多,见于记录的数量有十多个。如润州丹阳县,一名曲阿,武德五年曾改设简州,三年后废。丹阳城"周五百六十步,高一丈五尺,四面无壕,即古简州城"⑥。因此丹阳县

---

① 彭定求:《全唐诗》卷232,中华书局,1960年,第2560页;卷18,第186页。
② 董诰:《全唐文》卷430,李瀚《苏州嘉兴屯田纪绩碑颂》,上海古籍出版社,1990年,第1937页。
③ 周淙:《乾道临安志》卷2《城社》引,《宋元方志丛刊》,中华书局,1990年,第3223页。
④ 谈钥:《嘉泰吴兴志》卷2《城池》,《宋元方志丛刊》,中华书局,1990年,第4686页。
⑤ 朱长文:《吴郡图经续记》卷下《往迹》,江苏古籍出版社,1999年,第58页。
⑥ 俞希鲁:《至顺镇江志》卷2《城池》,江苏古籍出版社,1999年,第10页。

城修于唐初,在武德间虽是作为州城,但规模不大。苏州华亭县设于天宝年间,修建了县城。南宋绍兴年间,曾"得唐燕冑妻朱氏墓碑,以咸通八年窆于华亭县城西一里,乡名修竹,是唐之置县,固有城矣"。南宋年间的华亭县,"周回一百六十丈,高一丈二尺,厚九尺五寸"①。宋代并没有修城墙的记录,估计城墙是唐代设县时修建的。常熟县城为南朝萧梁时筑,但"武德七年移县治海虞乡,城遂不存"②。宋朝人谈道:"县城,前志云县城周回二百四十步,高一丈,厚四尺,今不存。"③这里说的城墙应该是唐代移城后新修造的。海盐县设于唐开元五年(717年),元人谈到海盐县城"周回一百七十步,高一丈二尺五寸,厚一丈,后废"④。此城元朝时已废,估计这里的城墙是唐代设县时修筑的。再如常州无锡县,它修筑于前朝,但唐代多次加以修建,"旧城下筑濠,阔一丈五尺"⑤。无锡县城"周七百步,高一丈五尺,唐长寿改元新筑,至万岁通天中甃以砖"⑥。无锡县有城墙,而且外用包砖,围绕城墙有护城河。杭州盐官县城系高宗永徽六年(655年)修筑,"城周四百六十步,高二丈",城墙外有护城河,"濠阔五丈,深四尺"⑦。再如盐官县有个古城,"周六百步,高八尺,隋大业十三年筑"⑧,应是隋末至唐初的盐官县城。

唐朝时的江南城市大多是沿用六朝和隋朝的旧城,有的小城市甚至没有城墙,比较简陋。在唐代初年,尽管没有出现筑城修城的高潮,但我们仍可以看到还是有很多城市整修了城墙和护城河系统,使城市的功能得以充分发挥。城市建设与商品经济的发展往往有一定的关联,所以唐代前期的城市建设,其实足以说明江南经济的发展程度,城市发展对唐后期江南商品经济的繁荣起了较为重要的基础作用。

4. 手工业生产特色明显

江南的手工业生产,早在六朝时期已具有自己的特色,"蚕桑麻苎,各尽其方"⑨。学者认为江南初步形成了冶炼、造船、制瓷、编织、制盐、造纸、制

---

① 杨潜:《云间志》卷上《城社》,《宋元方志丛刊》,中华书局,1990年,第7页。
② 凌万顷:《淳祐玉峰志》卷上《城社》,《宋元方志丛刊》,中华书局,1990年,第1055页。
③ 孙应时:《琴川志》卷1《县城》,《宋元方志丛刊》,中华书局,1990年,第1154页。
④ 徐硕:《至元嘉禾志》卷2《城社》,《宋元方志丛刊》,中华书局,1990年,第4424页。
⑤ 佚名:《无锡志》卷1《城关一之六》,《宋元方志丛刊》,中华书局,1990年,第2189页。
⑥ 卢宪:《嘉定镇江志》卷2《城池》,《宋元方志丛刊》,中华书局,1990年,第2336页。又据《咸淳毗陵志》卷3《城郭》(第1982页)云:"无锡城周回二里十九步,高二丈七尺,外郭周回十一里二十八步,高一丈七尺,门皆有屋。"意谓无锡城有子城和罗城,各有城墙,城门上有城楼。
⑦ 潜说友:《咸淳临安志》卷十八《城郭》,《宋元方志丛刊》,中华书局,1990年,第3537页。
⑧ 潜说友:《咸淳临安志》卷十八《城郭》,《宋元方志丛刊》,中华书局,1990年,第3537页。
⑨ 沈约:《宋书》卷五《文帝纪》,中华书局,1962年,第92页。

茶等七大手工业,已从单纯的原料型产业向制造型产业阶段发展。① 至唐前期,江南手工业的发展达到了较高的水准。

以丝织业为例,江南靠近运河的几个州都出产丝织品,而且都有特色的丝织品。具体可参下表:

州名	《唐六典》	《元和郡县图志》	《通典》	《旧唐书》卷一〇五	
	(开元贡)	(开元赋)	(开元贡)	(天宝贡)	(天宝折造贡)
润州	方棋、水波绫	丝	纹绫	方丈绫十匹、水文绫十匹	京口绫、衫段
常州	紫纶巾		红紫二色绵布		折造官端绫绣
苏州	红纶巾				方丈(文)绫
杭州	白编		绯绫、纹纱	白编绫十匹	

如润州丝织业一直位居江南前列,开元时期润州已贡特色丝织品多种。曲阿人、开元进士丁仙芝曾有诗云:"东邻转谷五之利,西邻贩缯日已贵。"说明普通丝织品已经进入流通领域,而这需要以产品的极为丰富作为基础。丁仙芝还这样描述江宁县:"长干斜路北,近浦是儿家,有意来相访,明朝出浣纱。"②丝织业在民间已相当普及。李白在江宁县时,谈到"吴地桑叶绿,吴蚕已三眠"③,由此可知盛唐时期润州的养蚕种桑技术已达到相当高的水平。汪篯先生认为,唐代前期主要丝织品区有三个,吴越是其中之一,当然他也指出江左的丝织品工妙犹不足与河北、巴蜀地区相比。④ 汪先生指的吴越,其实主要是指江南东道。唐代前期,江南的丝织业已有较快的发展,唐代中期以后江南丝织业发展的基础其实在唐代前期就已建立了。

手工业中的麻布纺织,更是唐前期江南重要的手工业。《唐六典》卷二十中太府卿对"诸州庸调及折租等物应送京者"进行了分等,全国的布被分为九等,江南几州的调布都在中等以上,其中润州火麻为第一等,常州苎布为第二等,苏州、杭州的苎布列第四等。池田温先生根据大谷文书3083、3044、3048所录《唐天宝二年交河郡市估案录文》,谈到布行中有常州布和火麻布:"常州布壹端,上直钱伍佰文,次肆佰玖拾文,下肆佰捌拾文;杂州布

---

① 简修炜等:《六朝史稿》,华东师范大学出版社,1994年,第144页。
② 彭定求:《全唐诗》卷一一四《赠朱中书》《江南曲》,中华书局,1960年,第1155、1157页。
③ 李白著,瞿蜕园、朱金城校注:《李白集校注》卷十三《寄东鲁二稚子》,上海古籍出版社,1980年,第858页。
④ 汪篯:《隋唐时期丝产地之分布》,载《汪篯隋唐史论稿》,中国社会科学出版社,1981年,第297页。

壹端,上直钱肆佰伍拾文,次肆佰文,下叁佰捌拾文;火麻布壹端,上直钱伍佰文,次肆佰玖拾文,下肆佰捌拾文。"①录文中将普通的布统称为"杂州布",这种布明显低于常州布的价格,其中上等布低于常州布10%,中等布要低18.5%,下等布要低20.9%,说明常州苎布的质量在西州特别有竞争力。润州是生产火麻布的地区之一,西州市场上的火麻布应该有一部分是润州的,这种布的价格同样坚挺,受到西北地区人们的喜爱。

上述这几州都有布作为贡和赋,我们可从下表中的一些资料中看出大概:

州名	《唐六典》		《元和郡县图志》		《通典》
	开元贡	开元赋	开元贡	开元赋	天宝贡
润州		火麻		苎布	
常州	苎布	苎	细苎	苎布	细青苎布十匹
苏州		苎		苎布	丝葛十匹
杭州		苎		苎布	

江南运河沿线数州不但布的等级很高,而且生产区域十分广泛,产量很大。《通典》卷六《食货典六·赋税下》云:"(开元二十五年令:)其江南诸州租,并回造纳布。"从开元二十五年开始,江南大部分州田租折纳成布,转漕至北方。杜佑又说:"按天宝中天下计账……课丁八百二十余万……约出布郡县计四百五十余万丁,庸调输布约千三十五万余端。其租:约百九十余万丁江南郡县,折纳布约五百七十余万端。二百六十余万丁江北郡县,纳粟约五百二十余万石。"在天宝计账中,江南的丁数约占全国总丁数的23.17%,是全国纳布人数的42.2%,是全国输布总量的55.07%。虽然上述引文中杜佑说的"江南"比较宽泛,但足可说明江南在全国的重要地位。

从对唐前期江南地区人口增长、农业发展、城市建设、手工业生产等几个基本方面的描述不难看出,唐前期江南经济的基础是比较稳固的,经济的总量已有很大的规模。随着江南运河作用的越来越突出,江南经济崛起的基础条件已大体具备,只要有合适的时机,江南经济就会迈开快速发展的步伐。

---

① 转录自池田温《中国古代物价初探——关于天宝二年交河郡市估案断片》,文载刘俊文主编《日本学者研究中国史论著选译》第四卷,中华书局,1992年,第454页。

五、结　论

通过上述对隋末唐初江南运河历史的探讨，我们可以看到，隋朝在前人的基础上对江南运河进行了疏浚。运河的工程量不是很大，对社会产生的负面影响不是十分剧烈，因而社会对其反应很小。不过隋朝疏通、深挖、开阔了河道，对江南运河整个交通运输体系进行了建设。虽然运河建在隋朝，然隋朝并没有享受到这条河流带来的益处，倒是对唐朝及后代产生的作用很大。

唐代前期，运河沿线各州继续完善运河的功能，并对交通运输中渐渐显露的一些问题进行针对性的解决。唐朝人认识到了运河的重要性，因而对运河的修缮工程不断，确保了运河能发挥出越来越大的作用。运河的畅通，沟通了长江和钱塘江水系，将江南和淮南、中原连成一体，江南对全国的意义逐渐显现出来。运河在唐前期，对粮食和各种物资的运输、对各种人员的往来、对农业灌溉和水稻种植、对沿河城市的发育成长，其作用越来越直接。运河对江南经济发展的推动，直接导致江南经济在唐前期就已建立起稳定的发展基础。我们通过研究可以看到，唐前期江南经济的发展已达到一定的水准。安史之乱后，中央政府把财赋中心移到了江南，南方大量粮食运向北方，成为"国用大半"的财赋基地，形成了所谓"辇越而衣，漕吴而食"的局面，[①]没有唐前期奠定的发展基础，中唐以后是不可能轻易出现这种局面的。

以往，我们一直认为江南的开发是安史之乱以后的事情，而事实上，上面所引杜佑的数据告诉我们，江南丁口和布纺织经济在唐前期已占全国四分之一强，江南的经济实力在悄悄地上升。

唐前期的江南经济发展十分快速，这与江南运河的促进作用密不可分。这是我们在谈论江南经济发展时不能忽略的一点。

（作者单位：上海师范大学人文学院）

---

① 董诰：《全唐文》卷六三〇吕温《京兆韦府君神道碑》，上海古籍出版社，1990年，第2816页。

恰逢其时

——试论"中国大运河"隋代的贯通和唐代的维护

王 睿

2014年6月22日,中国大运河在第38届世界遗产大会上获准列入世界文化遗产名录,成为中国列入"世界遗产名录"的第46个项目。

中国大运河是世界上开凿最早、流程最长的一条人工水道,其发展形成经历了三个时期:第一个时期是春秋战国时期;第二个时期为隋唐时期;第三个时期是元明清时期。隋代,特别是隋炀帝时期,是中国运河体系发展过程中的重要阶段,是大规模开挖、修缮、疏浚大运河的时期,也是大运河繁荣的一个时期①(图一)。

隋代开凿新渠,连通南北各地沟渠进而形成贯通南北的大运河。"运河",顾名思义即为"运送"货物之水道。"大"则表示其范围广阔。"运河"的称谓最早见于北宋欧阳修编撰的《新唐书》中,"开成二年夏,旱,扬州运河竭"②。《辞海》解释,"宋代始有运河之称,元明以来渐成统称"。

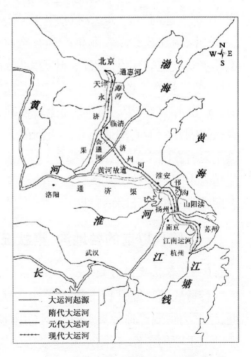

图一 大运河河道变迁示意图
(引自李书恒、郭伟:《京杭大运河的功能与苏北运河段的发展利用》,《第四纪研究》第27卷第5期,2007年)

---

① 程玉海:《中国大运河的形成、发展与繁荣》,《聊城大学学报》2008年第3期。
② 《新唐书》卷三六,志第二六,五行志三。

使用"大运河"一词,最早见于南宋时期,《咸淳临安志》有"下塘河……由东北上塘过东仓新桥入大运河,至长安闸入嘉兴曰运河……"①。此前各段没有统一"运河"称谓,而用"沟""渠""水"等来命名。这表明这些水利设施在当时的功能更多是用于灌溉,而非用于内河航运。但即使有了"大运河"的统一称谓,各段仍然保留其固有称谓,且随时代变化而有所不同②。

"京杭大运河"一词,使用应该不会太早,现代历史著作明确把它限定在元代以后中国大运河的范围里,仅是中国大运河2500多年历史的一个部分。隋代,尤其是隋炀帝时期,是大运河繁荣的一个时期,但当时的"京"是长安,洛阳只是被称为"东都",运河在黄河以北到今天北京的河段,也和"京"毫无关系,所以把京杭大运河和隋代运河联系起来也是不合适的。③宋代使用"大运河"这一概念时,它指的是隋唐至北宋的运河及河道流域。元、明、清使用"大运河"概念,主要指元代后形成的运河及河道流域。因此,用"中国大运河"或"大运河"统称我国运河更为妥当。

中国封建社会以农业生产为社会经济发展的基础产业,农业的发展离不开水利设施的建设。经济、政治发展地区间的不平衡,各地农业发展的不平衡,要求粮食运输,漕运于是出现。而中国境内多数河流是自西向东流入海,南北向河流极少,东西交通比较便利,南北水路交通则比较困难,所以从春秋战国开始就有沟通南北向大河的人工运河出现。而运河这种大的水利设施只有在国家统一、政治稳定、国立强生的条件下才有可能实现。所以,伴随着中国封建社会几次分裂后的统一,也出现了兴修水利的高峰,如秦汉时期、隋唐时期、元明清时期。

一、隋代以前的各地沟、渠状况

(一)春秋战国时期

春秋战国时期是我国历史上由奴隶制社会向封建制过渡的大变革时期,生产力得到迅速发展。铁工具的出现和应用为兴建大规模的水利工程提供了重要的条件,我国水利建设进入到一个新的历史阶段。今安徽寿县的芍陂、河北临漳县的漳水十二渠等大型灌溉工程,沟通长江和淮河的邗沟,沟通淮河和黄河的鸿沟等大型运河,黄河大堤等防洪工程,以及至今让

---

① 潜说友:《咸淳临安志》卷三十五,志二十,下塘河条。
② 关于大运河称谓的研究可参见顾建国、范新阳:《"大运河"称谓的历史性考察》,《社会科学战线》2010年第2期。
③ 程玉海:《中国大运河的形成、发展与繁荣》,《聊城大学学报》2008年第3期。

我们引以为自豪的秦代三大水利工程——都江堰、郑国渠和灵渠都是这一时期的杰作。①

1. 江南运河②

江南运河北起江苏镇江,经常州、无锡,绕太湖东岸到达苏州,过嘉兴,最后南至浙江杭州。公元前514年,吴重建都于苏州,为加强与外界的联系,吴王命伍子胥开通运河,从苏州经望亭、无锡至奔牛,由孟河入长江,由此打通了从苏州直接西航的水上通道③。这段运河的开凿,翻开了中国运河史上的第一页。

2. 邗沟④

邗沟又名韩江、邗江、邗溟沟、渠水、中渎水、山阳渎。春秋末期周敬王三十四年(前486年),吴王夫差为与齐国争霸中原,在江苏扬州东南筑城,开邗口,凿沟引长江水北流,穿樊梁湖,出湖后再入博支湖,经马长汀出湖东北行入射阳湖,西北出,经白马湖至淮阴;再转向东行入山阳池,出池东北行至淮安末口汇入淮河,长约三百八十里。东汉建安元年(196年),由广陵(今扬州)太守陈登主持改凿新道,自高邮向北直达淮安,大致即今里运河一线,长三百四十里。魏、晋时淤浅,复绕射阳湖。

3. 鸿沟⑤

战国时,魏国从安邑迁都大梁(今河南开封)后所开的通向东南的运河即为鸿沟。魏惠王十年(前361年),先在古黄河南岸荥阳古荥镇之衍氏开渠引济水为源,注入圃田泽。三十一年(前340年),又凿渠引泽水东流,经中牟县北抵大梁,名为大沟。由大梁分流南下者,至陈(今河南淮阳)合颍水入淮河。渠成,颍水以上至大沟统称为鸿沟。由大梁分流而东者,接汳水流经兰考、商丘接获水再经虞城、砀山,在徐州以北合泗水入淮河。鸿沟的开辟,串联了济、濮、汴、睢、颍、涡、汝、泗、菏等水,初步形成了黄淮平原上的水道交通网。汉以后鸿沟改称浪荡渠。魏、晋以后又改称蔡河。东行的汳水,因古人避忌"汳"字中有"反"字,便借"汳"与"汴"为同音异体字,改称为汴水或称汴渠。

从春秋时期到南北朝,经过历代的兴建和维护,一个沟通江、淮、黄、海

---

① 周魁一:《中国科学技术史·水利卷》,科学出版社,2002年,第3页。
② 张小庆、张金池:《京杭大运河江南河段沿线城市的形成与变迁》,《南京林业大学学报(人文社会科学版)》第10卷,2010年,第2期。
③ 史念海:《中国的运河》,陕西人民出版社,1998年。
④ 席龙飞、杨熺、唐锡仁:《中国科学技术史·交通卷》,科学出版社,2004年,第445页。
⑤ 席龙飞、杨熺、唐锡仁:《中国科学技术史·交通卷》,科学出版社,2004年,第446页。

四大水系的运河轮廓初步形成，为隋朝兴建沟通全国主要地区的运河网奠定了基础。

秦、汉两朝城市发展是建立在政治空前统一的基础之上，加之秦始皇采取车同轨、税同率、统一度量衡、取消关卡、开驰道等措施，社会经济得到发展，具备了进行大规模水利建设的条件。于是在江南开凿了徒阳运河，即丹徒水道，南起云阳(今丹阳)，北由丹徒入江，就是后来江南运河最北段的通江河道。丹徒水道在春秋战国时已经存在，秦至六朝，又大力疏凿人工河道，形成了东西、南北两条内河水运航线。此后，孙吴在公元 195 年至 208 年开凿了"京口"河道，使丹徒水道东通吴会、西连建业、北接邗沟。①

(二) 西汉至南北朝时期②

1. 汉代黄河、海河等水系的沟通

东汉末年，曹操为沟通黄河、海河水系，开凿运渠，兴建了许多大型工程。

白沟运河是东汉建安九年(204 年)曹操伐袁绍时所开的一条运河。先在淇水入黄河口(今河南淇县卫贤镇)以北数里，以"铁柱、木石参用"筑枋头堰，拦淇水向东北流入白沟。再东行有宛水汇入，流至浚县西南二十里处，有宿胥渎水汇入，至馆陶县南，又有利漕渠引漳水汇入白沟。白沟纳漳水后，下游分为两支：一支在今河北省黄骅县流入渤海；另一支继向东北流至泉州县(旧武清县东南)，汇入滹沱河。

建安十一年(206 年)，为向辽东转运军需粮饷，开平虏渠和泉州渠。平虏渠很可能是借白沟下游的别支加以疏导而成，并非专开的新渠。泉州渠南渠口设在今天津市东南 24 里处的海河北岸，西距平虏渠北口约 76 里。泉州渠的北渠口，在天津市北宝坻县城南洵河与潞河(鲍丘水，又名白河)交汇处。同时又从此开新河渠，向东接通滦河(濡水，河口在今秦皇岛西侧)。

平虏渠、泉州渠、新河渠三段运渠形成一条向北而转东的弧线，与渤海北岸基本平行，可避海运风涛之险。曹操用兵辽东时便可以黄河为中央转输纽带，联接江、淮广大屯田农场的粮秣供给。

以上三渠南接白沟为主干运河，沟通了华北平原的黄河、海河和滦河三大水系。此后，北方统治者都可利用黄河作为中间传输带，将黄河以南的灵渠、鸿沟、汴渠、江南运河和黄河以北的白沟、平虏渠、泉州渠、新河渠再接主

---

① 张小庆、张金池：《京杭大运河江南河段沿线城市的形成与变迁》，《南京林业大学学报(人文社会科学版)》第 10 卷，2010 年。

② 席龙飞、杨熺、唐锡仁：《中国科学技术史·交通卷》，科学出版社，2004 年，第 449—450 页。

干自然河道,从而构成了一个四通八达的水运交通网。上述漕渠在南北朝时期或干涸、或阻塞,但是,它们还是为隋炀帝开永济渠奠定了基础①。

2. 西汉至东晋时期的邗沟

西汉沟通江淮的邗沟在广陵辖区,当时属吴王刘濞的封地。刘濞为繁荣当地经济,流通财货,在城东北20里的茱萸湾(今湾头)引邗沟开盐运河,向东通广陵仓(今泰州)及如皋磻溪,东南置白浦,捍盐通商。江、淮贡赋通过邗沟、汴渠北运,入黄河可达长安,东汉时则入黄河经洛水至京师洛阳。

东汉时邗沟仍是转输江南贡赋的主干渠道。它从邗城(今扬州)城西南引长江水为源,至湾头折向北流,经武广、陆阳二湖之间,北入樊良湖。再折向东北穿过博芝、射阳二湖,西北行至末口(淮安北五里)入淮河。这条线路纡远且多风涛之险,一般称为东先。建安二年(197年),陈登出任广陵太守,先在广陵城西筑塘,周围90里储水济运,又开邗沟西线,经樊良湖改道向北下注津湖,又由津湖向北开新渠下注白马湖,再出湖北上末口入淮。改道后的邗沟南北径直,改善了航行条件,大致即今里运河一线,从而奠定了大运河的基础。

东晋永和年间(345—356年),江都(扬州)以下淤浅断水,航运不通,遂向西在仪征东北引江水入欧阳埭,向西向东,经扬子桥北上,60里至江都。至此,南至杭州的航路复又全程贯通。

上述这些各自在一定区域范围内兴建的水利设施和水网,无论是在技术上,还是在基础设施上,无疑都为此后隋代大运河的贯通提供了重要的基础。隋代以前,以中原地区为中心、贯通东西南北的中国大运河体系的框架已经构成。隋唐时期对运河大规模的开挖、整治,并由此造成的航运繁荣,基本是在这个框架基础上完成的。隋代以前,各地运河开挖规格较低,运河河道同各地的自然水道联通,许多运河河段都是因为战争需要而开挖,一旦战争结束,运河便废弃淤塞。所以,当时运河发挥南北交通动脉的作用是有限的。

二、隋代大运河的贯通

水利与社会政治经济有密切的联系,并且水利工程一般规模较大,涉及不同行政区划,更加需要政府出面来统一规划、组织和管理。②封建社会,在

---

① 邵金凯:《隋炀帝开凿大运河述论》,《淮阴师范学院学报(哲学社会科学版)》第30卷,2008年第4期。

② 周魁一:《中国科学技术史·水利卷》,科学出版社,2002年,第15页。

国家统一、经济实力提升后,兴修水利是必然选择,隋唐之前的秦汉时期是如此,隋炀帝之前的隋文帝也看到了兴修水利的必要性。所以,修大运河之于隋炀帝更多的是在实现统一国家的政治集权,至于其利用大运河游玩之说则另当别论。隋唐时期大运河的修建是社会经济、政治等各方面发展到一定程度的必然结果,不是隋炀帝一人所能左右的。如果说隋代大运河是应运而生、因势利导的,那么可以说,这个运和势就是隋代统一、国家稳定、经济空前发展。在隋代大运河形成以前,各段沟、渠等已经过多年的开挖和使用。

(一)隋代具备了贯通南北沟渠形成大运河的经济条件

魏晋南北朝时期,北方战乱,人口大量南迁。南方人口增加,同时又学习到北方先进的生产技术,促进了江南经济的发展。农业、水果种植、茶树种植等各业规模扩大,产量提高。东晋南朝的手工业也迅速发展,如荆州和扬州是江南丝织品的重要产地,矿冶业、造纸业、制瓷业都出现了方兴未艾的局面。

在前期社会经济积累的基础上,隋代经济空前发达,人口稳定增长,国家财富增加。隋代时,关中是京师之地,手工业经济比较发达,有"户口岁增,诸州调物,每岁河南至潼关,河北自蒲坂,达于京师,相属于路,昼夜不绝者数月"①的记载。南方手工业继续发展,如扬州、鄂州、益州等地是隋代铸币业的重要基地②;扬州地区有较为发达的铜镜、铜屏风制造业③。同时,扬州的造船业在当时也非常发达。

长江流域的肥沃土地和充沛雨量使得其自然条件远胜于北方,因此江南就很容易开发而形成为一个新的经济区。经过多年的苦心经营,到了隋唐,这一经济区终于变成了全国的粮仓。有学者指出,隋代江南生产获得更迅速的发展,"至此成了全国经济的重心"④。

隋代时国家财政不止收支平衡,而且仓库常有盈余,这是什么原因呢?这个问题不只眩惑了隋文帝本人,就是后来研究历史的人,也多少觉得奇怪,唐代的杜佑、宋代的苏轼,以至最近的学者,都曾尝试过不同的解答⑤。

元代马端临议论道:"按古今称国计之富者,莫如隐。然考之史传,则未见其有以为富国之术也。……夫酒榷、盐、铁、市征,乃后世以为关于邦财之

---

① 《隋书》卷二四,志第一九,食货志。
② 《隋书》卷二四,志第一九,食货志。
③ 《资治通鉴》卷一八三"隋炀帝大业十二年(616年)十二月"条。
④ 吕振羽:《简明中国通史(上册)》,人民出版社,1959年。
⑤ 梁方仲:《论隋代经济高涨的原因》,《历史教学》1956年12月。

大者,而隋五一所取;则所仰赋税而已。……然文帝受禅之初,即营新都,徙居之。继而平陈,又继而讨江南、岭表之反侧者。则此十余年之间,营缮、征伐,未尝废也。史称帝于赏赐有功,并无所爱(惜)……则又未尝啬于用财也……何以殷富如此?"①

上述关于隋代经济状况未解之惑也从某种意义上说明隋代经济的空前发达,这种经济实力使其有能力组织大规模的水利工程,自然包括开凿贯通南北的大运河。

(二)隋代贯通中国大运河的形成

1. 隋文帝开凿运河

(1)开皇四年六月开自长安至潼关的广通渠,以便利关中地区的漕运和交通。自广通渠成,"转运通利,关内赖之"②,似为实况。

(2)"开皇七年(587年)夏四月庚戌,于扬州开山阳渎,以通漕运"③。隋文帝开山阳渎除了疏浚邗沟故道,只是在末口处进行疏浚、修整,未开辟新道。

2. 隋炀帝贯通运河南北

这一时期修建的运河全长2500多公里。以洛阳为中心,由相互连通的四段运河组成。即通济渠、山阳渎、江南运河、永济渠。

(1)通济渠④

大业元年(605年)开工,是沟通黄河和淮河的人工河道。以鸿沟等沟渠为基础,通济渠分为三段:西段自东都洛阳西苑起,引谷水和洛水,穿洛阳城南,东经偃师至巩县洛口入黄河;中段自洛口到板渚,利用黄河自然河道;东段起自板渚引黄河水向东南注入淮河。

关于通济渠东段入淮,有两种说法。一说是"由泗入淮",即黄河水循汴水故道,在徐州东北汇入泗水,注入淮水。另一说是"直道"说,即为隋炀帝开通济渠采取由汴水经商丘东南流入淮水。

(2)山阳渎⑤

大业元年(605年)开工。山阳渎南起江都县的扬子津(今扬州南),北

---

① 马端临:《文献通考》卷二三国用一。
② 《隋书》卷二四,志第一九,食货志。
③ 《隋书》卷一,帝纪第一。
④ 邵金凯:《隋炀帝开凿大运河述论》,《淮阴师范学院学报(哲学社会科学版)》第30卷,2008年第4期。
⑤ 邵金凯:《隋炀帝开凿大运河述论》,《淮阴师范学院学报(哲学社会科学版)》第30卷,2008年第4期。

至山阳(今淮安),长约300公里,沟通了长江和淮河。山阳渎即今扬州到淮安一段大运河,它的南部为新开,北部大体依邗沟故道。隋炀帝开凿邗沟的重点,一是治理南口,由于沙洲淤涨并岸,江岸南移,舟行不便,隋炀帝重修山阳渎,使河道南口折向西南,改由扬子津(今江苏仪征东南)入江。二是开辟新道,即沿东汉陈登所开的直道。新道不再经过射阳湖,改由樊梁湖往北,经津湖、白马湖,到达末口入淮。隋炀帝对这一直道进行了全面疏浚整理,予以加宽加深。这一直道与经过射阳湖的邗沟故道并行不悖。史念海认为:隋炀帝整理过的邗沟……较之吴王夫差的遗迹,又要偏西一点;河身经过屡次改道,也比以前直一点。

(3) 永济渠①

大业四年(608年)开工,它是利用河北平原的自然条件在前代开凿的基础上进行的一项工程。这一工程就是开通黄河以北到北京的运河。永济渠自今河南武陟引沁水到黄河北岸(巩县洛口),向北引沁水入卫河,到达今河南汲县附近,入曹操所开白沟到馆陶,入西汉黄河故道支流屯氏河与大河故渎,至沧州入清漳水,在独流镇则另辟新道折向西北入㶟水(永定河)到达涿郡蓟县(今北京)。

(4) 江南运河②

大业六年(610年)开工,主要是对以往的江南运河进行疏浚、拓宽、加深,使之可行大船。江南运河自京口(今镇江),经苏州、嘉兴到余杭进入钱塘江。

从大业元年(605年)至大业六年(610年),隋代沟通了南起余杭,北至涿郡,贯通钱塘江、长江、淮河、黄河、海河五大水系的人工河道,实现了中国南北水系的贯通,并使之成为日后南北交通的生命线。

三、唐代对大运河的维护

如前所述,我国封建社会以农业经济为基础建立沟通各地的运河,是在政治统一、国家稳定大环境下的必然行动。而中国封建社会经历了秦汉、魏晋南北朝时代的发展,到了隋唐之际南方经济水平有所提高,人口增加,出现了大一统的局面。一方面国家统一要求南北沟通,另一方面南北沟通进一步维护了国家统一,促进了交流、民族融合。所以,此时沟通大运河正逢其时。隋代经济发达,有能力进行大规模的国家工程,贯通大运河;唐代

---

① 程玉海:《中国大运河的形成、发展与繁荣》,《聊城大学学报》2008年第3期。
② 程玉海:《中国大运河的形成、发展与繁荣》,《聊城大学学报》2008年第3期。

经济发达,国家有能力在大运河的使用过程中不断地进行疏浚,并进行有效的管理,实现国家对于资源配置的作用。

唐代时大运河成为其财政军需物资运输的交通线,为了确保大运河能够顺利通航,当政者比较注意运河的维修和扩建。一方面为了保持大运河的流通量,经常疏浚运河;另一方面则扩大运河受益面,使运河交通网更加深入内地①。

(一)扩建关中水运网、汴渠系统、永济渠

唐代把关中水运网进一步延伸和扩大,新凿和疏浚运河的供水渠道与运河达十二项之多,这个水运网以广通渠(唐漕渠)为骨干,向四面扩展。

汴渠,即隋代的通济渠,它同古汴渠不同,古汴渠到开封的定陶一带便同这个交通系统失掉联系。唐代在开封开了一条湛渠,引汴水注入白沟(今河南开封县北),以通曹、兖等州。穆宗长庆年间(821—824年),又在兖州开盲山故渠,把泰山附近的渠系也纳入汴渠的交通网中。唐代不仅扩大了汴渠北端的交通网,而且还于武则天垂拱四年(688年)在涟水县附近开新漕渠,南通淮水,北达海、沂、密诸州。为了改善航运,玄宗开元二十七年(739年),汴州刺史自虹县下开河三十余里入于清河,百余里出清水。又开河至淮扬县北岸入淮,以免淮流湍险之害。睿宗太极元年(712年),又在汴水下游的盱眙开直河,由盱眙通扬州,但未成功。

永济渠通过唐代的维修和扩建,南段水面扩大到宽十七丈、深二丈四尺,保持了航道的畅通。为了扩大水运交通网,还在永济渠两侧新凿了一些支渠。

(二)引水山阳渎、疏浚河道、改进江南河与邗沟连接线

文帝、炀帝先后疏浚或新建了大运河山阳渎一段,使运河畅通了一个时期。入唐以后,扬州水道的开挖和变动增多。唐太宗贞观四年(630年),"有爱敬陂水门,贞元四年,节度使杜亚自江都西循蜀冈之右,引陂趋城隅以通漕,溉夹陂田"②,即杜亚引爱敬陂水入扬州,以通漕运。唐敬宗宝历二年(826年),"漕渠浅,输不及期,盐铁使王播自七里港引渠东注官河,以便漕运"③。此外,还对航道进行了一些技术处理。

1978年,在扬州石塔寺路附近地面以下5米处发现了南北向宽30余米的废弃河道一段和东西向跨度约30余米的木构桥梁遗址,残存桥桩33

---

① 梅芸:《大运河历史兴衰及原因之探究》,《武汉大学学报(工学版)》第43卷增刊,2010年。
② 《新唐书》卷四一,志第三一,地理志五。
③ 《新唐书》卷四一,志第三一,地理志五。

根,独木舟两艘。在此不远处的文昌楼前又发现一条也是南北向宽约15米的古河道。由于位处市区,无法探明河道的南北延伸情况。据遗物及地层可以判定两条河道均为唐代时物。结合文献,相关研究指出,30余米宽的河道可能就是唐代杜亚所疏浚的官河,15米宽的河道可能是被王播所废弃的"扬州城内旧漕河"的一段。后一条河道比较窄,使用时间较长,其旁有木船出土,说明该河道当时必可运输,它应是与主河道相同的一条支渠。①

史籍中对于扬州段运河——山阳渎淤塞及治理还有其他记载。《新唐书·齐浣传》:"浣徙索卢丞、郴州长史、濠常二州刺史。迁润州,州北距瓜步沙尾,纡汇六十里,舟多败溺。浣徙漕路繇京口埭,治伊娄渠以达扬子,岁无复舟,减运钱数十万。"②《新唐书·地理志》润州丹阳郡之丹徒望:"开元二十二年,刺史齐浣以州北隔江,舟行绕瓜步,回远六十里,多风涛,乃于京口埭直下趋渡江二十里,开伊娄河二十五里,渡扬子,立埭,岁利百亿,舟不漂溺。"③以上两段文献说明,唐初扬子桥以南至瓜州二十余里是淤积沙地,江水经常泛滥,十分不稳定。

唐代梁肃记载:"……当开元以前,京江岸于扬子,海潮内于邗沟,过茱萸湾,北至邵伯堰,汤汤涣涣,无溢滞之患。其后江派南徙,波不及远,河流侵恶,日淤月填,若岁不雨,则鞠为泥塗,舟楫陆沉,困于牛车,积臭含败,人中其气为疾。"④

当时从京口渡江必须取道瓜步(在仪征附近),十分不便。而与京口隔江相望的瓜州,从晋代始出水面。到开元以后沙见长,才具备了在此开河建渡口的条件,齐浣开凿伊娄河正是在这种可能和需要下完成的。随着伊娄河的开凿,瓜州成了南北渡口的枢纽,循伊娄河到扬子镇,会合仪征运河,直达扬州,既缩短了行程又保证了漕运。

大运河开凿于隋代,但真正因运河获利的是唐、五代甚至宋代各时期,这既体现了大型水利工程惠民获利的延后性,又揭示了大型水利工程的后期维护有着与兴建同等甚至更为重要的作用和责任。没有后来唐代对大运河的维护、疏浚、管理以及宋代对大运河水利工程整体技术的提升,大运河恐怕也只能是昙花一现的水利工程。

---

① 秦浩:《试述扬州水道的变迁和唐城》,《南京大学史学论丛》第三辑,1980年3月。
② 《新唐书》卷一二八,列传第五三,齐浣传。
③ 《新唐书》卷四一,志第三一,地理志五。
④ [唐]梁肃:《通爱敬陂水门记》,《古今图书集成》卷七五三。

封建社会以农业为基础,水利设施的建设要求历代朝廷必须给予充分的重视。而运河这种大规模的水利设施建设,要求国家统一、政治稳定、国立强生才有可能实现。隋唐时期,中国再次出现了统一、稳定、经济发展的历史环境。国力强盛,有实力贯通大运河,并维持其南北交通线的作用,这是封建社会经济、政治发展到一定阶段的必然。

(作者单位:中国社会科学院考古研究所)

杨广的十年扬州总管与隋朝的国运

王虎华

"我梦江南好,征辽亦偶然。但存颜色在,离别只今年。"杨广第三次南下扬州,许多美艳的宫女不得随行,她们哭泣着挽留皇帝,皇帝便题了这首诗赐给宫娥。有人说杨广这是假惺惺地故作多情,因为他心中自知此去凶多吉少,已有不再回到长安的打算。不管怎样,杨广当时心中的目的地只有一个——江都。此时,他不会不忆起他与这座城市的关系:十年总管,三下扬州。"好头颅,谁当斫之?"他后来才明白,江都还是自己的归宿之地。

是的,扬州是杨广的发迹之地,是他最初建功立业的地方,是他策划和实施夺取皇太子地位进而登上皇帝宝座的基地,是他心目中的南方国都,也是他最后梦断魂销的地方。他在江都韬光养晦,运筹帷幄,再从这里出发,叱咤风云,大展宏图,威震四海,又一意孤行,逆天虐民,最终天怒人怨,如丧家之犬,奔回江都,仿佛走了一圈,又回到了起点。

盘点杨广不太长的一生,他任扬州总管的十年十分重要。他在这里做了些什么?他的所作所为对他皇帝梦的实现起了怎样的作用?又对隋朝的国运产生了什么样的影响?如果他是另一番作为,将又会是什么样的结果?隋朝的历史将如何改写?而隋唐历史是中国历史的重要篇章,隋朝的历史又很大程度上决定着唐朝的历史,由此可见,杨广任扬州总管的十年,对中国历史走向有着重要影响。

归纳起来,杨广在十年扬州总管任上主要做了两方面的事:

一、坐镇江都,稳定东南,巩固国家统一,积累政治资本

据说,隋文帝曾密令术士来和为他的五个儿子相面,来和看过后诡秘地对文帝说:"晋王眉骨隆起,贵不可言"①。依照此说,似乎隋文帝夫妇偏爱杨广乃是出于迷信。其实不然,帝后对次子杨广"特所钟爱",除了他自小美

---

① 《隋书·炀帝纪》。

姿仪，长得漂亮外，更多的还在于杨广善于表现且建立了高出于兄弟之上的功业。这些功业，特别体现在他十年扬州总管任上。

  隋朝平定江南以后，文帝下令建造江都新城，同时将陈朝的国都建康城夷为平地，"平荡耕垦"①。六朝故都建康城从此成为隋朝版图上的一般州县。然而，要真正控制江南，巩固统一局面，却远不是捣毁一座都城就能完成的。此时的长江流域，经济文化有了很大发展，同时又存在着由实力强大的门阀集团所组成的地方势力。隋灭陈，被江南门阀和地方豪族看作是一般的改朝换代，这在历史上已习以为常。他们所关心的是朝代改换以后自己的利益期许，如果隋朝能让他们享有与关陇士族同样的社会地位，承认各地土豪统治地方的权力，那他们就会成为隋王朝的支持者。然而隋文帝灭陈后，仍然推行"关中本位政策"，把实施于北方的一系列措施同样实施于江南，并且对江南人士采取鄙视和排斥的态度，没有主动收揽江南人心，没有处理好隋中央政权与江南"新扩展区"内地方势力之间的关系。开皇十年（590年）年底，也就是隋朝平陈仅仅一年之后，江南就爆发了一场声势浩大的反抗运动，这场运动把隋朝君臣从一厢情愿的太平盛世美梦中惊醒。简单依靠军事镇压似乎并不能解决实质性问题，于是，在平叛之后不久，隋文帝决定起用谙熟江南士族文化的晋王杨广任扬州总管，负责整个东南地区四十四州的军务和行政管理，镇江都，每岁一朝。

  22岁的杨广临危受命，果然不负父皇厚望，为国分忧，大展才能。他为了缓和南方普遍的敌对情绪，在军事占领后推行合理的安抚政策，竭力消除阻碍南方人士成为新朝顺民的诸多政治和文化隔阂。来到扬州之后，杨广一方面对叛军保持强大的军事打击态势，另一方面集中力量实施了一系列可称之为文化羁縻战略的行动，这一系列作为都旨在向南朝故人证明，新朝统治者并非夷狄，而是珍视同一正统文化的开化者。在这一"不战而屈人之兵"的战略实施中，杨广个人的文化修养、专门修习的吴语及其出身名门的南方妻子萧氏，均成为其有利条件。历史事实也让人们有理由相信，杨广所采取的一系列政策是正确且富于成效的。

  首先，杨广利用江左士族多信仰佛教的特点，团结、笼络佛教高僧，再通过高僧大德在江左人士中的威望来安抚民众，消除他们对以北方关陇文化为本位的新朝代的文化抵制情绪。他先是在江都建造佛寺和藏经馆，接着又举行道场，召集南方著名的高僧到江都的寺院从事宗教学术活动。江南名僧靖松、智矩、辩义、法侃、吉藏、慧觉、智琰、慧乘均曾前来，最著名的高

---

① 《资治通鉴》卷一七七。

僧、天台宗创始人智𫖮也被杨广一而再再而三地邀请。开皇十一年(591年)十一月,杨广在江都给一千名南方僧人广设斋席。斋席之后,身为"使持节上柱国太尉公扬州总管诸军事扬州刺史"的杨广,跪受智𫖮为居士所授的"菩萨戒",并接受佛号"总持菩萨"。此后,杨广与智𫖮定期通信,每封信末杨广总是虔诚谦虚地称自己为"菩萨戒弟子总持"。应当说,那些与隋朝新贵、旧朝上层人物往来频繁的名僧,为杨广在逐步化解江南士族的敌意和不满方面作出了重要贡献。杨广尊崇佛法,除了有他个人笃信佛教、真心向高僧学习佛教知识的感情和愿望之外,确有其强烈的政治直觉和政治目的。他一是欲以佛教来感化、笼络陈朝故民,二是要以此来与笃信佛教的父皇杨坚、母后独孤氏保持高度一致和拉近距离。

其次,杨广还尊崇道教,以笼络江左中下层民众。初唐道士江旻曾谓:"隋开皇十二年,晋王分陕维扬,尊崇至教。"①杨广闻道士徐则之名,甚为钦重,"手书召之",给予非常的礼遇。另有"建安宋玉泉、会稽孔道茂、丹阳王远知等,亦行辟谷,以松水自给,皆为炀帝所重"②。尤其是王远知,杨广曾于开皇十二年(592年)先后派王子相、柳顾言具礼招迎。杨广此举也使得崇信道教的江南人士增加了对新朝及当政者个人的好感。

再次,杨广还大量招引、擢拔南人中有威望、擅文学者,或以安抚民众,或以留备顾问。一方面,杨广不无笼络、借重江南人士为己所用之意,另一方面,杨广亦确有尊崇江南典籍制度、倾慕江左文学之心。其时,有大量的江南学士出入游艺于杨广的江都总管府中。可以说,杨广在江都的十年间将江左士族中的绝大部分中上层人士都汇集到了身边。杨广还召集文士编撰而成《江都集礼》凡十二帙、一百二十卷,史称该书"总括油素,躬披缃缥,芟芜刈楚,振领提纲,去其繁杂,撮其指要,勒成一家"③。

从此以后,南方再未发生叛乱,显然和杨广的文化羁縻策略是密不可分的。虽然《隋书》等官方史书对此均避而不谈,但杨广在任扬州总管的十年间,其崇文之德、安民之才与定邦之能,仍有目共睹。

在杨广的管辖下,广陵旧地雄踞江北,地位日显,逐渐成为江淮地区的经济、政治和文化中心。杨广江都藩邸对江淮人士的倚重,深刻影响了其日后的重要决策和用人导向,并决定了他最后的归宿。所有这些,也为其后炀帝三下江都和扬州地位的隆起做好了历史的注脚。

---

① 《全唐文》卷九二三。
② 《隋书·徐则传》。
③ 《隋书·文学传·潘徽》。

诚如袁刚的《隋炀帝传》所说：青年杨广的不懈努力和成功,使他不仅有统兵北御突厥、南灭陈朝的武功声誉,又取得安定江南的文治政绩,终于在朝臣中"声名籍甚,冠于诸王"①,为他日后夺嫡继统打下了坚实基础。

二、组建阴谋集团,长期活动,多管齐下,最终成功夺嫡登上皇帝宝座

杨广身在江都,却心系朝廷,盯着皇太子的位置。然而,杨勇的太子地位是早就形成的,而且是天经地义的,更换太子是十分重大的决策,不到万不得已,皇帝不会轻举妄动。事情总是多种因素共同作用的结果,如果没有杨广的所作所为,一是会不会更换太子并不确定,二是即使要换太子,让谁上位,杨广也并不是唯一的人选。因此,杨广的主观努力,成为他得以替代长兄杨勇继承大统的重要因素。而所有这一切,都是他在江都扬州总管任上谋划并完成的。夺嫡谋划从开皇十年(590年)杨广坐镇江都任扬州总管时开始,在其后的十年间,几乎从来没有停止过,而最后三年可谓"冲刺"阶段。

杨广在江都先是大肆收罗江南人士,以扩大自己的势力。但是,搞阴谋进行夺宗活动,首先依靠的还是他在并州时的藩邸旧臣。最先与杨广商讨夺宗之计的是旧臣张衡。张衡于开皇十年随杨广由并州总管掾转任扬州总管掾,最得晋王"亲任","竭虑尽诚","夺宗之计,多衡所建"②。杨广又竭力拉拢跟随他南下平陈和平定江南叛乱的将军宇文述和郭衍,这两人和张衡一样都属于关陇勋贵成员,两人或"性贪鄙",或"事上奸谄",是"柔颜取悦"的小人。平陈之役中,宇文述事事处处听从晋王节度,使杨广对他甚有好感。开皇十年杨广再次出征江南镇守扬州时,为了使宇文述接近自己,特意向父皇上奏,请任宇文述为寿州刺史、总管③。郭衍于开皇十年跟随杨广镇扬州,与杨广最为接近。

这样,杨广以张衡、宇文述、郭衍为核心,组成了最初的夺嫡阴谋集团。他们商议了计划：如果杨广夺嫡成功,自可为皇太子,进而龙飞九五,如果不成功,也可盘据淮海,分裂国家,在江淮重建偏安割据政权。当时杨广坐镇江都,宇文述据寿州(治所在今安徽寿县)总制淮南江北,郭衍领重兵据洪州(治所在今江西南昌),控制江南。他们大修甲仗,阴养士卒,掌握了江淮相

---

① 《隋书·房陵王勇传》。
② 《隋书·张衡传》。
③ 《隋书·宇文述传》。

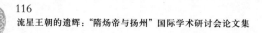

当大的一片土地。

  同时,杨广十分注意了解朝廷的动向。当时,文帝让杨广"每岁一朝"。常言道,"一日不朝,其间藏刀"①。杨广每年只有一次机会进京朝见父皇,朝廷的变故无法及时知晓,必将丧失许多难以再来的机会,甚至会有意想不到的危险。于是,杨广"每令人密觇京师消息,遣张衡于路次往往置马坊,以畜牧为辞,实给私人"②,在京师暗设了情报站。

  杨广深知中枢权力圈的大臣对文帝的政治取向颇具影响,是夺嫡的重要中介环节,于是又卑词厚礼交结朝中大臣。像右卫大将军元胄,"素有威名"、文帝对他"亲顾益密",杨广亦"每致礼焉"③。吏部尚书牛弘是当朝宿学,才华盖世,受到朝臣尊重,杨广于是"数有诗书遗牛弘,弘亦有答"。

  说来说去,夺嫡的关键还在于文帝的态度,因此必须结交能在皇帝身边说上话的当朝权贵才能成功。杨广与张衡、宇文述再三谋划,宇文述献计说:"废立者,国家之大事,处人父子骨肉之间,诚非易谋也。然能移主上者,唯杨素耳。"④杨广深以为是,于是竭力拉当朝宰相杨素入伙。宇文述与杨素的弟弟杨约关系密切,杨广让他带上许多金宝进京游说。宇文述找到杨约,用赌博拉关系,输给他一大堆金银宝贝,最后告诉他这是晋王杨广送的。宇文述对杨约称,你哥哥杨素功名盖世,但是太子杨勇恨他,等皇帝驾崩以后,太子上位,你哥哥就没有好日子了,而晋王当了太子后,就没有这个问题。杨约立即找哥哥,晓以利害,说:"晋王倾身礼士,声名日盛,躬履节俭,有主上之风,以约料之,必能安下,兄若迟疑,一旦有变,令太子用事,恐祸至无日矣。"⑤并建议说服皇后,皇帝会听皇后的。老于世故的杨素决定踏上杨广这条船,积极参与夺嫡阴谋。杨素利用与皇帝、皇后吃饭的机会,试探着夸赞晋王,皇后一听就流着泪表示同意。于是,杨素一有机会就在皇帝面前说太子的坏话,皇后为此赏他许多金银。

  杨广对母亲的性情很了解,他深知要争宠夺嫡就必须在母亲身上下功夫。独孤后是一个虔诚的佛教徒,杨广也把自己打扮成一个虔诚的佛教徒。他给长安县昙崇禅师所居寺庙送去寺户70余户,又送水碾等物充作寺庙基业,以讨好母亲。他还在江都为昙崇禅师"造露盘并诸庄严,十四年内,方始

---

  ① 《北齐书·崔季舒传》。
  ② 《隋书·荣毗传》。
  ③ 《隋书·元胄传》。
  ④ 《隋书·宇文及传》。
  ⑤ 《隋书·杨约传》。

成就,举高一十一级,靖耀太虚,京邑称最"①。杨广在江都请智𫖮为自己授菩萨戒时,"戒名孝,亦名制止,方便智度,归亲奉极,以此胜福,奉资至尊、皇后,作大庄严"②。杨广以尊佛来博取父母欢心,受戒不忘至尊、皇后,戒名曰孝,实在用心良苦。

但杨广远在江都,毕竟长期不在父母身边,因而为了讨好父母,不得不费尽心机。凡父母派来江都的使者,不论贵贱,杨广都会与萧妃迎接、设宴,并送给厚礼。这些人回朝后自然都称颂晋王"仁孝"。杨广每次入朝,车马侍从都刻意修饰穿戴得格外俭朴,在朝堂他"敬接朝臣,礼极卑屈",独孤皇后每次见了都十分欢喜。

开皇十八年(598年),杨广在扬州庆贺三十大寿,又在年底匆匆赶往京城朝见父皇母后,在次年二月才到达长安。就是这一次,他在与母后独孤氏的交谈中看到了自己取代长兄的太子位置大有希望。

独孤后在晚年近乎变态,她不断地刺探诸王和朝臣们的隐私,只要他们的小妾怀孕,她就要促使文帝去惩罚他们。独孤后最不能容忍的还是大儿子杨勇,他和五个小妾生了十个儿子,其中一个小妾竟是一个没有名分的宫女。独孤后认为儿子太让自己丢脸,因而对杨勇的成见越来越深。而杨广与杨勇相比,与晋王妃感情和谐,没有许多小妾。皇帝和皇后到晋王府,发现桌上的琴断了弦,落满灰尘,于是相信老二没有沉湎于声色。杨广知道父母对太子有看法后,行为更加检点,回京时车驾格外从简。

就在这次回京后,杨广明白了他渴望的太子的位置离自己已越来越近。在与母亲告别时,杨广极尽煽情之能事,他跪在地上哭泣,说看着母后日见衰老,为自己不能伺候父母深感不安,江都到长安山水阻隔,不知何时再能拜见母后。见母亲被感动,杨广乘机说,太子总想加害于我,我时常担心遭害,甚至害怕别人给我下毒。独孤氏说,我正怀疑是他投毒杀死了自己的妻子,现在又想害你;我每次想到东宫没有一个正房生的儿子就感到不安,等父皇千秋万岁以后,你要给阿云的儿子三跪九叩首,那是多么痛苦的事情。母子相互诉说,杨广呜咽不止,皇后也悲不自胜。③ 通过这次分别前的交心,杨广清楚地知道了母亲的心思,更加坚定了从太子的手上夺取皇位继承权的决心。

历史又一次给杨广以成就功名的机会。就在开皇十九年(599年)进击

---

① 《续高僧传·隋京清禅寺释昙崇传》。
② 《国清百录·王受菩萨戒疏第二十六》。
③ 参见《隋书·房陵王勇传》。

突厥的战役中,晋王杨广在突厥行将崩溃之时被文帝调去参加了作战。在此役中,杨广并没有什么建树和功劳,但因为身为皇子,"北破突厥"的声名就加到了他头上,显出了威名。不费功夫而坐收名利,声名籍盛,冠于诸王,只能说杨广交了好运。

偏巧哥哥杨勇又是一个不争气的太子,仿佛也在帮助杨广夺取皇位似的。在杨广多年精心策划和不懈努力、政治声望超过哥哥的情况下,杨勇却在用自己的骄奢淫逸、麻木不仁、自毁前程为弟弟的野心行动不断加分。

在文帝和独孤皇后都有意要取消杨勇的皇位继承资格的时候,杨广的夺位行动更加紧锣密鼓,他的夺嫡阴谋集团中的骨干分子果然发力了。杨素得知独孤后的意向后,积极活动,充当了废立阴谋的主角。他到处攻击杨勇,同时称誉杨广。终于,原先"阴欲废立"的文帝做出了决定,开始削弱杨勇的东宫势力,启动了废立太子的实际步骤。

随着宰相高颎的失宠罢相以及宰相苏威的"失语",杨素如日中天,"无敢忤者",形势对杨勇越发不利。杨广又命令心腹贿赂杨勇的幸臣姬威,姬威竟接受诱惑,上书诬告杨勇图谋不轨。当文帝宣布废黜杨勇,满朝大臣鸦雀无声之时,左卫大将军元旻出面苦谏,"辞直争强,声色俱厉"①,但文帝不听,反令姬威出来揭发太子的罪恶。姬威有恃无恐,把根据杨广、杨素旨意早就编造好的诬陷之词一股脑儿说了出来。隋文帝听了气得青筋直暴,当场下令将杨勇及其诸子统统拘禁起来,并逮捕杨勇的部分党羽。杨广的死党、右卫大将军元胄当天轮值,怕元旻在皇帝面前辩诬,便故意留在宫中,却诡称自己不去值班是为了防止元旻发动左卫兵叛乱。文帝更被激怒,竟是非颠倒,当即下令处死元旻。太子杨勇终于被废,杨广大功告成。废嗣乃国家大事,为表彰"有功",文帝赐给杨素财物三千段,元胄、杨约各一千段,作为审讯杨勇的奖赏。

皇太子杨勇的被废,是杨广夺嫡阴谋的巨大成功,这一大耍权术算计兄长的阴谋,以独孤皇后为后盾,由宰相杨素直接出面,让张衡、宇文述、郭衍、杨约、元胄、姬威等共同出力,杨广自己躲在幕后,可谓群策群力,天衣无缝,水到渠成。旧史书上有说废杨勇立杨广"皆(独孤)后之谋也"②,其实主谋正是杨广自己,皇后和宰相都只不过有意无意充当了杨广夺嫡阴谋的工具。

事实上,早在杨广阴谋夺取皇位的时候,他就做好了两手准备。成功

---

① 《隋书·房陵王勇传》
② 《隋书·文献皇后传》

了,天下可得;不成功,"亦须据淮海,复梁、陈之旧"①,在江淮建立偏安政权,重回南北朝局面。可见,杨广任扬州总管十年,既为稳定东南、巩固国家统一出力,却又做好分裂国家的打算,是既为国立功,又阴谋害国。试想,没有杨广之功,则东南不稳,反对隋朝的势力叛乱成功,国家将再度陷入南北对峙;而如果杨广没有夺嫡成功,居然结果也是一样,出现新的南北朝,只是叛乱的主角换成了杨广自己而已。就此而言,杨广在稳定江南的同时谋划夺嫡,功耶?罪耶?

"古今多少事,都付笑谈中。"国家的"分久必合",是大家高兴看到的,而"合久必分",则是大家不愿意看到的,也会给黎民百姓带来深重灾难,就不仅仅是笑谈了。从这个意义上说,后人唯有"庆幸"杨广的夺嫡阴谋最终成功,使中国避免了再次分裂;而杨广这个雄武之主,其当政恰恰进一步巩固了天下一统,为唐朝的辉煌打下了坚实的基础。

有人说历史不能假设,其实不然。因为一个个偶然事件,每每大大改变了一个地区、一个国家乃至整个世界的历史命运。就如,如果没有杨广任十年扬州总管时的所作所为,包括为国家统一所作的努力和为夺取皇位的阴谋,那么就没有文帝废太子之举和杨广的上位,隋朝往后的一切历史就会改写,中国的走向也会是另一回事。怎么能说假设没有意义和不重要呢?何况,如果历史不能假设,那岂不是今世一切皆由前定,哪里还有什么"抓住历史机遇"之说呢?抓住历史机遇,就是试图改变历史,创造新的历史,就是要在多个假设中寻求最佳选择和最佳结果。这也是杨广能够改变自己命运连同改变国家命运的理由,也正是我们回望历史、鉴往知来的意义所在。

(作者单位:扬州市政协文史委员会)

---

① 《隋书·郭衍传》

重新审视隋炀帝的"大业"梦

徐俊祥

隋朝曾很强大,但却二世而亡。对隋炀帝,前人多有评价,本文不一一置评。只是从改革的角度看,隋炀帝在位期间,不但将年号改为"大业",而且大有轰轰烈烈干一番事业的气概,其所进行的正是一场旷古未有的改革与整顿。笔者认为,如何认识隋炀帝,关键在于从"大业"的角度理解他一生的所作所为。

一、对建立"大业"的渴望

"大业"一词历史上出现很早,早在春秋时期的典籍中就有这样的记述,"古之圣王所以取明名广誉,厚功大业,显于天下"①。显然这里的"大业"指帝王之业,帝王统治天下而获得圣明之称号,获得广泛的赞誉,功劳厚积于百姓苍生,这样的统治则可谓"大业显于天下"。后世白居易亦曾说:"臣闻王者之有天下也,自谓之理,非理也;自谓之乱,非乱也;自谓之安,非安也;自谓之危,非危也。何者?盖自谓理且安者,则自骄自满,虽安必危。自谓乱且危者,则自戒自强,虽乱必理之又理,安之又安,则盛德大业斯不远矣。"②白居易在"大业"前加上"盛德"二字,强调统治者必须建立长治久安的太平盛世。隋炀帝何以将年号改为"大业",史虽无载,但从隋炀帝时发布的诏令看,隋炀帝即位之初改年号"大业",即表明他希望在统治期间建立起恢宏的统治伟业。仁寿四年(604 年)七月,隋炀帝即位,仅三个月之后,即在诏书中说"乾道变化,阴阳所以消息,沿创不同,生灵所以顺叙。若使天意不变,施化何以成四时,人事不易,为政何以厘万姓!"③此诏虽属为迁都造

---

① 《管子·五辅》,参见姜涛:《管子新注》,齐鲁书社,2006 年,第 72 页。
② [唐]白居易:《白氏长庆集》,《白氏文集》卷第四十五,四部丛刊景日本翻宋大字本第 384 页。
③ [唐]魏徵:《隋书·炀帝纪》,中华书局,1973 年,第 60 页。下版本同。

势之作,但字里行间透露出的却是隋炀帝的"变易"思想。大业元年(605年),隋炀帝又在诏书中说:"朕嗣膺宝历,抚育黎献,夙夜战兢,若临川谷。虽则聿遵先绪,弗敢失坠。"①可见作为一个在年轻时代就已崭露头角的有才的皇帝,隋炀帝在登上帝王宝座后,决不甘心做一个平庸的帝王,而欲在帝位上有一番作为,隋炀帝的诗句:"何如汉天子,空上单于台"②,不仅反映出他在得到少数民族尊崇后的踌躇满志,而且还充分表明了隋炀帝决心功盖古人的愿望。他不仅于诗作中流露出这一心迹,在诏书中也多次提及汉帝之事。仁寿四年(614年)十一月,隋炀帝在诏书中述说迁都洛阳的好处时说:"然洛邑自古之都,王畿之内,天地之所合,阴阳之所和。控以三河,固以四塞,水陆通,贡赋等。故汉祖曰:'吾行天下多矣,唯见洛阳。'"③可见他对汉祖选择洛阳为都的做法持肯定态度,表明了他效法汉祖迁都洛阳的决心。在兴师重教问题上,汉代的兴儒学同样成为隋炀帝的模板,其大业元年(605年)闰七月丙子诏说:"君民建国,教学为先,移风易俗,必自兹始。而言绝义乖,多历年代,进德修业,其道浸微。汉采坑焚之余,不绝如线,晋承板荡之运,扫地将尽。自时厥后,军国多虞,虽复黉宇时建,示同爱礼,函丈或陈,殆为虚器。"④大业二年(606年)五月乙卯诏曰:"旌表先哲,式存飨祀,所以优礼贤能,显彰遗爱。朕永鉴前修,尚想名德,何尝不兴叹九原,属怀千载。其自古已来贤人君子,有能树声立德、佐世匡时、博利殊功、有益于人者,并宜营立祠宇,以时致祭。坟垄之处,不得侵践。有司量为条式,称朕意焉。"⑤这些都表达了对先代名贤的渴慕与礼敬之意。在人才政策方面,隋炀帝在大业三年(607年)夏四月甲午诏中追思周汉之风说:"天下之重,非独治所安,帝王之功,岂一士之略。自古明君哲后,立政经邦,何尝不选贤与能,收采幽滞。周称多士,汉号得人,常想前风,载怀钦伫。"⑥在大业三年六月丁亥诏中说:"朕又闻之,德厚者流光,治辨者礼缛。是以周之文、武,汉之高、光,其典章特立,谥号斯重……"⑦从如上记载皆可见隋炀帝试图在有生之年建立千秋大业的热望。

---

① [唐]魏徵:《隋书·炀帝纪》,第62页。
② [唐]魏徵:《隋书·北狄列传》),第1875页。又见[唐]李延寿撰:《北史·突厥传》,中华书局,1974年,第3299页。
③ [唐]魏徵:《隋书·炀帝纪》,第61页。
④ [唐]魏徵:《隋书·炀帝纪》,第64页。
⑤ [唐]魏徵:《隋书·炀帝纪》,第66页。
⑥ [唐]魏徵:《隋书·炀帝纪》,第67页。
⑦ [唐]魏徵:《隋书·炀帝纪》,第69页。

二、"大业"梦以民生为基础

隋炀帝曾对已归隋的西突厥处罗可汗说:"往者与突厥递相侵扰,不得安居。今四海既清,与一家无异,朕皆欲存养,使遂性灵。比如上天,止有一个日照临,莫不宁帖,若有两个、三个日,万物何以得安。"①可见隋炀帝心目中的统治是普天之下"皆欲存养,使遂性灵"的没有战争与纷乱、百姓安居乐业的太平盛世。因此,炀帝在位期间,对民生问题给予了较多的关注。历史上,因为隋炀帝死于宇文化及之手,隋朝也因之而亡,后人在总结隋朝灭亡的原因时常常称隋炀帝滥用民力,不爱惜百姓。这一说法的始作俑者是唐太宗君臣。后世学者很自然地因袭了唐太宗君臣的说法,所谓众口铄金,其隐含的逻辑是,唐太宗是一代贤君,君慧臣贤,其所作结论正是对隋亡最中肯的总结。究其实,唐初君臣如此评价隋朝人物,带有浓厚的政治色彩,对隋的评价在部分地方明显受到了政治观念的干扰而有失公允。如《隋书·炀帝纪》在描述隋炀帝大业元年(605年)巡幸江都时的场面时,一方面竭尽笔墨渲染铺张浪费的场面,以说明炀帝之奢侈和滥用民力,另一方面又如是说:"所经州县,并令供顿,献食丰办者加官爵,阙乏者谴至死。"明显属添油加醋的不实之辞,遍查《隋书》并无官员属"阙乏者谴至死"的事例。值得注意的是,《隋书》的作者在评述隋炀帝事迹时,还从迷信的视角提示了隋朝乱象得以生成的原因:"及太子勇废,立上为皇太子。是月,当受册。高祖曰:'吾以大兴公成帝业。'令上出舍大兴县。其夜,烈风大雪,地震山崩,民舍多坏,压死者百余口。"②"大业元年,雁门百姓间,犬多去其主,群聚于野,形顿变如狼而噉噬行人,数年而止。《五行传》曰:'犬,守御者也。而今去其主,臣下不附之象。形变如狼,狼色白,为主兵之应也。其后帝穷兵黩武,劳役不息,天戒若曰:无为劳役,守御之臣将叛而为害。帝不悟,遂起长城之役,续有西域辽东之举,天下怨叛及江都之变,并宿卫之臣也。"③

上述这两条史料似乎从自然现象方面营造出了恶人出任统治者的氛围。到北宋,史家在记述雁门之围中炀帝之表现时说:"突厥围雁门,上下惶怖,撤民屋为守御之具,城中兵民十五万口,食仅可支二旬,雁门四十一城,突厥克三十九……突厥急攻雁门,矢及御前,上大惧,抱赵王杲而泣,目尽

---

① [唐]李延寿撰:《北史·突厥传》,中华书局,1974年,第3302页。
② [唐]魏徵:《隋书·炀帝纪》,第60页。
③ [唐]魏徵:《隋书·五行志》,第641页。

肿"①，说炀帝面对强敌眼睛都哭肿了，这明显是刻意的丑化。再看关于隋的另两则史料，对同一件事私人撰述和官方记述却大相径庭：

(开皇)十二年，有司上言库藏皆满。帝曰："朕既薄赋于人，又大经赐用，何得尔也？"对曰："用处常出，纳处常入，略计每年赐用至数百万段，曾无减损。"乃更开左藏之院，构屋以受之。诏曰："既富而教，方知廉耻。宁积于人，无藏府库。河北、河东，今年田租三分减一，兵减半功，调全免。"②

贞观二年(628年)，太宗谓黄门侍郎王珪曰：'隋开皇十四年大旱，人苦饥乏。是时，仓库盈溢，竟不许赈给，乃令百姓逐粮。隋文帝不怜百姓而惜仓库，比至末年，计天下储积，得供五六十年。炀帝恃此富饶，所以奢华无道，遂致灭亡。炀帝失国，亦此之由。凡理国者，务积于人，不在盈其仓库。……多积仓库，徒益其奢侈，危亡之本也。"③

这两条资料中哪条记述才是历史的真相呢？笔者认为杜佑的记述应该近真，因为，带有政治色彩的《隋书》在按年代对历史事实作条贯记录时，也不得不如实记载了隋炀帝爱惜属下和百姓的大量资料：杨广在平陈时，并没有像一般的北方军队那样对城市抢掠殆尽，而是"封府库，资财无所取，天下称贤"④。"(炀帝)尝观猎遇雨，左右进油衣，上曰：'士卒皆沾湿，我独衣此乎！'乃令持去。"⑤"高祖之祠太山也，(杨广)领武侯大将军。明年归藩。后数载，突厥寇边，复为行军元帅，出灵武，无虏而还。"⑥大业元年诏："下诏曰：昔者哲王之治天下也，其在爱民乎。既富而教，家给人足，故能风淳俗厚，远至迩安。"⑦曾有学者说隋炀帝言行不一，说得动听，做的却是另外一套，而事实并非如此，在隋炀帝最初的几次巡游中，为防止其出行扰民，往往都对民众做了补偿，且多次免民租调。大业元年"赦江淮已南。扬州给复五年"⑧；大业二年"辛亥，上御端门，大赦，免天下今年租税"⑨。大业三年夏

---

① [宋]司马光编纂，[元]胡三省音注：《资治通鉴·隋纪六》，中州古籍出版社，1991年，第1214页。
② [唐]杜佑著，颜品忠等点校：《通典·食货五·赋税中》，岳麓书社，1995年，第53页。
③ [唐]吴兢：《贞观政要·辩兴亡》，参见《贞观政要》，中州古籍出版社，2008年，第322页。
④ [唐]魏徵：《隋书·炀帝纪》，第60页。
⑤ [唐]魏徵：《隋书·炀帝纪》，第59页。
⑥ [唐]魏徵：《隋书·炀帝纪》，第60页。
⑦ [唐]魏徵：《隋书·炀帝纪》，第62页。
⑧ [唐]魏徵：《隋书·炀帝纪》，第65页。
⑨ [唐]魏徵：《隋书·炀帝纪》，第66页。

四月庚辰诏,"诏曰:'古者帝王观风问俗,皆所以忧勤兆庶,安集遐荒。自蕃夷内附,未遑亲抚,山东经乱,须加存恤。今欲安辑河北,巡省赵、魏。所司依式。'甲申,颁律令,大赦天下,关内给复三年。"① 大业"四年春正月乙巳,诏发河北诸郡男女百余万开永济渠,引沁水,南达于河,北通涿郡。庚戌,百僚大射于允武殿。丁卯,赐城内居民米各十石"②。可见炀帝在开大运河的同时已注意到百姓之苦,不然为什么还要赐米,况且十石米也不是个小数目。至同年八月,"辛酉,亲祠恒岳,河北道郡守毕集。大赦天下。车驾所经郡县,免一年租调"③。其后九月,"辛巳,诏免长城役者一年租赋"④。大业五年,"春正月丙子,改东京为东都。癸未,诏天下均田"⑤。显然,这一措施的目的是防止百姓因无田而陷于贫困。同年"三月已巳,车驾西巡河右。庚午,有司言,武功男子史永遵与从父昆弟同居。上嘉之,赐物一百段,米二百石,表其门闾"⑥,引导民风之意不言自明。至同年六月,"戊午,大赦天下。开皇已来流配,悉放还乡……陇右诸郡,给复一年,行经之所,给复二年"⑦。上述诸条皆是隋炀帝注重民生的体现。可见唐初君臣所说,大抵出于政治目的。由于盛唐之君已对隋炀帝盖棺定论,故后人提及隋史时,多对隋炀帝的政治义愤填膺,如宋代范祖禹总结说:"昔隋氏穷兵暴敛,害虐生民,其民不忍,共起而亡之。唐高祖以一族之人,取关中,不半岁而有天下。其成功如此之速者,因隋大坏故也。"⑧这一看似公允的结论实际上与唐太宗君臣之说如出一辙,在评价隋炀帝时,完全无视隋炀帝在立位之初曾多次对民众的赋役进行减免的事实,属以成败论英雄。

三、"大业"梦碎之因

由于隋炀帝对建立功业有很高的期望值,所以炀帝在位期间,为实现其"大业"梦,屡屡有大动作出现,不仅他本人身体力行,处于马不停蹄之中,而且还几乎将全国的子民都驱动起来。隋炀帝的"大业"梦可从四方面作理解,一是改革弊政,二是南北贯通,三是文化大业,四是华夷一统。近年来,随着学界对隋炀帝的评价趋向客观,人们对炀帝在位期间的功绩已作出不

---

① [唐]魏徵:《隋书·炀帝纪》,第67页。
② [唐]魏徵:《隋书·炀帝纪》,第70页。
③ [唐]魏徵:《隋书·炀帝纪》,第71页。
④ [唐]魏徵:《隋书·炀帝纪》,第71页。
⑤ [唐]魏徵:《隋书·炀帝纪》,第72页。
⑥ [唐]魏徵:《隋书·炀帝纪》,第72页。
⑦ [唐]魏徵:《隋书·炀帝纪》,第73页。
⑧ [宋]范祖禹撰、白林鹏、陆三强校注:《唐鉴》序,三秦出版社,2003年。

同程度的肯定,可以说其"大业"梦是部分实现了的。首先在改革弊政方面,隋炀帝在中央机构的改革中"一方面裁减了冗员,精简了中央机构,另一方面,又抑制和削弱了周、齐显贵的势力,是切中时弊的",在地方上,因"隋灭陈后,全国总计约州二百五十三,郡六百八十九,县一千五百六十二",冗员太多,不但文帝时已开始废州置郡,隋炀帝时继续进行此项改革,至炀帝大业三年,全国减并的郡加上平林邑和吐谷浑后新增的郡县,"全国共设郡一百九十个,县一千二百五十五个"①,不管其行政效率怎样,这样已是大大减轻了百姓的负担了。其二是南北贯通,即开凿大运河,关于隋炀帝为什么要开凿大运河,在特殊的年代,有人认为是为了吃喝玩乐,而今史家之论皆趋平允,一般都认为主要是出于政治经济的考虑。三是文化大业。隋炀帝不但自身就有较高的文学素养,而且创设了科举制,在位期间还加强文化建设。隋文帝晚年时曾错误地认为,官学没有培养出满足政权建设所需要的人才,于是在仁寿元年(601年)废国子四门及州县学,但隋炀帝即位后,重新恢复教育,于大业元年下诏要求"其国子等学,亦宜申明旧制,教习生徒"。他重视儒学,组织编写了一些大型图书,如《长洲玉镜》《区宇图志》《北堂书钞》等,因此,就连《隋书》的编者也不得不承认炀帝在这方面的贡献:"炀帝即位,复开庠序,国子郡县之学,盛于开皇之初,征辟儒生,远近毕至,使相与讲论得失于东都之下,纳言定其差次,一以闻焉。"②四是建立华夷一统的秩序。表现在其对边疆的经营方面,具体有重修长城、收抚突厥、降服林邑、开拓流求、攻灭吐谷浑等,除三征高丽未能获胜外,其余皆实现了最初的目标。所以其"大业"梦应该是部分实现了的。历史上秦朝开创了若干制度,其后"汉承秦制",隋朝同样对盛唐起到了引领作用,唐太宗君臣在批评隋炀帝之时,实际上是在坐享隋的成果。

既然隋炀帝对民生问题十分关注,那么隋朝为什么会速亡?笔者认为,有两方面的原因:一是隋虽统一,但社会凝聚力尚未形成,隋炀帝的急于求成缺乏社会基础;二是隋炀帝轻易离开中宫,而朝野上下做帝王梦的人太多。

早些年,笔者曾探讨过秦的速亡问题,笔者认为,"统一后的秦王朝无论在政治体制、宗教思想还是在民族情感上都缺乏来自社会的认同感,秦赖以

---

① 韩乐学:《试评隋炀帝》,《西北师范大学学报(社会科学版)》1985年第4期。
② [唐]魏徵:《隋书·儒林传》序,第1707页。

维持统治的唯有在灭六国过程中在军事上形成的威慑力"①。荀子曾说"夫兼并易能也,唯坚凝之难焉",说的就是凝聚力的问题。以此看隋王朝,隋虽完成了统一,但是,隋与秦相同,无论在统一前还是在统一后,都是在不断地兼并和扩大,在这一过程中,隋虽凭自身实力终结了汉末以来的纷乱局面,但其自身的社会凝聚力却要打个问号。对这一问题,前人虽没有从此角度作系统论述,但亦已部分涉及,如学者在论及隋炀帝的改革时说:"从上述改革,一可以看出炀帝即位后励精图治,是颇想有所作为的。但是,改革的面这样大,步子过急,牵涉的人员太多,被裁减的人员,仅郡州县的主官就约一千余人,连同郡州县的属吏,三十六总管府的人员及中央机关裁汰的人员,为数更多。对这些人如无适当的安置,就会影响国家的稳定。在中央机构的改革中,把三师、特进官等一些原来属于荣誉职务的元老裁掉,会引起他们的不满。"②因此,隋朝亡于众叛,属凝聚力尚未形成的问题。隋炀帝即位之初,民心就已很成问题,对于他改元大业,当时人就已讥讽"炀帝即位,号年曰'大业',识者恶之,曰'于字离合为"大苦未"也'"③,意谓"大业"就是大苦没有尽头,这多少可反映出社会的心态。

《隋书》作者虽带着政治色彩在记述隋事时有失公允,但在总结隋亡原因时却也有一番中肯之论,说炀帝"方弃中土,远之扬、越。奸宄乘衅,强弱相陵,关梁闭而不通,皇舆往而不返"。其中,最重要的原因便是"天子方弃中土",因而中宫失守,大业十一年(615 年)八月,炀帝出巡北塞,遭突厥始毕可汗数十万大军围困,这就是著名的"雁门之围",后幸采用坚守策略,得以解围。大臣苏威早在炀帝从北塞回师途中就向炀帝进言:"今者盗贼不止,士马疲敝。愿陛下还京师,深根固本,为社稷之计。"苏威的"深根固本"之言,实际上即在暗示炀帝,若久在外,必生变乱,但炀帝并未采纳。中宫失守的结果是给杨玄感反对隋炀帝提供机会。关于杨玄感为何起兵,后人所论已多,有隋炀帝多年来压抑权贵说,有隋炀帝继位后出台的一系列改革措施说,有隋炀帝设置进士科说,有杨玄感与隋炀帝家族具有不同文化背景说等等④。笔者认为,上述诸说或许指明了杨玄感家族与隋炀帝的矛盾,但不能说明一个世受国恩的家族为何冒险去反叛,用杨玄感自己的话说,他起兵是因为"我身为上柱国,家累巨万金,至于富贵,无所求也。今不顾灭族者,

---

① 徐俊祥:《凝聚力的缺乏与秦的速亡》,《徐州师范大学学报(哲学社会科学版)》2000 年第 1 期。
② 韩乐学:《试评隋炀帝》,《西北师范大学学报(社会科学版)》1985 年第 4 期。
③ [唐]魏徵:《隋书·五行志》,第 634 页。
④ 李建华、钟翠红:《隋末"黎阳兵变"的实质》,《船山学刊》2008 年第 4 期。

但为天下解倒悬之急耳！"①"为天下解倒悬之急"只是一个漂亮的借口，实际上有所图，个人以为，杨玄感起兵的真正目的是要夺取江山，在他起兵前各地已纷纷出现反叛浪潮，正是由于他对形势做出了误判，误以为夺取天下的时机已到，才终于起兵。杨玄感起兵虽被镇压，但正如苏威担忧的那样，终"浸成乱阶"。

古代帝王亲征者不多，多在新王朝创业之时。在创业阶段，大家齐心合力打江山，但在太平之世，作为一国之统率，如果离开中宫，大厦倾覆者比比皆是：秦始皇出巡，因生内乱；刘邦在创业之初曾冲在战争前线，但在西汉王朝已经建立后，在出外平叛问题上，刘邦却踌躇再三。即便是盛唐之初，大臣对唐太宗的亲征亦曾苦口婆心地劝说："（贞观）十八年正月，……帝欲自征高丽，（褚）遂良上疏，以为'……高丽罪大，诚当致讨，但命猛将将四五万众，仗陛下威灵，取之如反掌耳。今太子新立，年尚幼稚，自余藩屏，陛下所知，一旦弃金汤之全，踰辽海之险，以天下之君轻行远举，此愚臣之所甚忧也。'"②隋炀帝之所以会亲征，应该也是仿效汉高祖和光武帝之故事，大业十年二月"辛卯，诏曰：黄帝五十二战，成汤二十七征，方乃德施诸侯，令行天下。卢芳小盗，汉祖尚且亲戎，隗嚣余烬，光武犹自登陇，岂不欲除暴止戈，劳而后逸者哉！"③其实，炀帝在外，尤其是在四处兵火蜂起的日子里，早已将自己置身于危局之中，大业十二年（616年），前后两位奉信郎曾为劝谏隋炀帝而断送了性命，先是"奉信郎崔民象以盗贼充斥，于建国门上表，谏不宜巡幸。上大怒，先解其颐，乃斩之"；其后，"车驾次汜水，奉信郎王爱仁以盗贼日盛，谏上请还西京。上怒，斩之而行"④。这两件事虽体现出隋炀帝刚愎自用的一面，但也反映出隋炀帝在困难面前不轻易低头、锐意进取的一面，如对高丽一而再再而三地打，很有一番不达目的誓不罢休的意味。

除战争以外，炀帝离开中宫，在江南花费了太多精力，这样做的主要缘由是因为江南是新开辟之统治区域，这一点和秦始皇时代非常相似，秦在统一六国的过程中，对江南楚地并未给予太多的关注，恰恰对东方的齐鲁之地进行过大规模的巡游，原因便是始皇认为东方齐鲁之地在秦统一六国的过程中几乎就没有发生什么抵抗，且齐秦文化观念不同，东方民众内心并未真

---

① [宋]司马光编纂，[元]胡三省音注：《资治通鉴·隋纪六》，中州古籍出版社，1991年，第1209页。

② [宋]范祖禹撰：《唐鉴·太宗下》，参见白林鹏、陆三强校注：《唐鉴》，三秦出版社，2003年，第75页。

③ [唐]魏徵：《隋书·炀帝纪》，第86页。

④ [唐]魏徵：《隋书·炀帝纪》，第90—91页。

正服从秦的统治。如同秦始皇出巡的动机被史书写成是去海上求仙一样,隋炀帝的巡狩亦被史书写成了游山玩水——史书在引导人们误判方面所起的作用太大了。

在历史研究中,人们素来反对英雄史观,我们在评价历史人物时,应该认识到历史人物活动在特定时空的局限性,一个历史人物自身并不能改变特定的结局,却可以影响历史的进程,隋炀帝不能改变隋灭亡的必然,换一个君主,也是如此。有人说隋炀帝的巡狩是"为了向全国人民和四邻国家显示其淫威",这是不对的。从总体上说,隋炀帝是一个梦想家,也是一位实干家。

(作者单位:扬州大学社会发展学院)

墓志所见隋炀帝与扬州资料试析

黄正建

  隋炀帝研究历来是隋唐史研究的热门之一。现在由于隋炀帝墓的发现和大运河的申遗成功,这一课题更引起了学术界乃至民众的高度关注。

  实际上,关于隋炀帝的史料已挖掘殆尽,对隋炀帝的评价则呈现出多角度、多层次的局面。目前的趋势是肯定者增多,甚或有无限拔高者。这里涉及评价标准问题:动机与效果、主观与客观、政治与私密、行为与心理、国本与民本,等等,站在不同立场就会有不同的评价。不过评价的前提首先应该是把事实尽可能搞清楚,然后是把功过讲清楚。

  扬州对于隋炀帝的重要性不言而喻。他的势力发源于此,他的功绩成就于此,他的生命也归宿于此。因此研究隋炀帝与扬州的关系,是研究隋炀帝的重要一环。

  但是实际上,直接记载隋炀帝与扬州的史料并不多。要有新的思考,就需要有新的史料支持。这种史料有可能在新出土的石刻资料中。由此考虑,我试图着手从墓志中寻找隋炀帝与扬州的资料,看是否能有所收获。但是,寻找的结果比较令人失望:相关资料很少,仅有的几条也说明不了什么问题。不过,也许各位贤能们能从中发现它们的史料价值,因此决定将这几条资料列出,并作初步分析。若能对研究隋炀帝与扬州的关系有点滴贡献,则幸甚。

  我所使用的墓志主要见于《隋代墓志铭汇考》[①](以下简称为《墓志汇考》)。由于《全隋文补遗》[②]中的墓志均为此书所收,故不再利用。此外一些唐代墓志中也有相关记载,但唐代墓志记载隋朝事,往往笼统言之、年代不清,因此本文暂不使用,待时间充裕后再行详查详论。

  翻阅结果,只找到 6 条资料,大致按时间排列如下(墓志录文改为简体

---

① 王其祎、周晓薇编著:《隋代墓志铭汇考》一至六册,线装书局,2007 年。
② 韩理洲辑校编年:《全隋文补遗》,三秦出版社,2004 年。

字,每条资料下加"按"语):

1. 史射勿:"大业元年(605年),转授右领军、骠骑将军……从驾幸扬州,蒙赐物四百段,钱六万文。五年(609年)……薨于私第。时年六十有六"①。

按:史射勿是粟特人后裔,屡立战功,大业元年隋炀帝一下江南时,史射勿以右领军将军身份随去扬州。

2. 刘则:"大业三年(607年),令文新颁,官号沿革,改内给事为内承奉。以六年(610年)九月驾幸江都宫,泛舟入荥阳界,遂构气疾……薨于浚仪县治,春秋六十有二"②。

按:刘则是宦官,大业六年隋炀帝二下江南时随去,途中得病去世。

3. 徐智竦:"建州刺史……改授朝请大夫……远游江浦,率土来朝。□□衮职不轻,同斯大集……大业六年(610年)十一月三日于江都□逝,春秋七十有五"③。

按:徐智竦家于南海,曾为建州(在今福建境内)刺史,大业六年炀帝在扬州时前往朝见,死于扬州。《墓志汇考》引《汉魏南北朝墓志集释》说徐智竦为广州总管赵讷所推荐,赵讷因罪伏法后,徐智竦亦在扬州被诛。此说恐有问题。因为按此说法,赵讷在高祖仁寿年(601—604年)前就已得罪伏法,而墓志作于大业八年(612年)之后,却说赵讷"鉴识高明,仁惠远闻",说徐智竦"身宦两朝,名崇六府",没有丝毫谴责或隐晦谴责的意思。这样公开表彰一个罪犯,恐怕是不大可能的。因此徐智竦应该不是在扬州被处死。

4. 张盈妻萧餝性墓志:"大业七年(611年),从驾江都宫,还,二月二十三日行次谯郡,气疾暴增,奄然终没,春秋六十有八。诏旨赉物一百段,隆优赙之礼。粤以九年(613年)三月十日,葬于河南郡河南县之北邙山"④。

按:萧餝性是梁朝皇室后裔,其夫死于高祖仁寿初。张氏以68岁的高龄从赴扬州,并死在那里。《汉魏南北朝墓志集释》认为"其事不凡",推测事与炀帝萧后同属一族有关。但我以为还有另一种可能。《隋书·炀帝纪》记载,炀帝"所至唯与后宫流连躭酒,惟日不足,招迎姥媪,朝夕共肆丑言"⑤,则炀帝可能喜好与岁数大的妇女一起玩耍。萧氏也许就是这样一位讨炀帝喜欢的"姥媪",因此得以随侍左右,伴随炀帝到了扬州,返途时病故。

---

① 《墓志汇考》第四册,第41页。
② 《墓志汇考》第四册,第139页。
③ 《墓志汇考》第四册,第224页。
④ 《墓志汇考》第四册,第326页。
⑤ 《隋书》卷四《炀帝纪下》,中华书局,1973年,第95页。

5. 杨文思："（大业）二年（606年），征授民部尚书，三年，授纳言，北斗南宫，喉唇切要。其年改授右光禄大夫，从新令也。新都例蒙给宅，特敕为公营造。……六年（610年），从驾幸于江都宫，七年（611年），于彼遘疾，改授民部尚书，寻授左光禄大夫。……七年正月十六日薨于江都郡，春秋七十。天子轸悼，赙赠有加，册谥曰定，礼也"①。

按：杨文思，《隋书》卷四八有传，曾任职尚书省和门下省，善于政事，随炀帝大业六年赴扬州，并病死于扬州。

6. 韦匡伯："有隋之贵，一宗而已。大业七年（611年），陪麾辽左……俄迁尚衣奉御，侍从乘舆，密勿帷扆。十二年（616年），从幸江都。十三年（617年）四月廿七日遘疾，薨于江都行在所"②。

按：韦匡伯是韦孝宽之孙，其弟娶丰宁公主，其妹嫁元德太子，因此墓志说"有隋之贵，一宗而已"。所任尚衣奉御，是接近皇帝的近臣。大业十二年随炀帝三下江南，并病死于扬州。

以上6条资料，除1条记录了大业元年炀帝赴扬州、1条记录了大业十二年炀帝赴扬州外，其余4条所记均为大业六年炀帝赴扬州事。结合其他史料，炀帝大业元年赴扬州的记录远远少于后两次③。这是为什么呢？

由于隋末情况特殊，我们暂且搁置炀帝大业十二年赴扬州一事不提，只比较大业元年与大业六年炀帝两次赴扬州（个别情况可以大业十二年赴扬州事为参考）的情况。初步考虑，炀帝大业元年赴扬州，游玩观光、旧地重游的成分比较大，而大业六年赴扬州，除也有游玩观光成分外，恐怕有政治上的考虑，即第二次赴扬州是为了处理政事，是在扬州工作。

以下略做证明。

第一，从墓志及史籍看，大业元年炀帝赴扬州时，很少有执政的大臣相随。比如前述第1条中的史射勿就是以武将身份随从赴扬州的。《隋书》有关大业元年跟随炀帝赴扬州的记载极少，在仅有的一两条记载中，所随往者也是武将④，似未见有大臣随往者。而大业六年赴扬州就不同了。像前述墓志第5条中的杨文思，先后在尚书省和门下省任职，随赴扬州，想来也是

---

① 《墓志汇编》第四册，第333—334页。
② 《墓志汇考》第六册，第30页。
③ 受墓志本身性质限制（死于隋代或葬于隋代的才被记录），有关大业十二年炀帝赴扬州的记载比较少，相关记录多见于唐代墓志。因此若扩大墓志搜寻范围，应该说，有关大业末炀帝赴扬州的史料还是比较多的。
④ 《隋书》卷六一《郭衍传》，言："大业元年，拜左武卫大将军。帝幸江都，令衍统左军"。卷三《炀帝纪上》更明确说："上御江都，以左武卫大将军郭衍为前军，右武卫大将军李景为后军"。第1470页；第65页。

要在那里处理政事,因此在扬州时再任民部尚书。大业六年带到扬州的还有大臣牛弘。史载牛弘于大业三年改为光禄大夫,从拜恒岳,定礼仪。"六年,从幸江都,其年十一月,卒于江都郡"①。牛弘曾任吏部尚书,"所有进用,并多称职"②,又通礼学,是当时重臣。他的随往扬州,应该也是去处理政事的。

当然,这并不是说大业元年就没有大臣随去扬州了。《隋书》明确记载炀帝去扬州时,"文武官五品已上给楼船,九品已上给黄蔑"③,说明文武官随去扬州的不少。但是,他们随船前往,主要是感受沿路风光,壮大队伍气势,享受运河带来的便利,即主要是观光游览,而不是去工作,不是随同去处理政事,因此史籍中很少有这次随同炀帝去扬州的大臣的具体姓名。

第二,大业六年炀帝赴扬州是在扬州处理政事,还有以下几点或可证明。

1. 赴扬州时,对洛阳事务有所安排。《隋书·长孙炽传》说他大业元年迁大理卿,后拜民部尚书。"六年,幸江都宫,留炽于东都居守"④。这种安排,与后来的大业十二年时一样。只是后一次不打算回来了,因此还安排了亲王总领:"(十二年七月)幸江都宫,以越王侗、光禄大夫段达、太府卿元文都、检校民部尚书韦津、右武卫将军皇甫无逸、右司郎卢楚等总留后事"⑤。两次都安排了民部尚书留守,是其相同处。但是炀帝在大业元年赴扬州时对东京洛阳的事务如何处理,似乎并没有安排。

2. 在扬州时,继续处理政事。《隋书·宇文述传》记炀帝大业五年西巡,设河西四郡后,"还至江都宫,敕(宇文)述与苏威常典选举,参预朝政"⑥。宇文述和苏威都是朝廷重臣,我们不知二人当时是否在扬州⑦,起码炀帝在扬州"敕"令二人掌管选举云云是在继续处理政事的。类似记载在炀帝大业元年那次赴扬州时完全没有。

3. 扬州作为皇帝行在所,接受大臣朝见。大业元年炀帝赴扬州,虽然

---

① 《隋书》卷四九《牛弘传》,第1309页。
② 《隋书》卷四九《牛弘传》,第1309页。
③ 《隋书》卷三《炀帝纪上》,第65页。
④ 《隋书》卷五一《长孙炽传》,第1329页。
⑤ 《隋书》卷四《炀帝纪下》,第90页。
⑥ 《隋书》卷六一《宇文述传》,第1465页。
⑦ 从大业十二年炀帝赴扬州而苏威随行来看,大业六年炀帝去扬州,苏威乃至宇文述可能也是随行了的。参见《隋书》卷四一《苏威传》"其年从幸江都宫,帝将复用威"云云,第1189页。

也可能有朝会①,但却未见有官员赴朝会的具体事例。大业六年炀帝赴扬州则不同,随着皇帝在此处处理政事,扬州也就相应成了政治中心。上述墓志第3条就说徐智竦为建州刺史时,炀帝在扬州,"率土来朝",因此从今天的福建境内前往扬州朝见。《隋书·樊子盖传》说樊子盖是庐江人,为武威太守,"(大业)六年……朝于江都宫,帝谓之曰:'富贵不还故乡,真衣绣夜行耳'"云云②,则是从今天的甘肃境内前往扬州朝见。由于炀帝于大业七年二月才离开扬州,因此各地太守来朝,当是赴大业七年正月一日的朝会。回头来看,大业元年炀帝赴扬州,也是在跨年度后的大业二年三月才回洛阳,但却未见有各地刺史来扬州朝见的记载。

以上各例似乎可以说明:大业元年隋炀帝一赴扬州,只是趁刚修好运河时的兴奋,组织庞大船队,展示豪华,展示威仪,其中旧地重游即游玩的成分可能比较大。而大业六年隋炀帝二赴扬州,则是去换个环境工作,在扬州处理政务(北巡或征高丽,可能就是在扬州做出的决策)。游玩虽然有,但不是主要的。因此虽然总的看来有关隋炀帝在扬州的史料不多,但很明显,有关大业元年炀帝赴扬州的记载很少,而大业六年炀帝赴扬州的记载就要多得多了③。

这就是说,虽然同是炀帝下江南、赴扬州,但一下江南与二下江南在目的、过程、行事方式等方面可能都有所不同。因此我们在研究或评论炀帝赴扬州的功过时,要对具体事件具体过程做具体分析,而不能只满足于一些笼统的判断。

研究历史,史料不够而仍要得出结论,是研究的大忌,但也是研究早期历史时的无奈。因此,以上意见或结论纯是建立在占有资料不够全面(或缺少资料)基础上的推测,而推测能否成立,还要期待各位方家的批评指正。

(作者单位:中国社会科学院历史研究所)

---

① 《大业杂记辑校》记大业"二年正月,帝御成象殿,大会。设庭燎于江都门"云云(杜宝撰,辛德勇辑校,三秦出版社,第22页)。但这里所说的"大会",是设"庭燎"的,不像是朝会。

② 《隋书》卷六三《樊子盖传》,第1491页。

③ 当然,有关大业十二年炀帝赴扬州的记载更多,不过此时赴扬州一事已经与隋末复杂的政治局势纠缠在一起,炀帝最后死于扬州,记载增多是必然的。何况这次赴扬州与前两次赴扬州均有不同,因此暂时不在我们讨论的范围内。

隋长安、洛阳、扬州城营建执掌人辑补

——以墓志资料为主

牛来颖

在短暂的隋代，从文帝到炀帝，完成了多项大规模建设工程，而以都城建设为中心的营建工程从规划到实施，居功至伟。长安、洛阳两都城的建设，奠定了大唐乃至后代都城面貌的雏形，江都宫的建设奠定了扬州作为主要都会城市的子城基础，以后的江都城即是在江都宫的基础上扩展开来，从蜀冈子城延展到了罗城。

大兴城始于隋文帝即位初。开皇元年（581年），宇文恺受命任营宗庙副监。开皇二年，以宰相高颎主持都城大兴城营建，宇文恺规划。开皇三年，新都建成。

东京则始于炀帝大业元年（605年），建于汉魏洛阳城之西，由宇文恺规划营造。大业二年建成。至大业五年改为东都。

史书对于奉命主持营建工程的人员的记载，分散且过简，有待还原和进行史实重建。辛德勇在《隋东西两京修建工程诸主事人》[1]中考定勾稽创建两京的主事者分别为：

（一）西京

大监高颎、李询，总监虞处则，副监宇文恺、刘龙、贺娄子干，监丞高龙义、张煚。

（二）东都

大监杨素，副监杨达、宇文恺，木工监元弘嗣，瓦工监阴世师，土工副监孟孝敏，宫城监筑人刘权、韦万顷，府省监筑人裴矩。

由此可见，在两京营建执掌官员的设置上，一般都设有大监、副监，还有木、土、瓦监以及监丞等员额。高颎、杨素以宰相充任大监，实际的设计与实施则由副监以下官员负责，以宇文恺为总责任人，负责设计规划实施。正如

---

[1] 《隋唐两京丛考》，三秦出版社，1993年。

《隋书》所记载的那样："及迁都，上以恺有巧思，诏领营新都副监。高颎虽总大纲，凡所规画，皆出于恺。后决渭水达河，以通运漕，诏恺总督其事。"① 又有《大业杂记》记载略详：

> 大业元年，敕有司于洛阳故王城东营建东京，以越国公杨素为营东京大监，安德公宇文恺为副。②
>
> 初，卫尉卿刘权、秘书丞韦万顷总监筑宫城，一时布兵夫周币四面，有七十万人，城周币两重，延袤三十余里，高四十七尺，六十日成。其内诸殿基及诸墙院又役十余万人。直东都土木监常役八十余万人，其木工、瓦工、金工、石工又役十余万人。③

随着墓志资料的不断出土与发现，都城的建设以及工程主持者的资料渐渐丰富，可资订补史料之缺讹，几位原名不见经传的工程建设的执掌人，通过各自墓志中的记录，让我们得见他们在都城建设中的身影。

一、西京

东京营构总监丞、检校营造事高虬。

《隋故仪同太府卿将作大匠高公（虬）墓志铭》记载：

> 君讳虬，字龙叉，渤海条人也。……齐大宁二年，解褐太尉府水曹参军。天统三年，授中书舍人，寻迁散骑侍郎，转通直散骑常侍带舍人。……大象二年，授东京营构总监丞。大隋驭历，除河南道行台膳部侍郎，加通直散骑侍郎，判太府少卿，副将作大匠，检校营造事，仍授仪同三司。位畴台铉，望降朝寄。方希养鳞振翮，抟风激水，而光景不留，溘先朝露。春秋五十六，以开皇廿年十月十三日薨，仁寿元年二月十八日葬于洛阳城之西北河南县清风乡。……④

高虬即史书中所记载的高义（《北齐书》卷一四、《北史》卷五一）、高龙叉（《隋书》卷一、《北史》卷一一）、高龙义（《隋书》卷四五），不同的记载皆因形近而致字误，通过高虬墓志，我们获知其本名虬，而字龙叉。西京主事

---

① 《隋书》卷六八《宇文恺传》，中华书局，1973 年，第 1587 页。
② ［唐］杜宝撰，辛德勇辑校《大业杂记辑校》，三秦出版社，2006 年，第 2 页。
③ 《大业杂记辑校》，第 15 页。
④ 碑石存西安碑林博物馆。

之一的"监丞高龙义"应改为高虯。辛德勇依据其在张煚之前任太府少卿一职,推论其所担任的职务应是监丞。从墓志来看,高虯担任的与营建有关的职务,一是在前朝任"东京营构总监丞",二是在隋文帝建国营造都城时,高虯被委任为"副将作大匠,检校营造事"。高虯参与负责营造的是长安城,而非"入隋后犹任东京"云云①。

二、东都

第一,东都大监丞孟公行。

编号为贞观007的《唐故和州历阳县令孟君墓志铭》中记载:

> 君讳公行,字遵道,平原平昌人也。……有隋革命,旁求俊杰,开皇二年,授吉州兵曹。十二年,授同州司士。十六年,授□□司仓。三辅神皋,八川都会,苟非奇士,□居此职?仁寿二年,应诏举为雍州咸阳□□。君以宽济猛,用简治烦,凶渠慑气而□恶,猾党畏威以从化。炀帝以三川沃壤,□□彼同,乃弃偏据之小,处宅中之大,背河溯洛,揆景瞻星,铨擢时髦,崇兹壮观,授□□东都大监丞。九年,迁将作监丞。俄而炎精云暮,水斗山亡,銮驾飘沦,长蛇纵毒,□拔足无路,垂翼房庭。大唐膺千年之期,允百灵之望,财成天地,□一车书。君重睹休明,亲承皇鉴。武德四年,奉敕检校营造。八年,出□和州历阳县令。君下车布政,观民制范,刑礼兼设,不肃而成。庶享如山之寿,奄遘弥留之疾,贞观六年八月廿日终于官舍,春秋七十有五。民庶感德,大临门庭,回辕之日,号送逾境。七年四月戊申朔十四日,归葬于洛州洛阳县清风乡月城里……②

墓志中阐述了隋炀帝建设东都洛阳的规划理念,为的是"弃偏据之小,处宅中之大"而营建东都。孟公行受命,后为将作监丞,入唐以后,依旧奉敕检校营造。据史书记载,唐武德四年(621年),高祖攻取东都,并以其端门、应天门、干元殿奢丽而毁掉,并废东都为洛州。这位隋代东都的建设者孟公或许又成为初唐废毁东都的见证者。

编号总章012《大唐故越州会稽县令孟君墓志》的墓主孟枢,字玄机,是孟公行之子。在他的墓志中有一段追溯其父的记载称:"考公行,隋咸阳县令、营东都太监丞、朝请大夫、将作少监。或燮理阴阳,栋梁社稷;或剖符千

---

① 见《高虯志》"附考",《隋代墓志铭汇考》二,线装书局,2007年,第367页。
② 录自《洛阳出土历代墓志辑绳》,收入《唐代墓志汇编续集》,上海古籍出版社,2001年,第11—12页。

里,阐化一同。各擅美于当时,遂流芳于兹日。"①前引《孟公行墓志》中称其"(大业)九年,迁将作监丞",而其子孟枢的墓志中则为"将作少监",当是回来追赠的时候所改而致,且未见"咸阳县令"的历官记录。

第二,将作少匠任轨。

《任轨暨妻薛氏志》记载:

> 君讳轨,字洪则,西河隰城人也。……解褐员外将军,转任南营州外兵参军事,又除洛州食货监参军……复授扬州总管府录事参军事,又转任太尉公、晋王府录事参军事。……既而少阳正位,博望求贤。转太子舍人,武骑尉。作洛伊始,思模大壮,度堂考室,寔侯得人。迁将作少匠,加建节尉,尉成名立。冀俯拾于青紫;日居月诸,奄罹疾于霜露。忽以大业三年六月二日卒于长安之醴泉里,春秋六十有六。……②

据墓志中"作洛伊始,思模大壮,度堂考室"的记载得知,大业初年,任轨以将作少匠的身份负责洛阳城的规划和建设,至大业三年因病卒于任上。

第三,营东都土工副监孟豹。

编号贞观044的《大唐故清淇公墓志铭》记载。

> 唐故上柱国左武侯骠骑将军左武侯长史清淇公墓志铭并序
> 公讳孝敏,字至德,平原平昌人也。……乃祖休,齐恒州别驾,以简御烦,用宽济猛,化共春云等润,鉴与秋月齐明。父豹,隋蒲城、渭滨二县令,营东都土工副监。制锦烹鲜之术,有著嘉声;瞻星揆景之能,无亏令典。公禀河岳之精,含珪璋之德,神彩凝邈,墙宇崇峻,闻之者欣慕倾心,见之者懔然增敬。年甫弱冠,补四门学生。逸气凌云,鄙章句而不习;英风超世,学剑骑以勤王。……隋大业十年,以勋授相州安阳县丞。以此宏材,处兹下位,未矫冲天之翮,徒有长鸣之心。……以贞观七年正月十七日终于广州南海县,春秋五十有五。粤以八年岁次甲午十一月己巳朔,五日癸酉,归葬于洛州洛阳县清风乡崇德里……③

辛德勇《隋东西两京修建工程诸主事人》考定"土工副监孟孝敏",从此墓志

---

① 录自《洛阳出土历代墓志辑绳》,收入《唐代墓志汇编续集》,第181页。
② 志文22行,满行23字,今存开封博物馆,收入《芒洛冢墓遗文续编》上、《汉魏南北朝墓志集释》卷八等。又见王其祎、周晓薇编著:《隋代墓志铭汇考》三,第325—329页。
③ 《唐代墓志汇编》上,上海古籍出版社,1992年,第37页。

来看,担任土工副监的应是孟孝敏之父孟豹而非孝敏。而在孟孝敏的历官经历中,没有与工程建设相关的任职记录。

第四,营东都□工监耿深。

编号贞观048《□□□□□□尉耿□□志铭》:

> □讳□□□本郑州□□县人也。……曾祖□,魏平东将军、谏大夫;祖匡,晦迹丘□,□沦不仕;考深,隋任营东都□工监,后迁□□卫司兵参军。公志气风云,偏知剑术,□□□俛,声烈有闻,入选登朝,起家仁勇校尉□□□事君则忠,方当望天阙以上驰,践□□□高步,岂亦□□鹍鸽来□膏荒□□□□秦医之术,□于贞观九年八月廿日□□□□春□□□□即以其月廿七日窆于□山之阳,杨□三里。……①

墓志虽残损漫漶严重,但是关键人物墓主耿某的父亲耿深名姓俱存,遗憾的是"工监"前脱字不能确知为"土""木"抑或"瓦"字之脱。

第五,河南郡赞治韦津。

《大唐故陵州刺史韦使君墓志铭并序》中称:

> 君讳津,字悉达,京兆杜陵人也。……祖旭,魏司空文惠公,清猷映俗,风规偃世,冲素凝于道性,谦光发于德晖。父宽,周太傅郧襄公,绩宣周邵,业光风力,详其明鉴,朗如日月入怀,察其清襟;湛若江湖在量。……开皇四年,授左卫车骑将军,寻迁陇州刺史,……大业元年,迁内史侍郎……五年转河南郡赞治。于时帝宇聿修,皇京草创,俯规水地,仰构云楣。考周公之先略,裁梧侯之留宪,莫不实资衡尺,取正钩绳,成一代之洪范,垂千龄之壮观。九年转民部侍郎,十有二年,诏判民部尚书事。……②

韦津是韦孝宽之子,《隋书·韦世康传》《北史·韦孝宽传》有所记载。值得一书的是,在他担任河南郡赞治即郡丞的时期,正值"帝宇聿修,皇京草创",他因此参与了东都洛阳的营建,墓志中所言"俯规水地,仰构云楣""实资衡尺,取正钩绳",记述了他的勤勉和事必躬亲,以及仿照周公和梧侯成规的谨严。按《史记·惠景间侯者年表》,梧侯"以军匠从起郯,入汉后为少府,作

---

① 《唐代墓志汇编》上,上海古籍出版社,1992年,第39页。
② 铭文34行,每行满格33字。《唐代墓志汇编续集》永淳011《大唐前安州都督府参军元琰妻韦(金)志铭并序》有记述其祖父韦津:"君讳金,字千金,京兆杜陵人也。曾祖孝宽……祖津,皇朝太仆少卿、陵州刺史、寿光男。"第262页。

长乐未央宫,筑长安城"①。诸史籍中记载修建东都时在大业元年,次年建成。"东京成,赐监督者各有差"②。而从韦津墓志来看,大业五年韦津出任河南郡赞治时,参与主持洛阳城建工程,而此年炀帝改东京为东都。说明营建工程工期并非一年竣工,主体部分完工后,由地方官主持的工程还在继续。

三、扬州

炀帝大业元年,建江都宫。

按照宿白先生的归纳,长安为京城,洛阳为都城③。隋炀帝在营建扬州时,是将其作为都城来设计的。见唐代李商隐《隋宫》:

> 紫泉宫殿锁烟霞,
> 欲取芜城作帝家。
> 玉玺不缘归日角,
> 锦帆应是到天涯。
> 于今腐草无萤火,
> 终古垂杨有暮鸦。
> 地下若逢陈后主,
> 岂宜重问《后庭花》。

其中的"芜城"即指扬州,《舆地志》说:"芜城即古邗沟城,吴王濞故都,在今扬州府城东。汉高帝十一年灭黥布,封兄仲之子濞于吴,景帝三年(前154年),濞连七国反,兵败走越,越人杀之,国亡,景帝更名江都,封其子非为江都王。"《隋书》卷三一《地理志》记载,扬州各郡"川泽沃衍,有海陆之饶,珍异所聚,故商贾并凑。其人君子尚礼,庸庶敦庞,故风俗澄清,而道教隆洽,亦其风气所尚也"④。炀帝是打算把扬州(江都)作为"帝家"的规模来设计的。

第一,扬州总管府长史王弘。

扬州的建城经过,据《大业杂记》⑤记载:

---

① 《史记》卷十九《惠景间侯者年表》。
② 《隋书》卷三《炀帝纪》。
③ 《隋唐城址类型初探》(提纲),见《纪念北京大学考古专业三十周年论文集》(1952—1982),文物出版社,1990年,第279—285页。
④ 《隋书》卷三一《地理志》,中华书局,1973年,第887页。
⑤ [唐]杜宝撰,辛德勇辑校《大业杂记辑校》,中华书局,1973年,第16页。

> 又敕扬州总管府长史王弘大修江都宫。又于扬子造临江宫，内有凝晖殿及诸堂隍十余所。

《扬州府志》卷三〇《古迹》：

> 北宫在茱萸湾，大业初，王宏奉敕修江都宫，此其一也，后改为山光寺。

2011年入藏大唐西市博物馆的《王客卿墓志》(649年)①中记载：

> 唐故朝议大夫赵州长史王府君墓志铭并序
> 君讳客卿，字敬仲，太原只(祁)人也。……父弘，随雍州州都，华州别驾，度支、兵部二侍郎，尚书右丞，扬州总管府长史，开府仪同三司，太子右庶子，黄门侍郎，大将军，寿光元公，赠御史大夫。……

见诸史籍的王弘奉敕修建江都宫时，其官职为扬州总管府长史，墓志王弘诸历官中有扬州总管府长史，却没有提及他主持修建江都宫之事。

第二，榆林太守张衡。

《隋书》卷五六《张衡传》记载：

> 张衡字建平，河内人也。祖嶷，魏河阳太守。父光，周万州刺史。……高祖受禅，拜司门侍郎。及晋王广为河北行台，衡历刑部、度支二曹郎。后以台废，拜并州总管掾。及王转牧扬州，衡复为掾，王甚亲任之。衡亦竭虑尽诚事之，夺宗之计，多衡所建也。以母忧去职，岁余起授扬州总管司马……帝欲大汾阳宫，令衡与纪弘整具图奏之……出为榆林太守。明年，帝复幸汾阳宫，衡督役筑楼烦城，因而谒帝……衡复之榆林。俄而敕衡督役江都宫。有人诣衡讼宫监者，衡不为理，还以讼书付监，其人大为监所困。②

炀帝即位，张衡先后拜官给事黄门侍郎、银青光禄大夫、御史大夫，"甚见亲重"。他先后主持了汾阳宫、楼烦城的营建，营建江都宫时，他是自榆林太守调往扬州督役的。

第三，江都□监王世充。

《隋书》卷八五《王充传》记载：

---

① 志盖九字："唐故赵州长史王君志"。志高58cm，宽57.5cm，厚11cm。铭文31行，行31字。收入《大唐西市博物馆藏墓志》上，北京大学出版社，2012年，第88—89页。
② 《隋书》卷五六《张衡传》，中华书局，1973年，第1391—1392页。

炀帝时,累迁至江都郡丞。时帝数幸江都,充善候人主颜色,
阿谀顺旨,每入言事,帝善之。又以郡丞领江都宫监,乃雕饰池台,
阴奏远方珍物以媚于帝,由是益昵之。①

按《资治通鉴》卷一八三胡三省注云:"隋离宫皆置宫监。"唐九成宫即由隋仁寿宫改名,皆设有宫监。宇文恺曾经官拜仁寿宫监。见《隋书》卷六八《宇文恺传》:

既而上建仁寿宫,访可任者,右仆射杨素言恺有巧思,上然之,
于是检校将作大匠。岁余拜仁寿宫监,授仪同三司,寻为将作
少监。②

江都宫监职掌与唐宫苑监、九成宫监相仿,"修完宫苑"是其诸多责任之一。

第四,江都□副监上官弘。

由此联想到上官婉儿墓,自2013年8月至9月在咸阳由陕西省考古所发掘并出土其墓志,《大唐故婕妤上官氏墓志铭并序》记载其曾祖上官弘:

曾祖弘,随(隋)藤(滕)王府记事参军,襄州总管府属,华州长
史,会稽郡赞持,尚书比部郎中……③

而于上官弘曾经在江都任职却未提及。据《旧唐书》卷八〇《上官仪传》记载:

江都宫副监,因家于江都。④

又按《元和姓纂》卷七的记载:

上官先元孙回,后周定襄太守。孙弘,隋比部郎中,江都总监,
因居扬州;生仪,西台侍中、平章事,二子庭芝、庭璋。庭芝,周王府
属,生怡容。⑤

有学者分析上官婉儿墓志之所以不记载上官弘任官江都宫副监事,推测他有参与弑隋炀帝的嫌疑,⑥故而墓志隐晦回护。由此,江都宫之营建工程执掌者或当补上官弘。

---

① 《隋书》卷八五《五充传》,中华书局,1973年,第1895页。
② 《隋书》卷六八《宇文恺传》,中华书局,1973年,1587页。
③ 李明、耿庆刚:《〈唐昭容上官氏〉墓志笺释——兼谈上官婉儿墓相关问题》,《考古与文物》2013年第6期。
④ 《旧唐书》卷八〇《上官仪传》,中华书局,1975年,第2743页。
⑤ 《元和姓纂》卷七,中华书局,1994年,第1084页。
⑥ 仇鹿鸣:《碑传与史传:上官婉儿的生平与形象》,《学术月刊》2014年第5期。

以上爬梳不过雪泥鸿爪,寥寥断简,而成就煌煌帝都的一代巨擘,除了宇文恺等极少数寥若晨星外,多数皆隐入尘封的历史。当年梁思成先生在《中国建筑史》绪论中即提出历史上匠人暗于文字,不重书籍,仅仰赖师徒间的口授实习。[1] 而建筑之术在当时的观念上因非士大夫之事,再加之史书疏于记载,所以,要找寻相关的材料难度甚大,不禁令人唏嘘。

（作者单位：中国社会科学院历史研究所）

---

[1] 梁思成:《中国建筑史》,百花文艺出版社,1998年,第20页。

燃灯、狂欢与外来风[①]

——兼论隋炀帝与元宵节俗及扬州灯市

王永平

隋炀帝虽然是中国历史上著名的暴君,但他在政治、经济、文化和中外关系诸方面都曾经做出过一些重要建树,如营建东都、开凿大运河、创设进士科、经营西域、通使南洋等,对当时及后世产生了极其深远的影响。元宵节俗的形成也凝聚了隋炀帝的智慧和创造。元宵节是中国传统节日中非常重要的一个节日,学术界关于这个节日的形成和出现有大量的研究,论者在研究中大多提到过隋炀帝,但对他在元宵节俗形成中的作用,却没有给予足够的重视和充分的肯定。因此,笔者试图从元宵节的两大主要特色活动"观灯"和"狂欢"入手,来揭示隋炀帝在这个传统节日民俗形成过程中所做出的重要贡献。

一、灯树千光照 华焰七枝开

农历正月十五元宵节又称"灯节",民间有在此日前后几天张灯游乐的习俗。此习俗的形成就与隋炀帝有关。隋炀帝曾经作过一首描写元宵节张灯的诗——《正月十五日于通衢建灯夜升南楼》,诗云:

  法轮天上转,梵声天上来。灯树千光照,华焰七枝开。月影凝流水,春风含夜梅。幡动黄金地,钟发琉璃台。[②]

当时有一位大臣诸葛颖还作过一首和诗《奉和通衢建灯应教诗》(以下简称"和诗")云:

  芳衢澄夜景,法炬灯参差。逐轮时徙焰,桃花生落枝。飞烟绕

[①] 本文为2013年度北京市新世纪百千万人才工程培养经费资助项目:"全球史研究的一个视角:外来习俗与唐代社会",2011年度北京市哲学社会科学"十二五"规划项目"从'天下'到'世界'——汉唐时期的域外探索及其对世界的认知"(11LSB013)成果之一。

[②] 《全隋诗》卷三,见逯钦立辑校:《先秦汉魏晋南北朝诗》下册,中华书局,1983年版,第2671页。

定室,浮光映瑶池。重阁登临罢,歌管乘空移。①

这两首诗把隋炀帝时正月十五日夜的张灯盛况描写得非常生动传神。

农历正月十五是我国民间重要的传统节日,称为元宵节或上元节。农历每月的十五日为月圆之日,故又称为"望"日。元宵节为一年之中的第一个满月之日,寓意着团圆和美满,所以受到古人的特别重视。隋朝人杜公瞻就说:"每月皆有弦、望、晦、朔,以正月初年,时俗重以为节也。"②元宵节有张灯、观灯习俗,故又称为"元宵灯节"。

关于元宵张灯习俗的起源有多种说法③。唐人认为,元宵张灯习俗源于汉家祀太一。唐初著名学者欧阳询编辑的《艺文类聚》卷四《岁时中·正月十五日》条中就说:

《史记》曰:"汉家以望日祀太一,以昏时到明。"今夜游观灯,是其遗迹。④

盛唐时人徐坚在编辑《初学记》时也采纳了这种说法,在该书卷四《岁时部下·正月十五日》条载:

《史记·乐书》曰:"汉家祀太一,以昏时祠到明。"今人正月望日夜游观灯,是其遗事。⑤

"太一",亦作"太乙""泰一",相传为"帝星",为天神中最尊贵者。根据这种说法,似乎早在汉代,正月十五日夜就有祭祀天帝、祈求福佑之说,此后历代相沿成俗,遂成节日。但翻检《史记·乐书》,发现此说并不正确,其记载是这样的:

汉家常以正月上辛祀太一甘泉,以昏时夜祠,到明而终。⑥

上辛,即农历正月的第一个辛日。古代以干支计日,天干自甲至癸一周凡十日,每月三十日,十天干各出现三次,第一个带辛的日子,就被称为上辛。古

---

① 《全隋诗》卷五,见逯钦立辑校:《先秦汉魏晋南北朝诗》下册,第2704页。
② [梁]宗懔撰,[隋]杜公瞻注,宋金龙校注:《荆楚岁时记》,山西人民出版社,1987年,第23页。
③ 关于元宵张灯习俗的起源影响最大的有两种说法:汉家祀太一说和佛家燃灯说。此外,还有汉文帝庆祝平定诸吕之乱说、汉明帝燃灯表佛说、庭燎(燎祭)说等诸多说法。
④ [唐]欧阳询撰,汪绍楹校:《艺文类聚》卷四《岁时中·正月十五日》,上海古籍出版社,1999年新2版,第61页。
⑤ [唐]徐坚等辑,韩放校点:《初学记》上卷卷四《岁时部下·正月十五日》条,京华出版社,2000年,第106页。
⑥ [汉]司马迁:《史记》卷二十四《乐书》,中华书局,1982年,第1178页。

人认为"辛"与"幸"相通,越靠近元日的辛日越幸运,所以汉人就把祭祀太乙神以祈福佑的日子选在正月的第一个辛日。不过,上辛日一般是在初十之前,而不是在望日,所以日子不对。但此说对后世的影响很大,唐末五代时人韩鄂编撰的《岁华纪丽》,在叙述"上元"节俗时也采用了这种说法①。今人也有许多论述沿袭其说。但是关于正月十五成为节日,在汉魏时期的史籍中并没有记载。

最早提到正月十五节俗活动的是东晋初年陆翙的《石虎邺中记》,该书载:"正月十五日,有登高之会。"②石虎为十六国时期后赵国君主,公元334—349年在位。但是关于石虎在邺城为什么会选择在正月十五举行登高之会,由于史载缺如,不得其详。不过,根据《荆楚岁时记》的记载,似乎可以找到一些线索:"世人正月半作粥祷之,加肉覆其上,登屋食之。咒曰:'登高糜,挟鼠脑,欲来不来? 待我三蚕老。'则是为蚕逐鼠矣。"③原来,民间有在正月十五煮粥祈祷蚕神的风俗,祈祷时把肉盖在粥上面,爬上屋顶供神,口里还祝告说:"登上高处的粥,抓住老鼠的头。(老鼠呀)看你还敢不敢来? 你就等着三蚕老(收拾你吧)。"有人认为:"'登高糜,挟鼠脑'是为蚕逐鼠的一种巫术。老鼠是蚕的天敌,为了保证蚕的丰收,所以防鼠。"④可见,正月十五登高具有驱鼠禳灾的意义。杜公赡在为《荆楚岁时记》作注时说:"登高又非今世而然者也。"说明这个习俗在隋朝仍然流行。《隋书·元胄传》就记载:"正月十五日,上(隋文帝)与近臣登高,时胄下值,上令驰召之。及胄见,上谓曰:'公与外人登高,未若就朕胜也。'赐宴极欢。"⑤关于登高习俗,最著名的当数重九(重阳节)登高,此外还有人日(正月初七)登高,其意义都在于禳灾避邪,所以一般都会在白天举行。正月十五的登高习俗既有驱鼠禳灾的性质,应该也是在白天举行为宜;但是在晚上驱鼠也能说得过去,因为老鼠在夜里活动是最频繁的,不过这应与张灯没有关系,因为老鼠最怕见光,所以也没有必要在夜里大张旗鼓地张灯驱鼠。

此外,南朝还流行在正月十五"祠门户"、夜迎"紫姑"(厕神)等民俗活动⑥,但都与张灯、观灯节俗无关,只是一个与祭祀有关的节日。南朝梁简

---

① [唐]韩鄂:《岁华纪丽》卷一《上元》,中华书局,1985年丛书集成初编影印本,第21—22页。
② 该书已佚,引文见隋朝人杜公赡注《荆楚岁时记》,第23页。
③ 《荆楚岁时记》,第23页。
④ 俞秀红:《宋前元宵习俗与文学创作》,南京师范大学硕士学位论文,2007年,第5页。
⑤ 《隋书》卷四十《元胄传》,第1177页。
⑥ 《荆楚岁时记》载:"正月十五日,作豆糜,加油膏其上,以祠门户。先以杨枝插门,随杨枝所指,仍以酒酺饮食及豆粥插箸而祭之。……其夕,迎紫姑,以卜将来蚕桑,并占众事。"第23—25页。

文帝有一篇《列灯赋》提到了正月十五夜的张灯情境:

> 何解冻之嘉月,值萱荚之尽开。草含春而动色,云飞采而轻来。南油俱满,西漆争然(燃)。苏征安息,蜡出龙川。斜晖交映,倒影澄鲜。九微间吐,百枝交布。聚类炎洲,迹同大树。竞红蕊之晨舒,蒀丹萤之昏鹜。兰膏馥气,芬炷擎心。寒生色浅,露染光沈。①

据吕一飞解释:"解冻之嘉月"指孟春正月;萱荚是传说中的瑞草,据说这种草每月从初一开始日生一荚,至十五日生满十五荚,从十六日开始又日落一荚,至月末落尽。萱荚盛开之日,正是十五日。所以这篇赋描述的是正月十五日夜张灯的情境:有油灯,有漆灯,或燃香,或燃蜡,灯月交辉,倒影水中。不过,他认为虽有此赋,但并不能以此断定元宵观灯之俗始于南朝②。也许这只是一种巧合,因为古代宫中张灯是常有之事。

元宵灯俗应该源自北朝,据《资治通鉴》卷一七五长城公至德元年(隋文帝开皇三年,583年)载:

> (柳)或以近世风俗,每正月十五日夜,然(燃)灯游戏,奏请禁之。

胡三省注曰:"上元燃灯,或云以汉祠太一自昏至昼故事,此说非也。梁简文帝有《列灯诗》(按:即《列灯赋》),陈后主有《光壁殿遥咏山灯诗》,则柳或所谓近世风俗是也。"胡三省认为元宵灯俗起于南朝梁陈时期,理由是两人的诗篇已提及灯景,但这种说法也是靠不住的。因为柳或所说的"近世风俗"是指从北朝流传下来的民俗,他在上奏中讲到:"窃见京邑,爰及外州,每以正月望夜,充街塞陌,聚戏朋游,鸣鼓聒天,燎炬照地……因循弊风,曾无先觉。无益教化,有损于民,请颁天下,并即禁断。"③他上奏的时间是在隋初,当时南北还没有统一。他所说的"京邑"指的是京城长安,外州当指隋朝当时统治下的北方地区。柳或在上奏中提到正月望日"燎炬照地",应是后代元宵张灯的滥觞。不过,点火把或点燃柴堆主要是为了夜里狂欢游戏照明之用,还不是像后代那样为了观灯而张灯。但到隋炀帝时则正式在正月十五日夜于东都的通衢大道上张灯结彩,纵民观赏,从而将元宵观灯推广为

---

① 《全梁文》卷八,[清]严可均辑校:《全上古三代秦汉三国六朝文》,第2997页。
② 吕一飞:《胡族习俗与隋唐风韵——魏晋北朝北方少数民族社会风俗及其对隋唐的影响》,书目文献出版社,1994年,第22—223页。
③ 《资治通鉴》卷一七五长城公至德元年,第5471页。

一项大众性的节日民俗活动。

从隋炀帝的诗作来看,明确提到张灯地点是在"通衢",也就是通衢大道。设灯于"通衢",显然是为了便于赏玩游观。这条"通衢"就是东都洛阳城的建国门(定鼎门)大街。据《隋书·音乐志下》记载:自大业二年(606年)以后,"每岁正月,万国来朝,留至十五日。于端门外,建国门内,绵亘八里,列为戏场。百官起棚夹路,从昏达旦,以纵观之,至晦而罢。"大业六年(610年),又在"天津街盛陈百戏","大列炬火,光烛天地,百戏之盛,振古无比。自是每年以为常焉。"①端门是东都洛阳城皇城的正南门,与之相对应的是洛阳城的正门建国门(唐初改称定鼎门)②。建国门始建于大业元年(605年)三月,正式启用于大业二年(606年)正月。从端门到建国门,形成了一条长达数里的宽广大街。据唐人杜宝《大业杂记》记载:

> 开大道对端门,名端门街,一名天津街,阔一百步。道傍植樱桃、石榴两行,自端门至建国门,南北九里,四望成行,人由其下,中为御道,通泉流渠,映带其间。端门即宫正南门,重楼,楼上重名太微观,临大街。③

唐人韦述在《两京新记》中也记载:

> 自端门至定鼎门七里一百三十七步。隋时种樱桃、石榴、榆柳,中为御道,通泉流渠。今杂植槐柳等树两行。定鼎门街广百步。④

这条大街是洛阳城中最重要和最宽敞的一条街道,据钻探资料显示,街长达4180米,宽达90~121米,与史书记载大体相合⑤。

隋炀帝从大业二年以后开始,每年正月十五都要在端门街(天津街)的通衢大道上张灯结彩,纵民观赏。从此张灯、观灯就成为元宵节俗的一项重要内容。他的诗正是在登宫城南门端门城楼赏灯时所作。

全诗描写了元宵夜全民赏灯狂欢的情景:"法轮天上转"可以看作是高

---

① 《隋书》卷十五《音乐志下》,第381页。
② [清]徐松:《唐两京城坊考》卷五:"当皇城端门之南,渡天津桥,至定鼎门,南北大街曰定鼎街。亦曰天门街,又曰天津街,或曰天街。"中华书局,1985年,第147页。
③ [唐]杜宝撰,辛德勇辑校:《大业杂记辑校》,三秦出版社,2006年,第3页。
④ [唐]韦述撰,辛德勇辑校:《两京新记辑校》卷五"都城",三秦出版社,2006年,第80页。
⑤ 中国社会科学院考古研究所洛阳工作队:《隋唐东都城址的勘查和发掘续记》,《考古》1978年第6期,第369页。

耸入云的大型灯轮仿佛走马灯似地在转动①;"梵声天上来"可以理解为赏灯和狂欢的民众人声鼎沸如同天外来声。中间四句是全诗的精华所在,"灯树千光照,华焰七枝开"描写了炫丽的灯树如同盛开的花枝,流光溢彩,千灯竞燃;"月影凝流水,春风含夜梅"描写了天上的明月倒影在洛水之上如同一幅凝固了的画面,就连微微吹拂的春风也仿佛陶醉在这夜晚飘来的梅香之中。最后两句"幡动黄金地,钟发琉璃台",继续描写狂欢的人群舞动旗幡、敲钟奏乐的欢乐场面。

诸葛颖的和诗反映的也是这种赏灯狂欢的热闹情景:"芳衢澄夜景,法炬灯参差"描写的是在天街上张灯结彩、灯树参差照耀如同白昼的情景;"逐轮时徙焰,桃花生落枝"描写了转动的灯轮和如同花枝的灯树所带来的美感;"飞烟绕定室,浮光映瑶池"描写的是由于张灯结彩所产生的轻烟缭绕和美丽的灯影映照在水面如同仙境的情景;"重阁登临罢,歌管乘空移"描写的则是隋炀帝登临端门楼观灯赏乐的情景。全诗与隋炀帝的诗作正好形成了完美的呼应。

由此可见,元宵张灯作为一项民俗活动,应该是由隋炀帝最早开始倡导和践行的,他也是中国古代最早创作元宵观灯诗的诗人。

二、万方皆集会 百戏尽来前

正月十五除了张灯之外,还有一项重要的民俗活动就是"狂欢"。隋朝诗人薛道衡作有一首描写元宵狂欢的诗——《和许给事善心戏场转韵诗》(以下简称"薛诗"),诗云:

> 京洛重新年,复属月轮圆。云间璧独转,空里镜孤悬。万方皆集会,百戏尽来前。临衢车不绝,夹道阁相连。惊鸿出洛水,翔鹤下伊川。艳质回风雪,笙歌韵管弦。佳丽俨成行,相携入戏场。衣类何平叔,人同张子房。高高城里髻,峨峨楼上妆。罗裙飞孔雀,绮带垂鸳鸯。月映班姬扇,风飘韩寿香。竟夕鱼负灯,彻夜龙衔烛。欢笑无穷已,歌咏还相续。羌笛陇头吟,胡舞龟兹曲。假面饰金银,盛服摇珠玉。宵深戏未阑,兢为人所难。卧驱飞玉勒,立骑转银鞍。纵横既跃剑,挥霍复跳丸。抑扬百兽舞,盘跚五禽戏。狻

---

① 关于"灯轮",唐人张鷟《朝野佥载》卷三载:"睿宗先天二年正月十五、十六夜,于京师安福门外作灯轮高二十丈,衣以锦绮,饰以金玉,燃五万盏灯,簇之如花树。"中华书局,1979年,第69页。张说作有《十五日夜御前口号踏歌辞二首》之二中也描写到"灯轮":"帝宫三五戏春台,行雨流风莫妒来。西域灯轮千影合,东华金阙万重开。"《全唐诗》卷八十九,第982页。

猊弄斑足,巨象垂长鼻。青羊跪复跳,白马回旋骑。忽睹罗浮起,俄看郁昌至。峰岭既崔嵬,林丛亦青翠。麋鹿下腾倚,猴猿或蹲跂。金徒列旧刻,玉律动新灰。甲荑垂陌柳,残花散苑梅。繁星渐寥落,斜月尚徘徊。王孙犹劳戏,公子未归来。共酌琼酥酒,同倾鹦鹉杯。普天逢圣日,兆庶喜康哉①。

新年月圆之时,正是正月十五。薛道衡死于大业五年(609年),东都洛阳建成于大业二年(606年)正月,这首诗应作于其间。据《隋书·音乐志下》(以下简称"隋志")记载:

> 大业二年,突厥染干来朝,炀帝欲夸之,总追四方散乐,大集东都。初于芳华苑积翠池侧,帝帷宫女观之。有舍利先来,戏于场内,须臾跳跃,激水满衢,鼋鼍龟鳖,水人虫鱼,遍覆于地。又有大鲸鱼,喷雾翳日,倏忽化成黄龙,长七八丈,耸踊而出,名曰《黄龙变》。又以绳系两柱,相去十丈,遣二倡女对舞绳上,相逢切肩而过,歌舞不辍。又为夏育扛鼎,取车轮石臼大瓮器等,各于掌上而跳弄之。并二人戴竿,其上有舞,忽然腾透而换易之。又有神鳌负山,幻人吐火,千变万化,旷古莫俦。染干大骇之。自是皆于太常教习。每岁正月,万国来朝,留至十五日,于端门外,建国门内,绵亘八里,列为戏场。百官起棚夹路,从昏达旦,以纵观之。至晦而罢。伎人皆衣锦绣缯彩。其歌舞者,多为妇人服,鸣环佩,饰以花毦者,殆三万人。初课京兆、河南制此衣服,而两京缯锦,为之中虚。三年,驾幸榆林,突厥启民朝于行宫,帝又设以示之。六年,诸夷大献方物。突厥启民以下,皆国主亲来朝贺。乃于天津街盛陈百戏,自海内凡有奇伎,无不总萃。崇侈器玩,盛饰衣服,皆用珠翠金银,锦罽缔绣。其营费巨亿万。关西以安德王雄总之,东都以齐王暕总之,金石匏革之声,闻数十里外。弹弦撮管以上,一万八千人。大列炬火,光烛天地,百戏之盛,振古无比。自是每年以为常焉。②

染干,即东突厥启民可汗。隋炀帝从大业元年(605年)八月开始第一次巡游江都,到大业二年四月才返回洛阳,启民可汗入朝当在此之后。《资治通鉴》将启民可汗入朝事系于"十二月"条后,曰:"帝以启民可汗将入朝,欲以

---

① 《全隋诗》卷四,见《先秦汉魏晋南北朝诗》下册,第2685页。
② 《隋书》卷十五《音乐志下》,第381页。

富乐夸之。……于是四方散乐,大集东京。"①可见启民可汗大约是在大业二年底才到达洛阳的。隋炀帝下令将四方散乐大集东都,原本是准备向启民夸示的。正好启民可汗在东都一直住到大业三年(607年)正月,隋炀帝应该就是在这年的正月十五在洛阳举行了一次元宵灯会和狂欢活动,他的《正月十五日于通衢建灯夜升南楼》诗和薛道衡的《和许给事善心戏场转韵诗》大约都是作于此时。《通鉴》记载了大业三年正月初一,隋炀帝"大陈文物"招待启民可汗之事,却没有提正月十五张灯和百戏演出之事。在其后的大业四年、五年、六年和九年、十年、十一年、十二年的正月,隋炀帝也都是在东都度过新年的。按照《隋书》的说法,从大业二年以后,隋炀帝每年都要借"万国来朝"的机会,在正月十五于端门街(天津街)的通衢大道上张灯结彩,演出百戏,纵民观赏。《通鉴》在大业六年(610年)"正月"条下记载了十五日张灯狂欢的情景:

> 帝以诸蕃酋长毕集洛阳,丁丑,于端门街盛陈百戏,戏场周围五千步执丝竹者万八千人,声闻数十里,自昏至旦,灯火光烛天地;终月而罢,所费巨万,自是岁以为常。

胡三省注曰:"丁丑,正月十五日。今人元宵行乐,盖始盛于此。"②《隋书》也提到大业六年,突厥启民以下国主都亲自来朝贺,隋炀帝于天津街盛陈百戏招待他们之事。不过,启民可汗早已于大业四年(649年)冬十一月病逝③,他不可能参加隋炀帝在大业六年为"诸蕃酋长"举行的元宵灯会和百戏演出。但是,隋炀帝在正月十五盛陈百戏、纵民狂欢的传统却留传了下来,演变成为后世闹元宵、闹社火、闹红火、闹秧歌等全民参与的狂欢活动。

元宵狂欢也是源于北朝。在南朝,正月十五主要是以家庭为单位所展开的一系列祭祀庆祝活动;而在北朝,却逐渐形成了一个以民间狂欢为主的祝节活动。这天夜晚,百姓有"打簇"和"相偷"之戏。据《北齐书·外戚·尔朱文畅传》载:

> 魏氏旧俗,以正月十五日夜为打竹簇之戏,有能中者,即时赏帛。④

《通鉴》卷一五九梁武帝大同十一年(即东魏孝静帝武定三年,545年)正月

---

① 《资治通鉴》卷一八十"隋炀帝大业二年"条,第5626页。
② 《资治通鉴》卷一八一"隋炀帝大业六年正月"条,第5649页。
③ 袁刚:《隋炀帝传》,人民出版社,2001年,第486页。
④ 《北齐书》卷四十八《外戚·尔朱文畅传》,中华书局,1972年,第666页。

条也记载了东魏时,尔朱荣之子尔朱文畅等人,"谋因正月望夜观打簇戏作乱"之事。胡注曰:"按《魏书》:孝静天平四年(537年),春,正月,禁打簇相偷戏。盖此禁寻弛也。"①胡氏将打簇戏改为打簇相偷戏,殊不可解。查《魏书·孝静帝纪》载:天平四年,"春正月,禁十五日相偷戏"②。可见,"打簇"和"相偷"应是拓跋鲜卑相沿已久的两种旧俗,孝静帝禁止的仅仅是"相偷戏",而没有禁止"打簇戏",所以才会有武定三年正月望夜的观打簇戏之事。据吕一飞先生考证,鲜卑的"相偷戏"类似于后来契丹、女真的"纵偷"和"放偷"戏,也即《契丹国志》里所说的"正月十三日,放国人做贼三日"游戏。③ 原来"相偷戏"即纵民"做贼"的游戏,难怪经过北魏孝文帝改革以后,汉化的魏氏政权会革除这种不合中原礼法、教人学坏的旧俗。至于"打竹簇"究竟是一种什么样的游戏,由于史载太过简略,后人难以尽得其详。不过,单纯从字面上来理解,好像是一种比赛射箭的游戏。"竹簇"应该是用竹削成尖头状竹箭,插在地上当靶子,有能射中者,当即赏赐绢帛。作为游牧民族的鲜卑,骑马射箭应是其传统。据有的学者研究,后世的契丹、女真有"射柳"习俗,据说就来源于匈奴、鲜卑的"蹛林"祭祀活动④。其俗是将柳条削去皮,露出白色部分,插在地上,然后骑马比试驰射。《史记·匈奴列传》记载匈奴习俗时说:"岁正月,诸长小会单于庭,祠。五月,大会茏城,祭其先、天地、鬼神。秋,马肥,大会蹛林,课校人畜计。"颜师古注云:"蹛者,绕林木而祭也。鲜卑之俗,自古相传,秋祭无林木者,尚竖柳枝,众骑驰绕三周乃止,此其遗法也。"⑤所以宋人程大昌在《演繁露》中就认为:射柳之俗,"殆蹛林故事"⑥。由于在正月十五比试驰射时柳条还没有返青,所以就以插"竹簇"为标的进行比赛。

北朝在正月十五日夜举行的"打簇""相偷"之戏,发展到后来就成为一个张灯结彩的全民性狂欢活动。据《隋书·柳彧传》载:

> 或见近代以来,都邑百姓每至正月十五日,作角抵之戏,递相夸竞,至于糜费财力,上奏请禁绝之,曰:"……窃见京邑,爰及外

---

① 《资治通鉴》卷一五九"梁武帝大同十一年正月"条,第4925页。
② 《魏书》卷十二《孝静帝纪》,中华书局,1974年,第301页。
③ 吕一飞:《胡族习俗与隋唐风韵——魏晋北朝北方少数民族社会风俗及其对隋唐的影响》,书目文献出版社,1994年,第217—230页。
④ 参阅熊志冲:《中国古代射柳活动综考》,《成都体院学报》1987年第3期,第33页;郭康松:《射柳源流考》,《湖北大学学报》1994年第2期,第38页。
⑤ 《史记》卷一一〇《匈奴列传》,第2893页。
⑥ [宋]程大昌:《演繁露》卷十三《藉柳》。

州,每以正月望夜,充街塞陌,聚戏朋游。鸣鼓聒天,燎炬照地,人戴兽面,男为女服,倡优杂技,诡状异形。以秽嫚为欢娱,用鄙亵为笑乐,内外共观,曾不相避。高棚跨路,广幕陵云,袨服靓妆,车马填噎。肴醑肆陈,丝竹繁会,竭赀破产,竞此一时。尽室并孥,无问贵贱,男女混杂,缁素不分。秽行因此而生,盗贼由斯而起。浸以成俗,实有由来,因循敝风,曾无先觉。非益于化,实损于民。请颁行天下,并即禁断。①

这是发生在隋文帝开皇三年(583 年)的事情。柳彧所说的"近代",当指北朝。柳说隋初京邑和外州都在正月十五日有狂欢之戏,关于外州狂欢,据《隋书·长孙平传》记载:"邺都俗薄,旧号难治。……会正月十五日,百姓大戏,画衣裳为鍪甲之象。"②邺都(今河北临漳),原是东魏、北齐的故都,"鍪甲"即头盔铠甲。这里在每年的正月十五夜就流行"打簇""相偷"之戏。这个传统,从魏、齐绵延至隋,愈发热闹起来。大街上点着火把柴堆,人们无论男女老幼、贫富贵贱,甚至还有和尚、道士,蜂拥而出,欢聚在一起,敲锣打鼓,或戴假面,或着"鍪甲",或男扮女装,或作角抵之戏,表演歌舞杂技,尽情欢戏于街陌,以至成为风俗。假如从北朝留传下来的这种全民参与的元宵狂欢活动还属于民间自发行为的话,那么到隋炀帝时经过他的大力提倡,已经成为一项政府行为,不但狂欢的场面更加宏大,而且还被赋予了特殊的政治意义。隋炀帝正是试图通过这样一种活动,在招待万国来使时,向他们夸示大隋帝国的盛世,从而达到增强中华文明强大吸引力的意图。从此,"狂欢"成为元宵节俗的另外一大特色。

三、法轮天上转 梵声天上来

元宵节俗在形成过程中受到外来风的强烈影响。有的学者根据隋炀帝的诗作中提到"法轮""梵声""灯树""幡""钟"等与佛教有关的词汇,就认为炀帝"张灯之举,实乃出自礼佛崇法的需要,并非嬉游可拟"③,实际上这是一种误解,这些词汇的使用只是诗人在创作时用典入诗的一种惯常手法,不必望文生义、刻意去解读。谭蝉雪在论述敦煌民俗时就将上元燃灯分为民俗和佛俗两种。作为民俗,燃灯地点一般是在街陌,如敦煌文书 S. 2832

---

① 《隋书》卷六十二《柳彧传》,第 1483—1484 页。
② 《隋书》卷四十六《长孙平传》,第 1255 页。
③ 陈熙远:《中国夜未眠——明清时期的元宵、夜禁与狂欢》,《"中央研究院"历史语言研究所集刊》2006 年第 4 期。

和P.2631:"初逢三春,新逢十五。灯笼(轮)火树,争燃九陌;舞席歌筵,大启千灯之夜",寥寥数语反映了"火树银花合""九陌连灯影"的盛况;作为佛俗,燃灯地点多在寺院石窟,目的是为了礼佛祈福①。民俗的源头来自于北朝以来的"打簇""相偷"和"燎炬""朋游"之俗,佛俗则是唐初从西域传来的。隋炀帝之举显然属于前者。

在隋朝人杜台卿撰写的《玉烛宝典》"正月"条中收录有"汉家祀太一"的记载,但还不见有佛教燃灯习俗的记载②。到唐代才出现了将受佛教影响与汉家祀太一并列作为正月十五燃灯习俗起源的说法。《艺文类聚》《初学记》和《岁华纪丽》都引用了《涅槃经》和《西域记》的记载以证明此事。其引《涅槃经》曰:

> 如来阇维迄,收舍利罂,置金床上,天人散花奏乐,绕城步步燃灯十二里。③

此条内容出自西晋河内沙门白(帛)法祖译的《佛般泥洹经》卷下:

> 熟洗舍利,盛以金罂。佛内外衣。续在如故,所缠身劫波育为燋尽。取舍利罂,着金床上,以还入宫,顿止正殿。天人散花伎乐,绕城步步燃灯,灯满十二里地。④

"泥洹"与"涅槃"同义,都是梵文"Nirvāna"的音译,意指灭度、寂灭等。根据东晋十六国时期的僧人僧肇在《肇论·涅槃无名论》中所讲:"泥曰、泥洹、涅槃,此三名前后异出,盖是楚夏不同耳。"由此可见,《艺文类聚》诸书所引《涅槃经》即《佛般泥洹经》。但是该经并未说明佛家燃灯就是在正月十五这一天。

《西域记》即玄奘所著《大唐西域记》,其所引为:

> 摩竭陁国,正月十五日,僧俗云集,观佛舍利,放光雨花。⑤

据《大唐西域记》卷八《摩揭陀国》上载:

> 诸窣堵波高广妙饰,中有如来舍利。其骨舍利大如手指节,光

---

① 谭蝉雪:《敦煌民俗——丝路明珠传风情》,甘肃教育出版社,2006年,第53页。
② [隋]杜台卿:《玉烛宝典》卷一,中华书局,1985年丛书集成初编本。
③ 《艺文类聚》卷四《岁时中·正月十五日》,第61页;《初学记》卷四《岁时部下·正月十五日》,第106页;《岁华纪丽》卷一《上元》,第20页。
④ 《大正藏》第1册,第174页。
⑤ 《艺文类聚》卷四《岁时中·正月十五日》,第61页;《初学记》卷四《岁时部下·正月十五日》,第106页;《岁华纪丽》卷一《上元》,第20页。

润鲜白,皎彻中外。其肉舍利,如大真珠,色带红缥。每岁至如来大神变月满之日,出示众人。即印度十二月三十日,当此正月十五日也。此时也,或放光,或雨花。僧徒减千人,习学大乘上座部法,律仪清肃,戒行贞明。①

这是关于佛家正月十五燃灯的最早记载。但是《大唐西域记》成书晚于《艺文类聚》,却早于《初学记》。《初学记》和《岁华纪丽》引用其文都没有什么问题,而《艺文类聚》引用就有问题了。所以学界大都认为《艺文类聚》原书已残,这部分内容是抄自《初学记》的②。也就是说,佛俗作为上元燃灯的又一源头,正如有的学者所指出的那样,是随着佛教经典的传播和《大唐西域记》的撰写,在初唐时才流行起来的③。

另外,唐人还有汉明帝燃灯礼佛说。据《岁华纪丽》卷一《上元》条载:

> 汉武帝时,摩腾、竺法兰以白马驮经至帝。是日,设大祭,其夜以香火焚释、道二教,道经煨烬,佛教寂然,帝遂建白马寺。④

汉武帝应为汉明帝之误。此条内容的原始出处见《汉法本内传》,唐初僧人道宣编辑《广弘明集》和《集古今佛道论衡》以及道世编辑《法苑珠林》时分别都引用了其文。《法苑珠林》引文曰:

> 汉永平十四年(71年)正月一日,五岳诸山道士朝正之次,自相命曰:天子弃我道法,远求胡教。今因朝集,可以表抗之。其表略曰:五岳十八山观太上三洞弟子褚善信等六百九十人,至于方术,无所不能,愿与西僧比校,得辨真伪。若比对不如,任听重决。如其有胜,乞除虚妄。敕遣尚书令宋庠引入长乐宫,以今月十五日,可集白马寺。道士等便置三坛,坛别开二十四门。五岳道士各赍道经,置于三坛。帝御行殿,在寺南门。佛舍利经像置于道西。十五日斋讫,道士等以柴荻和沉檀香为炬,绕经泣泪,启白天尊乞验。纵火焚经,经从火化。悉成煨烬。五岳道士相顾失色,大生怖惧。……时佛舍利光明五色,直上空中,旋环如盖,遍覆大众,映蔽

---

① [唐]玄奘、辨机原著,季羡林等校注:《大唐西域记校注》卷八《摩揭陀国》上,中华书局,2000年,第693页。

② 汪绍楹在《〈艺文类聚〉校序》中就指出这一点(见《艺文类聚》,第18页)。此外郭醒还专门论述之,见《〈艺文类聚〉卷四"四时部"阙文考》,《沈阳师范大学学报》2004年第4期。

③ 朱红:《外来之风与本土习俗:唐代上元燃灯之源流及其嬗变》,《史林》2009年第3期,第33—42页。

④ 《岁华纪丽》卷一《上元》,第20页。

日光。……于时天雨宝华,在佛僧上,又闻天乐,感动人情。大众咸悦,叹未曾有,皆绕法兰,听说法要。并吐梵音,赞佛功德。初立佛寺,同梵福量①。

《汉法本内传》是南北朝末期以后佛教徒伪造的作品②,本不足信;再者,道教创立于东汉中晚期,如何会在汉明帝时就有佛道比试之说③?所以此说显系伪造。

但是,具有深厚家族佛教信仰传统的隋炀帝在诗中提到与佛教燃灯有关的词汇,本不足怪。他在东都洛阳端门街所建的可以转动的大型"灯轮(诗作"法轮",和诗作"法矩")"和"灯树(又称"火树")",显然是受到了佛俗燃灯的影响④。这一点从后来唐代的一次上元燃灯情形也可以逆向推证之,据《旧唐书·严挺之传》载:"(先天)二年(713年)正月望,胡僧婆陀请夜开门燃百千灯,睿宗御延喜门观乐,凡经四日。"⑤向达先生注意到:"此所谓僧婆陁,就其名而言,应是西域人。其所燃灯,或即西域式之灯彩,与上元之西域灯轮疑有若干相同之点。"他还引德国勒柯克所著 Chotcho(《高昌》,又译作《火洲》)著录吐鲁番 Murtuq(木头沟)第三洞入口处壁画灯树图,以说明西域灯轮或灯树,于此可见其仿佛。⑥ 此胡僧请求燃灯当然应是出于礼佛崇法的宗教目的,但睿宗却是为了世俗享乐才采纳其言"观灯纵乐"的。其实早在唐高宗时,西域的吐火罗国就在麟德二年(665年)"献玛瑙灯树两具,高三尽余"⑦。美国学者谢弗指出,这种人工树又称"火树",它是庆祝新

---

① [唐]道世:《法苑珠林》卷五十五上《破邪篇·引证部·感应缘·辨圣真伪第一》,第1649—1650页。
② 关于《汉法本内传》的成书时间,汤用彤先生认为在南北朝末期(《汉魏两晋南北朝佛教史》,中华书局,1983年,第15页);任继愈先生认为在北魏中叶(《中国佛教史》第一册,中国社会科学出版社,1998年,第103页);荷兰学者许理和(Erik Zürcher)认为在六世纪初(李四龙等译:《佛教征服中国》,江苏人民出版社,2003年,第25页);刘林魁认为成型于唐初(《佛教伪史〈汉法本内传〉与佛道论争》,《云南社会科学》2009年第2期,第122—126页)。
③ 李养正:《汉明帝时无佛道角力事——〈佛道交涉史论要〉之一节》,《中国道教》1996年第3期,第8—12页。
④ 关于转轮灯,见[后秦]佛陀耶舍、竺佛念译:《四分律》卷五十二:"佛言听执炬,若坐处复闇,听燃灯。彼须燃灯器听与,须油须灯炷听与。若不明高出炷,若油污手听作箸。若患箸火烧,听作铁箸。若患灯炷卧,听炷中央安铁轮。若故不明,听大作炷。若复故闇,应室四角安灯。若复不明,应作转轮灯。若故不明,应室内四周安灯,若安灯树,若以瓶盛水,安油着上,以布裹芥子作炷烯之。"见《大正藏》第22册,第995页。
⑤ 《旧唐书》卷九十九《严挺之传》,第3103页。又《旧唐书》卷七《睿宗纪》作二月,凡三日夜,"婆陀"作"婆陁"(第161页)。按:旧纪错,故从传。
⑥ 向达:《唐代长安与西域文明》,生活·读书·新知三联书店,1957年,第55页。
⑦ 《唐会要》卷九十九《吐火罗》,第2103页。

年正月十五时使用的灯饰①。在此,从西域传来的"燃灯礼佛"习俗,由于时间的巧合,被吸纳进中国原有的正月十五习俗之中,但在世俗狂欢的氛围中,宗教色彩大大淡化,从而成为大众娱乐的节日②。就目前所见到的资料来看,唐以前似乎还未见有其他作为佛俗的燃灯记载,所以将西域燃灯习俗巧妙地借用于中土的正月十五祝节活动之中,隋炀帝应是首开风气者,这也充分体现出了他的聪明才智和创造力。

从薛诗和"隋志"的记载来看,隋炀帝时元宵狂欢的主要内容是百戏表演。据《唐会要》卷三十三《散乐》记载:

> 散乐,历代有之,其名不一,非部伍之声,俳优歌舞杂奏,总谓之百戏:跳铃、掷剑、透梯、戏绳、缘竿、弄枕(椀)珠、大面、拨头、窟礧子,及幻伎激水化鱼龙、秦王卷衣、伏鼠、夏育扛鼎、巨象行乳、神龟负岳、桂树白雪、画地成川之类,至于断手足、剔肠胃之术。……隋文时,并放遣之。炀帝大业二年,又总追集于东都,命太常教习;每岁正月于建国门内廊八里为戏场,百官起棚夹观,昏以继晓,十五日而罢。两都各一亲王主之,自弹弦吹管以上,万八千人。③

这些"百戏"节目包括各种歌舞、杂技、魔术、马戏等,内容非常丰富,大多是从汉代以来流传下来的各种传统节目,其中还有许多是从西域引进(传来)、又经过改良加工的节目,据《旧唐书·音乐志》记载:

> 大抵"散乐"杂戏多幻术,幻术皆出西域,天竺尤甚。汉武帝通西域,始以善幻人至中国。安帝时,天竺献伎,能自断手足,刳剔肠胃,自是历代有之。④

由此观之,隋炀帝时在正月十五举行的百戏表演,可谓一场别开生面的中外优秀百戏节目大汇演。

"黄龙变",又称"激水化鱼龙"或"鱼龙变",是"隋志"提到的第一个大型节目(薛诗的"竟夕鱼负灯,彻夜龙衔烛"指的也是这个节目)。这是一个从汉代就流传下来的幻术节目,据《晋书·乐志》记载:"后汉正旦,天子临幸德阳殿受朝贺。舍利从西方来,戏于殿前,激水化成比目鱼,跳跃漱水,作

---

① [美]谢弗著,吴玉贵译:《唐代的外来文明》,中国社会科学出版社,1995年,第568页。
② 张勃:《元宵:多元文化汇就的"大河"》,《光明日报》2014年2月14日第4版。
③ 《唐会要》卷三十三《散乐》,上海古籍出版社,1991年,第713—714页。
④ 《旧唐书》卷二十九《音乐志二》,第1073页。

雾翳日。毕,又化成龙,长八九丈,出水游戏,炫耀日光。"①这个从西方来的"舍利",单从名字上来看,就带有浓厚的佛教特色。因此,这个幻术应该是来自于南亚的印度。另外,还有一个称为"曼延"(也作"曼衍""蔓延""漫衍"或"蟃蜒")的幻术,是由一系列鸟兽变幻组成的综合性幻术。东汉张衡在《西京赋》中提到有"白象行孕""舍利颬颬""水人弄蛇"等许多环节,"奇幻倏忽,易貌分形"②。"隋志"提到的"神鳌负山",薛诗提到的"忽睹罗浮起,俄看郁昌至。峰岭既崔嵬,林丛亦青翠。麋鹿下腾倚,猴猿或蹲跂",都是此类。这个幻术也是来自印度。由于这两个幻术的内容相近,经常在一起表演,所以合称为"鱼龙曼延"③。

"绳技"是"隋志"提到的第二个节目,也是从汉代以来就流行的一个百戏节目。它也是从南亚印度传来的一个杂技项目。唐初敕使王玄策使印到达婆栗阇国(今印度比哈尔邦卡姆拉河畔的 Darbhanga,译作"达尔彭加"或"达班加")时,曾受到该国国王的隆重接待,观赏了精彩的天竺杂戏,其中就有绳技,"腾空走索,履屐绳行,男女相避,歌戏如常。或有女人手弄三伎(仗)刀鞘(楯)枪等,掷空手接,绳走不落"④。这比"隋志"记载的杂技还要惊险。

"戴竿"是"隋志"提到的又一节目,又称"顶竿""竿木""透橦""都卢寻橦"等名目,也是从汉代以来传自外域的一个十分古老的节目。它是由一名艺人顶戴一根长竿并使其保持平衡,然后由另一名或多名艺人沿竿爬上,在竿上进行各种惊险的空中表演的杂技项目,难度非常大,表演技巧要求很高。"戴竿"在汉代称"寻橦(幢)",又名"都卢伎"。都卢是国名,本名"夫甘都卢国",省译作"都卢",为马来语 tulo 的译音,其地约在今缅甸西南部或马来半岛北部一带,而作为杂技名,其意为"爬下"⑤。相传其人身轻,善缘木,大约在汉代表演的"寻橦"伎传自都卢国,所以又称"都卢寻橦"。⑥ 唐

---

① 《晋书》卷二十三《乐志》下,中华书局,1974 年,第 718 页。又据《通典》卷七十《礼典·嘉礼》引汉蔡质《汉仪》作"舍利兽",中华书局,1988 年,第 1928 页。
② [梁]萧统编,[唐]李善注,华慧等点校:《文选》卷二,岳麓书社,2002 年,第 37 页。
③ 拙著:《游戏、竞技与娱乐——中古社会生活透视》,中华书局,2010 年,第 102 页。
④ [唐]释道世著,周叔迦、苏晋仁校注:《法苑珠林校注》卷七十六《十恶篇·感应缘》,中华书局,2003 年,第 2254 页。同书卷四《日月篇·星宿部》也引王玄策《西国行传》云:"王使显庆四年(659 年),至婆栗阇国,王为汉人设五女戏,其五女弄手三刀,加至十刀。又作绳技,腾虚绳上,着履而掷,手弄三伎刀楯枪等种种关伎,杂诸幻术、截舌抽肠等,不可具述。"第 107 页。
⑤ 陈佳荣、谢方、陆峻岭:《古代南海地名汇释》,中华书局,1985 年,第 644 页。
⑥ 《汉书》卷二十八下《地理志下》记载:"自日南障塞、徐闻、合浦……有夫甘都卢国。"唐人颜师古注曰:"都卢国人劲捷善缘高。"又据《汉书》卷九十六下《西域传》赞曰:"(武帝)设酒池肉林以飨四夷之客,作巴俞、都卢、海中、砀极、漫衍、鱼龙、角抵之戏以观之。"晋灼曰:"都卢,国名也。"李奇曰:"都卢,体轻善缘者也。"

敬宗时，幽州有一位来自中亚昭武九姓国石国的戴竿艺人石火胡，可以戴百尺竿，五人在竿上同时进行舞蹈表演①。

"幻人吐火"也是"隋志"提到的一个节目。据十六国时期前秦王嘉《拾遗记》载：周成王七年，南陲之南有扶娄之国，其人善能吐云喷火②。扶娄国据说就在今天的南亚印度③。《搜神记》还记载了一个来自印度的幻师在江南流浪作艺的神奇经历："晋永嘉中（307—313 年），有天竺胡人，来渡江南。其人有数术，能断舌复续、吐火，所在人士聚观。……其吐火，先有药在器中，取火一片，与黍糖合之，再三吹呼，已而张口，火满口中，因就爇取以饮，则火也。"④所以，唐人普遍认为吐火术是从印度传入的，李冗《独异志》就记载："高祖时有西国胡僧，能口吐火，以威胁众。"⑤《旧唐书·武宗纪》也载："身毒西来之教……以吐火吞刀之戏，乍观便以为神。"⑥唐末王棨的《吞刀吐火赋》更是直截了当地说吞刀吐火术"原夫自天竺来"⑦。由此可见，吐火术也是从南亚印度传来的一个非常古老的百戏节目。

舞狮是薛诗提到的一个外来的百戏节目。"狻猊弄斑足"中的"狻猊"是狮子的别称。《尔雅·释兽》："狻麑如虦猫，食虎豹。"东晋人郭璞注曰："即师子也，出西域。"⑧狮子舞是一种拟兽舞蹈，即由人装扮模拟狮子的形象而进行的舞蹈表演。狮舞起源很早，大约自汉代以来就开始流行。狮子，在古代通常写作师子，原产于非洲和西亚、南亚一带，自从汉代丝绸之路开通以来，月氏（今克什米尔及阿富汗一带）、安息（今伊朗）等国就不断派遣

---

① [唐]苏鹗：《杜阳杂编》卷中记载："上（敬宗）降诞之日，大张音乐，集天下百戏于殿前。时有妓女石大胡，本幽州人，挈养女五人，才八九岁。于百尺竿上张弓弦五条，令五女各居一条之上，衣五色衣，执戟持戈，舞《破阵乐》曲。俯仰来去，赴节如飞，是时观者目眩心怯。火胡立于十重朱画床子上，令诸女迭踏，以至半空，手中皆执五彩小帜。床子大者始一尺余，俄而手足齐举，为之踏浑脱，歌呼抑扬，若履平地。上赐物甚厚。文宗即位，恶其太险伤神，遂不复作。"见《唐五代笔记小说大观》，第 1387 页。

② [前秦]王嘉撰，[梁]萧绮录，王根林校点：《拾遗记》卷二，见《汉魏六朝笔记小说大观》，上海古籍出版社，1999 年，第 506—507 页。

③ 傅起凤、傅腾龙：《中国杂技史》，上海人民出版社，2004 年，第 152 页。而谢光先生考证说扶娄国在今泰国的春武里到巴真武里地区，见氏著：《扶娄国考——春武里和巴真武里三千年前的古国》，《泰国与古代东南亚史地丛考》，中国华侨出版社，1997 年，第 3—13 页。

④ [晋]干宝：《搜神记》卷二《天竺胡人》，第 23 页。

⑤ [唐]李冗撰，萧逸校点：《独异志》卷上，见《唐五代笔记小说大观》，上海古籍出版社，2000 年，第 921 页。

⑥ 《旧唐书》卷十八上《武宗纪》，第 611 页。

⑦ [清]董诰等编：《全唐文》卷七七〇，中华书局，1983 年，第 8021—8022 页。

⑧ 《尔雅》卷下《释兽》，中华书局，1985 年丛书集成初编本。

使者向汉王朝进献狮子等异兽①。狮子的形象引起了人们的极大兴趣,模拟狮子形象的表演活动也逐渐兴起,萧梁时周舍作《上云乐》就说:"狮子是老胡家驹"②。到唐代时有"五方狮子舞""九头狮子舞"等。据《旧唐书·音乐志二》载:"《太平乐》,亦谓之五方师子舞。师子鸷兽,出于西南夷天竺、师子等国。缀毛为之,人居其中,像其俯仰驯狎之容。二人持绳秉拂,为习弄之状。五师子各立其方色,百四十人歌《太平乐》,舞以足,持绳者服饰作昆仑象。"③在敦煌莫高窟第 159 窟和瓜州榆林窟第 25 窟壁画中都发现有昆仑奴舞狮图像,狮奴赤膊卷发,肤色黝黑,双臂挽绳④。白居易《西凉伎》诗描写舞狮情景曰:"西凉伎,假面胡人假狮子。刻木为头丝作尾,金镀眼睛银帖齿。奋迅毛衣摆双耳,如从流沙来万里。紫髯深目两胡儿,鼓舞跳梁前致辞。"⑤在新疆吐鲁番阿斯塔那 336 号唐墓中就曾出土过一尊狮子舞泥俑,从狮子造型来看,它的四脚明显是由两个人的腿脚来代替的,正是文献所载"缀毛为之,人居其中"。另外,还有传世的唐代"胡人戏狮俑"。这些实物形状所表现的情景都说明狮舞是一个传自外域的百戏节目。

象舞也是薛诗中提到的一个外来百戏节目。所谓"巨象垂长鼻",表现的就是象舞。象是陆地上现存最大的哺乳动物。很早以来,人类就有了驯象活动,将其用作骑乘、令其参与战争或劳动。后来,人们又用驯象来进行各种文娱表演活动,称之为象舞。汉唐时期,在宫廷典礼和宴乐活动中经常可以见到驯象表演。驯象作为一种珍稀动物,基本上都是来自域外,尤其是东南亚地区的一些国家和民族更是经常向汉唐帝国进献驯象⑥。张衡在《西京赋》中描写百戏表演的场面有:"白象行孕,垂鼻辚困。"⑦李尤在《平乐观赋》中描写百戏节目也有"白象朱首"⑧之句。在出土的东汉时期的画像石上也发现有许多胡人驯象图像。据郑红莉研究,汉画像石所见驯象图多为一高鼻深目之胡人,手执弯钩,或骑于象背,或站于象首或象尾,作驯象

---

① 《后汉书》卷三《章帝纪》载:章和元年(87 年)冬十月,"月氏国遣使献扶拔、师子"。又据《后汉书》卷四《和帝纪》载:章和二年冬十月(和帝已经即位),"安息国遣使献狮子";永元十三年(101 年),"冬十一月,安息国遣使献师子及条支大爵"。

② 《乐府诗集》卷五十一,第 746 页。

③ 《旧唐书》卷二十九《音乐志二》,第 1059 页。

④ 李金梅、李重申:《丝绸之路体育图录》,甘肃教育出版社,2008 年,第 358—361 页。

⑤ 《白居易诗集笺校》卷四,第 210 页。

⑥ 拙作:《汉唐外来文明中的驯象》,《全球史评论》第 3 辑,中国社会科学出版社,2010 年,第 247—269 页。

⑦ [梁]萧统编,[唐]李善注:《文选》卷二,岳麓书社,2002 年,第 37 页。

⑧ [唐]欧阳询:《艺文类聚》卷六十三《居处部》,上海古籍出版社,1999 年新 2 版,第 1134 页。

状①。李飞也指出，汉代画像石"执钩驯象"图中的象奴多是胡人长相和打扮，鲜明地体现了驯象及其技术有着浓郁的异域色彩②。"巨象行孕"就是一个从南北朝一直到隋唐时期经常表演的百戏节目。

薛诗还提到"羌笛陇头吟，胡舞龟兹曲"，说明其时歌舞也深受少数民族及西域乐舞的影响。羌笛，传说是秦汉之际游牧在西北高原的羌人所发明，故名；《陇头吟》是汉代乐府曲辞名。陇头，指陇山，大致在今陕西陇县到甘肃清水一带，汉唐时属西北边塞。胡舞，指西域乐舞，像胡腾、胡旋、柘枝之类皆是；龟兹曲是汉唐时期内地最为流行的西域乐舞③。据《隋书·音乐志下》记载："《龟兹》者，起自吕光灭龟兹，因得其声。吕氏亡，其乐分散，后魏平中原，复获之。其声后多变易。至隋有《西国龟兹》、《齐朝龟兹》、《土龟兹》等，凡三部。开皇中，其器大盛于闾闬。时有曹妙达、王长通、李士衡、郭金乐、安进贵等，皆妙绝弦管，新声奇变，朝改暮易，持其音技，估炫王公之间，举时争相慕尚。"④《旧唐书·音乐志》也载："自周、隋以来，管弦杂曲将数百曲，多用西凉乐，鼓舞曲多用龟兹乐，其曲度皆时俗所知也"，"胡音声与《龟兹乐》、《散乐》俱为时所重，诸乐咸为之少寝"⑤。

薛诗还提到马舞和马戏，"卧驱飞玉勒，立骑转银鞍"（马上卧立）、"白马回旋骑"（马舞）等都是描写此类百戏的诗句。马舞和马戏应是源自游牧民族，骑马是游牧民族最为擅长的技艺，所以马戏在游牧民族中也很盛行。如《新唐书·回鹘传下》提到西域民族黠戛斯的游戏风俗中就有"马伎"⑥。因此最初的舞马大约都是从西域或少数民族地区引进的，如曹植在《献文帝马表》中就提到来自大宛的舞马说："臣于先武皇帝世，得大宛紫骍马一匹。形法应图，善持头尾，教令习拜，今辄已能，又能行与鼓节相应，谨以奉献。"⑦又如十六国时期后凉吕光麟嘉五年（393年），"疏勒王献火浣布、善舞马"⑧。南北朝时，位于今青海境内的吐谷浑部也曾屡次进献舞马：宋孝

---

① 郑红莉：《汉画像石"驯像图"试考》，《考古与文物》2010年第5期。
② 李飞：《汉代"钩象"技术》，《四川文物》2008年第4期。
③ 王克芬：《中国舞蹈史》（隋唐五代部分），文化出版社1987年，第117—127页。
④ 《隋书》卷十五《音乐志下》，第378－379页
⑤ 《旧唐书》卷二十九《音乐志二》，第1068—1071页。
⑥ 《新唐书》卷二百一十七下《回鹘传下》。
⑦ 《艺文类聚》卷九十三《兽部上·马》，第1623页。
⑧ 《太平御览》卷八九六《兽部八·马四》引《凉州记》，第3980页下。

武帝大明年间(457—464年),吐谷浑献善舞马①;梁武帝天监四年(505年),"河南国献舞马"②。吐谷浑的舞马还曾进贡到北朝,西魏大统初(535年),"夸吕再遣使献能舞马及羊、牛等"③。由于从西域和西北少数民族地区大量引进舞马,马戏也随之传播到内地。

此外,薛诗和"隋志"还提到假面戏、猴戏、羊戏、五禽戏、跳丸、跳剑、夏育扛鼎、舞车轮、耍石臼、耍大缸等诸多百戏节目,这些节目中有的也或多或少地受到外来风的影响。

四、三分明月夜 二分在扬州

扬州,古称广陵、江都、维扬等,向以元宵灯市之盛而出名。清末黄惺庵(又名黄鼎铭)居士所作《望江南百调》之《元宵节》就写道:"扬州好,灯节庆元宵。绛蜡满堂家宴集,金龙逐队市声嚣,花鼓又高跷。"④将扬州元宵灯火之盛描写得非常生动。其实,早在隋唐时期扬州灯市就很有名。据唐人高彦休《唐阙史》记载:"扬州,胜地也。每重城向夕,倡楼之上,常有绛纱灯万数,辉罗耀烈空中。九里三十步街中,珠翠填咽,邈若仙境。"⑤所以唐代诗人徐凝在《忆扬州》诗中说:"天下三分明月夜,二分无赖是扬州。"⑥

扬州灯市的兴起与隋炀帝有很大的关系。隋炀帝的一生可谓与扬州结下了不解之缘,他对扬州的喜爱甚至超过了两京——长安和洛阳。他在大业十二年(616年)最后一次巡游江都时,曾写下一首《留赐宫妓》诗云:"我梦江南好,征辽亦偶然。"他最初发迹于扬州,最后又死于扬州、葬于扬州,扬州最终成了他的归宿地。

隋炀帝初到淮南,是在开皇九年(589年)伐陈时,他以晋王身份被任命为行军元帅,节度诸将,由六合(今江苏南京六合区)渡江至建康(今江苏南京)。当时吴州总管贺若弼驻扎广陵,从瓜洲渡江,攻克京口(今江苏镇江),从下游包围了建康。开皇十年(590年),江南各地皆反,杨广又由并州

---

① 《宋书》卷九十六《鲜卑吐谷浑传》,2373页。关于吐谷浑献舞马的记载有多种不同说法,《吐谷浑传》系之于大明五年。同书卷六《孝武帝纪》则认为大明三年,"西域献舞马。"第125页。而《宋书》卷八十五《谢庄传》则载大明二年,"河南献舞马,诏群臣为赋。……又使庄作《舞马歌》,令乐府歌之。"第2175—2176页。
② 《梁书》卷三十三《张率传》,中华书局,1973年,第475—478页。宋、梁曾相继册封吐谷浑为河南王等名号,故吐谷浑又称河南国。
③ 《北史》卷九十六《吐谷浑传》,中华书局,1974年,第3187页。
④ 陈恒和辑:《扬州丛刻》下册,广陵书社,2010年。
⑤ 《太平广记》卷二七三《杜牧》条引,第2151页。
⑥ 《全唐诗》卷四七四,第5377页。

(今山西太原)总管调任扬州总管,坐镇江都,一直到开皇二十年(600年)被立为皇太子后才离开,在扬州长达十年的时间。他在镇守扬州期间,重视招纳江南士人,延揽佛道高僧道士,关注江南文化,开展学术文化活动,对促进南北社会经济文化的融合和统一做出了贡献。

隋炀帝即位以后,随即于大业元年(605年)三月下令开凿大运河,"发河南、淮北诸郡民,前后百余万,开通济渠,自西苑引谷、洛水达于河,复自板渚引河历荥泽入汴;又自大梁之东引汴水入泗,达于淮;又发淮南民十余万开邗沟,自山阳至杨子入江。渠广四十步,渠旁皆筑御道,树以柳。"同时,派遣黄门侍郎王弘等"往江南造龙舟及杂船数万艘",准备巡游江都①。为了迎接隋炀帝的到来,扬州开始大建宫室,于城西北建江都宫,中有成象殿,规模宏丽,为举行大典之地;城北筑归雁、回流、松林、枫林、大雷、小雷、春草、九华、光汾、九里等十宫;城南扬子津(又名扬子渡、扬子桥)筑临江宫(又名扬子宫),中有凝晖殿,为眺望大江、大宴百官之所;城东亦筑新宫;而最豪华的是城西北的新宫,即所谓"迷楼",因其千门万户,复道连绵,洞房亘互,回望若一,入其中意夺神迷,不知所往,故以"迷楼"呼之。宫室之外有上林苑、萤苑,上林苑为驰猎之场,萤苑为放萤之所。秋夜出游,不燃灯火,聚萤放之,灿若星光②。

同年八月,隋炀帝带着后宫、诸王、公主、百官、僧尼道士、蕃客、卫士等十余万人,开始浩浩荡荡地第一次巡游江都,到大业二年(606)三月离开;大业六年(610年)三月,炀帝第二次巡游江都,到大业七年(611年)二月离开;大业十二年(616年)七月,炀帝第三次巡游江都,到大业十四年(618年)三月死于江都兵败。隋炀帝三次南下巡游,一共在江都过了四个正月。在巡游江都期间,他过着穷奢极欲、玩岁愒日的生活。史载:"隋炀帝至江都,荒淫益甚,宫中为百余房,各盛供张,实以美人,日令一房为主人。江都郡丞赵元楷掌供酒馔,帝与萧后及幸姬历就宴饮,酒卮不离口,从姬千余人亦常醉。然帝见天下危乱,意亦忧忧不自安,退朝则幅巾短衣,策杖步游,遍历台馆,非夜不止,汲汲顾景,唯恐不足。"③他为了满足自己的奢靡生活,甚至不计成本,命人将制作好的车服仪仗不远千里送到江都。《隋书·何稠传》就记载:"大业初,炀帝将幸扬州,谓稠曰:'今天下大定,朕承洪业,服章文物,阙略犹多,卿可讨阅图籍,营造舆服羽仪,送至江都也。'其日,拜太府

---

① 《资治通鉴》卷一八○"隋炀帝大业元年三月"条,第5618—5619页。
② 李廷先:《唐代扬州刺史考》,江苏古籍出版社,2002年,第20页。
③ 《资治通鉴》卷一八五"唐高祖武德元年三月"条,第5775页。

少卿。稠于是营黄麾三万六千人仗,及车舆辇辂、皇后卤簿、百官仪服,依期而就,送于江都。所役工十万余人,用金银钱物巨亿计。"①随着文物礼仪制度的传入,他把好大喜功、喜欢热闹的毛病也一并带到了江都,正月十五燃灯狂欢的习俗应该就是他在江都巡游期间兴起来的。

关于隋炀帝在江都有没有于正月十五举行过燃灯狂欢之举,由于史籍缺乏记载,已难知其详。不过,从残存的吉光片羽中仍然可以搜寻到些许蛛丝马迹。《大业杂记》就载:

(大业)二年正月,帝御成象殿,大会。设庭燎于江都门。朝诸侯成象殿,即江都宫正殿。殿南有成象门,门南即江都门。②

从这条史料可以看出,隋炀帝在第一次南巡时,在江都度过了大业二年的新年。他于这年的正月在江都宫正殿成象殿举行了大朝会,在江都门设"庭燎",张灯结彩招待各国来宾。所谓"庭燎"就是在庭中点燃照明的火炬。"庭燎"之礼早在先秦时期就已经出现,在《周礼·秋官司寇·司烜氏》中就记载:"凡邦之大事,共坟烛庭燎。"郑注:"坟,大也。树于门外曰大烛,于门内曰庭燎,皆所以照众为明。"贾疏:"庭燎与大烛亦一也。"《诗经·小雅·庭燎》记周王室朝会也有"夜如何其?夜未央。庭燎之光"之句。注曰:"燎,《毛传》'大烛。'用麻、稭等扎成。庭燎,在宫庭中燃起的火炬。"③在元宵节起源的诸多说法中,就有一种"庭燎"说④。有人认为在中国许多地方至今仍然保留的一种元宵点旺火习俗就是其遗存,如西北很多地方在元宵节时垒起高高的柴堆或煤堆,在黄昏时点燃,人们围着火堆狂欢娱乐,称之为"垒旺火"⑤。光绪《寿阳县志》就载:"上元前后三日祀三官,灯火辉煌,鼓乐喧闹,并扮演杂剧相戏,谓之闹元宵。坊肆里巷,俱于门首塑泥弥勒、判官、狮子及棒槌等样,围石炭焚之,名谓之塔火。"⑥这种点旺火狂欢的情景与北朝时"燎炬照地""聚戏朋游"的场景十分相似。再从隋炀帝举行"庭燎"的地点来看,江都门为江都宫正南门,这与他后来在东都洛阳举行燃灯的地点也是在宫城的正南门端门一样。可以这样说,隋炀帝在大业二年正

---

① 《隋书》卷六十八《何稠传》,第1597页。
② [唐]杜宝撰,辛德勇辑校:《大业杂记辑校》,三秦出版社2006年,第22页。
③ 程俊英、蒋见元著:《诗经注析》,中华书局,1991年,第524页。
④ 向松柏:《元宵灯节的起源及文化内涵新论》,《中南民族学院学报》2000年第4期,第32—35页。
⑤ 韩梅:《元宵节起源新论》,《浙江大学学报》2010年第4期,第96—105页。
⑥ (光绪)《寿阳县志》,见《中国地方志集成·山西》第22册,江苏古籍出版社、上海书店、巴蜀书社,1987年。

月于江都宫江都门举行的"庭燎",应是其后在东都端门街举行的燃灯的先声①。

从隋炀帝时开始的正月十五扬州灯市,从此流传下来,成为惯例。唐代扬州是当时最重要的大都市和商贸中心,经济异常发达,素有"扬一益二"之称。从隋炀帝时代流传下来的元宵灯会在唐代更加繁盛。唐人牛僧孺在《玄怪录》卷十"开元明皇幸广陵"条就记载了扬州灯市的盛况:

> 开元十八年(730年)正月望夕,帝谓叶仙师曰:"四方之盛,陈于此夕,师知何处极丽?"对曰:"灯烛华丽,百戏陈设,士女争妍,粉黛相染,天下无逾于广陵矣。"帝曰:"何术可使吾一观之?"师曰:"侍御皆可,何独陛下乎?"俄而虹桥起于殿前,板阁架虚,栏楯若画。师奏:"桥成,请行,但无回顾而已。"于是帝步而上之,太真及侍臣高力士、黄幡绰、乐官数十人从行,步步渐高,若造云中。俄顷之间,已到广陵矣。月色如昼,街陌绳直,寺观陈设之盛,灯火之光,照灼台殿。士女华丽,若行化焉。而皆仰望曰:"仙人现于五色云中。"乃蹈舞而拜,阗溢里巷。帝大悦焉,乃曰:"此真广陵也?"师曰:"请敕乐官奏《霓裳羽衣》一曲,后可验矣。"于是作乐空中,瞻听之人,纷纭相蹈。②

这个故事虽然充满了神话色彩,但将扬州灯市描写得非常生动传神,使人仿佛置身于其间。盛唐时期的扬州是一个开放、时尚的国际化大都市,其灯市自然是"天下无比"。只见笔直宽广的十里长街上,张灯结彩,月色如昼,人潮如流。仕女们打扮得时髦靓丽,争奇斗妍,纷涌街头。真是《霓裳羽衣》舞一曲,百戏纷陈闹元宵。从上述描写中可以看出盛唐时扬州灯市之盛。

中唐时,扬州虽然屡遭兵火,但繁盛仍不减盛唐时。诗人王建在《夜看扬州市》诗中说:"夜市千灯照碧云,高楼红袖客纷纷。如今不是时平日,犹自笙歌彻晓闻。"③张祜在《庚子岁寓游扬州赠崔荆四十韵》诗中也说:"小巷朝歌满,高楼夜吹凝。月明街廊路,星散市桥灯。"④李绅《宿扬州》也有"夜桥灯火连星汉,水郭帆樯近斗牛。"⑤的诗句。从这些诗作可以看出扬州平

---

① 唐明皇曾于正月十五在东都洛阳也搞过"庭燎"燃灯。据唐人郑处诲《明皇杂录》载:"上在东都,遇正月望夜,移仗上阳宫,大陈影灯,设庭燎,自禁中至于殿庭,皆设蜡炬,连属不绝。"见田廷柱点校:《明皇杂录》逸文,中华书局,1994年,第55页。
② [唐]牛僧孺:《玄怪录》卷十"开元明皇幸广陵",中华书局,2006年,第100页。
③ 《全唐诗》卷三〇一,第3430页。
④ [唐]张祜著,尹占华校注:《张祜诗集校注》卷十,巴蜀书社,2007年,第489页。
⑤ [唐]李绅著,卢燕平校注:《李绅集校注》"编年诗",中华书局,2009年,第138页。

时的夜市就十分的喧嚣热闹,甚至通宵达旦,到节日时就更是可想而知了。

日本僧人园仁入唐求法,于文宗开成四年(839年)上元节在扬州目睹了扬州灯市的盛况。他在《入唐求法巡礼行记》卷一中记载:

> 十五日夜,东西街中,人宅燃灯,与本国年尽晦夜不殊矣。寺里燃灯供养佛,兼莫祭师影,俗人亦尔。当寺佛殿前,建灯楼,砌下、庭中及行廊侧皆燃油,其灯盏数不遑计知。街里男女不惮深夜,入寺看事。供灯之前,随分舍钱。巡看已讫,更到余寺看礼舍钱。诸寺堂里并诸院,皆竞燃灯。有来赴者,必舍钱去。无量义寺设匙灯、竹灯,计此千灯。其匙、竹之灯树,构作之貌如塔也;结络之样,极是精妙,其高七八尺许。并从此夜至十七日夜,三夜为期。①

扬州灯市从正月十五开始至十七日,燃灯三日。除了"东西街中,人宅燃灯"外,主要是在佛寺,"诸寺堂里并诸院,皆竞燃灯"。开元寺有灯楼、灯廊,无量义寺有匙灯、竹灯等各种精妙的灯树。灯树造型如塔,高七八尺,与吐鲁番发现之灯树图相似。至于灯楼,据《明皇杂录》记载:有一年,唐明皇在东都洛阳正月十五燃灯,当时的一位能工巧匠毛顺就建造了一座宏伟的灯楼,"结创缯彩为灯楼三十间,高一百五十尺,悬珠玉金银,微风一至,锵然成韵。乃以灯为龙、凤、虎、豹腾跃之状,似非人力"②。可见这种灯楼是一种大型的造型灯,它是受到了西域"灯轮"和"灯树"造型的启发,又结合了中国传统的造灯艺术而形成的一种新型观赏灯具。

隋唐以降,扬州灯市更加出名,花灯式样以新奇、精巧闻名于世。清人黄钧宰在《金壶浪墨》中描写扬州元夕灯市曰:

> 淮扬灯节最盛!鱼龙、狮象、禽鸟、螺蛤而外,凡农家渔樵、百工技艺,各以新意象形为之,颇称精巧。……银花火树,人影衣香,犹见升平景象。③

难怪有《扬州踏歌词》云:"灯海灯山灯世界,六龙争捧万花来。"又有《灯市行》云:"人间何处闻仙曲,一片光腾广陵烛!"④都是形容扬州元宵灯会之盛的。不过,后人在沉浸于这欢腾热闹的赏灯狂欢活动之中时,实在不应该忘记隋炀帝对元宵灯节和扬州灯市形成的贡献!

---

① [日]圆仁:《入唐求法巡礼行记》卷一,上海古籍出版社,1986年,第27页。
② [唐]郑处诲撰,田廷柱点校:《明皇杂录》逸文,中华书局,1994年,第55页。
③ [清]黄钧宰:《金壶浪墨》卷四《元夕观灯》。
④ 转引自韦明铧:《除了元宵,还有中元、中秋:扬州一年有三次灯节》,《扬州晚报》2011年2月16日第7版。

交叉区民众心态之研讨

——以唐朝长城区域为例①

李鸿宾

一

唐史材料里有这么两段记载耐人寻味,我这里先做摘录,然后讨论:其一是《旧唐书·狄仁杰传》:

> 时河朔人庶,多为突厥逼胁,贼退后惧诛,又多逃匿。仁杰上疏曰:"……伏愿(陛下)曲赦河北诸州,一无所问。自然人神道畅,率土欢心,诸军凯旋,得无侵扰。"(武则天)制从之。②

其二是同书之《外戚·武懿宗传》:

> 万岁通天(696年)年中,契丹贼帅孙万荣寇河北,命懿宗为大总管讨之……由是贼进屠赵州(治平棘,今河北赵县)而去。寻又令懿宗安抚河北诸州。先是,百姓有胁从贼众,后得归来者,懿宗以为同反,总杀之,仍生剐取其胆,后行刑,流血盈前,言笑自若。③

这两段引文反映的是唐朝分别与突厥、契丹对抗中所卷入(或被卷入)群体的政治态度尤其是朝廷相关官员处理此类事件的手段。我在这篇文章中重点讨论的就是朝廷官员对这些被卷入战争中的百姓的因应手段之差异及出现差异的缘由,尤其关注差异背后隐藏的朝廷与当时社会存在的族属、族性观念等问题。这也应和了国内学术界有关唐朝社会的主轴之一即胡汉

---

① 本文系"教育部哲学社会科学研究重大课题攻关项目《中国历代长城研究》(项目批准号10JZD0007)资助"之研究成果。

② 《旧唐书》卷八九《狄仁杰传》,中华书局,1975年,第2891—2892页。参见《新唐书》卷一一五《狄仁杰传》,中华书局,1975年,第4212—4213页。

③ 见《旧唐书》卷一八三《外戚·武懿宗传》,第4737页。参见《新唐书》卷二〇六《外戚·武懿宗传》,第5842页。

关系以及日本学界自内藤湖南以来就认定的包括唐朝在内的中古社会两大重要线索中的一条——同样是胡汉关系的讨论①。我议论这些问题就是从上面的两例出发,狄仁杰主事的案例在时间上晚于武懿宗事件,然而二人在唐朝的官方文献中完全是以正反两个方向的极致而呈现出来,受到朝廷褒赞的狄仁杰一例之置放于首位研讨,"正面"即映射朝廷意识形态的视角构成了我选择的主因。

二

第一段记载的突厥是高宗时期重新兴起(或复辟)的后突厥。他们复国后,凭借自身机动灵活的骑兵优势,频繁不断地向唐朝北部州县展开攻击和骚扰②,夹在突厥与唐朝之间的地区,即北部沿长城地带各州县都处于突厥的威胁之下,这些地区是双方交战的中心场所,河北道中北部地带则是其中的重要征战地区。《资治通鉴》记载:"河北积年丰熟,人畜被野,斩(默)啜虏赵、定(治安喜,今河北定州)、恒(治真定,今河北正定)、易(治易县,河北今地)等州财帛亿万,子女羊马而去。河朔诸州怖其兵威,不敢追蹑。"③突厥在复兴之后的一段时期之内④,即高宗和武则天主政阶段频繁密集地向包括河北北部地区在内的边地即所谓长城地区的州县展开攻击⑤,其因由既有政治上的图谋,也有经济上的财富和资源掠夺的觊觎,但就上文所述突厥进攻赵、定二州而言,政治的诉求似乎超越了其他,《旧唐书·则天皇后纪》说:"(圣历元年即698年八月)己丑,默啜攻陷定州,刺史孙彦高死之,焚烧百姓庐舍,遇害者数千人。"同卷又说:"癸未,默啜尽杀所掠赵、定州男女万余人,从五回道而去,所至残害,不可胜纪。"⑥对汉地的粮草、布帛、高

---

① 参见陈寅恪:《唐代政治史述论稿》,上海古籍出版社,1982年,第1页;[日]谷川道雄:《魏晋南北朝隋唐史的基本问题总论》,李凭译,谷川道雄主编:《魏晋南北朝隋唐史学的基本问题》,中华书局,2010年,第1—23页。

② 相关的史料记载可参见岑仲勉:《突厥集史》,中华书局,1958年,第289—347页;吴玉贵:《突厥第二汗国汉文史料编年辑考》,中华书局,2009年,第445—507页。

③ 《资治通鉴》卷二〇六"则天后圣历元年(698)九月癸未"条《考异》引《唐统纪》,中华书局,1956年,第6535页。

④ 关于突厥复兴事件,参见《暾欲谷碑》《阙特勤碑》《毕伽可汗碑》,这是突厥一方有关起事复国的记载,收录耿世民:《古代突厥文碑铭研究》,北京:中央民族大学出版社,2005年,第92—176页;拙文:《东突厥的复兴与唐朝朔方军的设置——兼论唐控制北部边地的方式及其转化》,《民族史研究》第1辑,民族出版社,1999年,第147—168页。

⑤ 有关"长城地区"或"长城区域"的概念,参见拙稿:《长城区域在唐史研究中的位置——从历史学与民族学结合的角度观察》,瞿林东主编:《少数民族史学论文集》,北京图书馆出版社,2008年,第158—169页。

⑥ 见《旧唐书》卷六《则天皇后纪》,第127页。

档消费品乃至工匠等掌握技术的人口的追求和掠夺,是游牧人进攻和南下的主要目标,这已为学界所共识①。默啜对赵、定二州的攻击,显然不是这个目标,否则屠杀万余人便无从解释②。而倍受突厥进攻的当地百姓面临惨遭杀戮的危险,他们要么是在朝廷命官的率领下奋起抵抗或据城死守;要么一旦处在朝廷州县照顾不了的地区,譬如村野旷古之地,他们就只有各自逃命,或被骑兵追杀,或被迫听从突厥之命随其而去,于是"河朔人庶,多为突厥逼胁,贼退后惧诛,又多逃匿"③。他们之面临如此境遇的唯一因由,就是身为唐朝百姓之故。倘若他们成为与突厥对抗的唐廷官军一方,那么交战双方的相互攻击乃属正常之举,但他们恰恰不是战争的参与者却蒙受残杀,从事理的角度讲显然并非公正,然而在那个参战畛域不明、官民混淆的时代,百姓被政治支配下的战争所裹挟是再普通不过的事。河朔百姓只要在这种关键场合无论出自什么缘故一旦与突厥人有所交集,不但不会得到宽免,反而遭受惩处,如同上文列举的武懿宗采取的手段那般。

突厥在这段时期内频繁南下的直接原因是:默啜可汗有一女,欲与唐联姻,武则天以本家武延秀纳其女,默啜因武氏非李唐皇室正统而大怒,说:"我世受李氏恩,欲以女嫁李氏,安用武氏儿?"④于是发兵南下,攻击赵、定等州,狄仁杰随即受命河北道行军副元帅⑤,率军抗击,突厥退归;狄随后转为河北道安抚大使,措置善后事宜。如何处置胁从突厥的数州百姓,就成为朝廷讨论的议题。如上所言,从朝廷的角度着眼,在敌我分明的战场上,任何人都没有超脱出世的资格,必须(或者被迫)表明立场和观点:倘若不誓死杀敌,就是投靠对方,没有中间道路可选。所以河北中部和北部那些胁从突厥的百姓必须受到制裁。朝廷的理由很充分:在这个大是大非面前,当地百姓的立场暧昧甚至不坚定,不与突厥抗争,丧失了应有的品性。

事情原本再简单不过。当初受命护送武延秀的春官尚书(吏部尚书)阎知微听命突厥,并随其南下参与了攻击赵、定的行动,武则天以其叛变为由

---

① 参见萧启庆:《北亚游牧民族南侵各种原因的检讨》,《食货》(中国台北)复刊第1卷第12期,1972年3月。
② 关于这段期间唐与突厥的纠葛,可参阅薛宗正:《突厥史》,中国社会科学出版社,1992年,第472—478页;王小甫:《唐朝对突厥的战争》,华夏出版社,第97—102页。后者虽属通俗读物,却建立在学术研究的基础之上。
③ 见《旧唐书》卷八九《狄仁杰传》,第2891—2892页。
④ 见《唐会要》卷九四"北突厥"条,中华书局,1955年,第1691—1692页。
⑤ 见《旧唐书·狄仁杰传》,第2891页。按狄此次出仕应为副元帅,元帅乃为皇太子李显。辩见尤炜祥:《两唐书疑义考释·旧唐书卷》,西泠印社出版社,2012年,第27—29页。

惩处了他并夷其三族①；而对坚守赵州城誓不投降的刺史高睿则大加赞誉，"颁示天下，咸使知闻"②，高睿被置诸正史《忠义传》本身就鲜明地表达了朝廷和官方的态度③。朝廷对阎、高的奖惩是建立在二人忠诚王朝与否的立场上。王朝的考虑有其法理依据，阎的行为是"十恶"之"谋叛"，属于"亏损名教，毁裂冠冕"的大逆之道④，破坏了王朝的法统，是决不允许的行为；与之对应的高的举措则维护王统，彰显了唐的正统权威。二者背后触及的是关乎整个王朝在与周边外族政治体抗衡中的政治秩序，这应是问题的实质。

现在的问题是，对那些居处在赵州和定州的平民百姓，他们是因面临突厥屠杀的危险而被迫胁从，朝廷对这些有"污点"的人应该如何处置？如果依照敌我不两立的观点论究，说他们态度不端，立场不坚，似乎也能成立，对他们采取惩处措施也还讲得过去。这样做固然简单易行，但却忽略了事情的复杂性。狄仁杰正是看出了这重复杂性，他不同意朝廷简单而粗率的处理方式，于是提出了"曲赦河北诸州，一无所问"的建议，还好，武则天以她的智慧接纳了建议，处置得当，这件事就过去了。但是对我们而言，这里面隐藏的一些东西，还是值得提出来讨论的。

我要讨论的核心，就是上文所涉及的赵、定等州百姓在突厥与唐朝之间所谓的政治立场问题。

首先，他们是朝廷的编户齐民，这个身份使他们在唐与突厥的对峙中无论采取什么态度，都不能改变他们的属民地位。虽然他们迫于突厥的威胁而跟从，但这种行为在朝廷看来还是有问题的。狄仁杰本人也秉持着同样的看法，他在奏疏里说道：

> 议者以为虏入寇，始明人之逆顺，或迫胁，或愿从，或受伪官，或为招慰。诚以山东之人重气，一往死不为悔。比缘军兴，调发烦重，伤破家产，剔屋卖田，人不为售。又官吏侵渔，州县科役，督趣鞭笞，情危事迫，不循礼义，投迹犬羊，以图赊死，此君子所愧，而小人之常。民犹水也，壅则为渊，疏则为川，通塞随流，岂有常性……今负罪之伍，潜窜山泽，赦之则出，不赦则狂。山东群盗，缘兹聚结。故臣以为边鄙暂警不足忧，中土不宁可为虑也。夫持大国者

---

① 见《旧唐书》卷七七《阎立德附阎知微传》，第2679—2680页。
② 见《旧唐书》卷一八七上《忠义上·高睿传》，第4877页。
③ 《新唐书》也是同样处理的，见卷一九一《忠义上·高睿传》，第5505—5506页。
④ ［唐］长孙无忌等：《唐律疏议》卷一《名例律》，刘俊文点校，中华书局，1983年，第6、8页。按"谋叛"之【疏】议曰："有人谋背本朝，将投蕃国，或欲翻城从伪……之类。"（第8页）阎知微的"谋叛"显属前者。

不可以小治,事广者不可以细分。人主所务,弗检常法。①

这道疏奏表达了三层意思,第一层明确表示唐与突厥之间是敌我关系,唐朝属下的民众亦受制于这种关系的制约。这是据以判别河北民众政治立场的基础。第二层说的是战争兴起后,朝廷征发繁杂,百姓受损严重,甚至家破人亡,再加上官吏盘剥欺压,百姓只有背离常轨,出逃外方。第三层的含义是说,对待这样的百姓,朝廷应以什么态度处理?他认为,百姓如同流水一般,阻则成渊,疏则为川,倘若不给他们生路,就等于逼迫他们聚集造反,给之出路则可成顺民。如果与上面第二段引文中的武懿宗那种不问青红皂白一概斩尽杀绝的行为相比,狄仁杰的建议显然更加明智,也更讲道理。他看出百姓的投附对方,与他们自身的政治立场关联不大,而是官府强加他们的负担、官吏苛刻盘剥等举措造成的结果,所以他主张应当宽免百姓的这种"投敌"行为。

不论是狄仁杰还是武懿宗,他们将百姓作为惩罚的对象,都是建立在河北民众隶属王朝即君主之子民身份这个基础上。这也是狄仁杰奏疏中建议的第一层含义即立论的前提。上面谈到的阎知微之遭受唐律的制裁,同样是这个道理。狄仁杰并未为之回护②,显然,阎知微的行为是国家礼法纪律所不能容忍的。作为朝廷命官,阎知微在关键时刻负有为国家、为王朝尽忠的义务,他没能做到而遭受相应的惩罚是理所当然。类似的例子还可以举出《旧唐书·李岘传》的一条记载:

> 初收东京,受伪官陈希烈已下数百人,崔器希旨深刻,奏皆处死;上(代宗)意亦欲惩劝天下,欲从器议。时(李)岘为三司使,执之曰:"夫事有首从,情有轻重,若一概处死,恐非陛下含弘之义……若尽行诛,是坚叛逆之党,谁人更图孝顺?困兽犹斗,况数万人乎!"③

这个事例说的是陈希烈等人投附安禄山一方而遭受收复两京之后唐廷

---

① 见《新唐书·狄仁杰传》,第 4212—4213 页。参见《旧唐书·狄仁杰传》,第 2892 页。
② 阎知微被武则天惩处之时(圣历元年即 698 年十月以后),狄仁杰充任河北道副元帅、安抚大使。他此时深受武则天信任,亦多上奏就时政陈述己见。按理,武则天惩处阎知微一事他不可能不清楚,以他受信任之程度而论,他对此表达看法与其身份和角色均不矛盾,文献中之所以没有他就此提出看法的任何描述,应当是他赞同朝廷此举的反映。相关情形可参阅《旧唐书·狄仁杰传》,第 2891 页;《资治通鉴》卷二○六"武则天圣历元年(689)十月"条,中华书局,1956 年,第 6535—6537 页。
③ 见《旧唐书》卷一一二《李岘传》,第 3345 页;参见《新唐书》卷一三一《宗室宰相·李岘传》,第 4506 页。

的惩处,依照唐朝律法条款陈希烈等人都犯了与阎知微一样的"谋叛"即叛国罪,受相应的惩罚毫无疑义。崔器与李岘意见的差异是惩处到什么程度的问题,李从朝廷与安史叛军征战争取人心的长远角度考虑,希望将惩罚的幅度放在一个精准的层面以获取更多人的支持,他与崔的意见差别仅此而已。

与此对应,河北诸州这些百姓"投附"突厥的现象与阎知微和陈希烈的上述叛国行为显然并非等同。在狄仁杰看来,河北诸州百姓的行为实系受外界胁迫的"迫不得已",特别是朝廷繁重的赋役对他们造成的强压负担、当地素劣无端官员施加于他们毫无止境的刻剥,这些因素不应被忽视,甚至在某种程度上是促成百姓行为发生的要素(详下)。

其次,狄仁杰还特别提到,朝廷边缘地带出现的麻烦远不如中心地区出现的事端对国家构成的威胁来得大:"边尘暂起,不足为忧,中土不安,以此为事"①。我觉得这才触到了狄仁杰"宽待"河北民众的内在心结。这16字组成的句子所蕴藏的含义对我们理解狄仁杰和武则天处理国务问题,具有揭示本质属性的重要意义。我为什么把武则天也算上?因为她最终接受了狄仁杰的意见,他们君臣对这个问题的理解应是一致的。

在他们的眼中,河北遭受突厥骚扰的这些州县并非朝廷的核心区域,而处在核心区与边缘区的交接地带,其重要性显然非同于关中腹地。狄仁杰的这个思路实际上就是唐太宗、李大亮君臣有关王朝国家疆域、人群构建思路的延续。在他们的心目中,唐朝的地域、人群犹如树干和枝叶,本土核心地带就是树干的"根本",枝叶犹如周边四域,二者之差别清晰可见②。这一套观念也并非太宗君臣所发明,是传统华裔格局、五服制度的再现。我们再举唐高祖的一道诏文为例:"画野分疆,山川限其内外;遐荒绝域,刑政殊于函夏。是以昔王御世,怀柔远人,义在黜縻,无取臣属……朕(唐高祖李渊)祇膺宝图,抚临四极,悦近来远,追革前弊。要荒蕃服,宜于和亲。"③作为开国之君的高祖,他下发的诏文对唐本土与周边外围不论是地域还是人群的观念均是继承传统而来,那就是内外有别且畛域分明。对刚刚确立的唐朝而言,本土就是由都城所在的关中宰制山东、进而控制南部广阔区域而形成

---

① 《旧唐书·狄仁杰传》,第2892页。
② 参见[唐]吴兢撰、谢保成集校:《贞观政要集校》卷九"议安边第三十六",中华书局,2003年,第503—504页。
③ [宋]宋敏求编:《唐大诏令集》卷一二八《蕃夷·绥抚·抚镇边陲诏》,洪丕谟等点校,学林出版社,1992年,第632页。

的局面①,这个局面的周边四邻是诸番外夷,亦即早期的荒服之属。这种内外有别的二元制建构虽因时过境迁、内外形势变化无常而出现诸多变化,但其核心本质则是一脉相承②。唐太宗君臣的"根本""枝叶"的观念传此而承,狄仁杰连同武则天认可的内外思路同样并行不悖。从这个角度再看上文中突厥攻略的河北诸州,恰好处在与唐土边缘接近的地方,它们虽列朝廷正州正县,与羁縻府州迥然有别③,但这里的州县接近边缘,其地位因而与核心腹地之同类有所差距,这正是狄仁杰立论的根基。如此,我们就不难理解河北诸州的百姓之地位自不同于中心地之民众,更与朝廷的命官判然有别了。

然而从法理的角度讲,我们从现存的唐代文献中也看不出民众与官吏在违法方面出现的差别(除了法律明确规定官员、贵族享有的特权和优待之外),这至少可以支持河北百姓与官员在忠诚朝廷的行为上秉持统一标准的立论,在狄仁杰请求宽恕他们的奏疏中也没有涉及二者有所差异的问题。但同样不可否认的是,虽然法律条文规定同一,也不能因此否认事实上存在的区别。这个区别就是狄仁杰强调的地域以及生活在不同地域之上的人群的差异。在狄仁杰向武则天上奏宽恕河北百姓的背后,倘若没有这个地域以及群体的差距,那么他的请求能否被武则天所接受,还真的不好说。

第三,这个事件还促使我们重新思考这样的问题:在一个力求一统并在法律制度的规范上同样秉持均质化的王朝国家中,而且事实上也的确颁布了诸如综合法规的《唐律疏议》、具有行政典制职能的《唐六典》④,乃至对以往历朝制度进行规范的《通典》等主张王朝一体性的文本范式⑤,为什么在实际的施行层面却有如此的差别,以至于我们不得不重新思考"均质化"自

---

① 参见拙文:《唐朝的地缘政治与族群关系》,《人文杂志》2011年第2期。

② 参见拙文:《"二元制构造"下的唐朝华夷观及其变化》,陈尚胜主编:《儒家文明与中国传统对外关系》,山东大学出版社,2008年,第118—128页;《王朝国家体系的构建与变更——以隋唐为例》,孙家洲、刘后滨主编:《汉唐盛世的历史解读——汉唐盛世学术研讨会论文集》,中国人民大学出版社,2009年,第165—175页。相关的他人研究,可参阅许倬云:《传统中国社会经济史的若干特性(代序)》,此据氏著:《求古编》,新星出版社,2006年,第1—14页;李大龙:《汉唐藩属体制研究》,中国社会科学出版社,2006年,尤其参阅第286—294页。

③ 唐朝羁縻府州的划分可参见谭其骧:《唐代羁縻州述论》,此据氏著:《长水集续编》,人民出版社,1994年,第133—155页。全面的研究参见刘统:《唐代羁縻府州研究》,西北大学出版社,1998年。

④ 关于《唐六典》的性质及施用,学术界一直存有争议且成果众多,可参见周东平:《唐六典》,胡戟等主编:《二十世纪唐研究》,中国社会科学出版社,2002年,第155—158页。

⑤ 《唐律疏议》刘俊文点校说明,第1—10页;[英]杜希德:《唐代官修史籍考》,黄宝华译,上海古籍出版社,2010年,第89—96页。

身影响的限度以及如何对这个限度进行定位？说得通俗一点，就是在法典层面的一体化的背后，隐藏了操作层面的相异化的处理手段，到底是什么因素导致二者的分离？

我们注意到，即使是步入民族国家一体化行列的今日中国，在具体审核案件的过程中尚且因受到诸种因素的制约和影响而对同一事的处理产生迥然有别的后果①，那么在远非均质化的王朝国家的视域下，追求一统化和均质化固然是王朝统治集团的愿望，但它所采取措施和控制的能力，以及那个时代提供给它的条件，显然还远远满足不了这样的诉求，于是，一统化常常成为国家追求的目标而停留在观念层面之上，即使这种均质化也并非是朝野上下毫无疑义的愿景。于是，事实上的内外有别、华裔之辨的现实状况成为朝臣解决问题的主要依凭，这就是决定狄仁杰对河北民众"投敌"行为另行"宽待"的因素。这些地区连同其百姓的政治特点，诚如拉铁摩尔描述的那样，接近草原北部游牧势力的民众，更容易与他们联系在一起；与此对应，靠近汉地的百姓则更易于接近中原内地②。夹处强权势力中间地区的民众，因其自身命运无法通过自身的努力获得保障，外界强力的介入，就迫使他们往往走上谁强大就依附谁的道路，他们的意识也随强者而摇摆。这种非"从一而终"的变化无常的行为恰恰就是他们自保的利器。这种情形在古代社会十分常见，譬如北宋与辽朝、南宋与金朝交界或交叉地带的缓冲区就是明显的事例③；即使到了民族国家建构的现代社会，这种地带及其人群的政治态度，也常常因具体情况的变化而出现摇摆不定，例如杨奎松所谈的抗战期间中日军队交战的过程中某些地方民众态度的转变，就是鲜明而生动的例证④。这篇文章所展示的现象，与我们想象中的抗击入侵者日军的中国民众与政府军密切配合或至少大力支持的行为相反，他们却对日军有好感。之所以如此，是因为官军对他们的态度及行为严重损害了他们的利益和感情，他们对日军态度的转变与其说是针对日军，不如说是针对身为同胞的政府军。这与我上文讨论的狄仁杰宽待河北诸州百姓的因由几乎雷同：这些州县百姓遭受唐朝官府和地方官的剥削、敲诈和勒索，这种毫无人道的

---

① 参见冯筱才:《政治运动的基层逻辑及日常化——一个"汉奸"的发现与审查》,《二十一世纪》[中国香港]2012 年 12 月号。

② [美]拉铁摩尔:《中国的亚洲内陆边疆》,唐晓峰译,江苏人民出版社,2005 年,第 316 页。

③ 参见 Naomi Standen, *Unbounded Loyalty: Frontier Crossing in Liao China*, Honolulu: University of Hawai'i Press, 2007。

④ 杨奎松:《何为民族主义及我们应该怎样爱国？——对近代以来中国民族主义问题的一种探讨》,《社会科学论坛》2005 年第 9 期。

强制举措不但伤害了民众之心,而且使他们家破人亡,甚至出现了武懿宗那种视百姓如草芥、嗜杀如命的冷血动物的行为,这个时候再跟民众百姓去奢谈忠君爱国的大道理,能够获得他们的认可吗?

众多的事例可以证实,从理论上说,我们今人认为的在国家民族生死存亡的危难关头百姓自应紧随政府抗击敌人才是不二选项的意识,恰恰掩盖了历史的复杂性。历史的本真过程出现的那些百姓甚至规模性地转向敌对一方的现象,不仅不是具体个别的,而且还浮现于任何时期。其原因复杂多样,但己方强权势力对百姓忽视甚至漠视的态度与强硬的行为引致他们的不满从而采取疏离、默然甚至抗拒的行动,至少被我们的研究长期忽略,这一点应当引起我们的警觉和重视。

第四,正是中心边缘二元制存在着的结构性差别,决定了这个地域的民众与中心区同类的异质属性。还有一个因素必须清楚,即河北这些州县的百姓虽是唐朝的属民,但如上文所述,他们并非是唐朝与突厥抗衡的直接参与者。就战争的对阵双方而言,从军事角度战胜任何一方,都是相互角逐的正常行为,消灭、俘获对手是己方之任。河北州县民众政治态度如何评判?朝廷对他们的行为采取什么措施?这些民众是否为冲突或战争中的责任一方,是据以论定的重要标尺;或当两个承载战争的政治体(统治集团或受其支配的下属势力)发生冲突和角力的时候,他们是否将所属的民众裹挟进去,也是判断民众政治态度和立场的尺度。如果民众参与了其中的政治体并与其共命运,那么他们就会持有明确的立场,这时候的民众就变成了争执中的一方,此时的坚持、抗争或投降、依从才会需要作出态度和立场的选择。历史上这类民众参与的现象虽然不乏其例,但更多场景下的民众是不在任何一方的政治体的冲突中显现的,至少在主观动机上,他们不将自己明确地界定为参战的一方。这种状态下的民众与战争、冲突就应当是两回事,采用今天时髦的话语就是"不选边站"。河北州县的百姓就是这种情况的典型例证。因此,这个时候再要求他们与冲突的主体一心一意,就是主体势力一方的一厢情愿了。但在朝廷支配国家的情形下,会将民众的态度、立场与他们的是否参与,视作是他们应尽的义务,政府经常依此而胁迫群众卷入到它主宰和支配的战争中,并将民众的参与或拒绝参与视为忠诚朝廷与背叛投敌的标尺,于是,与冲突、战争这类政治势力密切联系的行为,就被统治集团强加给民众,从而导致他们忠诚或背叛这类价值选择的出现。对这类情况的处理,在唐朝人的心目中因人而异。从前面的史料反映的情况看,河北诸州的民众并未参与朝廷对抗突厥一方的军事活动,他们在这场对峙中是旁观者,正因为如此,才有狄仁杰奏疏的申述。狄仁杰对此表示理解且抱有同情心,然而他的建议更多的是考虑如何维护王朝在河北的稳定也是不可置疑的。另一个事例也同样能说明这个问题,《资治通鉴》卷二〇二唐高宗调露元年(679年)记云:

> 突厥寇定州,刺史霍王(李)元轨命开门偃旗,虏疑有伏,惧而宵遁。州人李嘉运与虏通谋,事泄,上令元轨穷其党与,元轨曰:"强寇在境,人心不安,若多所逮系,是驱之使叛也。"乃独杀嘉运,余无所问,因自劾违制。上览表大喜,谓使者曰:"朕亦悔之,向无王,失定州矣。"①

这条材料记载的是李嘉运与交战中的敌方势力勾结,唐朝这方进行惩处有其理据所在,但主帅李元轨将惩处的范围只限制在李嘉运一人,对同党成员不再追加。他的依据是大敌当前要保持我方团结,倘若追究余党会造成震荡,于己不利。他所秉持的理由与狄仁杰几乎一致,显然,他们考虑问题的着眼点还是当下境况的稳定。

上面所举的事例实际上涉及这样的问题:王朝—国家、君主、将臣、百姓这几个要素之间究竟存在着什么样的关联?王朝国家的一个基本特征就是,国家整体属于创造者私人而非民众。这个国家通常都是由一个集团采用暴力手段夺得并建立起来的,其中的为首者就成为国家的君主(皇帝),由他的胁从者们组建政府管理,占有一个确定的核心区作为统辖的疆土,进而治理这个疆土之内的百姓②。王朝与管理者之密切关系,将它(他)们连在一起以至于彼此不分;而百姓只是作为王朝征收赋税、为国服役的外层对象而存在,他们与国家的联系是通过统治集团这个环节实现的。由此可以看出,当王朝出现危机的时候,遭受牵连影响的主要是与之关系密切的统治集团(成员)而不是百姓阶层,这就可以解释为什么当王朝被推翻,尤其被异族势力推翻之时,与王朝命运俱在的往往是那些朝廷命官或与其有深层文化联系的士大夫阶层了③。从某种程度上说,君主宰制下的忠诚主体实际上

---

① 《资治通鉴》卷二〇二"唐高宗调露元年(679年)十月"条,第6392页。
② 参见毛汉光:《中古核心区核心集团之转移——陈寅恪先生"关陇"理论之拓展》,此据氏著:《中古政治史论》,上海书店出版社,2002年,第1—28页;王德权:《"核心集团与核心区"理论的检讨》,《政治大学历史学报》[中国台北]第25卷,2006年5月,第147—176页。
③ 这类事件充斥于各个朝代轮替之时,尤其异族王朝替换使得许多前朝官员和文士感觉旧有政治和文化的终结而怀有与前朝荣俱损的感怀。在此种情形之下,他们与王朝国家的心结彰显得最为清晰。相关的研究甚多,此处可参见杨宇勋:《从自杀殉国来看各族官员对金朝的认同感》,《民族认同与文化融合》,中正大学"南台湾人文研究中心",2006年,第71—118页;氏著:《千古未有之变局:南宋覆亡前自杀殉国者》,《中国中古史研究》[中国台北]第10期,2010年,第229—285页。

是被限制在了一个相对狭小的范围之内①。当唐政府出兵解决与突厥或其他外族的关系时,他们事实上只代表或反映了执政集团(文武百官)的意见,普通的民众则被排除在国家政治和军事的决策之外,当青壮年男子被征发从军出征时,也只有到了这个时候,普通民众才与政治集团发生利害的衔接。就此而言,河北诸州的百姓压根就没有被朝廷征发,朝廷与突厥的征战,在他们看来,与自己并不产生直接的关联。虽然他们所依托政权的稳固与否攸关他们的利益,但他们与唐政府毕竟是两回事,忠君爱国观念一统格局的笼罩并不能掩盖实际利益的差别。这就是河北民众与朝廷包括其统治集团的分层性与疏离感出现的缘由,也是我们所理解的狄仁杰据以宽待他们的深层理据。

三

现在再讨论上面第二段引文。

这段引文的事例与第一段性质相同但结果迥异。事件的主角同是河北(尤其)赵州的百姓。万岁通天(696年)年中,契丹骚扰唐赵州,"进屠"二字表明包括百姓在内的民众遭受契丹军的残杀,其情状惨不忍睹。作为唐朝政府的代表,武懿宗受命为大总管前行抗御,旋即又改任安抚河北诸州。这个任命至少表明唐廷对河北赵州民众惨遭杀戮的现象了然于胸,然而武懿宗对百姓的安抚与狄仁杰的措施大相径庭:"先是,百姓有胁从贼众,后得归来者,懿宗以为同反,总杀之,仍生刳取其胆,后行刑,流血盈前,言笑自若。"武懿宗嗜杀成性的形象在此被凸显出来。首先需要注意的是,作为武则天同族人的他,这里的记载是否存在因武则天失势而被后世修史者刻意渲染而营造出来的气氛?按《宋史·张昭传》记云②:

> 以唐史未成,(后晋高祖石敬瑭)诏(张昭)与吕琦、崔棁等续成之,别置史院,命昭兼判院事……开运二年(945年)秋,《唐书》成二百卷。③

这是《旧唐书》成书的简要概括。《旧唐书》(尤其前期)向以档案、《实

---

① 参见 Jennifer Holmgren, "The Making of an Elite: Local Politics and Social Relations in Northeastern China During the 5th Century AD," *Far Eastern History*, 30(1984), pp.1—79.

② 按张昭即张昭远,因避后汉刘知远讳而略。事见《宋史》卷二六三《张昭传》,中华书局,1977年,第9085页。

③ 见《宋史·张昭传》,第9090页。

录》取材为要①,武则天一朝史事亦依从《实录》,这已为学界共识②,然而武则天皇后纪的史臣评论,却出自五代撰写此书的史臣之手③,具体可能正是这位张昭远,其本传中记述他曾撰写《唐朝君臣正论》25卷,完成后上奏给后晋高祖石敬瑭。该书现已失传,但从"正论"一词分辨,张昭远显然要对唐朝君臣之形迹与品性进行总结,他所依凭的应当就是他所处的五代分崩离析的时代,以此鉴别正伪与真假。据研究,五代的正统论不论是北方的五代还是南方的十国,均有较为广泛的传布。以北方为核心,自后唐取代后梁而开启的延续唐朝法统的观念,一直伴随着五代诸政权的嬗替过程,取法于后唐的后晋标榜自身法统的正当性自无异议④,张昭远上述《唐朝君臣正论》应系此种正统论下属的产物。如此,作为皇后登上帝位的武则天一朝,在他的眼里如同牝鸡司晨一般,根本不应在法统的系列里,这就是《旧唐书》史臣曰的主要内容。易言之,武则天在她失势后被忠诚于皇权的正统主义史官视作僭越者在史书中是很明确的⑤。与此对应的是,作为《新唐书》主撰者的欧阳修,他"奉诏修《唐书》纪、志、表,自撰《五代史记》,法严词约,多取《春秋》遗旨。苏轼叙其文曰:'论大道似韩愈,论事似陆贽,记事似司马迁,诗赋似李白。'"⑥武则天的史臣评语直接出自欧阳修,上文言之凿凿,而向有强调宋朝法统承续唐朝并有《正统论》著作问世的欧阳修之排斥武则天⑦,也就不足为奇了。值得我们注意的是,宋人正统论的说法影响到了以

---

① 参见黄永年:《唐史史料学》,上海书店出版社,2002年,第3—18页。
② 参见[清]赵翼:《廿二史札记》卷一六《唐实录国史凡两次散失》,中华书局,1963年,第309—312页。
③ 见杜希德:《唐代官修史籍考》,第175页。
④ 有关五代正统论的阐释,参见刘浦江:《正统论下的五代史观》,《唐研究》第11卷,北京大学出版社,2005年,第73—94页。
⑤ 虽然武则天走上了法理的帝王之位,但五代和北宋撰修的史臣并不认可,不论是《旧唐书》还是《新唐书》,都将她视为皇后。前者的史臣评述她"称制十年","扼腕于朝危",如同"牝鸡司晨,终能复子明辟",这种回归李唐正统式的描述将武则天朝统的法理性彻底摒弃掉了(见《旧唐书》卷六《则天皇后纪》,第133页)。《新唐书》在此基础上对武氏贬损得更加肆无忌惮:"武后之恶,不及于大戮,所谓幸免者也。至于中宗韦氏,则祸不旋踵矣。"(《新唐书》卷四《则天皇后纪》,第113页)撰写本纪的欧阳修之所以将武后列在本纪只是沿承旧史的体例,他从《春秋》的政治道德学说出发,视武则天王朝为僭伪的目的彰显无遗。按,欧阳修秉持春秋笔法一说,可参见《宋史》卷三一九《欧阳修传》,第10381页;[清]王鸣盛:《十七史商榷》卷九三《新旧五代史一·欧法春秋》,黄曙辉点校,上海书店出版社,2005年,第864—865页。有关两《唐书》史臣论赞的异同,参见同书卷七〇《新旧唐书二·新书尽黜旧书论赞》,第602页。
⑥ 见《宋史·欧阳修传》,第10381页。
⑦ 见欧阳修:《正统论七首》《正统辩上下》《正统论上下》,氏著:《欧阳文忠公文集》卷七、一六,文津阁《四库全书》第368册《集部·别集类》,商务印书馆,2005年。

后的诸朝诸代①,譬如明清人议论唐朝君主之时,都排除了武则天的地位即是一例②。与她有交集的武氏家族的成员作为劣迹斑斑的典型出现于史乘中也不乏其例③,武懿宗作为负面形象现于记载中不足惊讶。但他上述行为在《旧唐书》的着实记载,也并非空穴来风,应该是确有其事的反映。假如这个推测能够成立,那么他对河北那些遭受胁迫民众残酷打压的行动及其隐藏的观念,就值得我们推敲一番。

为了说明问题,我们还是将他与狄仁杰作对比阐述。

第一,这两个人物在现存的两《唐书》《资治通鉴》等文本中已经被类型化了。有关武懿宗的评论,《旧唐书》的史臣是这么说的:

> 自古后族,能以德礼进退,全宗保名者,鲜矣。盖恃宫掖之宠,接宴私之欢,高爵厚禄骄其内,声色服玩惑于外,莫知师友之训,不达危亡之道。故以中才处之,罕不覆败……皇唐受命,长孙、窦氏以勋贤任职,而武氏、韦氏以盈满致覆。夫废兴者,岂天命哉,盖人事也。④

《新唐书》的撰述者亦云:

> 凡外戚成败,视主德如何。主贤则共其荣,主否则先受其祸……高、中二宗,柄移艳私,产乱朝廷,武、韦诸族,耆婴颈血,一日同污鈇刃。⑤

对狄仁杰的评论,《旧唐书》的史臣曰:

> 天子有诤臣七人,虽无道不失其天下。致庐陵复位,唐祚中兴,诤由狄公,一人以蔽。或曰:许之太甚。答曰:当革命之时,朋

---

① 关于宋人正统论的研究,参见饶宗颐:《中国史学上之正统论》,上海远东出版社,1996年,第35—49页;刘复生:《宋代"火运"论略——兼谈"五德转移"政治学说的终结》,《历史研究》1997年第3期;刘浦江:《"五德终始"说之终结——兼论宋代以降传统政治文化的嬗变》,《中国社会科学》2006年第2期。

② 明人于慎行撰述的《读史漫录》卷七《唐高祖至玄宗》(清人黄恩彤参订,李念孔等点校,齐鲁书社,1996年)述及武则天朝史事,即以皇后而非女帝的身份描写的。见该书第213—234页。清人王夫之《读通鉴论》更直言将武氏附在中宗之属,称作"伪周武氏附于内",明确否定她的法统地位(卷二一《中宗》,舒士彦点校,中华书局,1975年,第626—645页)。这些观点承续的就是宋儒的正统主义。

③ 参见《旧唐书》卷一八三《外戚传》武氏诸子,第4727—4741页;《新唐书》卷二〇六《外戚传》武氏诸子,第5835—5843页。《旧唐书》卷一八三史臣赞曰:"戚里之贤,避宠047权。不恤祸患,鲜能保全。福盈者败,势压者颠。武之惟良,明于自然。"(第4751页)

④ 见《旧唐书》卷一八三《外戚传》,第4721—4722页。

⑤ 见《新唐书》卷二〇六《外戚传》,第5833页。

邪甚众,非推诚竭力,置身忘家者,孰能与于此乎!仁杰流死不避,骨鲠有彰,虽逢好杀无辜,能使终畏大义。①

《新唐书》的赞曰:

> 武后乘唐中衰,操杀生柄,劫制天下而攘神器。仁杰蒙耻奋忠,以权大谋,引张柬之等,卒复唐室,功盖一时,人不及知。

单就两《唐书》对二人的评价和议论的方式而言,有关武懿宗的部分是在演绎概观式的认知框架中进行评判的,《旧唐书》具体将武懿宗置于外戚的整体构架中表述,并将这个势力看作接近皇权获得宠信而导致覆亡的一般性之通则。这种叙事的特点就在于它被事先放置在一个早已定谳了的范式之内,即上文表述的五代史臣否认武则天正统地位的那个框架。这也就是说,有关对武懿宗的评论,都是建立在儒家意识形态化了的观念下的产物。但史臣也没有完全停留在这个层面,真要避免覆亡的悲剧发生,也并非完全决定于天意,主动权仍旧掌握在他们自己的手中。与此对照,《新唐书》则将外戚命运的成败与君主个人的贤才观和对品性的把握紧密相联。反观对狄仁杰的评价,集中在他于李唐复国取代武周的功勋表现之中,这个评价十分具体而非抽象,应是史臣对武周政权"篡位"正当性否定的展示。

论述至此,我们似乎对上述二人的评议有新的理解,即:对外戚和狄仁杰的评议,五代和宋朝史臣是建立在中原朝廷法统政治和伦理道德的基础之上。外戚作为一种势力本可以存在于现实的生活当中,而一旦该势力超越自身生活而与国家政治发生关联时,就被视为僭越而遭受朝廷和社会舆论的批判。逾越限度是其遭受诟病的主因③,因为这是传统政治不能认可的。与之对应,作为朝廷的命官,狄仁杰的所作所为完全符合国家和朝廷的政治伦理,特别是在被视为篡权的武周回复李唐的途径中正是狄仁杰所发挥的作用促使了这一进程的顺利,他也因此成为维护政权法统地位的典型而被赞奉。不幸的是,原本就遭受批判的外戚,在两《唐书》的史臣眼里,如果遇到英明的君主掌舵行驶,姑且尚有不错的表现;而武懿宗的行为则是肆

---

① 《旧唐书》卷八九《狄仁杰传》"史臣曰",第2907—2908页。
② 《新唐书》卷一一五《狄仁杰传》"赞曰",第4221页。
③ 对武氏逾权干政持有激烈批判的是清人王夫之,他指斥说:"武攸绪者,武氏之族,依逆后而起,无功可录,窃将军之号,冒安平王矛土之封,与(武)攸暨等乘武氏之篡,拥衮冕而南面称孤……以法论之,免其殊死可尔,流放之刑,不可曲为贷也。"见《读通鉴论》卷二一《唐中宗(伪周武氏附于内)》,第637页。对外戚的干政,清人赵翼也持有同一态度:"两汉以外戚辅政,国家既受其祸。"见《廿二史札记》卷三《两汉外戚之祸》,第60页。

权乱政的样例,这个行为与篡权的武则天联系一起,使武懿宗更成为外戚品性恶劣的典型。武懿宗之所以被史臣如此认为,除了他上述的品行之外,概念化或者说类型化的意识形态式的描述,强化了后世对他的印象。应当说,这是武懿宗给我们留下印记的主要资源。而这种概念化或类型化则是五代与北宋国家正统意识凸显的直接产物,是那个四分五裂或处于诸政权对峙下为强调自身法统正当性这种政治诉求的观念应验。只有在这种状态下,武则天的行为才属于僭越,与其有关的武氏家族才被视为乱政的蛀虫。武懿宗的形象就这样被定型下来。这至少是史臣或直接撰写者的共识。决定这些撰写者意识的,则是他们所服务的朝廷君主支配下的史馆机构①。按《唐六典》对史馆史官职责的描述是:

> 史官掌修国史,不虚美,不隐恶,直书其事。凡天地日月之祥,山川封域之分,昭穆继代之序,礼乐师旅之事,诛赏废兴之政,皆本于起居注以为实录,然后立编年之体,为褒贬焉。②

这段记载表达的是史官的职责重在如实记载和表述,既不过分,也不忽视,做到"实事求是";但最后的"褒贬"则将这种实事求是置放在一个框架之内,因为"褒贬"所代表的是朝廷和官方。这个传统至少从《春秋》就已开始,它将文本叙述的话语权掌握在了撰写者手里,而这些撰写者在唐初又被纳入到了政府的控制下,皇帝掌控话语权,唐太宗设置史馆的行为本身就是国家直接控制的象征③。在这种情况下,史官的表达就超脱了个人情怀而成为朝廷的意识形态了。诚如学者指出的,在政府控制下的书写范式,表达的是政府、朝廷的思想和观念,唐朝无疑沿承了过去的道德传统,将儒家的道德评判贯彻并主宰这类的文本叙述④。武懿宗、狄仁杰正是两个具体的案例,史臣对他们进行的评判,充斥的就是承续唐朝体统之五代、北宋意识形态的主流观念,只不过狄是以正人君子的儒臣的正面形象、武氏家族则是以乱权弄政的负面形象展示出来的。

第二,武懿宗、狄仁杰案例的价值除了传统儒家道德、伦理的层面之外,如前所述,他们涉及的问题溢出了唐朝这个单一政治体而囊括了唐与突厥、

---

① 见杜希德:《唐代官修史籍考》,第12—17页。
② 见《唐六典》卷九《中书省集贤院史馆匦使》,陈仲夫点校,中华书局,1992年,第281页。
③ 有关唐朝官方掌控修史的记述,可参阅谢保成:《隋唐五代史学》,厦门大学出版社,1995年,第27—32、70—75页。关于唐朝官方控制修史权的前期脉络,可参阅胡宝国:《汉唐间史学的发展》,商务印书馆,2003年,第233—234页。
④ 见杜希德:《唐代官修史籍考》,第8—9页。

唐与契丹两个政治体效忠的范围。这也是本文讨论的核心,即处于政治体交叉地带民众的忠诚对象与程度的问题。我们首先看到的是,对狄仁杰的赞美和对武懿宗的贬斥,两《唐书》的史臣都是出自儒家伦理道德的角度和层面,这在上面说得很清楚了。导致我们对二人行为及其后面隐藏的观念予以关注的,还是他们处置河北诸州百姓对政府表现出的效忠问题。我们看到,无论是表现宽恕的狄仁杰,还是残忍过度的武懿宗,他们在处理河北百姓"投敌""不忠"的行为时,至少文献中并没有出现宋朝以后的汉人痛击那些投敌叛国者采用的诸如"汉奸"一类的话语,这似乎表明对同样的行为,尤其是当汉人政治体与非汉人政治体处于政治军事对抗之时,对汉人群体或个人与交锋中的对手采取某种合作的那种行为,宋以后的汉人通常以"汉奸"词汇描述并采取多种手段予以惩处,似乎成为汉人统治集团乃至普通民众的普遍思维。

为什么宋朝以后这种观念普遍流行和大为增强了呢?有学者研究认为,这应与宋朝开始中国单一汉人族性观念强化有密切的关系①。这个说法有其道理。我们看到,当河北或身处北宋的汉人无论出自何种原因进入与之对峙的契丹辽朝仕职时,他便成为汉人社会舆论诟病的对象并成为一个突出的问题②,这表明,同是与外人打交道,宋朝以后的汉人社会对外族观念的畛域呈现出与唐朝迥异的局面,如同傅乐成分析的那样,唐宋社会的转型,在夷夏观念上的分化愈加严格而非混同③,导致这种局面出现的原因,从政治体纵横捭阖的角度着眼,应当是非汉人政治势力集结并壮大到了威胁汉人王朝的地步,即如魏特夫分析的那样,契丹人建立的辽朝打破了以往北方游牧政权对中原渗透的路径,进而开启了北方游牧政权北方游牧政权南下征服的步伐④,虽然辽朝无法吞并北宋,但它兵锋指向的意图及给予北宋严重的威胁则是分外明确的。在两个或以上处于对峙状态下蕴藏的都想吞并对方的王朝内,视对手为敌人而大力强化彼此的畛域并采取诸多措

---

① 参见王柯:《"汉奸":想象中的单一民族国家话语》,《二十一世纪》2009 年 3 月号。
② 参见 Naomi Standen, *Unbounded Loyalty*: *Frontier Crossing in Liao China* 一书, Honolulu: University of Hawai'i Press, 2007。
③ 见傅乐成:《唐型文化与宋型文化》,此据氏著:《汉唐史论集》,联经出版事业公司,1995 年,第 339—382 页。参见潘蛟:《"民族"的舶来及相关的争论》,博士学位论文,中央民族大学民族学与社会学学院,2006 年,第 26—30 页。
④ 见 Karl A. Wittfogel and Feng Chia-sheng, *History of Chinese Society*: *Liao*(907—1125), New York: The Macmillan Company, 1949, pp. 1—35;[美]魏特夫:《中国社会史——辽(907—1125):总论》,唐统天等译、王承礼主编:《辽金契丹女真史译文集》(第一集),吉林文史出版社,1990 年,第 1—5、42—44 页;[日]田村实造:《关于中国征服王朝》,袁韶莹译,同上书,第 96—109 页。

施保卫自我,是维系王朝法统地位尤其社会稳定的重要法宝。在这种一致对外的社会环境中,敌我对立分化的思维观念得以确立并升华,以至于正史的编纂出现《外国传》替代《四夷传》这样界限分别且明辨彼此的书写,应当就是这种社会形势对人们意识形态刺激的结果①。在这种"单纯""一致"笼罩下的异族、外敌想象和观念之擢升的氛围中,倘若有人与此相悖进入对方的阵营里,追求"纯粹"的汉人世界对此的忍耐度就会全然丧失,从舆论、观念进行批判和随后法律制裁的跟进,进入自在"合理"的应对中。一句话,宋代的中国开启了汉人与非汉人畛域鲜明分化的时代②,其中的原因固然多样并日趋复杂,而且也不是本文论述的重心,我们只是表明这是时代和社会整体变化的产物,我们的目标是在这样的对比中回过头来界定唐人与此类似的行为及其思想、观念呈现的差异,尤其是导致差异的缘由。

如上所述,宋代中国与以往呈现出不同的现象就在于,我这里仅指族群畛域的清晰或模糊这个领域,它事实上开启了族属差异强化的时代,而这是建立在消化以往族群互存界限的基础之上的,著名的例子就是唐末五代时期北方非汉人的差异经此社会演变而渐趋消亡③。与此相对应,本文讨论的主人公所在的时代,是民族或族群呈现涌动碰撞的激烈时代,而唐朝则予以承认和兼纳。事实上,唐朝之所以有如此的心态并非是它有意为之而显示出它的超越性,恰恰相反,是那个时代本身赋予唐朝如此的特性。至少现今的学术界更加辨明并强调了唐朝(统治集团)建构的南北统合的要素,易言之,唐朝的建立并非人们所熟悉并默认的南部中国仅存的"中华正统"的文化遗存,它主要的元素系出自北方草原游牧人的传统,当然是这些拓跋人

---

① 正史中将以往的四夷列为彼此分明的《外国传》始于宋初薛居正监修,卢多逊、张澹、李昉等参与的《旧五代史》(见该书目录,中华书局,1976年);元末脱脱、阿鲁图主持修纂的《宋史》尾随其后(见该书目录,中华书局,1977年)。按照《宋史》卷四八五《外国传一》史臣的阐释:"昔唐承隋后,隋承周、齐,上溯元魏,故西北之疆有汉、晋王朝所不逮者,然亦不过使介之相通、贡聘之时至而已……宋之待遇亦得其道,厚其委积而不计其贡输,假之荣名而不责以繁缛;来则不拒,去则不追;边圉相接,时有侵轶,命将致讨,服则舍之,不黩以武。先王柔远之制岂复有加于是哉!南渡以后,朔漠不通,东南之陬以及西鄙,冠盖犹有至者。交人远假爵命,讫宋亡而后绝焉。"(第13981—13982页)这段解说虽没有明言《外国传》设立的因由,但通过宋朝与周边诸国关系的疏远、特别是宋朝能力所及的情形,透露得十分清晰。易言之,《外国传》替代四夷传的主要理据,就是宋朝与这些政权关系的疏远所致。

② 这也是导致宋代社会走向内敛化道路的主要原因之一。有关此问题,刘子健有经典性的论述,参见氏著:《中国转向内在:两宋之际的文化内向》,赵冬梅译,江苏人民出版社,2002年。

③ 参见邓小南:《论五代宋初"胡、汉"语境的消解》,《文史哲》2005年第5期。

南下与中原文明结合之后的北方系统①。这表明,唐朝社会的构建本身就是超越南部汉人传统的自我限制而大量融进了北方游牧人的因素,如同谷川道雄所说的,"体现在北周吞并北齐→周隋革命→隋的南北统一这样一个历史进程中,而直接成为这一政治统一进程起点的,则是北魏末期的内乱"②。这条线索清晰地揭示了唐朝北方社会的渊源,它赋予这个王朝以北方社会天然般的密切联系。试想,在这样的氛围中出现的中原王朝与北方新兴势力的联系——不论是交往还是征战,都足以令中原王朝与北方关联加强而非隔断,从太宗、高宗征服东西突厥、用兵或羁縻契丹和奚人势力,到突厥复兴后对唐朝北部地区的骚扰等等,这些活动都促成唐朝与他们之不解关系的愈加密切。草原政治体对南部农耕社会的需求和依赖,足以使他们频繁与中原联系,在这种彼此分明、竞争又兼容的互动中,双方具有的分别就是具体的政治交往或者经济贸易的交流,在思想观念上也仅仅表现出具体的敌人、对手,抑或盟友、联军③,换句话说,这样的场景并不能使对峙的双方具有持续不断的明确不认可且排斥的观念。武则天时代的唐朝政府还是沿承着高祖开创的业绩,在华裔的观念上虽然有所改动,但远非宋代以后中国那种带有种性在内的明确畛域,所以"汉奸"这样的词汇不会出现在唐朝,其因缘就在于此。

另一个要素同样不可忽略,这就是潘蛟提出的汉人中国的华夷观念是根据它自身与周边民族势力的互动而呈现并变化的。他说:"像唐太宗这样的帝王大都是信奉'天下主义'的。但是,也应该指出,这种'天下主义'一般都是以自己为'天下之主'为背景的。当自己的天下受到异族威胁,或这个天下已被异族夺得时,汉族统治阶级则又会转向'华夷之辨',重新强调'异夏大防'。"④本文讨论的时段虽然不若唐太宗向外开拓所具有的伸张精神,甚至军事战略亦从攻势转向了防守⑤,但此时的观念并没有发生本质的

---

① 参见[日]衫山正明:《游牧民的世界史》(此书日文出版于1998年),黄芙蓉译,中华工商联合出版社,2014年,第121、134—136、142、159—160页;Sanping Chen, "The Legacy of the Tuoba Xianbei: The Tang Dynasty", *Multicultural China in the Early Middle Ages*, Philadelphia: University of Pennsylvania Press, 2012, pp. 1—38.
② 见谷川道雄:《隋唐帝国形成史论》,李济沧译,上海古籍出版社,2004年,第4页。
③ 有关唐与突厥彼此关系新近的系统性研究,可参阅 Jonathan Karam Skaff, *Sui-Tang China and Its Turko-Mongol Neighbors: Culture, Power, and Connections, 580—800*, New York: Oxford University Press, 2012.
④ 见潘蛟:《"民族"的舶来及相关的争论》,博士学位论文,中央民族大学民族学与社会学学院,2000年,第30页。
⑤ 参见唐长孺:《唐代军事制度之演变》,《国立武汉大学社会科学季刊》(1948年12月),此据:《唐长孺文集·山居存稿续编》,中华书局,2011年,第329—352页。

变化,唐与突厥、吐蕃、契丹这些周边外族的关系固然有各种各样的展现,但对时人而言,他们彼此之间只是军事、政治上的对手或盟友,观念上至多保留着汉人的那种华裔分合,并没有发展到宋朝以后那种畛域分明的程度。这应当归咎于唐朝强盛局面的奠定。其后它的发展变化,导致它与周边民族势力关系的变化,是需要一个较长时间的演变的。在演变之前的时代,唐与周边外族势力基本上限于政治军事的纷争或统合,没有彼此不能容忍或势不两立的概念,这应当是很分明的。

(作者单位:中央民族大学历史文化学院)

隋炀帝三征高丽及其失败的原因
——从单纯军事因素角度的思考

李文才

  隋炀帝在位期间,先后三次兴兵东征高丽,此举历来被指斥为好大喜功、穷兵黩武,尤其是官方的教科书更是将之称为非正义的战争,并从所谓的正义性与非正义性的层面论述战争失败的必然性。事实上,这种看法有很大问题,当然也遭到一些学者的质疑和批评。如今,对于隋炀帝三征高丽的价值判断,已经有所改变,但代表官方意见的各类通行教科书还是一仍从前,对此予以否定。

  近年来,我对这个问题一直有所思考,先后撰写了几篇文章,探讨隋朝的国防安全问题,其中《隋炀帝三征高丽的背景》(载《江汉论坛》2005年第3期)一文,就是对隋炀帝三征高丽问题进行的专题研究。我的立足点是,从国家民族根本利益出发,对隋炀帝倾全国之力三征高丽的原因进行深入分析,认为最重要的原因在于地缘政治方面,朝鲜半岛与中国东北地理构成上的密切关系,决定了要解决东北边防问题,就必须征讨高丽,因为无论从历史传统还是现实情况来看,朝鲜半岛都是中国东北边境安全的最大威胁;第二个原因,则在于征讨高丽乃是隋文帝的既定国策,开皇十八年(598年)汉王杨谅东征高丽就是明证,隋文帝是一个谨慎的人,他最后是把解决高丽扰边的难题留给了自己的继承者;第三个原因,随着东都洛阳营建、沟通大运河及西北边防安全问题的解决,对高丽决战的条件已经具备。正是在这三个动因的促使下,隋炀帝发动了对高丽的战争。①

  其实,关于高丽扰边的问题,包括前辈史学大师吕思勉氏等在内的学者已颇多探讨,并从中国与四夷之关系及中国维护边疆安全的角度做出过确当的判断,如吕思勉氏指出:"突厥而外,为中国患者,莫如高丽。"②是视高

---

① 李文才:《隋炀帝三征高丽的背景》,《江汉论坛》2005年第3期,第62—67页。
② 吕思勉:《隋唐五代史》上册,上海古籍出版社,1984年,第14页。

丽为隋朝之边疆安全之强患,可谓允当。再如,某种意义上可以代表西方汉学界研究中国史学术水平的《剑桥中国隋唐史》,也指出了高丽对隋朝东北边境所造成的严重威胁,略云:"高丽此时在军事上是强大的,但它对中国的潜在威胁更因其他因素(除了与东突厥人结盟这一因素之外)而成倍增长和更加复杂化了。……已有学者提出一种假设,远处西京的隋廷担心高丽在河北地区可能产生强大的军事影响,因为从北齐时期起那里的分裂情绪远没有消失。"①

综合以上所论,如果继续将隋炀帝三征高丽的战争视为穷兵黩武的不义行为,显然极不妥当;而如果从所谓正义性与非正义性的角度来讨论这场战争,就更加荒谬绝伦。因为如此一来,就没有办法解释隋炀帝之前的隋文帝征高丽,以及后来唐太宗、唐高宗等人对高丽的持续征讨。本文所论,重点不在于分析学术界的这些争论,也不讨论所谓战争的性质,而是想通过对隋炀帝三征高丽战争进程的简单梳理,从单纯军事因素的角度,去分析三征高丽失败的原因。

一、高丽入侵东北与隋文帝征高丽

高丽对中国东北安全的威胁,从西晋崩溃后的十六国时期就已经开始。鲜卑慕容氏兴起于辽东,后因逐鹿中原而离开,造成了东北地区的真空,高丽遂乘虚而入,占据辽东地区;辽西地区则先是被百济所占,不久,高丽与百济发生战争,百济战败南迁,辽西地区于是也落入高丽之手,这样整个辽河流域就全部被高丽占领。其后的北魏时期,高丽一直向北魏王朝称臣纳贡,双方之间保持宗主与藩属的关系,但实际上,高丽始终都构成了北魏王朝东北边防安全的不安定因素。

隋朝初年,东北地区又新起几个少数民族部落,其中较大者有奚、契丹、靺鞨,这些部落与突厥渊源较深,而与高丽则关系较浅,因此在突厥向隋朝纳贡之后,他们也先后表示臣服于隋。整个辽河流域关系错综复杂,奚、契丹、靺鞨等往往需要周旋于隋、突厥与高丽之间,或彼此攻战,或相互和好,唯力是视。因此,高丽与隋朝在东北地区的矛盾,就主要表现在对这些部落的争夺上。综观奚、契丹、靺鞨在隋唐之际的历史,他们有时向隋唐称臣纳贡,有时又在高丽的驱使下充当高丽侵扰中原的先锋。再加上隋唐的政治军事重心都在关中,距离东北实在太远,所以,东北地区的边防安全就成为隋朝及唐初长期难以彻底解决的问题之一。而破解这个难题的关键,就着

---

① [英]崔瑞德主编:《剑桥中国隋唐史》第二章,中国社会科学出版社,1990年,第141—142。

落在高丽的身上,它对隋朝的态度如何直接决定了隋朝东北地区的安全问题。

从十六国时期以来,高丽就一直力图控制东北地区,所以它不远千里,跨海与南朝的宋、齐、梁政权通好,以达到牵制北朝政权、巩固自己对东北控制的战略目的,北魏政权曾就高丽与南朝政权的外交关系不止一次向高丽提出过警告。① 隋文帝即位时,高丽王高汤曾派遣使节来到长安,向隋文帝表示祝贺,开皇初期也频繁遣使入朝。② 但从后来所发生的事情来看,这很有可能是高汤在观察隋朝的态度,主要是想摸清隋文帝对东北的态度问题。

果然,开皇九年(589 年),隋出兵江南,一举灭掉陈朝,高汤对于这个消息应该作出什么样的反应呢? 既然他曾表示向隋朝称臣纳贡,就应该向隋文帝表示祝贺才对。但是,高汤的反应却是:"大惧,治兵积谷,为守拒之策。"③高汤为何会有如此反应? 为何在大惧之下要"治兵积谷"? 窃意这主要是因为,陈朝灭亡就意味着隋朝在南方的掣肘力量没有了,隋朝随时有可能将注意力转向对东北边境的经营,这就是高汤最为恐惧的地方。④ 我做出这样的判断,是有根据的。开皇十七年(597 年),隋文帝给高汤发去一封措辞强硬的诏书,诏书内容如下:

> 朕受天命,爱育率土,委王海隅,宣扬朝化,欲使圆首方足,各遂其心。**王每遣使人,岁常朝贡,虽称藩附,诚节未尽。** 王既人臣,须同朕德,而乃**驱逼□□,固禁契丹。** 诸藩顿颡,为我臣妾,忿善人之慕义,何毒害之情深乎? 太府工人,其数不少,王必须之,自可闻奏。昔年潜行财货,利动小人,**私将弩手,逃窜下国。岂非修理兵器,意欲不臧,恐有外闻,故为盗窃?** 时命使者,托尉王藩,本欲问彼人情,教彼政术。 王乃坐之空馆,严加防守,使其闭目塞耳,永无闻见。 有何阴恶,弗欲人知,禁制官司,畏其访察? 又数遣马骑,杀害边人,屡驰奸谋,动作邪说,心在不宾。

> 朕于苍生,悉如赤子,赐王土宇,授王官爵,深恩殊泽,彰著遐

---

① 详参前揭拙撰:《隋炀帝三征高丽的背景》,《江汉论坛》2005 年第 3 期。
② 详参《隋书》卷一《高祖纪上》。
③ 详参《魏书》卷一〇〇《高句丽传》。
④ 对于高汤在隋灭陈的反应问题上,前揭吕思勉氏也有自己的看法,吕氏主要是从高丽与南朝、北朝关系入手,对此进行分析,他说:"高丽之于北朝,不过慑于势,不敢不从,于南朝则心悦诚服……汤是时,岂仍抱此等见解邪? 抑知辽东为中国所必取,逆计陈平则用兵次第将及,故为固圉之计也?"(《隋唐五代史》上册,第 15 页)

迹。王专怀不信,恒自猜疑,**常遣使人**,**密觇消息**,纯臣之义,岂若是也?盖当由朕训导不明,王之怨违,一已宽恕,今日以后,必须改革。守藩臣之节,奉朝正之典,自化尔藩,勿忤他国,则长享富贵,实称朕心。彼之一方,虽地狭人少,然普天之下,皆为朕臣。今若黜王,不可虚置,终须更选官属,就彼安抚。王若洒心易行,率由宪章,即是朕之良臣,何劳别遣才彦也?昔帝王作法,仁信为先,有善必赏,有恶必罚,四海之内,具闻朕旨。王若无罪,朕忽加兵,自余藩国,谓朕何也! 王必虚心,纳朕此意,慎勿疑惑,更怀异图。

往者陈叔宝代在江阴,残害人庶,惊动我烽候,抄掠我边境。朕前后诫敕,经历十年,彼则恃长江之外,聚一隅之众,昏狂骄傲,不从朕言。故命将出师,除彼凶逆,来往不盈旬月,兵骑不过数千,历代逋寇,一朝清荡,遐迩乂安,人神胥悦。闻王叹恨,独致悲伤,黜陟幽明,有司是职,罪王不为陈灭,赏王不为陈存,乐祸好乱,何为尔也? 王谓辽水之广,何如长江? 高丽之人,多少陈国? 朕若不存含育,责王前愆,命一将军,何待多力! 殷勤晓示,许王自新耳。宜得朕怀,自求多福。①

从隋文帝的这篇诏书中可以了解到如下信息:① 高汤虽然每年称臣朝贡,但实际上却"诚节未尽",并非真心;② 高汤驱逼靺鞨、契丹等部落,强迫他们不向隋朝称臣纳贡,甚至唆使他们反隋;③ 高汤私下诱惑隋朝工匠,特别是制造兵器的工匠(用今天的话来说,就是窃取军事技术);④ 高汤软禁隋朝派出的使节,不让其了解高丽境内的情况;⑤ 高丽在边境制造事端,杀害隋朝国民;⑥ 高丽经常派遣间谍深入隋朝国境,刺探情报。

在诏书最后,隋文帝以陈朝为例,对高汤发出严重警告,指出陈朝有长江天险,人数也远比高丽为多,但是隋朝不过在旬月之间就将其消灭,提醒让高汤考虑清楚后果:"王谓辽水之广,何如长江? 高丽之人,多少陈国? 朕若不存含育,责王前愆,命一将军,何待多力!"

在接到隋文帝的这份诏书后,高汤心中十分惶恐,不久就病死了。其子高元继承王位后,接受了隋文帝的册封。但是,高元也没有正视隋文帝的警告,并没有停止对东北地区的侵扰。开皇十八年(598 年)二月,高元亲率大军万余骑,以靺鞨为前驱,对辽西(治柳城,今辽宁朝阳)发动进攻。隋朝营

---

① 《隋书》卷八一《东夷·高丽传》,第 1815—1816 页。

州总管韦冲率军还击,将其击败,迫使高元撤军。①

高丽对辽西的进攻,促使隋文帝下定东征高丽的决心,隋文帝希望通过大兵征讨,将高丽荡平,以彻底解决高丽对东北边防所造成的威胁。二月乙巳,隋文帝宣布,以汉王杨谅为行军元帅,统率水陆大军30万进伐高丽,六月,又下诏废黜高元的一切官爵。但是,此次远征最后是以失败告终。主要原因就在于后勤保障出了问题,另外,还遭遇到流行性的疫病。② 不过,隋军远征也达到一定的战略目的,就在杨谅征讨大军到达辽河以后,高元派人送来降表谢罪,自称"辽东粪土臣元",隋文帝便就此罢兵。

对于此次远征高丽的结果,隋文帝作何感想?以史籍无载,不好妄加猜测。但是,根据后来隋炀帝三征高丽,屡败屡战、愈挫愈勇的史实来分析,我认为:隋文帝应当是把东征高丽的重任留给了自己的继承人。因为对于东北边境的形势,隋文帝心中十分清楚,他肯定也意识到了高丽称臣纳贡不可能心悦诚服,东北边境的冲突早晚还会发生。但是,远征军的后勤保障也确实是一时之间难以解决的问题。另外,隋文帝是一个处事比较谨慎的君主,故终其在位,后来就一直没有再兴兵征讨高丽。但是,种种迹象表明,隋文帝对于高丽扰边问题不可能甘心就这样不了了之。

二、隋炀帝三征高丽

隋炀帝即位后,并没有立即兴兵讨伐高丽。一直到大业七年(611年)二月,隋炀帝才发布东征高丽的第一道命令。

隋炀帝为什么选择这个时候对高丽用兵?正如我在《隋炀帝三征高丽的背景》一文所说,到这个时候,随着东都营建工作的完成、运河的基本沟通,征讨高丽的条件基本成熟了。何以言之?

大业六年(610年),隋炀帝下诏在山东(范围包括今山东、河北及河南的东北部)设置军府,"扫地为兵"③,将府兵的分布范围进一步扩大。同时,

---

① 《隋书》卷八一《东夷·高丽传》:"明年,(高)元率靺鞨之众万余骑寇辽西,营州总管韦冲击走之。"(第1816页)

② 《隋书》卷八一《高丽传》:"时馈运不继,六军乏食,师出临渝关,复遇疾疫,王师不振。"(第1816页)可见,开皇十八年远征高丽未果,主要是因为后勤供应不力,又遇到流行性的疫病所致,而与军事指挥或者师出无名等因素无关。为什么说此役失利与军事指挥没有关系呢?理由之一,此役的军事统帅汉王杨谅的主要参谋人员,即行军长史,就是在灭陈战役中赫赫有名的高颎。另外,在陆路大军遭遇缺粮及疫病困扰的同时,海路大军也遭遇强烈大风,几乎全军覆没,据《隋书》卷六五《周罗睺传》:"十八年,起辽东之役,徵为水军总管。自东莱泛海,趣平壤城,遭风,船多飘没,无功而还。"(第1525页)

③ 《隋书》卷二四《食货志》,第686页。

下令民户养马以供军役。大业七年前后,东莱(郡治掖,今山东境内)海军基地建成,在此前后,隋炀帝还下令"发江淮以南水手一万人,弩手三万人,岭南排镩手三万人"①北上,海军实力因此得到加强,大业七年(611年)二月,隋炀帝又下令在东莱海口赶造战船300艘,以保证海军能够按时参加战斗。

陆军方面,涿郡作为陆军基地,也已经建成,在大业六年前后,陆军也陆续集中到涿郡,到大业八年(612年)春,集中在涿郡的兵士约113万人,号称200万。

为了保证这次战役能够顺利进行,隋炀帝本人于大业七年四月就赶到了涿郡临朔宫,还要求文武九品以上的官员全部赶到涿郡。五月,又下令"河南、淮南、江南造戎车五万乘送高阳,供载衣甲幔幕,令兵士自挽之,发河南、北民夫以供军须。秋,七月,发江、淮以南民夫及船运黎阳及洛口诸仓米至涿郡。"②

大业八年(612年)春,隋炀帝从涿郡出发,亲临前线指挥对高丽的进攻。时隋军100多万,除海军外,编成24军,分左右两翼,据记载,此次征讨陆路大军"每日遣一军发,相去四十里,连营渐进。二十四日续发而尽。首尾相继,鼓角相闻,旌旗亘九百六十里。天子六军次发,两部前后先置,又亘八十里。通诸道合三十军,亘一千四十里。"③从第一军开始出发,到最后一军出发完毕,前后相隔达24天!

三月十四日,隋军进抵辽河前线,经过几天激战,大军渡过辽河,进围辽东城(即汉代辽东郡治襄平城,在今辽宁朝阳北七十里)。高丽死守辽东,城池一直攻不下来,几十万隋军就这样被胶着在辽东城下,无法进一步深入高丽腹地。

此役隋炀帝原本想速战速决,因此除了留下3军由自己指挥围攻辽东城外,其余9军渡过鸭绿水(今鸭绿江),直趋平壤。进攻平壤的九路大军,在出发时,每个士兵都被要求带上足够吃100天的干粮,再加上携带的武器,每个士兵负重达3石以上,因此士兵们倍感劳累,很多人偷偷把干粮扔掉,为此隋炀帝发布严令:"士卒有遗弃米粟者斩!"但还是有很多人冒着掉脑袋的风险把干粮扔掉。结果,行军路程不到一半,军中几乎全部断

---

① 《资治通鉴》卷一八一"隋炀帝大业七年(611年)五月"条,第5654页。
② 《资治通鉴》卷一八一"隋炀帝大业七年(611年)五月、七月"条,第5654页。
③ 《隋书》卷八《礼仪志三》,第162页。

粮了。①

从高丽一方来看,他们深知隋军给养困难,无法持久,就相应制定了诱敌深入的战术,他们边打边撤,将渡过鸭绿江的隋军进一步引诱渡过萨水(今朝鲜清川江)。隋军渡过萨水后,虽然距离平壤只有30华里,但这时的隋军已经疲惫不堪,战斗力丧失殆尽。

再看海军一路。就在陆军出发之前,海军在主将来护儿的率领下,从东莱先期出发。同年六月,海军穿越大海,上岸后一路进至浿水(今朝鲜大同江),在距离平壤60华里的地方与高丽军队相遇。来护儿指挥大军发起攻击,大败高丽军队。陶醉在首战告捷喜悦之中的来护儿决定乘胜前进,直取平壤城。

行军副总管周法尚认为不可,建议等待其他几路大军到来之后,再对平壤发起攻击。但是,主将来护儿决定不等宇文述等陆军到来,先拿下平壤,夺取头功。于是,来护儿亲率精兵四万,直造平壤城下。驻守平壤的高丽守军则以诱敌之计,将重兵埋伏于城内,而以小部分兵力与来护儿接战,战斗开始不久即佯装战败回撤,将来护儿引诱进城。来护儿领兵攻入城池后,"纵兵俘掠,无复部伍",结果遭遇高丽伏兵痛击,几乎全军覆没,来护儿只身逃走。此役,四万精兵仅剩下几千人。高丽军队乘胜追击,一直追到隋朝海军停泊地,看到周法尚整装以待,才收兵撤回。②

经过此役,来护儿的海军基本丧失了战斗能力,无法再配合宇文述等陆路军的作战,无奈之下,来护儿只好将军队撤退到海上。

来护儿战败回撤不久,宇文述等率领的几路陆军才以一副疲惫之师的面貌赶到平壤城下。但是,已经没有了海军一路的配合,再加上给养严重困难,于是陆军主帅宇文述不得不下达全线撤退的命令。结果,在撤退途中,时时受到以逸待劳的高丽军队的截击。七月二十四日,隋军退至萨水,就在大军刚渡过一半时,突然遭到高丽军队的猛烈攻击,"于是诸军俱溃,不可禁止。将士奔还,一日一夜至鸭绿水,行四百五十里。"此役隋军遭到惨败,"初,九军渡辽,凡三十万五千,及还至辽东城,唯二千七百人,资储器械巨万计,失亡荡尽。"③七月二十五日,隋炀帝不得不停止对辽东城的攻击,率军

---

① 《资治通鉴》卷一八一"隋炀帝大业八年(612年)五月"条:"(宇文)述等兵自泸河、怀远二镇,人马皆给百日粮,又给排甲、枪稍并衣资、戎具、火幕,人别三石已上,重莫能胜致。下令军中:'遗弃米粟者斩!'士卒皆于幕下掘坑埋之,才行及中路,粮已将尽。"(第5664页)

② 详参《资治通鉴》卷一八一"大业八年(612年)五月"条,第5663页。

③ 《资治通鉴》卷一八一"隋炀帝大业八年(612年)七月"条,第5666页。

退回辽西。就这样，隋炀帝一征高丽，便以全面失败告终。①

大业九年（613年）正月，隋炀帝下诏征天下兵集中到涿郡，并下令募民为骁果，宣布准备再征高丽。二月，在经过一番商讨之后，隋炀帝做出二征高丽的决策。

四月二十七日，隋军再渡辽河，攻至辽东城下。接受上次军事指挥方面失误的教训，隋炀帝下令前线军事主官"听以便宜从事"，这次进攻辽东的战役一直持续到六月。就在辽东城快被攻下的时候，后方传来杨玄感叛乱的消息，隋炀帝只好匆忙下令撤军。至此，二征高丽就以不败而败告终。②

大业十年（614年）二月，隋炀帝准备对高丽发动第三次攻势，下诏"复征天下兵，百道俱进"③。三月，隋炀帝再次来到涿郡，部署作战计划。

然而，此时的大隋王朝已经开始风雨飘摇，再加上前两次征高丽均无功而返，军心受到严重挫伤，所以，征兵令发出以后，被强征来的士兵中有许多人在半路上就逃跑了。为整顿军纪，隋炀帝亲至临渝宫，斩杀了一些叛逃者以肃军威，但是逃亡者却仍然禁止不住。

客观分析当时隋与高丽双方的情况，应该说如果此次隋炀帝持必取高丽之决心，还是能够将高丽一举荡平的。因为其时隋朝虽然"天下已乱，所征兵多失期不至"，但高丽国内情况更糟糕，前两次战争已经让这个半岛小

---

① 隋炀帝第一次征高丽唯一的收获："是行也，唯于辽水西拔高丽武历逻，置辽东郡及通定镇而已。"（《资治通鉴》卷一八一"隋炀帝大业八年（612年）七月"条，第5666页）不过是拔除高丽设在辽河西岸的一个巡逻哨所，并在名义上宣布建立辽东郡和通定镇。与所受到的损失相比，实属九牛一毛，所以，隋炀帝一征高丽实以全面失败告终。

② 杨玄感为杨素之子，隋炀帝二征高丽时，杨玄感担任礼部尚书，奉命在黎阳督运粮草，杨玄感先是故意逗留漕运，不时进发，让前线大军断粮乏食，后干脆于六月三日起兵反叛。就在隋军快要攻克辽东城的时候，杨玄感反叛的消息传来，史言"会杨玄感反书至，帝大惧，引纳言苏威入帐中，谓曰：'此儿聪明，得无为患？'威曰：'夫识是非，审成败，乃谓之聪明，玄感粗疏，必无所虑。但恐因此寖成乱阶耳。'帝又闻达官子弟皆在玄感所，益忧之。兵部侍郎斛斯政素与玄感善，玄感之反，政与之通谋，玄纵兄弟亡归，政潜遣之。帝将穷治玄纵等党与，政内不自安，戊辰，亡奔高丽。庚午，夜二更，帝密召诸将，使引军还，军资、器械、攻具，积如丘山，营垒、帐幕、案堵不动，皆弃之而去。众心恟惧，无复部分，诸道分散。高丽即时觉之，然不敢出，但于城内鼓噪。至来日午时，方渐出外，四远觇侦，犹疑隋军诈之。经二日，乃出数千兵追蹑，畏隋军之众，不敢逼，常相去八九十里，将至辽水，知御营毕渡，乃敢逼后军。时后军犹数万人，高丽随而抄击，最后羸弱数千人为所杀略。"（《资治通鉴》卷一八二"隋炀帝大业九年六月"条，第5677—5678页）可见，隋军二次东征高丽，乃是不败而败，完全是因为后方发生杨玄感叛乱。最令隋炀帝担心的是，杨玄感挟制了包括前线军官在内的文武百官子弟。所以，对比征讨高丽，杨玄感之乱才是心腹之患。如来护儿率军返回东莱后，杨玄感正进围东都，诸将认为没有得到炀帝的指令不宜擅自回师洛阳，来护儿认为："洛阳被围，心腹之疾；高丽逆命，犹疥癣耳。公家之事，知无不为，专擅在吾，不诸人也，有沮议者，军法从事！"即日回军。（《资治通鉴》卷一八二"隋炀帝大业九年六月"条，第5678页）

③ 《资治通鉴》卷一八二"隋炀帝大业十年（614年）二月"条，第5690页。

国困弊不堪,可以说是不堪一击。

果然,在毕奢城之役,来护儿一举击溃了前来迎战的高丽军队,并准备乘胜进攻平壤。在这个情况下,高丽国王高元感到恐惧,便派遣使者向隋炀帝乞降,并将二征高丽时的隋朝叛将斛斯政囚送给隋炀帝。隋炀帝十分高兴,就派出特使持符节召来护儿班师回朝。

当时,来护儿正在部署攻击平壤的作战计划,看到隋炀帝的班师诏书,自然心有不甘。他对众将说道:"大军三出,未能平贼,此还不可复来。劳而无功,吾窃耻之。今高丽实困,以此众击之,不日可克。吾欲进兵径围平壤,聚高元,献捷而归,不亦善乎!"来护儿于是就给炀帝写了答表,决定不奉诏书。但是,军中意见发生分歧,行军长吏崔君肃不同意继续攻打平壤,要求立即按诏书班师,结果和来护儿发生了激烈争执。来护儿说:"贼势破矣,独以相任,自足办之。吾在阃外,事当专决,宁得高元还而获谴,舍此成功,所不能矣!"但是崔君肃却煽动诸将:"若从元帅违拒诏书,必当闻奏,皆应获罪。"诸将在恐惧之下一致要求来护儿按诏书行事,无奈之下,来护儿只好奉诏回师。

就这样,第三次征高丽又无功而返。

三、隋炀帝三征高丽失败的原因:从纯军事角度的分析

以下拟从单纯军事因素的角度,客观分析一下隋炀帝三征高丽失败的原因。

首要的原因,窃意在于隋炀帝本人不应该亲临前线。《孙子·谋攻篇》有云:"将能而君不御者胜。"这就是说,将帅应该有独立的指挥权,他可以根据战场的具体情况灵活调整作战方案。然而,隋炀帝从一开始就犯了这个兵家大忌,在一征高丽大军出发之前,隋炀帝规定对诸将训诫,明确要求他们:"凡军事进止,皆须奏闻待报,毋得专擅"[1],一切军事行动都必须先向他汇报,然后才可以行动,这就直接束缚了军事指挥员的手脚。对于隋炀帝的这个战略性失误,司马温公已经有明确的认识,如在叙述一征高丽进攻辽东城之役时,云:

> 辽东数出战不利,乃婴城固守,帝命诸军攻之。又敕诸将,高丽若降,即宜抚纳,不得纵兵。辽东城将陷,城中人辄言请降;诸将奉旨不敢赴机,先令驰奏,比报至,城中守御亦备,随出拒战。如此

---

[1] 《资治通鉴》卷一八一"隋炀帝大业八年(612年)五月"条,第5662页。

再三,帝终不悟。①

在战前即训令将领,动止严格听命于皇帝;及军事行动展开,再次直接干预将领的军事指挥,而军事指挥官因为受制于圣旨,便无权决定攻守之策,等到隋炀帝的批准文书下达时,战机却早就失去了!以这样的军事指挥方式征战高丽如何不败?

从表面上看,在二征高丽期间,隋炀帝汲取了教训,给将领以独立的军事指挥权,如在进攻辽东城时,曾许将领以"便宜从事"的指挥权。② 但我们注意到,前线将领的军事指挥权依然有限,因为这次隋炀帝仍然御驾亲征,这在无形之中仍然束缚了前线将领的手脚。隋炀帝为什么要御驾亲征,并深度干预前线将领的军事指挥权? 其实还有更深层次的内容。我认为这一方面反映出隋炀帝的自负,因为他当年有过指挥平陈战争的经历,这一经历助长了他的自负感;另一方面,他的这种自负心理,也是对将领不能给予充分信任的表现。隋炀帝曾经和太史令有一段对话,就充分反映了这一点:

> 初,帝再征高丽,复问太史令庚质曰:"今段何如?"对曰:"臣实愚迷,犹执前见,陛下若亲动万乘,劳费实多。"帝怒曰:"我自行犹不克,直遣人去,安得有功!"③

综合以上所论可见,隋炀帝对前线将领的干预过多,对将领不能予以充分的信任,前线将领没有独立军事指挥权,乃是三征高丽最终失败的根本性原因。

原因之二,隋军配合出现严重失误,尤其是海路与陆路之间没有能够实现预定好的协同作战,这也是隋军三征高丽失败的重要原因。例如,一征高丽时,海军主将来护儿为了抢夺头功,不等其他几路大军到来,就贸然对平壤发起攻击,致使最后决战时刻还没有到来,海军就丧失了战斗能力。④

原因之三,隋军内部军事将领意见往往不合,或出现副将干扰主帅用兵等情况,从而贻误战机。例如,一征高丽期间,在高丽大将乙支文德渡过鸭绿江后,右翊卫大将于仲文主张以精锐部队渡江追击,左翊卫大将军宇文述坚决反对。宇文述的理由是军粮已经供应不上,依当时形势来看,宇文述

---

① 《资治通鉴》卷一八一"隋炀帝大业八年(612年)五月"条,第5662—5663页。
② 《资治通鉴》卷一八二"隋炀帝大业九年(613年)四月"条:"左光禄大夫王仁恭出扶余道。仁恭进军至新城,高丽兵数万拒战,仁恭帅劲骑一千击破之,高丽婴城固守。帝命诸将攻辽东,听以便宜从事。"(第5671页)
③ 《资治通鉴》卷一八二"隋炀帝大业九年(613年)五月"条,第5678页。
④ 详参《资治通鉴》卷一八一"隋炀帝大业八年(612年)五月"条,第5663页。

的意见无疑是正确的。然而,于仲文却以隋炀帝的密令压服宇文述,他说:"将军仗十万之众,不能破小贼,何颜以见帝!且仲文此行,固知无功,何则?古之良将能成功者,军中之事,决在一人。今人各有心,何以胜敌!"①宇文述迫不得已,只好下令全军渡过鸭绿江,渡过鸭绿江之后,"又逼群议",迫于军中众将领的压力,继续引兵追击。结果就中了乙支文德的"疲军之计",在"七战七捷"的假象下,一步一步被引诱到平壤城下,从而造成了最后的惨败。

再如,三次征高丽时,按照当时两军情势来看,来护儿攻克平壤应该说是稳操胜券的,但结果还是因为军中意见不相统一,主帅来护儿的军事部署受到行军长史崔君肃的严重干扰,从而失去了攻克平壤的战机。②

原因之四,隋炀帝缺乏必胜的坚强决心,稍遇挫折或遇到突发事件便动摇不定,从而影响到前线军事指挥员的决策。如二征高丽期间,杨玄感反叛消息传到前线的时候,当时隋军已经快要攻克平壤,这时如果能够坚持一下,便可获得最后的胜利。但是作为最高决策者,隋炀帝却显得缺乏信心,半夜三更秘密召集诸将,表示撤军,并在一片慌乱之中,将大批辎重物资丢弃,狼狈而还,从而造成了不败而败。

三征高丽时,隋炀帝又犯了同样的错误,毕奢城之一役来护儿大败高丽,准备乘胜攻取平壤。就在这时,高元遣使请降,这显然是高元的缓兵之计,因为如果他是真心请降,就应该本人亲自前来,高元本人不来,就表明他并非诚心投降。所以说,隋炀帝不应该相信高元投降的请求,更不应该轻易就下令让来护儿停止军事进攻。隋炀帝这么做,一方面表明他对形势的判断出现错误,另一方面也表明他缺乏必胜的坚强决心,想见好就收。

(作者单位:扬州大学社会发展学院)

---

① 《资治通鉴》卷一八一"隋炀帝大业八年(612年)六月"条,第5664—5665页。
② 《资治通鉴》卷一八二"隋炀帝大业十年(614年)七月"条:"癸丑,车驾次怀远镇。时天下已乱,所征兵多失期不至,高丽亦困弊。来护儿至毕奢城,高丽举兵逆战,护儿击破之,将趣平壤,高丽王元惧,甲子,遣使乞降,囚送斛斯政。帝大悦,遣使持节召护儿还。护儿集众曰:'大军三出,未能平贼,此还不可复来。劳而无功,吾窃耻之。今高丽困弊,以此众击之,不日可克。吾欲进兵径围平壤,聚高元,献捷而归,不亦善乎!'答表请行,不肯奉诏。长吏崔君肃固争,护儿不可,曰:'贼势破矣,独以相任,自足办之。吾在阃外,事当专决,宁得高元还而获谴,舍此成功,所不能矣!'君肃告众曰:'若从元帅违拒诏书,必当闻奏,皆应获罪。'诸将惧,俱请还,乃始奉诏。"(第5691页)

隋代后妃制度研究札记两则

陈丽萍

"古制,天子六宫,皆有品秩高下,其俸物因有等差。唐法沿于周、隋,妃嫔宫官,位有尊卑,亦随其品而给授,以供衣服铅粉之费,以奉于宸极。"①后妃②的等级与尊卑、俸禄挂钩,故《汉书》"后妃传"③开篇只简介后妃的名号与品阶制度④,即说明这两项制度是确定后妃等级与秩序的前提与基础,历代正史"后妃传"也皆沿袭这一思路,对本朝后妃的名号与品阶制度多有简述,如汉光武帝分其后妃名号与品阶为五等⑤,以及曹魏诸

---

① 《旧唐书》卷五五《王锬传》,中华书局,1995 年,第 3229 页。

② 后宫由嫔妃、宫女和宦官三大主要群体构成,其中宫女可由皇帝宠幸而转换身份成为嫔妃,二者之间的界限并不明显,而宫女有品阶者亦作宫官,因此历代正史"后妃传"开篇载所谓后妃名号与品阶制度,有的(如《魏书》《宋书》《北史》两《唐书》等,具体详本文正文论述)其实包括了嫔妃与宫官两个体系,有的正史(如《魏书》《北史》两《唐书》等)也为宫官立传,但鉴于传统,这两类后宫女性不作特别强调时,皆通称为"后妃",本文行文中也如此。

③ 关于历代正史中后妃传记的名称,何以从"外戚世家""外戚传""皇后纪""皇后传"变化至"后妃传"固定,体现了修史者对后妃及外戚群体的何种态度,以及当权者对后妃群体的约束、后妃群体在政治生活中所起作用的变化,可参见徐冲:《从"外戚传"到"皇后传"——历史书写所见"汉魏革命"的一个侧面》,《早期中国史研究》第一卷,2009 年,第 195—230 页,收入氏著《中古时代的历史书写与皇帝权力起源》,上海古籍出版社,2012 年,第 123—153 页;陈丽萍:《历代正史〈后妃传〉书写模式变化简析》,《唐代后妃史事考》,社会科学文献出版社,2014 年。
凡本文提到历代正史后妃传记时,皆统称"后妃传"。

④ 即:"汉兴,因秦之称号,帝母称皇太后,祖母称太皇太后,适称皇后,妾皆称夫人。又有美人、良人、八子、七子、长使、少使之号焉。至武帝制婕伃、娙娥、傛华、充依,各有爵位,而元帝加昭仪之号,凡十四等云。昭仪位视丞相,爵比诸侯王。婕伃视上卿,比列侯。娙娥视中二千石,比关内侯。傛华视真二千石,比大上造。美人视二千石,比少上造。八子视千石,比中更。充依视千石,比左更。七子视八百石,比右庶长。良人视八百石,比左庶长。长使视六百石,比五大夫。少使视四百石,比公乘。五官视三百石。顺常视二百石。无涓、共和、娱灵、保林、良使、夜者皆视百石。上家人子、中家人子视有秩斗食云。五官以下,葬司马门外。"参见:《汉书》卷九七上《外戚传上》,中华书局,1997 年,第 3935 页。

⑤ 《后汉书》卷一〇上《皇后纪》,中华书局,2003 年,第 400 页。

帝①、晋武帝②、北魏孝文帝③、北齐诸帝④、隋文帝与炀帝⑤、南宋诸帝⑥、南齐诸帝⑦、梁武帝⑧、陈诸帝⑨，以及唐诸帝⑩等改订后妃名号与品阶，在正史"后妃传"（限于本文文题，仅引用正史"后妃传"至唐代）中皆有记载，至于其他诸如服章、首饰、车辂、卤簿、印绶、册封、晋封、给谥、葬仪等相关制度，则散见于正史各《志》中，且皆以后妃的名号品阶为准，由高至低、尊卑有序。

隋代虽仅传三世而亡，但其后妃制度却在整个后妃制度史中占有非常重要的地位：文帝参照汉至北朝旧制，又顾及本朝现实，再次确定了嫔妃与宫官两大体系分明的后妃制度，可谓"承前"；炀帝在文帝基础上又充实增置相关制度，基本为唐代沿袭，可谓"启后"。为方便比较论述隋代后妃制度的制定与变迁，先择《隋书》"后妃传"相关记载如下：

……开皇二年（582年），著内官之式，略依周礼，省减其数。嫔三员，掌教四德，视正三品。世妇九员，掌宾客祭祀，视正五品。女御三十八员，掌女工丝枲，视正七品。又采汉、晋旧仪，置六尚、六司、六典，递相统摄，以掌宫掖之政。一曰尚宫，……管司令三人，……典琮三人……二曰尚仪，……管司乐三人，……典赞三人，……三曰尚服，……官司饰三人，……典栉三人，……四曰尚食，……管司医三人，……典器三人，……五曰尚寝，……管司筵三人，……典执三人，……六曰尚工，……管司制三人，……典会三人，……六尚各三员，视从九品，六司视勋品，六典视流外二品。初，文献皇后功参历试，外预朝政，内擅宫闱，怀妒忌之心，虚嫔妾

---

① 《三国志》卷五《魏书五·后妃传》，中华书局2006年，第155—156页。
② 《宋书》卷四一《后妃传》，中华书局1996年，第1269页。亦可参见：《南史》卷一一《后妃传上》，中华书局1997年，第316页。
③ 《魏书》卷一三《皇后传》，中华书局1984年，第321—322页。亦可参见：《北史》卷一三《后妃传上》，中华书局1997年，第486页。
④ 《北史》卷一三，第487—488页。
⑤ 《隋书》卷三六《后妃传》，中华书局2000年，第1106—1108页。亦可参见：《北史》卷一三，第488—490页。
⑥ 《宋书》卷四一，第1269—1279页。亦可参见：《南史》卷一一，第316页。
⑦ 《南齐书》卷二〇，中华书局1983年，第389页。亦可参见：《南史》卷一一，第316—317页。
⑧ 《南史》卷一一，第317页。
⑨ 《陈书》卷七《皇后传》，中华书局1997年，第125—126页。
⑩ 《旧唐书》卷五一《后妃传上》，第2161—2162页；《新唐书》卷七六《后妃传上》，中华书局2003年，第3467—3468页。亦可参见李林甫等撰，陈仲夫点校：《唐六典》卷二"司封郎中"条、卷十二"内官""宫官"条，中华书局2008年，第38、347—355页；王溥：《唐会要》卷三《内职》，上海古籍出版社2006年，第36—37页。

之位,不设三妃,防其上逼。自嫔以下,置六十员。加又抑损服章,降其品秩。至文献崩后,始置贵人三员①,增嫔至九员,世妇二十七员,御女八十一员。

炀帝时……参详典故,自制嘉名,着之于令。贵妃、淑妃、德妃,是为三夫人,品正第一。顺仪、顺容、顺华、修仪、修容、修华、充仪、充容、充华,是为九嫔,品正第二。婕妤一十二员,品正第三,美人、才人一十五员,品正第四,是为世妇。宝林二十四员,品正第五;御女二十四员,品正第六;采女三十七员,品正第七,是为女御。总一百二十(四),以叙于宴寝。**又有承衣刀人,皆趋侍左右,并无员数,视六品已下。** 时又增置女官,准尚书省,以六局管二十四司。(六尚名与隋文帝所置同,略)……六尚二十二[四]司,员各二人,……每司又置典及掌,以二其职。六尚十(二)人,品从第五;司二十八人,品从第六;典二十八人,品从第七;掌二十八人,品从第九。女使流外,量局闲剧,多者十人已下,无定员数。联事分职,各有司存焉。

以上记载了隋文帝初步制定的隋代后妃制度,隋炀帝在此基础上又有所改订。本文即以这段文字为据,就有关隋代后妃制度的问题略作探究,勉成小札两则,以求教于方家。

一、隋代的后妃制度变动与宫人出土墓志相较

隋代后妃制度的制定可分为文帝和炀帝两个时期。其中,文帝时期又可分作两个阶段,即独孤皇后卒前和卒后。稍稍熟悉隋代后妃史事者,即能理解隋建国初文帝如何碍于独孤后的奇妒而"傍无私宠",故其嫔妃名号与品阶皆一切从简,甚至形同虚设。文帝嫔妃的名号皆为泛称,如嫔(3人)、世妇(9人)、女御(38人),品阶最高的也仅为三品,尤其缺设一品"三妃",也是出于防范高品后妃"上逼"皇后。总之,隋初的后妃制度,无论在品阶还是数量上皆未达到天子六宫"三夫人、九嫔、二十七世妇、八十一御妻(女御)"的周礼旧制。不过,文帝所置的宫官机构对后人的影响甚大(详下)。

仁寿二年独孤皇后卒后,文帝增设了一品"三妃",号"贵人",随即又增

---

① 按:隋文帝始置嫔、世妇、女御分为三、五、七品;又言"不设三妃",以"防其上逼"。"三妃"为仅次于皇后的高级嫔妃之通称,历代诸帝所设三妃的具体名号虽有所变动,但所特指性并未变动,且隋以前"三妃"名号中也多有"贵人"之号。以此上推,文帝所置"贵人三员"当为正一品"三妃"。

加了嫔、世妇等的员额。经此增置,文帝的嫔妃在等级与数量上皆实现了天子一百二十御妻的旧制。

隋炀帝在文帝旧制的基础上将后妃的名号与品阶进行了较大幅度的改订,具体变动大致如下:

第一,文帝所置后妃仅有一、三、五、七品阶,炀帝充实了二(文帝设"九嫔"为三品,炀帝提升至二品且各有所号)、四(炀帝增设婕妤12人,三品;美人、才人15人,四品。以上组成了"二十七世妇",即将文帝所置五品世妇的品阶抬升至三至四品,又将其内部细化为两个等级)、六(炀帝增设宝林24人,五品;御女27人,六品;采女37人,七品。以上组成了"八十一女御",即将文帝所置七品御女的品阶抬升至六品,在其前后又分别增设了宝林与采女)品阶及对应的名号,使嫔妃的名号与品阶从一品至七品实现了紧密衔接。

第二,文帝所置嫔妃名号多为泛称,炀帝则细化了每一品阶的名号或等级,如将"贵人"分号为贵妃、淑妃、德妃;"御女"则分为宝林、御女、采女三等。

第三,文帝所置嫔妃总员额为120人,炀帝增置为124人。不仅如此,还增置了"视六品已下"的"承衣刀人"(相关论述详下)若干,其嫔妃总员额大大超过了文帝时期。

第四,文帝承袭前朝旧制,设置了仿外官(尚书省"六部")的"六尚"宫官,但六尚各级长官的品阶也普遍偏低、员额较少:六尚视从九品、六司视勋品、六典视流外二品。炀帝同样细化、扩充了六尚机构:在"典"之下增设了"掌"职以及"女使",也将其品阶整体大幅提升:六尚从五品、六司从六品、六典从七品、六掌从九品、女使视流外;文帝所置每"尚"仅有9名宫官,置为"一尚、一司、一典",炀帝增置每"尚"为28名以上宫官,改置为"一尚、四司、四典、四掌",再加若干女使,即将文帝时期编制为54人的六尚扩充为百人以上的庞大机构,其内部分工和职掌更为细化琐碎。当然,炀帝也更改了一些宫官的名号与具体职掌,因与本文无关,暂不加辨析。

笔者曾在《唐宣宗的后妃》一文中分析了唐代的后妃制度基本因袭隋炀帝旧制①,隋代的外官制度不仅为唐人沿袭,内官制度也同样深刻影响了后世,此不再赘述。不过,我们虽然可以从文字上分析隋代两帝有关后妃制度的设置与改订,但关于隋代后妃制度的具体运行,目前仅能从"后妃传"中看到文帝宣华与容华夫人的实例,由于史料缺乏,其他状况目前皆难得其

---

① 《中国社会科学院历史所学刊》第7集,商务印书馆,2011年,第287—308页。

详。至于隋代宫官制度的运行,幸赖一批隋代宫人墓志的存世,使今人尚能与正史记载相较研究。

有关隋代宫人及宫人墓志的研究,已有较为丰富的成果①,尤其王其祎与周晓薇已将目前所能见到的隋代宫人墓志进行了全面汇集与多方位研究,借用诸位前贤的成果可知:

隋代的宫人墓志目前共出土40方②,皆为隋炀帝大业年间卒、葬,也皆葬于洛阳,以此可窥知隋炀帝时期宫人制度的些许真容。这批宫人墓志中涉及的宫官名号与品阶有:内副监1人;尚宫2人、尚食2人、尚寝衣1人;司言1人、司乐1人、司玺1人、司饰1人、司仗3人、司饎1人、司灯1人、司宝1人、司计1人;典乐1人、典玺1人、典彩1人。其中明确记载职掌者20人(列有品秩者5人,为五至六品);未载职掌但列有品秩者8人(三至七品);未列职掌与品秩者12人。

其中关于隋代宫官名号(如内副监、尚寝衣、司计)品阶(出现了三品高官;以及品阶与职掌不对应)与正史记载不符者,王、周二位已作分析,本文不再涉及。这里主要就宫官源流与别有封号现象略作溯源。

历代后宫皆有宫官建制,故隋文帝能"采汉、晋旧仪"而置六尚部门,"递相统摄,以掌宫掖之政"。但历代正史"后妃传"中有关宫官制度的记载却非常有限,除了隋、唐制度,目前仅见载北魏孝文帝与南朝宋明帝时期的宫官制度,其他朝代或时期的相关制度仅有其他史料零星或间接提及,如:汉成帝时,有许美人与"中宫使"曹宫皆为成帝诞育皇子,曹宫为宫人曹晓之女,"前属中宫,为学事史,通诗,授皇后",即曹氏曾为皇后名下的女官,号

---

① 赵万里:《汉魏南北朝墓志集释》卷十《隋宫人》,科学出版社,1956年,第二册第111页;蔡幸娟:《北齐北周与隋代内官制度研究》《北朝女官制度研究》,《历史学报》第24号,1998年,第141—174、175—213页;周晓薇、王其祎:《隋代宫人的膺选标准与社会期许》,《陕西师范大学学报》2011年第2期,第56—63页;周晓薇、王其祎:《隋代宫人制度及相关问题》,《陕西师范大学学报》2012年第3期,第104页;周晓薇、王其祎:《柔顺之象:隋代女性与社会》第七章《掖庭女职:隋代宫人制度新证》,中国社会科学出版社,2012年,第181—183页;杨宁:《从墓志看隋代宫人的几个问题》,《重庆第二师范学院学报》2013年第4期,第32—35页。

本文所引隋代宫人墓志,不作特别说明者皆出自王其祎、周晓薇编著:《隋代墓志铭汇考》1—6册,线装书局,2007年,不一一出注。

② 周、王二位先生统计有42方隋代宫人墓志,但其中《隋故宫人采女田氏墓志铭并序》《大隋故宫人采女田氏墓志铭并序》《大隋故宫人六品御女唐氏墓志铭并序》3方,行文中将"宫人"与嫔妃"采女""御女"之名号衔接,赵万里先生认为这是因为采女、御女虽跻身妃嫔之列,但因职位卑下,品阶与六尚诸司、典相当,卒后也与宫官同葬,故归类为宫人,周、王二位亦采用。笔者却认为应将其按名号归为嫔妃而非宫人,应从统计总数中去除。

此外,还有《隋故朝散大夫张府君夫人萧氏墓志铭并序》中的萧饬芳,也应算随侍炀帝身侧的(外戚出身)宫人,而周、王二位先生未统计入内。

"宫使"。汉元帝傅昭仪,本为上官太后宫"才人",说明傅氏也是宫官出身。还有北齐后主穆皇后,本为斛律后侍婢,小字舍利,得后主宠幸,宫人皆称作"舍利大监",也是以宫官名号行之,后因女侍中陆令萱引荐,才得封"弘德夫人"之妃号。

以上实例说明宫人与嫔妃之间的身份比较模糊,宫官若与皇帝有了关系,即可改封嫔妃名号。此外,还有一种现象值得注意,即宫人亦可得封等同于外命妇之封的"国、郡夫人"。如据《第一品家监缑夫人之墓志铭》,宫人缑氏得封大监,这一职位为二品阶,但其墓志又载"锡品第一,班袂清禁,羽仪之等,有同郡君"①,即特别加其大监之阶为一品,犹如外命妇之郡君。还如上举之女侍中陆令萱因与后主穆皇后互为援引,亦随穆氏同贵,特封为"太姬"。

隋代宫人的墓志中也有宫官同时也得封夫人的几个实例,这虽在"后妃传"中未载源流,但显然也是源自前朝的一项旧制,且为对宫官的特殊恩待,如鲁尚宫又得封"平昌长乐郡国夫人",还有宫人房氏、元氏者,名号品阶不详,但却分别得封"常泰夫人""归义乡君"。不仅如此,这一传统也为唐人所沿袭,故唐中宗封高尚食为"蒋国夫人",宪宗赠亡尚宫宋若莘为"河内郡君",而敬宗赠亡尚宫宋若昭为"梁国夫人"。

二、承衣刀人

"六宫位号,前史代有不同"②,历代后妃的名号与品阶少有完全沿袭前代乃至前朝者,隋炀帝大加改订文帝所设后妃名号与品阶即为例证之一,但前代的积累对后代制定相关制度的影响亦不容忽视,同样地,隋炀帝所置一至七品阶之后妃名号多有所依,如"贵妃"为刘宋世祖所置、"淑妃""修仪"为魏明帝所置,"修容"为魏文帝所置,"修华""充华"为晋武帝所置,"御女"为北魏孝文帝所置,"顺华"为北齐武成帝所置等,至于"婕妤""美人""才人""采女"等皆为前汉旧制。相较之下,唯其所置承衣刀人"皆趋左右,并无员数,视六品已下",显得颇为另类。

"承衣刀人"之名前代未见,其品阶又在正(一至七品)品之外,员额也不确定,如按其"视六品已下"的品阶,似应归于五至七品阶的"女御"(宝林、御女、采女)群体,但又因这一名号的品阶不确定,也可能会低于七品以下。总之,这是一个员额不定、品阶偏低的全新后妃名号,至于隋炀帝为何

---

① 赵君平编:《邙洛碑志三百种》,中华书局,2004 年,第 17 页。
② 《北史》卷一一,第 316 页。

要在传统的"三妃、九嫔、二十七世妇、八十一御女"的传统后妃体系之外设置一个如此宽泛的低级后妃名号(及对应的品阶),虽然可以简单的解释为隋炀帝好内宠宴游,这是一个给众多陪侍左右的嫔妃的随意赐封,但目前仍无法确知具体背景。而关于"承衣刀人",还有一些资料可略作充实。

第一,与"承衣刀人"相关的其他制度。

后妃制度是一项包含极广的制度,它比拟靠拢皇帝制度而又有其特殊的一面,除了后妃的名号与品阶制度之外,还有册封、晋封、执掌、服章、首饰、印绶、车辂、卤簿、葬仪等,依照后妃品阶而衍生的其他各项制度。史料中目前可查的隋代后妃制度还有:

车辂制度:三妃乘翟车,以赤为质,驾二马;九嫔已下,并乘犊车,青幰,朱络网。①

首饰制度:皇后首饰,花十二树。……一品命妇,并九树。……女御及皇太子良娣,三树。自皇后已下,小花并如大花之数,并两博鬓也。②

服章制度:……女御及皇太子良媛(娣),朱服。制与青服同,去佩绶。助祭从蚕朝会,凡大事则服之。③ 承衣刀人、采女,皆服褖衣,无印绶。④

以上或笼统或具体的记载,为我们大致勾勒出了"承衣刀人"在隋代后宫中的一些基本待遇:出行乘青幰、朱络网装饰的犊车,其服饰应与女御(或皇太子良娣)大致无差,首饰为花钗三树,礼服为朱色褖衣,没有印绶。但是唯一具体记载"承衣刀人"的一条史料则似乎说明,其"视六品已下"的品阶是被划分在"采女"群体中的,同属"女御"等级的五品"宝林",则可服展衣,首饰花钗五树,银印环钮,银缕织成兽头鞶囊,佩艾绶、采琰玉,其服饰是沿袭一品三妃服饰之设置,与承衣刀人和采女的服饰不在一个体系之内,也由此可知,承衣刀人的品阶在实际中大概是按七品对待的。

第二,"承衣刀人"名号的沿用?

笔者在拙文《唐宣宗的后妃》中将隋、唐两代的后妃制度进行了比较,得出唐代的后妃制度基本沿袭隋炀帝的设置这一结论,也指出了一些细节上的变化,尤其"承衣刀人"之制,在唐代的后妃制度中销声匿迹了,似未被唐人继承,这可能是史书漏记,也可能是唐初曾经沿袭过隋制后又逐渐废行。但据一方出土墓志可知,唐初曾存在过"刀人"名号,为王子侍妾。

---

① 《隋书》卷一〇《礼仪志四》,第 212 页。
② 《隋书》卷一二《礼仪志七》,第 260 页。
③ 《隋书》卷一二,第 261—262 页。按:青服为皇后礼见皇帝之服,青罗为之,制与鞠衣(鞠衣,皇后亲蚕服。其蔽膝、大带及衣、革带、舄,随衣色。余与袆衣同,唯无雉)同,去衣、大带及佩绶。
④ 《隋书》卷一二,第 277 页。按:褖衣为皇后燕居之服,有边饰,与服色皆为黑色。

据传世之《太尉秦王刀人高墓志铭》可知,唐代有高刀人者。高氏字惠通,渤海人,父为隋高密县令高世达。唐武德五年(622年)六月五日,选高氏入内,册为秦王刀人。武德九年(626年)四月十日,高刀人病逝于公馆,年三十,十四日葬于长安县龙首乡。①

关于这方墓志,葛承雍先生有过研究。② 目前仅能确定"刀人"确实存在于初唐且为诸王侍妾的名号,至于其是否也作为唐代的嫔妃名号存在过,待考。且唐代之"刀人"名号与隋代的"承衣刀人"之间也并非完全等同,这一点同样需要注意。

(作者单位:中国社会科学院历史研究所)

---

① 周一良主编:《唐代墓志汇编续集》武德005,上海古籍出版社,2001年,第4页。
② 《唐秦王李世民女侍卫墓志初考》,《故宫博物院院刊》2002年第5期,第75—78页。但葛先生认为高氏之父高世达即高士达,与太宗长孙皇后舅高士廉同族,且将"刀人"曲解为有武艺的女侍卫。

隋炀帝评说

宁 欣

"紫泉宫殿锁烟霞,欲取芜城作帝家。玉玺不缘归日角,锦帆应是到天涯。于今腐草无萤火,终古垂杨有暮鸦。地下若逢陈后主,岂宜重问《后庭花》?"(《隋宫》)

这是晚唐著名诗人李商隐有感于隋炀帝下江都(今扬州)、建离宫、开运河、造龙舟,耽于淫乐,于是虚拟了隋炀帝与南朝末代皇帝陈后主(叔宝)同为亡国之君在地下相见时的情景。历史上的陈后主才情过人,荒淫丧国;隋炀帝雄才大略,贪暴失位。两位亡国之君,不仅政权易手,离世之地和葬所也进行了南北易位。以西北关中之地为立国根本的隋炀帝,离世和葬所都在风月无边的扬州;沉湎于江南温柔之乡的陈后主,却长眠于荒冢漫坡的洛阳邙山。

隋炀帝,姓杨名广,隋朝开国皇帝隋文帝杨坚的次子,在弑父杀兄的疑云中登上帝位。杨广在位时,修驰道、掘长堑,四方巡游,宣扬国威,加强统一;为更有效地控制关东和江南地区,营建东都洛阳;开凿运河,打通南北水路交通,顺应并推进了经济重心南移的历史大趋势;积极进行了一系列的制度创设和改革,尤其是科举制的确立,不仅适应了当时社会阶层变动的需要,也奠定了选拔人才的基本标准,影响了一千多年的历史。隋炀帝继承其父文帝杨坚家业,积聚了大量财富,隋亡时,"天下储积,可支五十年",正如宋人所云:"古今称国计之富者,莫如隋。"同时,也因三征高丽、三游江都、屡起兴造、征伐不已、不恤民力而引发内叛外乱,在席卷全国的农民起义和各地贵族军阀群起割据的夹击中,即位短短十四年,盛极一时的隋王朝便土崩瓦解,隋炀帝本人也命丧江都。晚唐诗人罗隐的"君王忍把平陈业,只博雷塘数亩田"(《炀帝陵》),流露出诗人对炀帝生前赫赫伟绩与凄凉结局而生出的无限感慨之情。当然,谁也没有想到,时隔一千三百九十五年后的今天,雷塘因新发现的隋炀帝墓志而引发的风波。

隋炀帝于公元618年亡于江都(扬州),就在这一年,李渊在长安称帝,建立唐朝,但隋朝盛极而衰的转折点应该追溯到大业十年(614年)。此时,隋炀帝刚刚平定隋朝开国功臣大贵族杨素之子杨玄感联合众多贵族功臣子弟的反叛，统治集团四分五裂、各怀异心，全国各地"盗贼"蜂起，他仍不顾群臣的反对，兴起第三次征高丽战役，结果两败俱伤，虚功而返。大业十一年（615年），又匆忙第三次北巡，以镇抚雄踞北方、屡为边患的突厥。不料，早已觊觎中原的突厥始毕可汗率数十万骑兵突袭，将隋炀帝围困在雁门，幸亏远嫁始毕可汗的义成公主出手援救，谎称"北边有急"，始毕可汗撤围，隋炀帝才逃过一劫。脱险后，他从太原回到东都洛阳，面对中原狼烟四起的严峻局势，却下诏建造数千艘龙舟，准备三下江南。大业十二年（616年），各路农民起义军中势力最强的瓦岗军在河南连战连捷，先后攻破金堤关，占领荥阳诸县，消灭隋军悍将张须陀，声势大振，中原局势已经失去控制。隋炀帝没有选择坚守洛阳，也没有听从臣属"百姓疲劳，府藏空竭，盗贼蜂起"，应及早返回京师长安的劝谏，这时的他不仅已经丧失了重振河山的雄心，惶恐不宁，寝食难安，甚至夜晚还需要数名宫人拍抚才能入睡。他整日沉湎于肆意游乐，流连于西苑，令人捉得数斛萤火虫，夜出游山，光照山谷。同时又继续为南游做准备，征集江南十郡兵数万人，大事建造毗陵（今江苏常州）宫苑。毗陵宫苑周围十二里，其中有离宫十六所，另建凉殿四所，仿东都西苑之制，"奇丽过之"。于是后世有"乘兴南游不戒严，九重谁省谏书函？春风举国裁宫锦，半作障泥半作帆"（李商隐《隋宫》，一作《隋堤》）的诗句以讽喻隋炀帝为南游而劳民伤财。七月，隋炀帝便迫不及待地乘坐造好的龙舟三下江都，并赋诗云："我梦江都好，征辽亦偶然。"似乎打高丽只是权宜之策，而江南才是他魂牵梦绕的归宿。他前后杀掉了劝阻南行的数名官吏，开启了从逃亡最终走向覆亡的不归之旅。也正应了当时上书之人所言："陛下若遂幸江都，天下非陛下所有。"大业十三年（617年），隋炀帝离开东都洛阳后，中原局势发生了巨变。李密领导的瓦岗军汇聚多支义军，攻占隋朝第一粮仓兴洛仓，开仓赈济，迅速聚集数十万民众，发布讨隋檄文，全力进攻东都，彻底断绝了隋炀帝返回东都之路。临危受命镇压农民军的王世充抵挡不住只能退保洛阳；李渊从晋阳直入关中，另立杨侑为恭帝，遥尊炀帝为太上皇，明显有取而代之的意图；全国各地义军蜂起，连江南也有杜伏威、辅公祏义军如火如荼。618年是隋炀帝在世的最后年头，这时的隋炀帝似乎已经陷入精神全面崩溃的状态，有时觉得自己性命难保，照着镜子对萧后说："好头颈，谁当斫之？"有时又对自己未来的命运存有一丝幻想，对萧后说："外间大有人图侬，然侬不失为长城公（陈后主），卿不失为沈后（陈后主妻）"，并自嘲说："贵贱苦乐，更迭为之"。他妙选江南美女充斥后宫，宫中设百房，每房有众多美女轮流做东设宴，整日酒杯不离手，昼夜狂饮。随驾南下的十多万侍卫骁果将士大多是关中人,"见帝无西意,谋欲叛归"。为了安抚思归的骁果,隋炀帝将江都一带的寡妇、未嫁之女强行配予将士,甚至先奸后配。但这些敷衍举措并不能平息骁果卫士愤懑的情绪,统领骁果的虎贲郎将司马德戡等推关陇贵族、时任右屯卫将军的宇文化及为首,联络宫内外各关键部门人员,并放出谣言:"陛下闻说骁果欲叛,多酿毒酒,因享会尽鸩杀之,独与南人留此",迫使骁果将士"谋叛愈急"。三月十日晚,数万骁果将士举火起事,城内外呼应,并未遇到有效抵抗,迅速攻入宫中。面对叛军,隋炀帝质问:"我何罪至此?"叛军首领之一马文举历数炀帝十大罪状:"违弃宗庙,巡游不息,外勤征讨,内极奢淫,使丁壮尽于矢刀,女弱填于沟壑,四民丧业,盗贼蜂起,专任佞谀,饰非拒谏"。炀帝承认"我实负百姓",却不理解反叛将领"荣禄兼极"为何还要造反。叛军首领司马德戡的回答是:"溥天同怨,何止一人!"隋炀帝知道这一天会到来,早准备好毒药令所幸诸姬随身携带,但此时亲随皆四散逃亡,为维持君主尊严,他不希望受锋刃之辱,于是自解练巾,被缢杀而亡。萧后与宫人撤漆床板为小棺,将隋炀帝草草葬到西院流珠堂。八月,隋江都太守陈棱得到唐高祖李渊的允许,将炀帝改葬于吴公台下。唐武德二年(619 年),再次改葬于扬州雷塘。

  隋炀帝生前身后,恶评如潮。大业九年(613 年)杨玄感起兵,宣称:"为天下解倒悬之急,救黎民之命","废昏立明";出自瓦岗军祖君彦之手的讨隋檄文,痛斥隋炀帝"罄南山之竹,书罪无穷;决东海之波,流恶难尽",成为传诵千古的名句;唐高祖李渊,取"好内远礼炀,去礼远众炀",追谥为"炀帝";主修《隋书》的魏徵引用了《尚书》中的"自作孽,不可逭(逃避)"作为对隋炀帝的评价之辞;大史学家司马光主编的《资治通鉴》则详细描述了隋炀帝退困江都后"隋失其鹿、豪杰竞逐之"的末世光景,"人情汹汹"、众叛亲离的窘迫处境,隋炀帝濒死欲生的尴尬心态,并分别借瓦岗军之讨隋檄文,李世民欲乘"主昏国乱"的"天授之时"劝李渊"顺民心、兴义兵"的说辞,从驾骁果(亲军)相约谋反、指斥炀帝"溥天同怨"的十大滔天罪行,表达了作者的褒贬倾向。

  民间广泛流传着多部与隋炀帝有关的传奇与野史小说,如《南部烟花录》(宋,亦名《大业拾遗记》《炀帝开河记》《隋史遗文》《隋唐志传》《隋炀帝艳史》),清人褚人获集大成为《隋唐演义》等,分别揭露了修凿大运河民工的悲惨境遇和炀帝骄奢淫荡的生活,生动描绘了瓦岗军为首的"十八路反王,六十四路烟尘"等反隋英雄英勇豪迈的历史画面。

  从唐到清,历时一千多年,主流社会与民间野史异口同声,交相抨击,"骄怒之兵屡动,土木之事不息",隋炀帝遂成为暴虐同于秦始皇、荒淫过于陈后主的一代暴君和昏君。

当代历史学家对隋炀帝的研究，可以分为三个阶段。

20世纪50年代到70年代末，大部分人持不须争论的态度，延续此前历代朝野的恶评。在为曹操翻案展开讨论的背景下，1959年，万绳楠发出不同声音，认为隋炀帝是有作为的君主，功大于过，但很快遭到反驳。此后，争论沉寂了二十多年。

20世纪70年代末到90年代上半期，学术研究逐步走向正轨，海外的评论也从多渠道涌入。如美国学者芮沃寿、《剑桥隋唐史》作者杜希德、日本学者布目潮沨、中国台湾学者黄仁宇、中国香港学者杨永泉、中国大陆学者高敏等都纷纷发表评论，认为不能以"末代昏君"论定隋炀帝，也不能以胜败定功过。

20世纪90年代后半期至今，越来越多的学者加入了讨论，举办了多场专门的研讨会，上百篇论文，十几部专著，长篇历史小说、影视文学作品迭出，异彩纷呈。有学者疾呼"愿天下人还他个公道"，希望更多地从正面、积极的角度重新评价隋炀帝。如果说80年代以前的讨论可以分为功微罪重派、功过比较派、功大于过派，那么随着时代的变迁，回归学术的本义，对历史人物认识的深化，以及对隋唐历史的深入探讨，学界对隋炀帝的评价已脱离了非此即彼、功过分成、暴君明君之争的固定模式，变得更加理性、更加客观和科学，涉及的领域也更广泛。对于诸如隋炀帝的历史作用和历史功绩，隋炀帝的民族政策与周边民族关系、文化策略等，隋炀帝的官制改革，巡游的目的，三征高丽的背景，三下江都的原因，当时中日关系的发展，宗教政策，隋朝灭亡原因与隋炀帝的关系，隋炀帝的才能、性格特点与缺陷等问题都进行了更深入的讨论，包容不同声音的胸怀也更为宽广。

隋炀帝创造了丰功伟绩，也因暴虐、奢侈、荒淫及个人性格缺陷给广大民众带来了深重苦难，并导致盛极一时的隋朝众叛亲离、迅速崩溃，他以一句"我实负百姓"为自己做了总结。其身后可谓：墓草无人随意绿，空梁何处落燕泥，成为悲剧性的历史人物。这种巨大的反差，不仅令今人纠结，也同样困扰着古人，正如晚唐诗人皮日休《汴河怀古》诗所云："尽道隋亡为此河，至今千里赖通波；若无水殿龙舟事，共禹论功不较多。"如何客观、立体、从多元性的角度评价包括隋炀帝在内的历史人物，这首诗已经给了我们很好的启示。

原文发表于《光明日报》2013年9月5日11版
2015年1月15日略作修改

（作者单位：北京师范大学）

隋陈叔忠墓志考

——兼谈隋炀帝对陈朝皇族后裔的政策

李春林

一、墓志的发现

2012年3月7日，应咸阳市博物馆秦鸿文物商店之邀，本人赴咸阳考察了该店近年采集收购的一批墓志，从隋至明共30方。其中隋代墓志两方，《隋陈叔忠墓志》是其中保存较好的一方，有着重要的研究价值。

二、墓志形制规格

墓志失盒，志石呈正方形，边长62厘米，厚8.5厘米。正书18行，每行18字。志文320字，连同文题共332字。志石表面略有磨损，除个别字漫漶不清外，基本可完整释读。

三、墓志文摘录释读

隋故平凉县令陈府君墓志铭

君讳叔忠，字子仪，颍川人也。其先出自有虞妫满，胙土于陈，是为陈胡公。世载炳灵，芬映图谍。帝绪蔫，葳蕤国史。祖霸先，陈武皇帝，父顼，陈宣皇帝。君即宣皇第卅六子。风标秀举，拔群之声夙著；树质含和，清猷之叶自远。孝亲睦交，匪(山?)扶植，弃文经武，得之自然。陈祯明二年，封永城王。及陈历终谢，归身有奉。大业四年，蒙授平凉县令。君体达从政，绥民有方。旬月之间，威信潜洽。刑清教富，朝野翕然。享年不永，春秋卅，以大业七年七月六日卒于县治。仍以其年九月廿七日窆穸于京兆郡长安县大(统?)乡道则里之山，礼也。惟君克岐好古博观，丘素服？道藉，钻极沉研，善与人交，久而弥敬。检身(植)掺，终始不渝。勒铭阴壤，寄之不朽。洒为铭曰：

琁源泻派，□幹兮□。猗□硕茂，弱冠腾声。□□早峻，大□□成。□□书府，词穷性灵。言下邑治有廉，平宽猛相济。玉洁冰贞，方春落采，先秋实。风卷寒皋，云愁陇日。陵谷虽贸，德音永秩。

四、墓主生平及相关史实的正误和补阙

通读志文，陈叔忠生平大致可以复原。墓主生于陈太建十三年（隋开皇元年，581年），陈祯明二年（隋开皇八年，588年），受封永城王，隋大业四年（608年），蒙授平凉县令，大业七年（611年）七月六日卒于县治，享年30岁。同年九月廿七日葬于京兆郡长安县大（统?）乡道则里墓地。墓主生前清雅博古，善于交际，为官清廉，治理有方。

作为陈宣帝的第三十六子，陈叔忠在《陈书》中是有记载的："秦姬生新宁王叔隆、新昌王叔荣。其皇子叔叡、叔忠、叔弘、叔毅、叔训、叔武、叔处、叔封等八人，并未及封。叔陵犯逆，别有传。三子早卒，本书无名。"

"新昌王叔荣，字子彻，高宗第三十三子也。祯明二年，立为新昌王。三年入关。隋大业中为内黄令。太原王叔匡，字子佐，高宗第三十四子也。祯明二年，立为太原王。三年入关。隋大业中为寿光令。叔叡，高宗第三十五子也。未立王。叔忠，高宗第三十六子也。未立王。"

据以上《陈书》所载，祯明二年仅分别立陈叔荣、陈叔匡为新昌王和太原王。而陈叔忠，对照陈叔忠墓志，墓主在祯明二年被封永城王，可纠正史书所谓"未立王"的武断。故此，有理由怀疑祯明二年陈后主这次封王，史书可能还不止缺漏了陈叔忠一人。因为在该年之前，后主尚未封王的兄弟还有八人，其中第三十五子陈叔叡的年龄比叔忠还要大些。既然叔忠受封，至少陈叔叡也被立为王。如此，陈宣帝诸子中被封王的就不止于史书所载的29位，而应不少于31位。

墓志还有一处可补史书阙漏，就是大业四年陈叔忠蒙授平凉县令。这在墓主来说，当是一件荣耀的大事。如此亦可补《陈书》的阙如。

五、陈宣帝之子墓志材料和史料价值

作为陈宣帝之子，陈叔忠墓志的发现，对于研究陈隋之际的社会变迁有着重要的学术价值，特别是对了解陈朝皇族后裔这一族群的整体命运提供了重要的资料。目前见诸文献的陈宣帝之子墓志还有第六子叔明的《故礼部侍郎通议大夫陈府君（叔明）之墓志铭》；第二十六子叔兴的《前陈沅陵王故陈府君（叔兴）之墓志》；第三十三子叔荣的《陈叔荣墓志铭》（两方墓志的拓片分别见赵万里：《汉魏南北朝墓志集释》，图版四五九及图版六〇九之

二,说明见卷九,页九九反;卷十一,页一一九正。北京科学出版社,1956版。《陈叔荣墓志》录文又见《全隋文补遗》,第289—290页)。结合陈叔忠和三位兄长的墓志材料及正史记载,笔者按兄弟排行、陈时封号、隋朝官职、隋时家宅和归葬地五项内容,将陈宣帝的42个儿子汇总制成一表(见附表)。从表中可以看出,除陈叔宝亡于仁寿四年(604年),叔陵亡于陈,叔慎被隋军早年斩杀于汉口,另三子幼年早夭外,其余36位大致都生活到隋炀帝时期,且其中22位在大业年中被授予官职,职务分别有县令、太守、通守、刺史等;明确葬地为洛阳的有2人,葬地为长安的有10人。这一现象显示,陈朝宗室子弟在隋炀帝时期的境遇有改善,开始重新获得了政治地位。这一转变最早开始于大业二年(606年),陈叔明和陈叔荣的墓志都记载他们是在大业二年获得了官职。叔明授正五品朝散大夫,并从此宦途顺利。而叔荣则获得内黄县令的任命,陈叔忠则是在大业四年(608年)被授予平凉县令。特别是陈叔明,自大业二年起,大业四年、六年、七年、八年、九年都不断被提拔授予官职,足见炀帝对其人的垂爱和赏识。

其实,隋文帝时期对陈宣帝诸子非但不曾礼遇,且一直有羞辱镇压之举,据《南史》卷六十五和《陈书·列传第二十二》记载,祯明三年(隋开皇九年;589年),隋军攻占金陵,后主陈叔宝及诸王子"相率出降,因从后主入关"。作为亡国君臣和俘虏,陈叔宝及诸王子被隋军掳掠到大兴后,"隋文帝并配于陇右及河西诸州,各给田业以处之",也就是被迫从事耕作等体力劳动,如此长达16年之久,直至大业二年即炀帝即位后第二年对陈朝政策才发生变化。

六、隋炀帝优抚陈朝后裔的原因分析

据《陈书·鄱阳王伯山传》及《南史·卷六十五·(列传第五十五)陈宗室诸王》记载:"大业二年,隋炀帝以后主第六女婳为贵人,绝爱幸,因召陈氏子弟尽还京师,随才叙用,由是并为守宰,遍于天下"。现叔明、叔兴、叔荣和叔忠的四方墓志均证实了这一点,隋炀帝确有此举。这样说来,似乎炀帝的优抚政策是因为一个嫔妃的亲戚关系。不可否认,这可能会是一个因素,但不会是主要原因。联系隋炀帝个人经历和即位后的国内形势,笔者觉得不应该如此简单解读,而是应该从政治角度解读。

天下一统,隋炀帝刚刚即位,正需要笼络各方人心,陈朝皇族后裔代表了一个政治势力,加上隋炀帝本人对南朝文化和士族生活方式的崇尚,可以说从主观和客观两个方面都促使隋炀帝对陈朝后裔给予了相当不错的优抚政策。

附表

陈宣帝诸子相关史料一览表（《陈书》为主，墓志材料另外标出）

姓名	兄弟排行	陈时封号	隋时官职	隋时家宅地	归葬地
后主陈叔宝	第一	皇帝	追赠大将军、长城县公	先被掳至大兴，后改又到洛阳	仁寿四年亡，葬于洛阳邙山
叔陵	第二	始兴王			因叛逆被杀
叔英	第三	豫章王	大业中，涪陵太守		
叔坚	第四	长沙王	大业年间，遂宁郡太守		
叔卿	第五	建安王	大业中，为都官郎、上党通守		
叔明	第六	宜都王	大业中为鸿胪少卿（《陈书》）。大业二年，诏授正五品朝散大夫。四年兼鸿胪少卿。六年守礼部侍郎。七年检校右御卫虎贲郎将。八年授朝议大夫。授通议大夫，寻摄判吏部侍郎事。九年检校左屯卫鹰扬郎将（据墓志）	终于河南县思顺里之宅（据墓志）	大业九年奄然暴殒，以十一年卜兆于雒阳县安山里凤台原（据墓志）
无名（早卒）	第七				
无名（早卒）	第八				
叔献	第九	河东王	大业中为汶城令		
无名（早卒）	第十				
叔齐	第十一	新蔡王	大业中为尚书主客郎		
叔文	第十二	晋熙王	隋文帝开皇年间，授开府，拜宜州刺史		
叔彪	第十三	淮南王			卒于长安
叔重	第十四	始兴王	大业中为太府少卿		据《陈书》卒于任上，推测死于长安

续表

姓名	兄弟排行	陈时封号	隋时官职	隋时家宅地	归葬地
叔俨	第十五	寻阳王			应死于长安
叔慎	第十六	岳阳王			被隋军斩于汉口
叔达	第十七	义阳王	大业中为内史,至绛郡通守		
叔雄	第十八	巴山王			卒于长安
叔虞	第十九	武昌王	大业中为高苑令		
叔平	第二十	湘东王	大业中为胡苏令		
叔敖	第二十一	临贺王	大业初拜仪同三司		
叔宣	第二十二	阳山王	大业中为泾城令		
叔穆	第二十三	西阳王			卒于长安
叔俭	第二十四	南安王			卒于长安
叔澄	第二十五	南郡王	大业中为灵武令		
叔兴	第二十六	沅陵王	大业中为给事郎(《陈书》)。大业二年,奉敕预参选限,因疾官遂未成(据墓志)	长安县弘教乡务德里之第(据墓志)	春秋卅有五,葬于大兴县义阳乡贵安里高阳之原(据墓志)
叔韶	第二十七	岳山王			卒于长安
叔纯	第二十八	新兴王	大业中为河北令		
叔谟	第二十九	巴东王	大业中为岍阳令		
叔显	第三十	临江王	大业中为鹑觚令		
叔坦	第三十一	新会王	大业中为涉令		
叔隆	第三十二	新宁王			卒于长安
叔荣	第三十三	新昌王	大业中为内黄令(《陈书》);大业二年,除内黄县令(据墓志)		终于内黄县廨,春秋三十六,葬于邙山之凤台里(据墓志)
叔匡	第三十四	太原王	大业中为寿光令		
叔叡	第三十五	未立王(《陈书》);			
叔忠	第三十六	未立王(《陈书》);祯明二年,封永城王(据墓志)	大业四年,蒙授平凉县令(据墓志)		大业七年卒于县治。同年窆穸于京兆郡长安县大(统?)乡道则里之山(据墓志)

续表

姓名	兄弟排行	陈时封号	隋时官职	隋时家宅地	归葬地
叔泓	第三十七	未立王			
叔毅	第三十八	未立王			
叔训	第三十九	未立王			
叔武	第四十	未立王			
叔处	第四十一	未立王			
叔封	第四十二	未立王			

(作者单位:中国社会科学院考古研究所汉唐研究室)

隋炀帝墓志的发现及其意义①
——兼论墓志铭复原案

氣賀澤保規

一、引言——炀帝墓发现的报道所提起的问题

2013年4月15日和16日,源自中国的一则报道被日本的各大报纸和电视台等媒体同时转载,即"隋王朝炀帝的陵墓在江苏省扬州市被发现了"这一爆炸性新闻。据云:发现了两座墓葬,许多殉葬品;此外还强调出土了《炀帝墓志》,骤然引起了日本学术界和舆论的关注。

在日本的初中和高中教科书中,隋炀帝是最频繁登场的中国历史人物之一。我们都知道隋炀帝"继文帝之后,完成了连接江南和华北的物资流通主动脉——大运河。对外政治方面,三次对高句丽的出兵均以失败告终,从而引发全境发生农民叛乱,招致618年隋王朝覆灭"。同时,炀帝又是出现在日本(倭)第一次自力派遣使者(遣隋使)的面前,对日本古代史的发展给予了巨大刺激的人物。通过遣隋使小野妹子和隋的遣使裴世清的外交活动,炀帝所面对的日本方面的代表是著名的圣德太子②。

有关炀帝墓发现的报道发布半年多之后的2013年11月16日上午,中国国家文物局和中国考古学会在扬州召开了"扬州曹庄隋唐朝墓葬考古发掘成果论证会",并于当天下午,中国考古学会在记者招待会上正式地明确

---

① 本论文发表于2014年10月22—23日在扬州市召开的"'隋炀帝与扬州'国际学术研讨会"(中国考古学会、中国唐史学会、扬州市人民政府主办),题为《隋炀帝墓志的发现及其意义》,其后进行了较大幅度的修改。

② 有关遣隋使资料的一部分见于《隋书·倭国传》的记载:
大业三年,其王多利思孤遣使朝贡。使者曰:"闻海西菩萨天子重兴佛法,故遣朝拜,兼沙门数十人来学佛法。"其书曰"日出处天子致书日没处天子,无恙"云云。帝(炀帝)览之不悦,谓鸿胪卿曰:"蛮夷书有无礼者,勿复以闻。"明年,上遣文林郎裴世清使于倭国。

表示两座墓葬(扬州曹庄隋唐朝墓葬)是隋炀帝和皇后萧氏的最终葬地。这次记者招待会是继4月报道之后具有重要意义的事件。不过,日本的媒体保持了沉默。其原因不外两点:一是与4月的报道相比没有增加新的内容,二是现场的状况没有具体公开。

然而,笔者考虑到炀帝墓的发现对隋和初唐历史研究具有重要意义,所以执着于信息的收集。最让笔者不能释手的是隋皇帝墓志被发现这一沉重的课题。遗憾的是互联网上的信息恐失之偏颇,让人难以准确地把握本质。如果想要正确把握只有到当地了解事实,作为研究隋唐史的人出于条件反射自然会产生这样的想法。于是,2013年12月笔者单独访问了扬州,参观了附近的相关遗址等,同时在扬州向扬州市文物局局长顾风、扬州市前博物馆长请教了关于炀帝墓之种种疑问。顾风先生的名字笔者是通过报刊和杂志知晓的。

顾风先生根据他所掌握的情况认真地解答了笔者所提出的问题。据此,大致得知了在日本搞不太清楚的两座墓葬周围的环境、墓葬结构、出土遗物特征等。最重要的是粗略了解了《炀帝墓志》的状态及其出土状况等。此外,他还介绍了在《炀帝墓志》的盖上还装有铁函(或铁板)这一新信息(对铁函的问题尚无结论)。回国后,笔者根据新收集的资料,在明治大学等研究会(学会)做了报告,说明炀帝墓发现的意义,受到媒体关注。2014年6月10日,《朝日新闻》的报道题为《炀帝墓,太宗朝改葬是否为权力稳固后修改评价》。

笔者以为这次发现的炀帝及萧皇后墓中的《炀帝墓志》具有非常重要的价值,虽然令人遗憾的是该墓志风化严重,大半文字不能辨认。所以,我想努力复原墓志的文字,试探炀帝评价之一端。

笔者所参考的资料,除互联网上的信息和《中国文物报》《光明日报》等报道或论说之外,还有下列资料:

《隋炀帝墓:考古证据链与地理线索》(《三联生活周刊》2013年48期)

束家平等:《江苏扬州曹庄隋炀帝墓考古成果论证会纪要》(《东南文化》2014-1)

《江苏扬州曹庄隋唐墓葬》(中国国家文物局主编:《2013年中国重要考古发现》,文物出版社,2014年4月)

张学锋:《隋炀帝·昭明太子墓的发现——2013年江苏扬州曹庄大墓、南京狮子冲大墓发掘》(第57回国际东方学者会议关西部会资料,2014年5月31日)

《隋·炀帝の墓と歴史の謎》(上)(下)(《人民中国》2014年5月号、6

月号）

南京博物院、扬州市文物考古研究所、苏州市考古研究所：《江苏扬州市曹庄隋炀帝墓》(《考古》2014 年第 7 期)

张学锋：《扬州曹庄隋炀帝墓札记》(童岭主编《皇帝 单于 士人 中古中国与周边世界》，中西书局，2014 年 10 月)

二、《炀帝墓志》复原的尝试及其课题

笔者通过互联网的信息得知围绕出土的《炀帝墓志》意见纷杂不一。关于墓志，作家马伯庸氏、南京师范大学的李天石教授、扬州大学的李文才教授、原南京博物院院长梁白泉教授等发出各种质疑：如果炀帝是作为皇帝埋葬的话，应随葬"金匮玉册"，为什么却是"墓志"？埋葬地"吴公台下"具体是什么地方？炀帝死亡于"义宁二年"，为何唐代所刻墓志云"大业十四年"？国号本为"隋"，可是为何刻成"随"？如果确实是炀帝墓志的话，为何记载形式不同寻常，而且尺寸也嫌偏小？凡此种种。同时，墓葬的规模也远远小于皇帝陵，果真是大隋皇帝炀帝的皇陵吗？甚至还有诸如"这也许不是真的墓葬或是'衣冠冢'"等严苛的见解。

笔者以为即便存在诸多疑点，头行镌刻着"随故炀帝墓志"的志石和志盖儿（盖石）成套叠置在墓内是无可争辩的事实。必须以此为前提考虑墓志所意味的事情。只有刻在志石右上部四分之一范围的文字尚可判读。其字体是工整的楷书体，雕刻的深度适中，无疑属于唐代的遗物。在此基础上，笔者试对中国方面复原的录文（释文）加以探讨。

笔者在国外所知录文有两种版本。其中一种是中国国家文物局（扬州市文物考古研究所等联合考古队）公布的版本，恐怕这是中国正式承认的版本（暂称第 1 版本）。

"隨故煬帝墓誌惟隨大業十四年太歲……一日帝崩於揚州江都縣……於流珠堂其年八月……西陵荊棘蕪……永異蒼悟……貞觀元年……朔……葬煬……禮也方……"

为了便于参考，按墓志原来的格式（行）引用。

1 隨故煬帝墓誌 2 惟隨大業十四年太歲…… 3 一日帝崩於揚州江都縣…… 4 扵流珠堂其年八月…… 5 西陵荊棘蕪…… 6 永異蒼悟… 7 …貞觀元年…… 8 朔… 9 …葬煬…… 10 禮也方……	1 隋故煬帝墓志 2 惟隋大业十四年太岁…… 3 一日帝崩于扬州江都县…… 4 扵流珠堂其年八月…… 5 西陵荊棘芜…… 6 永异苍悟… 7 …贞观元年…… 8 朔辛… 9 …葬煬

属于这个版本系统的还有《考古》2014 年第 7 期上发表的《江苏扬州市曹庄隋炀帝墓》,因此将其录文作为参考列于右侧。

第 1 种版本之外,在网络上还可以确认南京大学张学锋教授的录文(暂称第 2 版本)。

1 随故炀帝墓誌 （此行为笔者追加） 2 惟随大业十四年太岁/ 3 一日,帝崩于杨州江都县(…)/ 4 于流珠堂。其年八月, 5 (……雷塘)西。陵 荆 棘 芜(……)/ 6 永毕,苍梧(……)/ 7 (……)贞观□□年(……)/ 8 朔辛 9 (……)葬炀(帝……)/ 10 礼也。方(……都)/ 11 督府长(史……)	1 隨故煬帝墓誌 2 惟隨大業十四年太歲(戊寅三月丙辰十) 3 一日帝崩于楊州江都(……殯) 4 於流珠堂其年八月(……吳公臺) 5 西陵荊棘蕪(……) 6 永畢蒼梧(……) 7 (……)貞觀□(元?九?)年(……) 8 (……)朔辛(……) 9 (……)塟煬(帝……) 10 (……)禮也 方(……) 11 (……都)督府長(史……)

(注:/为墓志换行符号,……为缺字)

后来,张教授将其校勘后的录文正式发表于童岭主编的《皇帝 单于 士人 中古中国与周边世界》一书中。校勘后的录文与先前发表的录文不尽相同,作为对比资料,也列于右侧。

试比较这两个版本的一共四个复原案,可看出如下微妙的不同之处。

第3行:"扬"和"杨(楊)""江都县"——"江都"

第6行:"异(異)"和"毕(畢)","悟"和"梧"

第7行:"元年"和"□□年"和"九年"

第8行:"朔"和"朔辛"

第9行:"葬"和"塟"

第11行 有无"督府长"录文

其中第9行的"葬—塟"是正字和俗字的关系,不构成特别的问题。然而,其余的几处差异恐怕会对墓志铭的解读产生微妙的影响。为了最终勘验录文,需要重新校读原墓志并把握上下文的连贯性。

在这些差异中,无疑成为最大问题的是第7行的"贞观几年"的问题。这关系到该墓志的历史定位,唐朝对隋(炀帝)的处遇和评价,进而可能触及对唐初政治史的理解等问题。关于此问题将在下节详论。

关于前述释读的差异,其实有一点纰漏。亦即第1案和第2案都作相同的读法,表面上看不出差异的文字,第9行被释读为"炀(帝)"之字。该墓志的第1行明示主人(志主)是"炀帝",相当于墓志本文第3行中既然出现了"帝"字,志文中已无必要再重复"炀帝"之名,如此行文未免多此一举。因此,依文脉推测"葬(塟)"之后的文字所指应系正式埋葬的地名,"炀(帝)"应释读为"扬(州……)"。

此"扬州"的地名隋唐时期的记载皆为"扬州",不使用"杨州"的地名。因此第3行"扬(杨)州"也必须释读为"扬州"。与此相关,《隋书》卷三一《地理志》下"扬州"条记:

> 江都郡……开皇九年改为扬州,置总管府,大业初府废。
>
> 统县十六,户十一万五千五百二十四。
>
> 江阳旧曰广陵,后齐置广陵、江阳二郡。开皇初郡废,十八年改县为邗江,大业初更名江阳。有江都宫、扬子宫、有陵湖。
>
> 江都自梁及隋,或废或置。

据此,江都郡(扬州)的中心是江阳县,那里有炀帝曾居住过的江都宫和扬子宫,不能解释为江都县有江都宫。如果第3行的"扬州"的下文可释读为"江都"的话,所指必然不是"江都县",而应是"江都宫"。

三、怎么解释《炀帝墓志》的"贞观"年号

根据录文再次确认《炀帝墓志》的确使用了"大业十四年"(618年)的

年号。但是,对当时已经占据关中的唐政权来说,所用年号应为隋恭帝的"义宁二年",因为其时炀帝已被奉为"太上皇"①。加之同年5月唐朝已正式立国,建元"武德"。但是《墓志》的第4行表示"其年八月",没有使用"武德元年八月"的说法。由此可以理解为这个"墓志铭"最终还是以隋炀帝的存在为主体而撰写的。总之,炀帝到死为止是隋的皇帝。首先必须确认"大业十四年"的写法包含着沉重的历史意义。

此外,关于国号"随"字,据在墓志等石刻资料的整理和研究方面成效卓著的高桥继男先生考察,"隋"和"随"的使用方法推移具有如下明显的倾向。即"隋"字在隋王朝统治之下被广泛使用,进入唐代后,首先高祖武德年间"隋"字照旧使用,然而至太宗治世(贞观年间)时,"隋"字消失,一律被"随"(包含"隨"字的异体字等)字所取代,并且这一现象持续到唐代后半期。唐末,又再度转而使用"隋"字,此后作为历史上的国号的"隋"字固定了下来②。

基于这种解释,笔者来考察《炀帝墓志》的"随"字。贞观年间如此使用非但绝无任何问题,反而证实了这方墓志的正当性。然而,将其年代定为贞观初期还是不够稳妥。因为无论如何"大业十四年"的表记是基于墓主隋炀帝的立场,"随"字则鲜明地反映了唐(太宗)的立场——这方墓志交错着两个王朝的立场。

那么,以上述认识为前提,《炀帝墓志》录文(释读)存在一个值得注意的问题点,即怎样理解炀帝最后被葬入陵墓的推定年代"贞观元年或九年或□□年"之问题。通过详细核对墓志照片,可以确认"贞观"和"年"之间只有一个字的空间,所以暂且不提张学锋氏的第2版本第1案的("贞观□□年")。笔者在此想把第1版本的"贞观元年"作为突出的问题进行讨论。墓志录文是有关研究者根据实物做成的,并核对校正完毕,似乎没有局外人评说的余地。不过这是关系到炀帝的评价问题,笔者只好冒昧抒发拙见(附录1《隋末唐初关系年表》参照)。

首先,对太宗来说贞观元年(627年)处于非常紧迫的政治局势之中。前一年的武德九年(626年)六月,尚是秦王的李世民发动"玄武门之变",杀兄建成和弟元吉,继而迫使父亲高祖李渊退位,政治基础远非稳固可言。同

---

① 《隋书》卷四《炀帝纪下》"大业十三年"条:"十一月丙辰,唐公入京师。辛酉,遥尊帝为太上皇,立代王侑为帝,改元义宁。"

② 参照高桥继男《唐初における国号〈隋〉字の字形变化——〈炀帝墓誌〉の发见によせて—》(《(东洋大学)アジア文化研究所研究年报》四九号,2015年2月)。

年八月,发生颉利可汗率突厥(东突厥)大军兵临渭水北岸(便桥)的危机,此后唐与突厥的紧张关系持续。对突厥问题的转机直到贞观四年(630年)才出现。这一年的新年,寄身于突厥颉利可汗的隋炀帝之萧皇后和杨政道(炀帝之孙,齐王暕之子)投归唐朝,继而三月颉利可汗被唐军俘虏,押解至长安。多年与唐敌对的突厥终于归附于唐的支配之下①。

不可忘记的是贞观元年时唐还没有完成全国统一。夏州盘踞着隋末唐初的群雄之一梁师都,梁一边获得北方突厥的支援,一边经营自立的基础,成为牵制唐的一大势力。直到贞观二年(628年)四月,唐才有机会利用突厥发生内部纠纷无暇支援的机会,发动攻势,平定了梁师都。如此,太宗在即位之初,在内政上面临着自身政治基础不稳固、外交上面临着突厥威胁等严峻的问题,国力并未充实。

下面的记载经常被引用来表现太宗治世的状态。

> 贞观初,户不及三百万,绢一匹易米一斗。至四年,米斗四五钱,外户不闭者数月,马牛被野,人行数千里不赍粮,民物蕃息,四夷降附者百二十万人。是岁,天下断狱,死罪者二十九人,号称太平。②

据此,太宗即位之后的贞观初年,不但户数少,而且"绢一匹"才能与"米一斗"交换,说明物价高涨,谷物不足,处于严峻的经济危机状态中。至贞观四年,谷物的价格下降,治安改善,犯罪者大幅度减少了。这一状况被与"贞观之治"联系起来。然而,实际上不禁让人产生疑问:只此几年时间是否真正实现了繁荣稳定的局面? 其实,国家掌握的户口数还很少,远远达不到隋全盛时期的程度(附录2《隋唐间户口变迁表》参照)。

综合这些情况,在"贞观元年"阶段,唐到底有多大营造炀帝陵墓的"政治的,财政的"余力? 对此问题尚存诸多疑问。再者,唐"贞观元年"是否存在祭祀炀帝的必要性,即"思想的,精神的"余力?

概观唐初期对炀帝的态度,高祖李渊时期(武德年间),据《旧唐书》卷一《高祖本纪》武德元年九月"条记载:

> 辛未,追谥隋太上皇为炀帝。

---

① 《旧唐书》卷一九四上《突厥传》"颉利可汗"条:"(贞观)四年正月,李靖进屯恶阳岭,夜袭定襄,颉利吃扰,因徙牙于碛口,胡酋康苏密等遂以隋萧后及杨政道来降。二月,颉利计窘,窜于铁山,兵尚数万……。三月,行军副总管张宝相率众奄至沙钵罗营,生擒颉利,送于京师。"

② 《新唐书》卷五一《食货志》一。

可见,"炀帝"只是作为前朝皇帝追谥的,此外并无特别的贬低之类举措。然而,太宗在通过玄武门之变掌握政权之后,为了宣扬自己立场的正当性,在触及炀帝问题时,采取严厉的批判态度。譬如下面的事例:(为了解年代变化,这里利用《资治通鉴》卷 192—卷 195 的史料说明。)

"贞观元年九月"条:上(太宗)曰:"卿知炀帝不可谏,何为立其朝。既立其朝,何得不谏。……"

"贞观元年十二月"条:上(太宗)尝谓公卿曰:"人欲自见其形,必资明镜;君欲自知其过,必待忠臣。苟其君愎谏自贤,其臣阿谀顺旨,君既失国,臣岂能独全。如虞世基等谄事炀帝以保富贵,炀帝既弑,世基等亦诛。……公辈宜用此为戒,事有得失,毋惜尽言。"

"贞观元年十二月"条:上(太宗)谓黄门侍郎王珪曰:"……或苟避私怨,知非不正,顺一人之颜情,为兆民之深患,此乃亡国之政也。炀帝之世,内外庶官,务相顺从,当是之时,皆自谓有智,祸不及身。及天下大乱,家国两亡……卿曹各当徇公忘私,勿雷同也。"

"贞观二年正月"条:上(太宗)问魏徵曰:"人主何为而明,何为而暗。"对曰:"兼听则明,偏信则暗。……隋炀帝偏信虞世基,以致彭城阁之变。是故人君兼听广纳,则贵臣不得拥蔽,而下情得以上通也。"上曰:"善。"

"贞观二年正月"条:上(太宗)谓黄门侍郎王珪曰:"开皇十四年大旱,隋文帝不许赈给,而令百姓就食山东,比至末年,天下储积可供五十年。炀帝恃其富饶,侈心无厌,卒亡天下。但使仓廪之积足以备凶年,其余何用哉。"

"贞观二年六月"条:戊子,上(太宗)谓侍臣曰:"朕观隋炀帝集,文辞奥博,亦知是尧、舜而非桀、纣,然行事何其反也。"魏徵对曰:"……炀帝恃其俊才,骄矜自用,故口诵尧、舜之言而身为桀、纣之行,曾不自知以至覆亡也。"上曰:"前事不远,吾属之师也。"

"贞观二年九月"条:尝有白鹊构巢于寝殿槐上,合欢如腰鼓,左右称贺。上(太宗)曰:"我常笑隋炀帝好祥瑞。瑞在得贤,此何足贺。"命毁其巢,纵鹊于野外。

"贞观二年九月"条:壬申,以前司农卿窦静为夏州都督。静在司农,少卿赵元楷善聚敛,静鄙之,对官属大言曰:"隋炀帝奢侈重敛,司农非公不可。今天子节俭爱民,公何所用哉。"元楷大惭。

这些文句呈现的是不采纳臣下的谏言、奢侈无度、刚愎自用、骄横傲慢、偏信宠臣、耽溺于暴政的暴君炀帝。另一方面臣下也不纠弹其政治,反而为其暴政加码,君臣都成为严厉批判的对象。绝不重蹈隋炀帝覆辙成为太宗政治的准则,这一点被反复强调。可以说太宗的治世是从彻底批评炀帝的政治姿态开始的。这种强烈否定炀帝的倾向持续到贞观七年左右,此后成为话题的次数和批判的调子大幅度下降。因而,对炀帝的彻底批判是贞观初期为权力继承的正当性构筑基础的政治需要。在这种政治环境下,国家能否为炀帝正式营造陵墓成为巨大的疑问。

以上,围绕《炀帝墓志》的释读,通过考察太宗即位之后贞观初期的政局动向和为政者的政治姿态,分析了将"贞观元年"设定为炀帝正式葬入陵寝的时间是否合适。推导出的结论是在"贞观元年"各个方面都不具备正式营造炀帝陵墓的条件。其营造的实现需要经过一定的时间,即太宗在政治基础稳固之后才有精神余力和自信去处置炀帝的入葬问题。如此"贞观九年"似乎更加合乎情理。

四、《炀帝墓志》复原案

前节围绕《炀帝墓志》释读的第 1 种版本"贞观元年"说成立的可能性作了各种阐述,其结果,我们自然选择了"贞观九年"的结论。现在姑且试将年代重新释读为"贞观九年",前节所分析的政治基础和周边形势、为政者姿态诸疑问,似乎都可以一一解消。上述诸疑问皆因太宗即位之后(贞观元年)为稳固政权而发生,经过一定时间,唐朝进入体制稳定和充实的阶段,才有可能保持客观的距离,从容地考虑炀帝的处遇。贞观十年(636 年)府兵制的确立和贞观十一年(637 年)贞观律令的颁布,标志着唐朝前期体制的确立①。"贞观九年"与太宗的支配体制确立的时期大致重合,也从一个侧面印证了其可能性。

还有一点可以作为佐证,即录文所示日期的问题。值得关注的是第 7 行,第 1 种版本录文为"朔",第 2 种版本为"朔辛"。笔者认真对照墓志照片,确认了"五"字的存在。那么,有关日期的部分(6—7 行)极有可能是以"貞觀○年○○月○○朔辛○○五(日)"的形式刻出。从文字的间隔推测,"五(日)"的前面还刻有一个数字,亦即"十五(日)"或"廿五(日)",其干支日期表示为"辛○"。

可是,以此为线索,查对朔闰表,在贞观元年无法找到对应日期。如果查对贞观九年的话,可找到两个候补日期:一个是"三月丁卯朔辛卯廿五

---

① 参照布目潮沨著《隋唐史研究——唐朝政权的形成》(东洋史研究会,1968 年)的第二章《秦王世民——即位前的唐太宗》和第三章《玄武门之变》、氣賀澤保規著《府兵制之研究》(同朋舍,1999 年)第Ⅲ编《府兵制史再论——关于府兵和军府的位置》等。

日",另一个是"四月丁酉朔辛酉廿五日"。依此不仅可以复原墓志铭文不清楚的部分,同时还沿着前节所摸索的方向,向证实"贞观九年"的真实性又前进了一步。

基于上述分析,笔者将自己的《炀帝墓志》复原方案陈述如下,并适当附加释读,以抛砖引玉,求教于大方。推测该墓志的志文排列应是每行20字左右。本稿以《墓志》分析为优先,因篇幅关系,可能会忽略对既存史料的对应关系的分析。仅将既存相关史料按年代按顺序,以比较对照正史和《资治通鉴》的形式整理出来(附录3《炀帝埋葬关联资料比较一览表》参照)。

1 随故煬帝墓誌
2 惟隨大業十四年太歲戊寅三月丙午朔丙辰十
3 一日帝崩于揚州江都宮寢殿(溫室)……殯
4 於流珠堂其年八月……
5 西陵荊棘蕪叢……①
6 永畢蒼梧……②
7 □□□貞觀九年……三月丁
8 卯朔辛卯廿五日……③
9 改葬揚州……
10 □禮也方……

① 第5行"西陵、荆棘芜□":其西陵指扬州城的西方的茔域(?)。西陵一带是灌木杂草等荆棘丛生,荒芜之地? 芜字下面疑刻有"丛"字,"芜丛"是杂草的意思。然而此处不能确定。

② 第5行的第2字在拓本照片可以确认"毕(畢)"字("異"字从意思来讲不通)。苍梧("悟"字不对):太古(传说时代)的舜(尧舜禹三代的舜)在巡狩的途中死于南方,暗喻被埋葬的地方(苍梧山,湖南省宁远县东南)。「永畢蒼梧」的出典:《史记》卷一《五帝本纪》"舜……年六十一代尧践帝位。践帝位三十九年,南巡狩,崩于苍梧之野。葬于江南九疑,是为零陵"。《礼记》檀弓上有"舜葬于苍梧之野,盖三妃未之从也"的记事。炀帝巡幸南方(扬州),死于其地,葬于其地,推测为重复表现。

③ 关于日期,同时存在"四月丁酉朔辛酉廿五日"的可能性。

释读:
隨故煬帝墓誌　惟隨大業十四年太歲戊寅三月丙午朔丙辰十一日,帝崩于揚州江都宮(寢殿,溫室)。……殯於流珠堂。其年八月……西陵,荊棘蕪叢……永畢蒼梧……□□□貞觀九年……三月丁卯朔辛卯廿五日……改葬揚州……□,禮也。方……

> 隋大业十四年(618年)戊寅之年(太岁是木星的意思。这个部分关系到历法,比较复杂。"在寅"亦可),三月十一日(丙辰),帝(炀帝)在扬州的江都宫驾崩了。遗体殡于(临时安置)宫殿内流珠堂(正史为成象殿)之后,同年(武德元年)八月葬于"西陵"之地(临时埋葬)("正史"武德五年八月,吴公台下)。贞观九年(635年)三月二十五日(或四月二十五日)改葬于扬州城西郊外雷塘①。遵照礼仪行事。
> ① 新发现陵墓的所在:江苏省扬州市西湖镇司徒村曹庄。

五、结语——《炀帝墓志》发现的意义和可能性

分析这次发现的隋炀帝和萧皇后两座陵墓,以及炀帝墓出土的《炀帝墓志》,为探讨以前不甚明了的唐初对前朝遗留下来的炀帝问题的处置以及埋葬状况开辟了蹊径,也因此产生了重新认识隋末唐初政治史的这一侧面的可能性。最后将本文的论点及厘清的问题整理如下。

1. 在宇文化及之乱(骁果的叛乱)中被杀的炀帝,此后被如何处置?最终被埋葬在哪里?这类以前几乎无从知晓的状况,通过《墓志》变得清晰了。炀帝最终被葬在江苏省扬州市西郊外的西湖镇司徒村曹庄。

2. 通过分析出土的《炀帝墓志》,以前释读为"贞观元年"的年代,现在需要变更为"贞观九年"。炀帝在该年被改葬的可能性增大。《炀帝墓志》虽为墓志的形式,但是采用了"哀册"的文体。

3. 《墓志》所使用的"大业十四年"的表记,与通常墓志不同的文体及格式说明炀帝是被作为前朝皇帝正规埋葬的,推进并促成此事的主体是唐朝的第二代皇帝太宗。

4. 众所周知,正是出于唐太宗的政治需要,炀帝被冠以暴君(暴政的实施者)的头衔。然而通过对墓志的分析可知,太宗的这一立场并未贯穿其治世的始终,在其支配体制就绪之后,他对炀帝的处置方针明显改变。

5. 通过考察两座陵墓和《墓志》,研究为数较多的高规格随葬品,可对唐代如何认识隋朝的地位、如何评价炀帝的政治等问题窥知一二。其为重新探讨从隋至唐的王朝承传问题提供了重要资料。

在这里尚未论及《炀帝墓志》的形式问题,如此形式的皇帝墓志十分罕见,有必要深入探讨。但是,鉴于拙稿的篇幅已经超过限制,待另稿讨论。在资料收集时蒙顾风先生赐教,在此表示衷心感谢。

附录

附录1　隋末唐初关系年表

公元	年号		事项
615年	大业	一一	炀帝巡行北边,在雁门被突厥围困。
616年		一二	7月,炀帝幸江都(此后,滞留于扬州江都宫)。
617年		一三	7月,李渊太原举兵。
	义宁	元	11月,李渊攻占长安、拥立恭帝杨侑(改元义宁)。
618年	武德	元	3月,宇文化及之乱,炀帝被弑于江都。5月,李渊即位(高祖),唐建国。遵开皇旧制。
			9月,追谥炀帝。
621年		四	李世民(秦王)俘获窦建德、王世充,唐的优势确定。江都李子通降唐。
622年		五	江南杜伏威降唐。
623年		六	唐、基本平定群雄势力。
624年		七	4月,实施武德令。辅公祏降唐,江南平定。
626年		九	6月,玄武门之变,高祖退位。8月,李世民即位(太宗)。突厥入侵。
627年	贞观	元	1月,李艺之乱(泾州)。谏官魏徵崭露头角。12月,利州刺史李孝常等的谋反事件。青州谋反事件。颉利可汗入侵唐。
628年		二	4月,唐灭夏州梁师都,全国统一。
629年		三	11月,以李勣为通漠道行军总管,击突厥。玄奘出发,西行印度。
630年		四	1月,隋萧后、杨政道归降唐。3月,唐俘获颉利可汗,突厥第一帝国灭亡。 四夷君长尊太宗为天可汗。
631年		五	9月,九成宫(隋仁寿宫)营建。
634年		八	1月,遣李靖、萧瑀等使于四方,观省风俗。吐蕃初入贡。讨吐谷浑、攻克伏俟城。
635年		九	基督教聂斯脱里派(景教)传入唐。闰4月,李渊(高祖)死去。
636年		一〇	制定新兵制(府兵制)。6月,长孙皇后死去。秋,武氏(武媚娘)入宫。
637年		一一	1月,颁行贞观律令。修定五礼。
638年		一二	1月,贞观氏族志修订完成。

附录 2　隋唐户口变迁表

年号(公元)	户数(万)	口数(万)	1 户平均口数
隋 大业五年(609 年)	890.7	4601.9	5.17
唐 武德二年(619 年)	200 余		
贞观一三年(639 年)	312.0	1325.2	4.25
永徽三年(652 年)	380		
神龙元年(705 年)	615.6	3714	6.03
开元二〇年(732 年)	786.1	4543.1	5.78
天宝元年(742 年)	834.8	4531.1	5.43
天宝一四年(755 年)	891.4	5291.9	5.94
广德二年(764 年)	293.3	1692.0	5.79
元和二年(807 年)	310.3	2055.5	6.62
长庆元年(821 年)	237.5	1576.2	6.64
宝历间年(825—826 年)	397.8		
会昌五年(845 年)	495.5		

参考拙著《绚烂的世界帝国 隋唐时代》(讲谈社·中国历史 06),第 177 页。

附录 3　炀帝埋葬关联资料比较一览表

	《隋书·旧唐书》(正史)	《资治通鉴》
618 年 3 月	**隋书卷四《炀帝纪》义宁二年** 二年三月,右屯卫将军宇文化及、武贲郎将司马德戡、元礼,监门直阁裴虔通,将作少监宇文智及,武勇郎将赵行枢,鹰扬郎将孟景,内史舍人元敏,符玺郎李覆、牛方裕,千牛左右李孝本、弟孝质,直长许弘仁、薛世良,城门郎唐奉义,医正张恺等,以骁果作乱,入犯宫闱。上崩于温室,时年五十。萧后令宫人撤床箦为棺以埋之。	**卷一八五　武德元年三月** 丙辰,……德戡等引兵自玄武门入,帝闻乱,易服逃于西阁。……至旦,……化及又使封德彝数帝罪,帝曰:"卿乃士人,何为亦尔?"贼欲弑帝,帝曰:"天子死自有法,何得加以锋刃!取鸩酒来!"文举等不许,使令狐行达顿帝令坐。帝自解练巾授行达,缢杀之。……初,帝自知必及于难,常以婴贮毒药自随,谓所幸诸姬曰:"若贼至,汝曹当先饮之,然后我饮。"及乱,顾索药,左右皆逃散,竟不能得。 萧后与宫人撤漆床板为小棺,与赵王杲同殡于西院流珠堂。

续表

	《隋书·旧唐书》（正史）	《资治通鉴》
618年	《隋书》卷四《炀帝纪》义宁二年三月 化及发后，右御卫将军陈棱奉梓宫于成象殿，葬吴公台下。发敛之始，容貌若生，众咸异之。 大唐平江南之后，改葬雷塘。	卷一八六　武德元年八月 隋江都太守陈棱求得炀帝之柩，取宇文化及所留辇辂鼓吹，粗备天子仪卫，改葬于江都西吴公台下，〔今扬州城西北有雷塘，塘西有吴公台，相传以为陈吴明彻攻广陵所筑弩台，以射城中。〕其王公以下，皆列瘗于帝茔之侧。
618年	《旧唐书》卷一《高祖本纪》武德元年九月 辛未，追谥隋太上皇为炀帝。	卷一八六　武德元年九月 辛未，追谥隋太上皇为炀帝。
620年		《通鉴考异》太宗实录　武德二年 六月癸巳，有诏葬隋帝及子孙。（此又云葬炀帝，盖三年李子通犹据江都，虽有是诏，不果葬也。）
622年8月	《旧唐书》卷一《高祖本纪》武德五年八月 辛亥，……葬隋炀帝于扬州。	《资治通鉴》卷一九〇　武德五年八月 改葬隋炀帝于扬州雷塘。（雷塘，汉所谓雷陂也，在今扬州城北平冈上。）
648		《资治通鉴》卷一九八　贞观二二年三月 庚子，隋萧后卒，诏复其位号，谥曰愍；使三品护葬，备卤簿仪卫，送至江都，与炀帝合葬。

（作者单位：日本明治大学东亚石刻文物研究所）

杨广总管扬州与南方文化名士抚慰

马春林

隋炀帝杨广(569—618年),隋文帝次子,隋第二任帝王,一生与扬州结缘颇深:开皇八年(588年)十月任淮南行台尚书令,统筹指挥了平陈战役,继秦汉之后,再现国家一统。随后虽一度撤离,但随着开皇十年(590年)江南骚动的兴起,十一月受命为扬州总管,直到开皇二十年(600年)奉命北御突厥方才离扬。其间,杨广一直"镇江都(即今扬州),每岁一朝"①,以此为根据地,积极抚慰和经营与中原分隔了近四百年的江南,并借此功勋等斩获太子之位。仁寿元年(601年)受命为太子,四年(604年)即帝位。即位后又三率庞大团队巡幸并长驻扬州,"其后竟终于江都"②,并给后人留下了"君王忍把平陈业,只博雷塘数亩田"③的无限遐思。

数点杨广扬州总管之任,是在北方强烈推进汉化的历史背景下,基于杨广对南方文化有全面了解而实施的一种特殊任命,其间,杨广以平复、稳定江南为目标,围绕南方文士成功地开展了一系列卓有成效的工作,最终实现了"易动难安"④江南新土的平稳过渡,为新时期统一的多民族国家的形成、发展及唐代盛世的到来和扬州的勃兴奠定了坚实的社会基础。

一、杨广主政扬州的历史背景

黄河流域为中华文明的发源地,一直为华夏地域传统的政治、经济、文化中心。但经汉末动乱特别是内迁五胡的冲击,晋末以来,中国的传统文化中心全面南移。同时,入主中原的各少数民族政权为强化对无论是总量还是分布区域均占绝对优势的汉人的掌控,稳固其政权,也入乡随俗,心仪汉

---

① 《隋书》卷三《炀帝纪(上)》。
② 《隋书》卷二一《天文志(下)》。
③ [唐]罗隐《雷塘》。
④ 《晋书》卷五二《华谭传》。

文化及其南朝活样本,积极展开了一系列力所能及的汉化运动,且此风常行不衰,越刮越劲。凡此,前人叙述已备,此不赘言。

诚如《周易·贲卦·象传》"观乎人文,以化成天下"所示,"文化是人类的适应方式"①,是践行者在长期的生产、生活中孕育并赖以生存的生产、生活方式和意识形态,它是所有社会、民族、国家甚至家庭的血脉和精神家园,作为一种精神力量充斥在社会生产和生活的各个层面,随时能转化为强大的物质力量,对社会的稳定和发展产生着至关重要的影响。

秦汉以来,关陇因地近西陲,受西北少数民族影响,尚武精神高振。古来就有"关西出将,关东出相"②之说,时至北周依然如此。翻览史籍,"少便弓马"还是连篇累牍。"时周室尚武,贵游子弟咸以相矜。"③"于时贵公子竞习弓马,被服多为军容。"④尚武好勇仍是时代主流。"书足记姓名而已,安能久事笔砚,为腐儒之业!"⑤"男儿当提剑汗马以取公侯,何能如先生为博士也!"⑥崇武鄙文是当时的时尚共识。现实中,地方"于时刺史多任武将,类不称职"⑦,上层也是"周代公卿,类多武将"⑧。这是长期的历史传统和数百年来的争战形势所积淀的尚武精神,是关陇的集体无意识,任何一个统治者想一时扭转都不可能,继周而起的隋初还无法摆脱"国家草创,百度伊始,朝贵多出武人"⑨的历史惯性。尚武精神适宜关陇和北方游牧区,但对崇尚"君子动口不动手"的关东、江淮及南方等儒雅文化区而言,这种精神无疑是一种己所不欲的野蛮。

以关陇势力为核心的周、隋最高征服者在长期的征服过程中已渐知其弊,并日益重视传统儒家文化的回归和儒雅文化的推进。且以周武帝而论,面对时代的汉化驱动、征服区的汉民顶托和南方文化的潜在感召,周武帝力行汉化,甚至过犹不及,盲目追根返祖,推出了一系列极端的复古主义措施,如循《周礼》在职官上施行六官制度,在行文推行"大诰体"等,锻造了"行《周礼》,公卿以下多习其业"⑩的社会氛围,企图全面复古。他在征灭北齐

---

① [美]托马斯·哈定等著《文化与进化》。
② 《后汉书》卷五八《虞傅盖臧列传》。
③ 《隋书》卷五一《长孙晟传》。
④ 《隋书》卷五〇《李礼成传》。
⑤ 《隋书》卷五〇《宇文庆传》。
⑥ 《周书·宇文贵传》。
⑦ 《隋书·柳彧传》。
⑧ 《隋书》卷四六《张煚传》。
⑨ 《隋书·辛彦之》。
⑩ 《周书》卷四五《儒林传》。

时，接受汉魏以来"居马上得之，宁可以马上治之乎？"①的思想，顺天应时，强化儒家文化攻略，突出表现在一改其父宇文泰破江陵后杀梁元帝、"阖城长幼被虏入关"②"衣冠仕伍，并没为仆隶"③等的野蛮行径，加强文化攻略，攻城略地后主动"放齐诸城镇降人还"，缓和矛盾，并相继下"邹鲁缙绅，幽并骑士，一介可称，并宜铨录"，"东土诸州儒生，明一经已上，并举送，州郡以礼发遣"④等诏优抚缙绅，甚至"降至尊而劳万乘"，亲自到山东名儒熊安生家拜访，"诏所司给安车驷马，随驾入朝"⑤，又诏征北齐阳休之、卢思道、颜之推、李德林、薛道衡、辛德源、王邵、陆开明等十八名士"随驾后赴长安"⑥。一时间，引发了"周武帝平齐，山东衣冠多来迎"⑦和"齐亡后衣冠士族多迁关内"⑧的大好局面，但因北周降等授官等的措置失宜，如克灭北齐的翌年即宣政元年（578 年），周宣帝八月就明诏"伪齐七品以上，已敕收用，八品以下，爰及流外，若欲入仕，皆听预选，降二等授官"⑨，严重地挫伤了故齐士人的积极性，引起了北齐士人的逆向反弹，导致了社会形势的急剧恶化。

　　隋文帝篡周后，为统治需要，在积极"劝学行礼"⑩、恢复和推行传统礼乐、进一步推进汉化的同时，续擎周武帝的用人理念，进一步加强对旧齐精英的笼络，甚至专门下达《令山东卅四州刺史举人敕》，对之予以积极招揽和使用，加强双方互动，以共铸社会安定的发展大局。受文帝影响，杨勇诸子更是"盛征天下才学之士"⑪，但受历史的影响和方不得法，地方抵触情绪较大，许多乡绅名士"优游乡曲，誓无仕心"⑫，以各种名义拒绝合作，并衍生了"命州郡勒送"⑬"州县苦相敦逼""不许晦迹丘园"⑭等敦逼行为，甚至上演了对刘焯、刘炫等的"枷送"闹剧⑮，招揽活动举步维艰，史称："自周平东夏，每遣搜扬，彼州俊人，多未应起。或以东西旧隔，情犹自疏；或以道路悬远，

---

① 《汉书·陆贾传》。
② 《周书》卷四八《萧詧传》。
③ 《周书》卷三二《唐瑾传》。
④ 《周书》卷六《武帝纪（下）》。
⑤ 《周书》卷四五《熊安生传》。
⑥ 《北史》卷四二《阳休之传》。
⑦ 《北齐书》列传第七《厍狄干附子士文传》。
⑧ 《隋书》卷七三《梁彦光传》。
⑨ 《周书》卷七《宣帝纪》。
⑩ 《隋书·柳昂传》。
⑪ 《隋书》卷五八《明克让传》。
⑫ 《隋书》卷六六《房彦谦传》。
⑬ 《北史》卷一〇〇《序传》。
⑭ 《金石萃编》卷四三《房彦谦碑》。
⑮ 参《隋书》卷七五《刘焯、刘炫传》。

虑有困乏,假为辞托,不肯入朝。"①

周、隋对旧齐故人启用效果不佳,其原因多种多样,但关陇集团尚武思维对士人的排斥和对既得利益的固守当为主因。隋是杨坚通过和平演变方式从北周夺得的政权,立国之始,"握强兵、居重镇者,皆周之旧臣"②,根基尚浅的隋文帝为巩固其孱弱的新生政权,不得不对关陇势力推出以妥协换和平的策略,明确提出"其前代品爵,悉可依旧"③,并对北周勋贵"推以赤心,各展其用"④。这种优宠客观上助长并纵容了关陇势力的进一步做大做强,以及他们对隋施政的百般干扰。如面对"京辅及三河地少而人众,衣食不给"⑤的实际,在迫不得已的情况下,为安定社会、稳固政权,太常卿苏威立议"以为户口滋多,民田不赡,欲减功臣之地以给民"。这本为利国安民的好事,但立即遭到王谊等关陇既得利益集团"百官者,历世勋贤,方蒙爵土,一旦削之,未见其可。如臣所虑,正恐朝臣功德不建,何患人田有不足"⑥的迎头痛击,赤裸裸地昭示了部分既得利益者弃大家顾小家和只有眼前的短见,政权新立的文帝也无可奈何,只能不了了之。面对关陇旧势力的掣肘,隋文帝对旧齐故人的选用不得不走上"齐朝资荫,不复称叙,鼎贵高门,俱从九品释褐"⑦的道路。隋文帝尽管重文轻武、志存高远,但碍于时势,其施政最终难脱"尚关中旧意"⑧的表象。对于近臣顾前不顾后的举动,隋文帝迫于时势虽一时认同,但他绝非人人得而欺之的傀儡,一旦时机成熟,绝地反击则势在难免,这或许正是"其草创元勋及有功诸将,诛夷罪退,罕有存者"⑨的真正原因。

隋文帝对曾同属北魏且分隔不久的北齐士人业已如此,对长期践行异样文化的南士更不例外。且说裴蕴,据《隋书·裴蕴传》载:

> 裴蕴,河东闻喜人也。祖之平,梁卫将军。父忌,陈都官尚书,与吴明彻同没于周,赐爵江夏郡公,在隋十余年而卒。蕴性明辩,有吏干。在陈仕历直阁将军、兴宁令。蕴以其父在北,阴奉表于高祖,请为内应。及陈平,上悉阅江南衣冠之士,次至蕴,上以为夙有

---

① 《文馆词林》卷六九一《隋文帝令山东卅四州刺史举人敕》。
② 《隋书》卷二《高祖纪(下)》。
③ 《隋书》卷一《高祖纪(上)》。
④ 《隋书》卷二《高祖纪(下)》。
⑤ 《隋书》卷二四《食货志》。
⑥ 《隋书》卷四〇《王谊传》。
⑦ 《金石萃编》卷四三《房彦谦碑》。
⑧ 《颜氏家训·风操》。
⑨ 《隋书》卷二《高祖纪(下)》。

向化之心,超授仪同。左仆射高颎不悟上旨,进谏曰:"裴蕴无功于国,宠逾伦辈,臣未见其可。"上又加蕴上仪同,颎复进谏,上曰:"可加开府。"颎乃不敢复言,即日拜开府仪同三司,礼赐优洽。

裴氏本河东闻喜的北方望族,北方动荡时远徙并供职于南方。隋灭陈时,裴蕴曾充当内应协助平陈。为更好地招抚南人,隋文帝拟超授"仪同"虚衔,但"高颎不悟上旨",以"无功于国,宠逾伦辈"为名加以抵制。其实,裴为内应的情况及授职后的导向作用,作为最高决策核心层之一的高颎不可能不知,所谓"有功"或"无功",在国家已完成疆土一统且急需笼络万方加以稳固的特殊情况下,已不能再以尚武气息下攻城略地的标准来评判。高颎对文帝拟衔的不认同,根本不是"不悟上旨"的低能,而是尚武思维长期笼罩下崇武鄙文的惯性使然,是代表关陇既得利益集团对隋文帝想重用或超授南士的否定。客观上,这正是开皇时期南士多为制礼作乐、侍文弄墨等下层人士的致因。再从裴蕴的人生际遇看其文帝朝的所谓"礼赐优洽",其实仅限当时,其后便是仕途坎坷的沉沦。

又如对南方鸿儒的选用,开皇年间碍于时势虽有录用,但他们壮志难酬,宏图难成。据《隋书·房晖远传》载:一次,文帝策问试经,博士竟不能答。面对国子祭酒的追问,房晖远以"江南、河北义例不同,博士不能遍涉,学生皆恃其所短,称己所长,博士各各自疑,所以久而不决也"来应答。此冠冕堂皇之载,先当承认南北儒学"义例不同"的事实,次当肯定南方学人在国子监为博士的存在以及隋初对之加以录用的事实,再当认定北学当道的存在。因经近四百年的分隔,南北儒学沿着各自不同的发展轨迹循序渐进,"义例不同"在所难免。试经时,答者完全可据理而论,据实而争,但却表现为"竟不能答",无疑隐指面对关陇强势,答者虽心倾南学,但又不敢以南代北,因而表现出了无所适从,故生迟疑。另,《隋书·儒林传》中南北学术"师说纷纶,无所取正"之载也异曲同工。

再议灭陈后的南方管理,隋文帝虽于开皇十年(590年)主动发出了"武力之子,俱可学文"[①]的重文轻武诏敕等,并施行了符合儒家伦理的"五教"和"太平之法"等,积极收揽人心,稳定政局,但方不得法,结果是事与愿违。据《隋书》卷二《高祖纪》载:

> 是月(按,即开皇十年十一月),婺州人汪文进、会稽人高智慧、苏州人沈玄憎皆举兵反,自称天子,署置百官。乐安蔡道人、蒋山

---

① 《隋书》卷二《高祖纪(下)》。

李棱、饶州吴世华、永嘉沈孝澈、泉州王国庆、余杭杨宝英、交趾李春等皆自称大都督,攻陷州县。

关于此番反弹之因,《北史》卷六三《苏绰传附子威传》有载:

> 江表自晋已来,刑法疏缓,代族贵贱,不相陵越。平陈之后,牧人者尽改变之,无长幼悉使诵五教。咸加以烦鄙之辞,百姓嗟怨。使还,奏言江表依内州责户籍。上以江表初平,召户部尚书张婴,责以政急。时江南州县又讹言欲徙之入关,远近惊骇。饶州吴世华起兵为乱,生裔县令,啖其肉。于是旧陈率土皆反,执长吏,抽其肠而杀之,曰:"更使侬诵《五教》邪!"

反思其因,隋平陈后已给"给复十年"①之诺,经济当非主要矛盾;成王败寇的历史铁律和平陈时未遇南方门阀和豪右的顽强抵制,也肯定政治因素难为主因。从起事者"更使侬诵《五教》邪!"等的诘问中,不难知悉文化因素至关重要。

再议参与叛乱的对象,除南方士族和地方豪右外,还有会稽人高智慧、乐安蔡道人等僧道,更有不少拉大旗作虎皮的伪僧假道。据《续高僧传》卷三〇《隋杭州录隐寺天竺寺释真观传》载:

> 释真观,安圣达,吴郡钱塘人,……开皇十一年(591年)江南叛反,王师临吊,乃拒官军,羽檄竞驰,兵声逾盛。时元帅杨素整军南驱,寻便瓦散,俘虏诛翦三十余万。以观名声昌盛,光扬江表,谓其造檄,不问将诛……将欲斩决,来过素前,责曰:"道人将坐禅读经,何因亡忤军甲,仍作檄书,罪当死不?"观曰"道人所学,诚如公言。然观不作檄书,无辜受死。"素大怒,将檄以示:"是尔作不?"观读曰:"斯文浅陋,未能动人,观实不作,若作过此。"乃指摘五三处曰:"如此语言,何得上纸?"素既解文,信其言也。

此载除首肯肇乱中李代桃僵的存在,更指明有人借佛教等聚众滋事的不良心态,更显时人对隋文化施政的不满。

通过对这一席卷南方的反抗运动的反思,隋文帝进一步认清了南北社会长期以来的巨大差异,开始承认江南社会的特点,着手在维护国家统一和政治服从的前提下,变武力征服为尊重地方文化的怀柔笼络,并把这一重任

---

① 《隋书》卷二四《食货志》。

交给了次子杨广。杨广临危受职,不辱使命,以"息武兴文"①的施政理念,以人为本,积极整合南方的文化资源,并成功地破解了这一历史难题。

二、杨广驻扬后的积极作为

陈平以后,杨俊于开皇十年三月受命为扬州总管。上任后,杨俊积极以关陇集团固有的尚武思维加强对南方的武力管制,特别是六月"悉毁建康台城,平荡耕垦"②等,严重挑战了南人的心理承受能力,并最终引发了南方之乱。面对骚乱,隋文帝先命杨素率兵平叛,续命杨广取代杨俊入主扬州,全面协理。

反思杨广取代杨俊入主扬州的原因,除平陈时杨俊在长江上游征讨不力及平陈后监管南方时因毁城荡垦使南方政治、文化中心"建康为墟"③等劣绩外,主要还有以下原因:

(一)杨广的特殊地位和人生经历

时到今日,随着历史的进步和人们认知能力的提升,英雄史观已遭历史的唾弃。但谁也无法否认封建社会"英雄"的影响力,具有成功北防突厥和平陈经历的杨广,无疑是时人心目中最大的英雄。同时,杨广还是隋文帝除驻京城且无法分身的杨勇太子以外最年长的嫡子,更以使持节、太尉等身份驻扬,并保有"江南诸州,事无大小,皆由决判"④的特权,直接掌控着南方的生杀予夺大权,具有相当的威慑力和感召力。杨广也就理所当然成为南人实现"学成文武艺,售于帝王家"的人生价值,完成自我实现的重要依托。

(二)杨广对南方文化知悉

杨广对南方文化的知悉主要表现在三个方面:

一是早年受南方文化影响较大。杨广于北周天和四年(569年)出生于关陇地区一个重视教育的贵族之家。据今人陈寅恪考订,其祖籍山东,高祖杨元寿曾为山东小吏,曾祖杨祯为北魏宁远将军,祖杨忠为后周十二大将军之一,封随国公。⑤ 杨氏家族受山东传统习惯的影响,洞悉文化的重要性,重视子女教育。杨广自幼便受到了良好的文化教育,史称:"上好学,善属

---

① 《国清百录》卷二《述蒋州僧书第三十三》。
② 《资治通鉴》卷一七七,"隋文帝开皇九年二月"条。
③ 《隋书》卷二三《五行志(下)》。
④ 严可均《全上古三代秦汉六朝文》。
⑤ 陈寅恪:《唐代政治史述论稿》上篇《统治阶级之民族及其升降》。

文"①,"王好文雅"②。但在关陇文化贫瘠和"梁、荆之风,扇于关右"③的情形下,杨广早年也与同时代的赵王宇文招等王公贵族"学庾信体"④一样,"为庾信体"⑤。

庾信,字子山,南朝著名的宫体诗诗人。梁元帝时奉命出使北周,后随梁亡为北周扣留而蛰伏并影响北周。史称,"才子词人,莫不师教,王公名贵,尽为虚襟"⑥,"世宗、高祖并雅好文学,[庾]信特蒙恩礼。至于赵、滕诸王,周旋款至,有若布衣之交。群公碑志,多相请托","由是朝廷之人,闾阎之士,莫不忘味于遗韵,眩精于末光。犹丘陵之仰嵩、岱,川流之宗溟、渤也。"庾信及其学识畅行北周,"然则子山之文,发源于宋末,盛行于梁季。其体以淫放为本,其词以轻险为宗"⑦,是典型的南方文风,即便苏绰等在极端复古主义思潮下所积极推行的"大诰体",面对畅行之南风,很快也不攻自破,史称:"然[苏]绰之建言,务存质朴,遂糠秕魏、晋,宪章虞、夏,虽属辞有师古之美,矫枉非适时之用,故莫能常行焉。"⑧杨广等为庾信体理不难解,但其"为庾信体",当为追崇南方文风、雅好南方文体的别称。

随着时间的推移,杨广本人积累了较高的南方学术修养。《资治通鉴》卷一八二"大业九年条""[炀]帝自负才学,每骄天下之士,尝谓侍臣曰:'天下皆谓朕承藉绪余而有四海,设令朕与士大夫高选,亦当为天子矣。'"所录虽有自炫之嫌,但《隋书·经籍志(四)》《炀帝集》五十五卷"的实证,唐初史臣"恃才矜已"⑨和李世民"观《隋炀帝集》,文辞奥博"的评价及智𫖮"晋王殿下道贯古今,允文允武,二南未足比其功,多才多艺,两献无以齐其德"⑩等的记述无不肯定了炀帝所述的真实性。又从《北史·文苑传·序》"炀帝初习艺文,有非轻侧,暨乎即位,一变其体。《与越公书》《建东都诏》《冬至受朝诗》及《拟饮马长城窟》,并存雅体,归于典制,虽意在骄淫,而词无浮荡。故当时缀文之士,遂得依而取正焉"等的记述中不难推知,终炀帝的一生,尽管文体略有改变,但其文风终未挣脱南朝体系。

---

① 《隋书·炀帝纪(上)》。
② 《隋书》卷五八《柳䛒传》。
③ 《北史·文苑传·序》。
④ 《周书》卷一三《文闵明武宣诸子》。
⑤ 《隋书》卷五八《柳䛒传》。
⑥ 《全后周文》卷四《庾信集序》。
⑦ 《周书》卷四一《庾信传》。
⑧ 《北史·文苑传·序》。
⑨ 《隋书》卷四《炀帝纪(下)·论》。
⑩ 《全隋文》卷三二《遗书临海镇将解拔国述放生池》。

二是有具较高南方化功底的萧氏辅助。隋朝建立后,开皇四年(584年)为杨广纳后梁明帝萧岿之女为妻。萧岿是著名文学家萧统的孙子,萧氏的后梁政权是杨忠等攻占江陵后扶立的傀儡政权,对杨氏百依百顺。面对隋文帝夫妇的提婚,萧岿慨然应允。萧妃"性婉约,有智识,好学解文,颇知占候",南方文化功底深厚。同时,"萧后初归藩邸,有辅佐君子之心",主动承担了相夫教子的职责。面对萧氏,受北方敬重女性的文化影响,杨广妇唱夫随,恩爱有加。史称:"恩隆好合,始终不渝","[隋炀]帝甚宠幸焉……帝每游幸,[萧]后未尝不随从。"①杨广并顺应萧氏等学会了不少南方习俗,如"晓占候卜相,好为吴语"②等。这一联姻,不仅让杨广的南方文化功力进一步精进,更重要的是作为萧齐皇室的半子,在讲求门阀的特殊年代里,为杨广顺利打入南方士族圈,广泛与南方士族平等接洽提供了方便。

三是对柳䛒的收揽和大胆使用。据《隋书·柳䛒传》载:"初,王属文,为庾信体,及见䛒后,文体遂变。"柳䛒当为炀帝接纳较早且影响重要的南方士人。细析《柳䛒传》"及梁国废,拜开府、通直散骑常侍,寻迁内史侍郎,以无吏干去职,转晋王谘议参军"之载,梁国系开皇七年(587年)废,作为萧妃家臣的柳䛒当七年以后才任内史侍郎,并与开皇六年(586年)任内史令的杨广有了直接、全面的接触,两者当因同好南方文化而结缘,当然也不能否认与柳䛒故主萧氏的关系。再究杨广在开皇八年(588年)已任职淮南的情形,柳䛒任晋王谘议参军当在开皇七八年间之事。至于"无吏干"只是托词,否则入隋后难有内史侍郎等的升迁。直接原因应和杨广好南方文化及奉命经营南方有关。柳䛒入幕后,在炀帝的支持下,积极作为,全面展开了南方才学人士的引荐工作,诸葛颖、虞世南、王胄、朱瑒等人均通过他纷纷入幕为学士。

(三)杨广行合儒家传统伦理的"善"举

隋灭陈时,他作为主帅做出一系列令南人颂扬的"善"行,攻陷建康后,"晋王广入建康,以施文庆受委不忠,曲为谄佞以蔽耳目,沈客卿重赋厚敛以悦其上,与太市令阳慧朗、刑法监徐析、尚书都令史暨慧皆为民害,斩于石阙下,以谢三吴。使高颎与元帅府记室裴矩收图籍,封府库,资财一无所取,天下皆称[杨]广以为贤"③。班师时主要带走陈朝宗室和"王公百司",比对此前宇文泰在荆州的烧杀掳掠和此后杨俊的毁城荡垦劣行,杨广对南方保

---

① 《隋书·后妃传》。
② 《资治通鉴》卷一八五,"唐高祖武德元年"条。
③ 《资治通鉴》卷一七七,"隋文帝开皇九年正月"条。

全甚多。即使是再乱后的剿灭活动,尽管是大兵压境,杨广也是先礼后兵,尽力劝导,如对三吴地区的肇乱者,延请吴郡士族陆知命晓谕。史称"晋王广镇江都,以其三吴之望,召令讽谕反者。知命说下贼十七城,得其渠帅陈正绪、萧思行等三百余人"①。所有这些行为无不收到了折服南士的效果,增进了与南士的亲近感。

(四)杨广具有豁达的处世态度

杨广曾多次重申"兼三才而建极,一六合而为家""日月所照,风雨所沾,孰非我臣"②等思想,主张天下均霑、人人平等。

当然,不否认其中可能有事后之功,但其基本理念此前定有。杨广对南方文化的熟悉,减少了沟通障碍,豁达的态度及与萧氏的联姻,化解了合作的阻力,所有这一切都为他积极提倡和实施思想沟通、文化通融,全面打入南方文化圈等奠定了基础。

但历史只是过去,未来才是根本。深知"天下之重,非独治所安,帝王之功,岂一士之略"③的杨广驻扬后,在其父等的支持下,身体力行,在南方地区秉承"入国而不存其士,则亡国矣"的传统理念,从"入其土,亲其士"④着手,紧紧围绕南方之"士"因地制宜地开展了一系列的积极文化策略。主要举动有四:

一是开府延士,分类归人。面对南北方文化的差异和关陇集团对南士的抵触,杨广放弃了将他们延至朝廷的做法,而是独自开府置馆,兼收并蓄。对文士,杨广仿南朝的学士体制置学士府,学士府先后"招引才学之士诸葛颖、虞世南、王胄、朱玚等百余人以充学士"⑤。当然,有一点必须清楚,杨广驻扬所揽之士以南方人为主,但不全是南人,北方人也有,这从薛道衡"配防岭表"途中,"晋王广时在扬州,阴令人讽道衡从扬州路,将奏留之"⑥等记载中不难推知。对佛、道等,则开设道场,据《集古今佛道论衡》卷乙《隋两帝重佛宗法俱受归戒事》载:"[炀帝]昔居晋府,盛集英髦,慧日、法云道场兴号,玉清、金洞玄坛著名。四海搜扬,总归晋邸,四事供给,三业依凭,礼以家僧,不属州县,迄于终历,征访莫穷。"一时间,扬州高僧汇集,名道多至。据对《国清百录》的不完全统计,当时入道场的名僧有智脱、智矩、吉藏、智云、

---

① 《隋书》卷六六《陆知命传》。
② 《隋书》卷四《炀帝纪(下)》。
③ 《隋书》卷三《炀帝纪(上)》。
④ 《墨子·亲士》。
⑤ 《隋书》卷五八《柳䛒传》。
⑥ 《隋书·薛道衡传》。

法澄、道庄、立身、慧越、慧乘、慧觉、法论、法安、法称等；对于入道场的名道，据《隋书》卷七七《徐则传》载，"晋王广镇扬州，知其名，手书召之"。另外，"时有建安宋玉泉、会稽孔道茂、丹阳王远知等，亦行辟谷，以松水自给，皆为炀帝所重"。杨广对其他文化名流也分别设馆，积极招揽。如《续高僧传》卷一五《义篇解》就有"一艺可称，三征别馆"之载。总之，杨广入主江都后"盛搜异艺，海岳搜扬"①。杨广对各方文化名流，特别是南方乡望、宗教精英等展开了全面的招揽活动，最终出现了"平陈之后，硕学通儒，文人才子，莫非彼至"的局面，小小江都，一时成为南方士人集聚的文化中心。

二是主动融入，积极唱和。"莫非彼至"局面的形成，有权力因素，更有杨广的积极经营。杨广招引南方名流后，并不高高在上，而能礼贤下士，主动介入，倾心交接，如在创作活动中，杨广遵循南人创作"欲人弹射，知有病累，随即改之"的"江南文制"②，主动唱和，《隋书》就留下了"[杨广]每有文什，必令其(指柳䛒)润色，然后示人。"③"[炀]帝有篇章，必先示[庾]自直，令其抵诃，自直所难，帝辄改之。或至于再三。俟其称善，然后见出。""[炀]帝每赐之(指诸葛颖)曲宴，辄与皇后嫔御连席共枕……帝常赐[诸葛]颖诗。""[炀]帝常自东都还京师，赐天下大酺，因为五言诗，诏[王]胄和之……帝所有篇什，多令继和。"④等的记载。再如对佛教，杨广对得道高僧，特别是名动一方的宗教领袖，本着擒贼先擒王的理念，不遗余力地加以笼络。最著名的当数和智𫖮(538—597年)的接触。智𫖮(俗名陈德安)，出身于"高宗茂绩盛传于谱史"的南朝门阀世家，18岁时因"家国殄丧，亲属流徙"而剃度，后师从名僧慧思习禅，30岁奉命在建康"创宏禅法"，被陈宣帝尊为"佛法雄杰，时匠所宗，训兼道俗，国之望也"。太建七年(575年)转往会稽天台山创立了天台教团，至德二年(584年)被陈后主以重礼迎回建康。陈亡后远走荆湘。平陈后隋文帝和杨俊均曾致书延请，但都无果而终。杨广坐镇江都后，自称弟子，屡请使者手书延请，甚至答应了其随来随往、不受约束等的苛刻条件，终使其"三辞不免"。开皇十一年(591年)智𫖮来江都后，杨广设千僧法会，正式拜师受戒，得"总持菩萨"和"孝"等之名。智𫖮处江都时杨广能以弟子敬候，不在时则能适时致函存问⑤。释史就有"自有帝

---

① 《续高僧传》卷九《隋东都内慧日道场释智脱传》。
② 《颜氏家训·勉学篇》。
③ 《隋书》卷五八《柳䛒传》。
④ 《隋书》卷七六《文学传》。
⑤ 《国清百录·隋天台智者大师别传》。

王,于师珍敬,无以加也"①之载。《国清百录》就收录有杨广与智𫖮间的信札71件,占全书所录文书的2/3强。对其他名僧,杨广也无不倾心招揽。对道教,初唐道士江旻也承认"晋王分陕维扬,尊崇至教"②。比如对徐则,炀帝"手书召之",病故后,"赗物千段,遣画工图其状貌,令柳䛒为之赞"③。对陶弘景的高足、南方的正统传人、琅琊王氏后人王远知,据《谈宾录》载,"[王远知]初入茅山,师事陶弘景,传其道法。及隋炀帝为晋王,镇扬州,起玉清玄坛,邀远知主之,使王子相、柳顾言相次召之。"④

三是开展研讨,砥砺共进。承前所述,任何文化都是人们在认识自然、征服自然、改造自然过程中协调人与自然及人与人关系的累积物,并无优劣之分,有的只是认知深度和广度不同所造成的短见或偏见。受对异质文化排斥心理防线和固有文化思维定式的影响,无论是谁,其对异质文化均有着轻重不同的心理障碍。唐张彦远《历代名画记》卷八"董伯仁"条记录了这样一件事:"初,董与展[子虔]同召入隋室,一自河北,一自江南。初则见轻,后及颇采其意。古来词人,也有此累"。此例就典型地揭示了隋初南北文人由相轻、相识到相知的渐进过程。俗话说,话不说不清,理不辩不明。只要搭建一个平等的对话平台,学识相当之人,完全可以取长补短,砥砺共进。这也正是杨广驻扬文化安抚的最成功之处。且不论其他,仅说佛教,讲经弘法,劝人皈依向善,是其最高宗旨,翻览隋灌顶所编《国清百录》,杨广驻扬期间所邀南方名家无不以此为名,即使是智𫖮也不例外,即使其"三辞",每次均以师长、同学自代求免也可佐证。通过平等的对话和辩论,相互间理清了思路,拓展了思维,消弭了误解,增进了学识,达成了共识,深化了友谊,整合了资源,推动了双方或多方的共进,促进了个性文化的相互融合和共同发展,并促成了中国历史上天台宗、三论宗、三阶教等著名佛教宗派在隋时的建立。

四是展人所长,著书立说。对南方文化名士,苏威曾有"江南人有学业者,多不习世务,习世务者,又无学业"⑤之言,此纯为关中集团尚武好勇、重武鄙文的思维定式所致,即便如此,其拥有较高学识且在门阀制度盛行的南方具有相当的号召力当不容否认,如前述陆知命劝降十七城和南人借名僧真观之名起事等当可佐证。面对硕学通儒的纷至沓来,杨广在组织他们广

---

① 《集古今佛道论衡》卷乙《隋两帝重佛宗法俱受归戒事》。
② 《全唐文》卷九二三江旻《唐国师异真先生王法主真人立观碑》。
③ 《隋书》卷七七《徐则传》。
④ 《太平广记》卷二三"王远知"条。
⑤ 《隋书·柳庄传》。

泛研讨的基础上,用其所长,投其所好,积极开展了典籍的搜集整理和编纂活动,史称:"隋开皇十年,炀帝镇于扬越,广搜英异,江表文记,悉点收集"①。编著典籍,不仅需要相当的后勤保障,仅以纸张而论,在自给自足的隋时尚属紧张,杨广对名动江南的智𫖮施以2000张抄经之纸,从对智𫖮有求的杨广能拿得出手,及智𫖮还回复《答谢晋王施物书》函致谢,我们不难窥知纸张的珍贵和获取的不易,而且使用纸张者还需有较高的学识修养,长期以来,著述多为名家硕学或皇家的专利,且不论个人,皇家如曹魏的《皇览》、萧梁的《寿光书苑》和《类苑》、萧齐的《华林遍略》、北齐的《修文殿御览》等均不例外。杨广代表官方能提供条件让南方各界名流主持或参与编著,既承认和肯定了其学识,尊重了南方文化及南士的人格,又让其有了实现自身价值从而进一步显亲扬名的难得机遇,因此,这批名士无不全力投入,积极作为。杨广驻扬期间,各类典籍的整理、编纂活动亘续未断,《资治通鉴》卷一八二"炀帝大业十一年"条"[炀]帝好读书著述,自为扬州总管,置王府学士至百人,修撰未尝暂停"等记载当可佐证。这类编纂,既保全了南北朝以来屡经摧残的典籍,丰富和传承了古代文明,又保证了著述的质量,从杨广为帝后窦威、崔祖濬因"著述之体,又无次序,各赐杖一顿"②等行为,及《旧唐书》卷四五《经籍志》"炀帝好学,喜聚异书,而隋世简编,最为博洽"的评价中,不难窥知杨广对编纂质量的要求之高。当然,参与编者并非全是学士,从《隋书·经籍志(四)》"大业时,又令沙门智果,于东都内道场撰诸经目,分别条贯,以佛所说经为三部:一曰大乘,二曰小乘,三曰杂经。其余似后人假托为之者,别为一部,谓之疑经"中反推,各名道高僧等也尽与其中。慧觉等奉命整理"宝台四藏,将十万轴"③和洪琳《辩证论》卷三"于扬州装补新经,并写新本,合六百一十二家,二万九千一百七十三部,九十万三千五百八十卷"均可佐证。

(四)修建设施,助推发展

文化设施是人们开展文化活动的场所,杨广驻扬后积极加以兴建和完善。仅以寺庙而论,杨广驻扬期间,除江都四道场外,据《国清百录》载,杨广直接出资兴建的寺院就有荆州玉泉山符天道场、江州浔阳庐山的东林寺、顶峰寺等,他还斥资助修了天台、十住等寺,甚至为天台寺、玉泉寺、十往寺、潭州大明寺、荆州上明寺、峰顶寺和江州匡山寺、东林寺等的檀越。据洪琳《辩

---

① 《集神州三宝感通录》卷中。
② 《全隋文》卷五杨广《敕责窦威崔祖濬》。
③ 《续高僧传》卷一二《隋东都内慧日道场释智脱传》。

证论》卷三载,杨广驻扬期间,先后"修治故像一十万一千躯,铸刻新像三八百五十躯,所度僧尼一万六千二百人"①。

通过以上的一系列活动,杨广以攻心为上,较好地凝聚和稳定了社会各界特别是文化高士的人心,融合了社会文化资源,获取了他们"誓当影护王之土境"②等的真心承诺,并通过他们的感召力隔山打牛,完成了维稳由个人到家庭、家族、地区的逐步推进,进而增进了广大南方地区对隋的向心力和隋施政的支持度,收到了一举多得的效果,基本实现了隋初江南的社会稳定和平稳过渡。

三、离扬后余绪

古人云,"劳心者治人,劳力者治于人"③,杨广驻扬期间,通过对社会精英和文化名士等"劳心者"的广泛笼络和投其所好的善用,有效地稳定了江南的精英队伍和江南社会,收到了较好的社会效果。炀帝即位后,除三下扬州外,还将在扬州累积的文化建设经验等推广到北方,全面扬弃尚武鄙文的"关中旧意",重文轻武,全面加大了汉化的力度及对南方的政策倾斜。除施政方针外,针对南方文化及其传人,杨广的举措主要体现在以下几个方面:

一是加大以南士为主的藩邸旧臣的重用力度。杨广北上后,其招徕的藩邸旧臣仍暂处扬州,继续开展他们未竟的编纂活动。杨广入主东宫后,撤府为宫,王府学士改为东宫学士,如《柳䛒传》就明言其为东宫学士。杨广即位后,则开始大胆使用藩邸旧臣。据《隋书》载:柳顾言是"炀帝嗣位,拜秘书监,封汉南县公";虞绰"及陈亡,晋王广引为学士,大业初,转为秘书学士";王胄"及陈灭,晋王广引为学士……大业初,为著作佐郎,以文词为炀帝所重";王胄之兄"[王]眘……与胄俱为学士。炀帝即位,授秘书郎,卒官";庚自直"陈亡,入关,不得调。晋王广闻之,引为学士。大业初,授著作佐郎"④;大业二年(606年),杨广"擢藩邸旧臣鲜于罗等二十七人官爵有差"⑤;大业三年(607年)机构调整时,"又置儒林郎十人,正七品。掌明经待问,唯诏所使。文林郎二十人,从八品。掌撰录文史,检讨旧事。此二郎皆上在藩已来直司学士"⑥。对释道人士,杨广除合理分流,散布全国讲经

---

① 转见《广弘明集》卷十三。
② 《国清百录》卷三《遗书晋王第六十五》。
③ 《孟子·滕文公章句上》。
④ 《隋书》卷七六《文学传》。
⑤ 《隋书》卷三《炀帝纪(上)》。
⑥ 《隋书·百官志(下)》。

弘法外，还在东都内立慧日、法云等道场和通真、玉清等玄坛及上林园翻经馆等，予以广泛接纳。原驻扬名人智脱、法澄、立身、道庄、法轮等名僧及王知远等名道均随驻洛阳。这批藩邸旧臣等移居东都，大多一如既往地开展文化交流和编纂活动，积极扩大南方文化的影响，如虞绰"奉诏与秘书郎虞世南、著作佐郎庾自直等撰《长洲玉镜》等书十余部"①。这些藩邸旧臣也成果颇丰，据《资治通鉴》卷一八二载："[炀]帝好读书著述，自为扬州总管，置王府学士至百人，修撰未尝暂停。自经术、文章、兵、农、地理、医、卜、释、道乃至蒲博、鹰狗，皆为新书，无不精洽，共成三十一部，万七千余卷。"

二是加大南方统治思想即儒学的扶持力度。炀帝即位后，大业四年（608年），下诏尊孔丘（字仲尼）为"先师尼父""立孔子后为绍圣侯"②，大崇儒学。同时杨广还吸取马主任扬州时开展异质文化融合的经验，广泛开展儒学讲论，并择善授职，据《隋书·褚辉传》载："炀帝时，征天下儒术之士，悉集内史省，相次讲论。"其中，以大业元年（605年）之讲论最为有名，史称："征辟儒生，远近毕至，使相与讲论得失于东都之下，纳言定其差次，一以闻奏焉。"③当时礼部侍郎许善心推荐了徐文远等五人，这五人全都来自于南方，其中陆德明"与鲁[世]达、孔褒俱会门下省，共相交难，无出其右者"，"[褚]徽（也作辉或晖）博辩，无能屈者"④。通过此次讲论，徐文远与包恺、褚徽、陆德明、鲁世达等南人均升为学官，徐文远获任国子博士，包恺等升为太学博士。一批南方儒士在北方拔地而起，其后他们便长驻京洛一带聚徒讲授，威震北方，"时人称文远之《左氏》、褚徽之《礼》、鲁[世]达之《诗》、陆德明之《易》，皆为一时之最"⑤。南方儒学在炀帝时倾覆北方，逐渐占据了统治地位，成为隋及其后各代的统治思想。

三是拓展了南方士人的仕进之路。隋文帝在灭陈之初，对陈之宗室"配于陇右及河西诸州，各给田业以处之"⑥。其他人员即使有所选用，在关陇集团的操控下，大多也再走北齐"俱从九品释褐"之路从基层做起，迫于隋时"食封及官不判事者，并九品，皆不给禄"⑦的政策，许多人不得不以"佣保为事"，生活清贫，步履维艰。大业二年（606年），炀帝借纳陈后主第六女婳为

---

① 《隋书·虞绰传》。
② 《隋书》卷三《炀帝纪上》。
③ 《隋书·儒林传序》。
④ 《旧唐书·儒林传》。
⑤ 《旧唐书·徐文远传》。
⑥ 《陈书·陈伯山传》。
⑦ 《隋书》卷二四《食货志》。

贵人之机,"召陈氏子弟尽还京师,随才叙用。由是并为守宰,遍于天下"①,对南人全面除禁。据《陈书》统计,大业间,陈氏宗室子弟得为县令者21人,郡守、通守7人,郎官4人,卿5人。同时炀帝还改进职官制度,在考核晋级上,"[大业二年七月]庚申,制百官不得计考增级,必有德行、功能灼然显著者擢之"②,破除了论资排辈、计考增级的陋规,着手按官员整体素质和能力这一德才兼备的标准选用人才。在初选办法上,大业五年(609年)正月"制魏、周官不得为荫"③,彻底剥夺了关陇集团的"平流进取"机会,并落实以考代选的铨选制度,即"炀帝嗣兴,又变前法,置进士等科"④,一批以学业见长的南人被广泛充实到新政权之中,如虞世基、裴蕴、许善心、袁充、姚察、宁长真、樊子盖、来护儿、麦铁杖、麦孟才、张镇周、陈智略、张童儿、沈光、陈稜等。其中,虞世基"炀帝即位,顾遇弥隆……帝垂其才,亲礼逾厚,专典机密。与纳言苏威、御史大夫裴蕴分掌朝政"⑤。又如裴蕴,大业年间,炀帝先征之为太常少卿,再拔为民部侍郎,后擢授御史大夫,令其与苏威等"参掌机密"⑥。

综上所述,炀帝主政扬州十年,以招引南方名流为中心,开展了一系列卓有成效的文化整合等工程,进一步收揽了人才,推进了北方的汉化和南方政局的稳定,使扬州一跃而成为南方的政治、文化中心。杨广即位后,除全面推进南方文化北传和融合外,又通过浚拓运河、三下扬州,进一步强化了扬州在南北交通方面的枢纽地位,并随着黄淮经济的衰退和南方经济的进一步复兴扬州成为南方的经济中心,开启了唐代扬州全面深化发展的春天,奠定了唐代中后期"扬一益二"局面形成的基础。

(作者单位:仪征市档案局)

---

① 《陈书·陈伯山传》。
② 《隋书》卷三《炀帝纪(上)》。
③ 《隋书》卷三《炀帝纪(上)》。
④ 《旧唐书·薛登传》。
⑤ 《隋书》卷六七《虞世基传》。
⑥ 《隋书》卷六七《裴蕴传》。

世系与婚宦：扬州出土《姚嗣骈墓志铭》所见杨吴·南唐晋陵姚氏家族[*]

胡耀飞

前 言

1952 年，江苏省扬州市邗江县蒋王乡十三里庙出土了一方对杨吴·南唐史研究十分重要的墓志，即《大唐故右军散押衙左天威第七军指挥使银青光禄大夫检校司徒右领军卫将军兼东都左巡使姚府君墓志铭并序》（以下简称《姚嗣骈墓志铭》），作者署名"将仕郎守大理评事中书门下兼直史孙岘"。此志石长 59cm，宽 51cm，正书，现藏江苏省扬州市博物馆。此志录文两次收录于吴钢主编《全唐文补遗》。[①] 近年，周阿根《五代墓志汇考》对录文进行了全面的整理。[②] 不过都没能释读全文，盖志石本身已有残泐。

关于此志研究，早年李之龙、吴炜各有一篇论文：前者讨论了姚嗣骈（893—942 年）的生平，以及志文所见南唐皇室复姓李氏、南唐"东都"成立时间、杨吴·南唐时期官职滥封等问题；后者补正了李之龙的几处录文问题。[③] 笔者曾在硕士论文中利用志文所载相关信息讨论了南唐两都制的前身，杨吴时期的两都制问题。[④] 范兆飞则就姚氏与太原王氏的婚姻问题稍有涉及。[⑤] 不过目前尚无就此志文对姚嗣骈本人及其家族进行论述者，故笔者

---

[*] 本文系国家社科基金重大项目"五代十国历史文献的整理与研究"阶段性成果之一，编号：14ZDB032。

[①] 吴钢主编：《全唐文补遗》第四辑，三秦出版社，1997 年，第 517—519 页；吴钢主编：《全唐文补遗》第七辑，三秦出版社，2000 年，第 192—193 页。后者比前者录文更为完整，但也有缺漏。

[②] 周阿根编纂：《五代墓志汇考》，黄山书社，2011 年，第 337—341 页。

[③] 李之龙：《南唐姚嗣骈墓志初考》，《东南文化》1995 年第 1 期，第 69—75 页；吴炜：《对李之龙先生〈南唐姚嗣骈墓志初考〉一文的几点补充》，《东南文化》1996 年第 3 期，第 110—111 页。亦可参见吴炜以简体字对此墓志的再次整理，见吴炜、田桂棠：《江苏扬州唐五代墓志简介》，自印，2012 年，第 92—93 页。

[④] 胡耀飞：《南唐两都制研究》，陕西师范大学硕士论文，2011 年，第 7—9 页。

[⑤] 范兆飞：《中古太原士族群体研究》，中华书局，2014 年，第 191、215 页。

不揣浅陋,再次撰文,对志文涉及杨吴·南唐时期晋陵姚氏家族的世系与婚宦做一梳理,以揭示当时中下层武将家族的生态,希望能够得到指正。

一、姚嗣骈墓志全文

为便于行文,本文先根据周阿根录文对姚嗣骈墓志抄录于下(其中标点符号偶有调整之处,不再一一出注):

> 大唐故右军散押衙左天威第七军指挥使银青光禄大夫检校司徒右领军卫将军兼东都左巡使姚府君墓铭并序
>
> 将仕郎守大理评事中书门下兼直史孙岘撰
>
> 府君讳嗣骈,字霸臣,其先南安人。虞帝之后,余庆所钟,绵绵万嗣。古推茂族,代为名家,□杰□□。古今相继,载之谱牒,炳若丹青。厥后因官徙家,府君即晋陵人也。曾祖讳畅,仕唐殿中侍御史,追赠□□卫将军。王父讳镐,仕唐行亳州长史,追赠右监门卫将军。考讳崇,属土运中否,天下□□,□□□唱义建号,遂参于武帐。仕吴,累迁官水土,旋遥授宿州刺史。己卯岁,转授吉州刺史。政简仁和,授镇海军随使都押衙,追赠开国男、食邑三百户。母太原王氏,封太原县君,进封县太君。贤淑著慧,□□□□。育成令器,克袭家声。自进封之命,盖从府君之贵,府君即镇海都校之次子也。元昆讳,右军兵马使、银青光禄大夫,不幸早世。
>
> 府君嗣庆,禀性淳直,负气倜傥,沉谋罕测,实自生知。军事□□,□□神授,敦诗阅礼,射马射人。时皆许之,每指谓曰:"养子当如姚氏。"其扬名如此。自唐乾宁之后,□□□隶和门,荐履戎资,益表奇节。洎吴宣帝开国之后,顺义三年,丁先公之忧,扶护东归,□□□□□革无避,苫凷难居。朝廷署右职宠之,欲渐其用也。时主上聿持权柄,府君曲预指顾,或入参亲旅,出莅剧邑,南丰遗爱,分宁布惠。迁任京畿□□□□□,平赋均田,利民资国。累授左右散骑常侍、工部尚书、右千牛卫中郎将,以赏劝焉。寻以□□□□□镇,实资列校,以赞戎机。大和五年,迁充寿州右黑云指挥使。明年,兼右厢马步都虞侯,□□□□□重,贞干尤多。入则训练师徒,出则戒严烽堠。故疆即肃,比户用安。丕绩升闻,朝廷爱及□□□□□散押衙、左雄武军先锋指挥使、右千牛卫将军,寻转兵部尚书。军旅之任,辑睦有方,士卒□□,寔谓百夫之特,当先二子之鸣。天祚三年,授尚书左仆射、右领军卫将军。主

上□□□□□之命，建都建业，改元昇元。以吴之宫阙为东都，左右金吾使为左右巡使。将俾警□□□□□遂行，徽章兼降。迁左天威军第七指挥使兼东都左巡使、检校司空。诱善如流，去恶若挥，□□□□以清。二年，上以运复宗枝，礼成郊祀，中外品列，浃洽恩华，转检校司徒。三年，□□□□□。乃要冲之所，盛屯甲士。恩委良将，差充上淮巡检都部署，克修边备，远振威声。常思樊哙□□□□主之薄伐。既逾暮岁，爰值班旋。五年，归东都，戎职如故。府君常自言曰："我国家兴复，□□□□，中原失主，尚染羊尘。百战亡身，固甘马革，余之勇概，不让他人。"呜呼！大器已彰，令图方远，而□□□，焉可力争。如露朝晞，故为能久，修缠美疹，莫验良医。玄报适诬，厌世何速。以昇元六年闰三月□□日□疾，终于东都怀德坊之私第，享年五十。

娶河东卫氏，不幸早世。继娶卫氏，又纳太原王氏，皆□□□□，□相从偕老，不期厘居永恸。令季四人：长曰骥，福昌殿使、检校尚书右仆射兼御史大夫；次曰□，□□□，检校尚书右仆射兼御史大夫；曰骥，殿前承旨院副使、检校工部尚书兼御史大夫，乙未岁，暴□□；曰驯，为寿王衙通引官。皆推扬国器，充被朝恩，棠棣之华，于兹为盛。女兄一人，早归于太原王五。□一人，适陇西李公郎中。有子七人：长曰承礼，留守衙前虞侯；次承智、承祚与承泰，早世；次曰承道、承□。或已居职序，或尚在童卯，义方成训，善庆可知。有女三人：长归于岘；次二人俱在弱龄，将及笄年。当□族有诸侄诸孙，悉播令问，以松楸有地，旌旐告行。其年五月二十三日葬于江都府江都县兴宁乡赞□坊先茔，礼也。且大丈夫处世，患禄不及亲，仕不及贵，才不遇时，惠不施下。今府君甘旨毕臻，色养□□，可谓禄及亲矣！自偏裨之任，分旗鼓之权，可谓仕及贵矣！以通变之略，历繁重之寄，可谓才遇时矣！□□俗善抚锐师，可谓惠施下矣！其所不足者，莫登上寿，未总百域。弃彩衣于高堂，掩泉台于昭代，知者伤叹久之。岘早熟世交，晚叨嘉选，辱嗣子见托，幸勒贞珉。铭曰：

妫水之后，实为华宗。绵灵□□，桑裕穹隆。

古今相继，图史无穷。方知积善，代有英雄。

府君生德，克袭门风。如飞电兮击剑，象圆月兮弯弓。

器度□□，□谋变通。继临大邑，异政唯公。

历使列效，英威罕同。入分巡务，出遏边封。

东夏而尽,欣去暴北。橡而使敢兴戎,衣再□萼推恭。

理家尽孝,许国怀忠。方坚劲节,将图大功。

忽膏肓分构疾,俄电露分告终。

下□□□祔。

呜呼！□□□□,龟筮叶从。永存贞纪,如对音容。
□□□□,□□□□。

一、晋陵姚氏家族籍贯、世系考

《姚嗣骈墓志铭》是一方难得的提供了杨吴·南唐之际政治信息的墓志,而且对于家族史研究来说也十分珍贵。杨吴·南唐政坛,除了活跃有姚嗣骈所在的晋陵姚氏家族,还有通州静海姚氏家族以及其他单个姚氏将领。对于单个姚氏将领,有杨吴姚克瞻(姚洞天)①、姚环②,南唐姚景(？—944年)③、姚凤④等。然皆无详细家族背景材料。而对于静海姚氏家族,日本学者山根直生已经对其进行了研究。⑤ 根据山根直生的考察,静海姚氏是活跃于今天江苏省通州市地区的豪族,把持了那一带的海上贸易,名义上臣属

---

① 姚克瞻第一次出现于天祐五年(908年)五月与钟泰章共同参与为徐温谋杀张颢事件,见路振:《九国志》卷二《钟泰章传》,《五代史书汇编》第六册,杭州出版社,2004年,第3248页;《九国志》卷三《徐温传》,第3266页。又据陈彭年《江南别录》"烈祖"条,"骑将姚洞天荐(宋齐丘)于烈祖"(《五代史书汇编》第九册,第5134页),郑文宝《江表志》卷下则曰"宋齐丘为儒日,修启投姚洞"云云(《五代史书汇编》第九册,第5094页),而陆游《南唐书》卷四《宋齐丘传》则曰"齐丘因骑将姚克瞻得见"(《五代史书汇编》第九册,第5494页),则姚洞天或姚洞即姚克瞻之更名,或与其从徐温投靠烈祖(徐知诰)有关。从这两件事来看,姚克瞻也是一位武将,可惜对于此人并无更多史料。

② 姚环于天祐十年(913年)四月在无锡东洲被吴越将领钱元璙所擒,见钱俨:《吴越备史》卷一《武肃王》,《五代史书汇编》第十册,第6207页。

③ 姚景于南唐烈祖昇元六年(942年)四月接替高审思,以侍卫诸军都虞侯出任清淮军节度使,见马令:《南唐书》卷一《先主书》,《五代史书汇编》第九册,第5263页。姚景卒于南唐元宗保大二年(944年),见司马光:《资治通鉴》卷二八四"晋齐王开运元年八月"条,中华书局,1956年,第9275页;马令:《南唐书》卷二《嗣主书》,第5269页。

④ 姚凤于保大三年(945年)出任南唐进攻王闽政权建州的建州行营都监,见《资治通鉴》卷二八四"晋齐王开运二年二月"条,第9285页。保大九年(951年),以客省使出任册立楚王马希萼的册礼使,见《资治通鉴》卷二九〇"周太祖广顺元年三月"条,第9458页。保大十三年(955年),以常州团练使兼任备御北周的北面行营应援都监,见《资治通鉴》卷二九二"周世宗显德二年十一月"条,第9533页。最后,于次年为后周将领赵匡胤所擒,见《资治通鉴》卷二九二"周世宗显德三年二月"条,第9538页。

⑤ 山根直生:《南通市出土、五代十国期墓志绍介》,《福冈大学研究部论集·A·人文科学编》第5卷第2号,2005年11月,第139—150页;山根直生:《文字をのこす人、みる人、语る人——南通市狼山の磨崖文をたずねて》,《アジア游学》91,2006年9月,第94—103页;山根直生:《静海·海门の姚氏——唐宋间、长江河口部の海上势力》,日本宋代史研究会编《宋代の长江流域——社会经济史の视点から》,汲古书院,2006年,第107—148页。

于杨吴·南唐政权,在杨吴·南唐政权和吴越国政权之间起到了沟通作用。而同时期存在的晋陵姚氏,则主要活跃于扬州。这两个姚氏家族以及其他单个姚氏将领除了都姓姚外,还有一个共同点,即都是武将,以武力显名。因此,考察两个姚氏家族以及其他姚氏将领,对于杨吴·南唐政权武将家族,乃至整个藩镇时代的中下层武将家族研究①,都十分珍贵。

本文即就《姚嗣骈墓志铭》对晋陵姚氏的籍贯、世系进行初步整理:

（一）姚氏籍贯

根据《姚嗣骈墓志铭》的志文记载:

> 府君讳嗣骈,字霸臣,其先南安人。虞帝之后,余庆所钟,绵绵万嗣。古推茂族,代为名家,□杰□□。古今相继,载之谱牒,炳若丹青。厥后因官徙家,府君即晋陵人也。

据此可知,姚氏自称"南安人",到姚嗣骈这一辈"因官徙家",成为"晋陵人"。这里的南安、晋陵,都是指唐代时期的州郡。南安即秦州,晋陵即常州。不过是否"因官徙家",倒也不必拘泥,因为南安只是姚氏郡望之一,在中古时期伪冒郡望的大环境下,姚嗣骈的祖先不一定会直接来自秦州。

此外,根据志文可知,姚嗣骈本人葬于"江都府江都县兴宁乡赞□坊先茔",可知至少他父亲姚崇时即已经定居东都。不过基于姚氏自述,本文还是称之为"晋陵姚氏",亦即姚氏应当来自常州。

（二）姚氏世系

关于姚嗣骈一族的家族成员,限于材料,我们仅能从《姚嗣骈墓志铭》中发掘信息。根据志文,按照辈分,列之如下:

第一代:姚畅。

志文曰:"曾祖讳畅,仕唐殿中侍御史,追赠□□卫将军。"

第二代:姚镐。

志文曰:"王父讳镐,仕唐行亳州长史,追赠右监门卫将军。"

第三代:姚崇、王氏夫妇。

---

① 笔者最近对于以藩镇割据为突出特征的唐后期五代宋初这一"藩镇时代"的武将家族颇为关注,已分别考察了东海徐氏家族、邢州孟氏家族和上党雍氏家族,参见胡耀飞:《世系·命运·信仰:唐末五代东海徐氏家族三题》,杜文玉主编《唐史论丛》第13辑,三秦出版社,2011年,第116—137页;胡耀飞:《论唐宋之际邢州孟氏家族的地域迁徙与门风转型》,薛梦潇主编《珞珈史苑·2012年卷》,武汉大学出版社,2013年,第133—168页;胡耀飞:《后蜀孟氏婚姻研究——兼论家族史视野下的民族融合》,奇文瑛主编《民族史研究》第11辑,中央民族大学出版社,2014年,第75—100页;胡耀飞:《上党雍氏考——藩镇时代下层武将家族个案研究》,常建华主编《中国社会历史评论》,第15卷,天津古籍出版社,2014年,第149—165页。

志文曰:"考讳崇,属土运中否,天下□□,□□□唱义建号,遂参于武帐。仕吴,累迁官水土,旋遥授宿州刺史。己卯岁,转授吉州刺史。政简仁和,授镇海军随使都押衙,追赠开国男、食邑三百户。母太原王氏,封太原县君,进封县太君。贤淑著慧,□□□□。育成令器,克袭家声。自进封之命,盖从府君之贵。"

其中"天下"后五字阙,周阿根并未断开,但据文意,"土运中否,天下□□"为一句,表明天下大乱,"□□□唱义建号"为一句,指杨行密(852—905年)起兵淮南,所缺三字当为"吴武帝"之类,盖杨吴顺义七年(927年)杨行密之子杨溥(901—939年)称帝时,追尊杨行密为"武皇帝"①,且志文叙述姚嗣骈履历时又有"吴宣帝"字样,吴宣帝即杨吴政权第三位君主杨隆演(897—920年)。

第四代:姚某、姚嗣骈、姚嗣骎、姚嗣□、姚嗣骥、姚嗣驯。王五・姚氏、李公・姚氏。姚嗣骈妻二卫氏、王氏。

志文曰:"府君即镇海都校之次子也。元昆讳②,右军兵马使、银青光禄大夫,不幸早世。府君嗣庆,禀性淳直,负气倜傥,沉谋罕测,实自生知。……娶河东卫氏,不幸早世。继娶卫氏,又纳太原王氏,皆□□□□,□相从偕老,不期厘居永恸。令季四人:长曰骎,福昌殿使、检校尚书右仆射兼御史大夫;次曰□,□□□,检校尚书右仆射兼御史大夫;曰骥,殿前承旨院副使、检校工部尚书兼御史大夫,乙未岁,暴□□;曰驯,为寿王衙通引官。皆推扬国器,充被朝恩,棠棣之华,于兹为盛。女兄一人,早归于太原王五。□一人,适陇西李公郎中。"

其中"相从偕老"前五字阙,周阿根并未断开,但据文意,"皆"字后四字当是描述卫氏、王氏美德,以"皆"字统领,可知"相从偕老"前亦有一字统领,故断如上。另外,姚嗣骈女兄所适,周阿根断为"王五□",但既曰"女兄一人",则后一位适李公者,当是其妹,故应断为"□一人"。王五者,姓王,排行第五,与李公一样,皆不具名。至于姚嗣骈四个弟弟的名字中没有"嗣"字,可能是行文省略,故笔者怀疑本名有"嗣"字,遂为之补。

第五代:姚承礼、姚承智、姚承祚、姚承泰、姚承道、姚承□,孙岘・姚氏、姚氏、姚氏。

志文曰:"有子七人:长曰承礼,留守衙前虞侯;次承智、承祚与承泰,早

---

① 《资治通鉴》卷二七六,"后唐明宗天成二年十一月"条,第9011页。
② 周阿根注曰:"原拓避讳阙敬。"即姚嗣骈之长兄名字因避讳而阙。但是姚嗣骈父祖、令季等人的名字都不阙,何独阙长兄?笔者认为,可能是因为姚嗣骈之长兄"不幸早世",尚未取名之故。

世;次曰承道、承□。或已居职序,或尚在童丱,义方成训,善庆可知。有女三人:长归于岘,次二人俱在弱龄,将及笄年。"

其中姚嗣骈虽然"有子七人",但志文列出名字的仅六人。姚嗣骈长女所适"岘",即志文作者孙岘自称。孙岘除了这篇墓志外,还有诗作存于《全唐诗》,即南唐元宗保大九年(951年)所撰《送钟员外》(亦名《赋竹》《赋竹送德林少尹员外》):"万物中潇洒,修篁独逸群。贞姿曾冒雪,高节欲凌云。细韵风初发,浓烟日正曛。因题偏惜别,不可暂无君。"①孙岘所送为即将赴任东都任江都少尹的钟蒨(字德林)②。此外,元宗时,孙岘也曾任南唐虔州节度使江王李景逷的掌书记,且"每能谏其过失,景逷为之加礼,及岘卒,厚给其家,时人以此美之"③。可知孙岘是一位颇为正直的文人,难怪姚嗣骈能够托付自己的女儿。

根据以上整理,我们可以得到晋陵姚氏家族世系图如下:

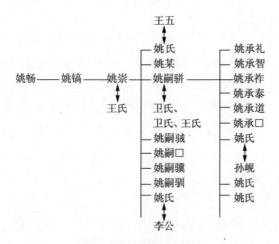

图一　晋陵姚氏世系图

二、晋陵姚氏家族婚姻、仕宦考

根据上文整理,截止至南唐烈祖昇元六年(942年)的晋陵姚氏家族谱

---

① 傅璇琮等主编:《全唐诗:增订本》卷七五七,中华书局,1999年,第8705页。此诗初见于南唐名臣徐铉《骑省集》卷三,文渊阁四库全书本。但题"孙岘山",当是字"岘山"。但《全唐诗》小传说"孙岘,字文山,南康人。官郎中。"未知孰是。

② 钟蒨传记见吴任臣:《十国春秋》卷二七,中华书局,1983年,第390—391页。任江都少尹事参见胡耀飞:《南唐两都制研究》,第15—16页。最近,钟蒨之女杜钟氏的墓志发现于南京中华门外丁甲山北麓,从墓志中可知钟蒨为唐末洪州地方割据势力钟传的儿子,参见邵磊:《宋杜镐妻钟氏墓志及其相关问题》,赵力光主编《碑林集刊》第十九辑,三秦出版社,2013年,第106—115页。

③ 马令:《南唐书》卷七《江王景逷传》,《五代史书汇编》第九册,第5312页。

系图已经十分清晰。但若要继续深入，则需要对志文和谱系再进行解读。这包括家族史研究中最为基本的婚姻、仕宦两个方面。

(一) 姚氏婚姻

从前文世系表可以看到姚氏家族三代人在昇元六年之前有七次联姻：

第一代，姚嗣骈之父姚崇娶"太原王氏"。

第二代，姚嗣骈之女兄姚氏嫁"太原王五"，妹姚氏嫁"陇西李公郎中"，姚嗣骈本人二娶河东卫氏，一娶太原王氏。

第三代，姚嗣骈之长女姚氏嫁孙岘。

这七次联姻，值得注意以下几个方面：

第一，太原王氏与姚氏家族有三次联姻，虽然姚嗣骈之母王氏、姚嗣骈之姐夫王五、姚嗣骈之第三位妻子王氏，可能不一定出自同一家族，但基于姚嗣骈之母王氏与姚氏联姻在先，她为自己女儿择娘家子弟为丈夫，为自己儿子择娘家女子为妻子，从习惯上而言，可能性很大。所以姚氏和王氏可以说是世家姻好。但是从姚嗣骈最开始两位妻子是卫氏来看，姚嗣骈本人可能比较抗拒继续与王氏家族联姻，或许考虑到第一任妻子卫氏英年早逝，担心没有子嗣，方才"纳"而不是"娶"王氏。

第二，包括王氏家族在内，加上姚嗣骈初娶的两位河东卫氏、姚嗣骈妹所嫁陇西李氏、姚嗣骈长女所嫁孙岘，我们都不知道王氏、卫氏、李氏、孙氏各自上一代的家族背景。从有限的信息来看，"陇西李公郎中"应该是姓李且官居"郎中"者，"郎中"多为低级文职。孙岘官居"将仕郎守大理评事中书门下兼直史"，如上所考，孙颇有文采，又为人正直。

第三，通过以上两点，笔者认为王氏家族可能与姚氏家族一样为杨行密帐下武将家族，且互为婚姻。① 但姚嗣骈本人所处时代已经是杨吴后期、南唐初，这时杨吴·南唐政权已经疆域稳定，武将不再受到重视，特别是南唐建立前后，文官治理内政的作用开始凸显。所以，虽然河东卫氏的家族背景并不清楚，但姚嗣骈本人并未首先以王氏为联姻对象，不过考虑到子嗣问题，才不得已"纳"王氏。而到了姚嗣骈的妹妹以及女儿出嫁时，即开始选择文人为联姻对象，且不乏孙岘这样的佼佼者。

姚氏家族的这一联姻转变，与笔者对杨吴·南唐政权境内沙陀武将的

---

① 范兆飞在研究太原王氏时，对于姚嗣骈墓志出土地未能考证，以致不明其已经是唐末五代杨吴·南唐政权时期的情况，对于墓志中的太原王氏依然列为中古时期太原王氏的后裔。事实上，这里的所谓太原王氏，也许仅仅是伪冒与攀附。参见范兆飞：《中古太原士族群体研究》，第 191 页、第 215 页。

联姻考察一致,都是从联姻武将家族转向联姻文官。① 可以说,这反映了杨吴·南唐时期乃至整个唐宋之际全国社会风气的一种转变。

（二）姚氏仕宦

关于姚氏家族的仕宦,志文提供了截止至昇元六年的信息,现据志文按辈分揭示如次:

1. 姚嗣骈父祖

姚畅,志文载其"仕唐殿中侍御史,追赠□□卫将军"。

姚镐,志文载其"仕唐行亳州长史,追赠右监门卫将军"。

这两代人,从时间来看,生活于中晚唐时期,且两人官职明确区分生前终官和死后赠官,则其生前终官应当可信。若如志文所载,则可以得出两点信息:第一,从姚畅、姚镐生前终官来看,姚氏家族在中晚唐时期属于下层文官世家;第二,姚畅、姚镐死后赠官,当因姚崇或姚嗣骈在杨吴政权内的功绩而获赐,但因为已经转为武门,故赠官也都是武衔。

2. 姚崇

姚崇,志文载其"属土运中否,天下□□,□□□唱义建号,遂参于武帐。仕吴,累迁官水土,旋遥授宿州刺史。己卯岁,转授吉州刺史。政简仁和,授镇海军随使都押衙,追赠开国男,食邑三百户"。

前文已经指出,姚崇在唐末大乱时随吴武帝杨行密从戎,从而建功立业,累官宿州刺史(遥授)、吉州刺史、镇海军随使都押衙,并且在死后追赠开国男,食邑三百户。其中"己卯岁"指杨吴武义元年(919 年),姚崇在此年授吉州刺史。据笔者考证,徐玠在天祐六年至十五年(909—918 年)间任吉州刺史,而姚崇在武义元年出任吉州刺史,正好可以印证笔者的考证。② 另外,姚崇所接替的徐玠,史称其"贪猥不治"③,可见当时辅政杨吴政权的徐知诰选择姚崇出任吉州刺史,当是考虑到了姚崇本人的品德,而且姚崇也不孚众望,在任上"政简仁和",也无愧于与之同名的开元名相姚崇。

姚崇的去世时间,据志文,姚嗣骈于"顺义三年,丁先公之忧",可知在顺义三年(923 年),惜不知其年寿几何。

3. 姚嗣骈兄弟

姚嗣骈兄弟六人中,数姚嗣骈本人居官最显。其兄长"不幸早世",但从

---

① 胡耀飞:《吴、南唐政权境内沙陀人考》,杜文玉主编《唐史论丛》第十四辑,陕西师范大学出版总社有限公司,2012 年 2 月,第 391—410 页。

② 胡耀飞:《吴唐刺史考》,未刊稿。

③ 马令:《南唐书》卷一〇《徐玠传》,第 5332 页。

其所任"右军兵马使、银青光禄大夫"来看,最初也是一名将领,很可能在战争中阵亡。其四位弟弟嗣骁、嗣□、嗣骥、嗣驯,去除他们所带检校官后,可知在昇元六年时分别任福昌殿使、□□□、殿前承旨院副使、寿王衙通引官。其中姚嗣骥可能早已"暴"卒于乙未岁,即杨吴天祚元年(935年),则殿前承旨院副使是在此年之前的官职。不过从这些信息中还是能够看出姚氏兄弟都任职于杨吴·南唐政权军事系统,武将家族特征明显。

关于姚嗣骈本人的履历,志文记载十分详细,仅据志文列表如下,再稍作分析:

表一 姚嗣骈仕宦表

时间	仕 宦
顺义三年(923年)之后	朝廷署右职宠之。
	入参亲旅,出莅剧邑。南丰遗爱,分宁布惠。
	迁任京畿□□□□□,平赋均田,利民资国。
	累授左右散骑常侍、工部尚书、右千牛卫中郎将。
大和五年(933年)	迁充寿州右黑云指挥使。
大和六年(934年)	兼右厢马步都虞侯……入则训练师徒,出则戒严烽堠。
	爰及□□□□□散押衙、左雄武军先锋指挥使、右千牛卫将军。
	寻转兵部尚书。军旅之任,辑睦有方。
天祚三年(937年)	授尚书左仆射、右领军卫将军。
昇元元年(937年)	迁左天威军第七指挥使兼东都左巡使、检校司空。诱善如流,去恶若挥。
昇元二年(938年)	转检校司徒。
昇元三年(939年)	充上淮巡检都部署。克修边备,远振威声。
昇元五年(941年)	归东都,戎职如故。
昇元六年(942年)	终于东都怀德坊之私第,享年五十。

从以上履历来看,姚嗣骈本人的仕宦有几个特点可以在此提出:

第一,姚嗣骈是在父亲去世之后开始升迁的,根据生卒年,顺义三年时,姚嗣骈31岁,正当血气方刚之龄。此时杨吴政权的实际主导者是徐知诰,即后来的南唐开国皇帝李昇。[①] 而姚嗣骈又在李昇晚年去世,且从姚崇本

---

① 关于李昇的研究,参见诸葛计:《南唐先主李昇年谱》,江苏古籍出版社,1987年;曾严奭:《南唐先主李昇研究》,花木兰文化出版社,2009年。

人于武义元年取代徐玠任吉州刺史来看,父子二人都是徐知诰信任的能臣。

第二,姚嗣骈最初所任,从"南丰遗爱,分宁布惠"来看,南丰指抚州南丰县,分宁指洪州分宁县,都是在江西地区的地方官,很有可能是县令。但"迁任京畿"之后,却逐渐进入军事系统。这一转变,不知是何缘故,或与当时军事兼民政体制尚未完全分离有关,可能也与姚嗣骈本人的性格有关。志文曰:"府君嗣庆,禀性淳直,负气倜傥,沉谋罕测,实自生知。军事□□,□□神授,敦诗阅礼,射马射人。时皆许之,每指谓曰:'养子当如姚氏。'其扬名如此。自唐乾宁之后,□□□隶和门,荐履戎资,益表奇节。"这是对姚嗣骈本人在出仕之前的描述,可知其本人对于文武皆很擅长,也就不难理解其从治民的县令转为守边的将领了。

第三,姚嗣骈在军事系统中,在杨吴时期,主要任职于淮河沿线的边疆地区,所谓"入则训练师徒,出则戒严烽堠"。南唐开国后,则任职于东都,即杨吴旧都所在之扬州。"东都左巡使"由原来的杨吴"左金吾使"转变而来,志文曰"建都建业,改元昇元。以吴之宫阙为东都,左右金吾使为左右巡使"。这一任命,与其说体现出李昇对于杨吴旧都治安的重视,不如说是对杨吴旧势力的一种震慑。

4. 姚嗣骈诸子

志文曰:"有子七人:长曰承礼,留守衙前虞侯;次承智、承祚与承泰,早世;次曰承道、承□。或尚在童卯,义方成训,善庆可知。"

由于姚嗣骈去世时才五十岁,诸子年龄也不大,加上姚承智、姚承祚、姚承泰早逝,姚承道、姚承□更是尚未成年,因此只有姚承礼有官职。姚承礼官"留守衙前虞侯",这是东都留守系统下的官职,笔者在考察南唐两都制时曾对南唐东都机构与人事予以整理,包括姚嗣骈所任左右巡使,姚承礼所任衙前虞侯也是一例。[1] 虽然我们无法获知姚嗣骈子嗣在昇元六年之后的动向,但从姚嗣骈本人葬于东都,且长子任官东都来看,晋陵姚氏一家已经定居东都。至于姚嗣骈子嗣是否依然保持了武人的特色,因无更多材料,目前无法考知。

结 语

通过以上考察,我们大致可以清晰了解昇元六年之前晋陵姚氏的发展情况,包括籍贯和居住地的变更,世系的编排,婚姻与仕宦的情况。总体而言,晋陵姚氏家族属于唐末五代时期由于战乱应运而生的武将家族。不过

---

[1] 胡耀飞:《南唐两都制研究》,第17页。

从姚崇的"政简仁和"和姚嗣骈的"敦诗阅礼,射马射人",以及与文官如孙岘等联姻来看,姚氏又并不单纯是一个武将家族,而是有与文人世家融合的趋势。姚嗣骈本人对于武力的运用,也不仅仅是为了自己的功名,正如志文中孙岘所描述的那样:"府君常自言曰:'我国家兴复,□□□□,中原失主,尚染羊尘。百战亡身,固甘马革,余之勇概,不让他人。'"可见姚嗣骈本人临死之前都在关注国家兴复,并且希望"收复"中原。联系到李昇以大唐中兴为己任并且建立了南唐,姚嗣骈有这样的想法也不足为奇,不可视之为墓志作者的夸饰。

当然,此墓志更能反映在吴唐禅代之际,姚氏家族积极依附于李昇一方,从而能够保持禄位。而且,正是由于像晋陵姚氏这样的杨吴开国武将家族的支持,李昇方能最终实现其禅代目的。① 只是我们除了这方墓志,尚无传世文献能够予以映证晋陵姚氏家族在杨吴·南唐时期的踪迹。所以这方墓志虽然对于政治史研究来说很珍贵,但依然期待以后能有更多的发现。

附记:本文宣读于"隋炀帝与扬州"国际学术研讨会(扬州市文物局,2014年10月22—23日),会上承蒙李鸿宾师指点,会后进行了修改,谨表感谢!

(作者单位:复旦大学历史学系博士生)

---

① 关于吴唐禅代之际杨行密元从势力的抉择,参见胡耀飞:《从扬州到金陵——三十年间吴唐禅代历程》,杨名主编《史林学步》第13期,中央民族大学历史文化学院,2009年11月,第44—58页。

隋炀帝与扬州

朱福烓

隋炀帝与扬州的因缘,是从平陈开始的。公元581年,北周隋公杨坚取代北周称帝,是为隋文帝,建立了中国历史上的隋王朝。开皇七年(587年),文帝准备征伐江南的陈朝,接受隋吴州(治所在广陵)总管贺若弼的建议,于邗沟东侧宝应与江都之间开了一条平行河道,名"山阳渎"(今称"山阳河"),表面的说法是"以通漕运",实质是"开深广之,将以伐陈也"。第二年,文帝任命晋王杨广、秦王杨俊、清河公杨素为行军元帅,分八路向江南进发。

杨广为文帝次子。开皇元年(581年)封晋王,任并州(治所在今山西太原)总管,时年十三。后又任多种重要职务。开皇八年(588年),20岁的杨广被调往寿春任淮南道行台尚书令,主管伐陈战事。他以行军元帅的身份,统领新义公韩擒虎、襄邑公贺若弼等所率的51.8万兵力伐陈,并移驻六合。次年正月,贺若弼所统的重兵自广陵强渡,一举成功,大破陈师于钟山,韩擒虎则从长江下游攻入建邺,俘获了醉生梦死的陈后主陈叔宝,至此结束了自东晋以来270多年南北分割的局面,建立了统一的政权。

灭陈后,杨广只下令处死了民愤很大的施文庆、沈客师等一批酷吏,余皆未加杀戮。又收集图书,封存府库,对资财一无所取,也无偷盗散失,从而赢得了很好的名声。杨广将陈叔宝等押送京师,献俘太庙,因功进位太尉,仍回到并州任职。

开皇九年(589年),改吴州为扬州,置总管府,以秦王杨俊为扬州总管镇广陵。自此,这里始有"扬州"之称。

当时,江南并不安定,原陈朝的一些豪族于多处发动叛乱。为加强对东南地区的控制,隋文帝遂调"冠于诸王"的杨广为扬州总督镇江都,杨俊调往并州。杨广在江都前后待了十年。

杨广在扬州下了很大的功夫做"抚"的工作。首先抓的是文化。他调整了"关中本位"的高压政策,"息武兴文,方应光显"。幕僚柳䛒,祖籍河东,永嘉后南迁,世代仕宦南朝,曾任后梁的宰相,梁国废后入晋王府任谘议参军。柳䛒熟悉南方士林,杨广转镇江都后,即让他广泛招引原陈朝的才俊,罗致到晋王府中,一时如丹阳诸葛颖、会稽虞世基、虞世南兄弟、琅邪王眘、王胄兄弟,被任为王府文学、参军事、学士等职。吴郡人潘徽,精通《三礼》,原为陈朝的博士,入晋王府后,为扬州博士,杨广命他组织江南诸儒,编撰成《江都集礼》120卷。这是一项宏大的文化工程,是对江南礼学的全面总结,使重于礼的江南士人大为称赞,潘徽在序中称杨广"允文允武,多才多艺",并非过誉。在这期间,杨广"言习吴语",即学会了一口流利的吴方言,打消了与南方人语言的隔阂。他的王妃萧氏是梁昭明太子萧统的玄孙女,有极高的江南文化素养,这也促进了杨广对江南文化精神的了解与推崇,杨广的这一系列做法,团结了江南士人,融洽了政治氛围,加强了南北文化的交流,对隋代的社会政治大有好处。扬州一地的文化,也实受其惠。

南朝盛行佛教,唐杜牧诗《江南春》所谓"南朝四百八十寺,多少楼台烟雨中",是很好的形容。当政者对待佛教的态度,同样直接影响到江南人的心理和情绪。杨广在这方面也做得很为得体。他在江都设立四道场,玉清、金洞两道场接纳道士,慧日、法云两道场接待僧众。在慧日、法云两道场内,集中了江南佛教人才如智脱、法澄、智炬、吉藏、慧觉、慧越、慧乘、法安、法称等,多为名僧学僧,他们在两道场内搜集经文,整理佛藏,使江南的佛教文化遗产得到很好的保护。其中一些学问僧如三论宗的创始人法藏等,后来在海内外都有很大影响。杨广和天台宗的实际创始人智𫖮的关系,尤为人所称道。智𫖮(538—597年)为陈隋间著名高僧,在江南佛教界的地位和声望甚隆。开皇十一年(591年)杨广将智𫖮请到扬州,这年十一月,智𫖮为杨广授菩萨戒,授予"总持菩萨"之号,杨广则授智𫖮"智者"大师的尊号。直到智𫖮去世,两人一直保持着很好的关系。固然隋文帝和杨广都崇信佛教,但以上举措的政治、文化意义大于宗教意义,对稳定江南功效甚著。

扬州给了杨广成就大事业的舞台,杨广使扬州成了政治文化中心。扬州与杨广从此结下不解之缘。

605年,杨广取代太子杨勇接皇帝位。在这之前,即开皇四年(584年),为开凿漕运通道,宇文恺受命率工自隋都大兴城西北引渭水,沿汉代漕渠故道向东,至潼关进入黄河,长三百里,名广通渠(后避炀帝讳,改名富民渠)。自此漕运便利。炀帝刚即位,即全面开展了运河开挖工程。此年,征发河南、淮北诸郡民工百余万人开凿通济渠,其走向系从洛阳城西引谷水傍洛黄渠至偃师入洛,再由洛水入黄河,并从板渚(今河南荥阳汜水东北)引黄水东行汴渠,再从商丘东南行至盱眙北入淮,成为江、淮至中原的主要通道。

在开通济渠的同时,又征发淮南民工十余万人,开拓邗沟,自山阳(今淮安)至扬子入江。这次所开的邗沟,是在原西道的基础上拓宽浚深而成,全长三百多里。通济渠和邗沟,河广四十步,相当于现在的六十米,两岸有与河床平行的道路,路边种植柳树,即史书上所说的:"渠广四十步,渠旁皆筑御道,树以柳。"

大业四年(608年),征发河北100万人开永济渠,引沁水南达黄河,北通涿郡(今北京)。大业六年(610年)开江南河,从京口(今镇江)通余杭(今杭州)。永济渠、通济渠、邗沟、江河长达四五千里,南北联系海河、黄河、淮河、长江、钱塘江五大水系,成为南北交通的大动脉,是世界上伟大的工程之一。

完成这样伟大的工程,不是个人意志可以决定的,乃是历史和时代的要求。当时南方经过东晋南北朝两百多年的开发,已逐渐成为富饶之区,南北物资交流成为迫切的需要,从政治和军事上来说,加强对地方特别是江南的控制,以维持统一,是迫切的任务。在陆上交通并不便捷而且没有新式交通工具的情况下,水上交通最为重要和最为可取。大运河就是适应这种历史情况而开凿,也只有在国家统一经济发展的情况下这一工程才能得以完成。可以这样说,即使隋炀帝不开凿,也一定会有其他人出来开凿,历史的要求,不可逆转。对此,唐长孺先生有很好的评述:

> 在隋文帝和炀帝统治时期,还做了一件大事,就是开凿大运河。这件事主要是炀帝时代做的。我们认为这是一件好事……不管统治者主观上怎么打算,是为了剥削还是为了镇压人民,从客观效果来说,南北当时归于统一,经济文化交流频繁,这一条运河的开凿是有利的。而且不单是隋朝需要,一直到后来的一千几百年,运河一直还是发挥南北水路运输的作用。

这不由人想起唐代诗人皮日休的《汴河怀古》:"尽道隋亡为此河,至今千里赖通波。若无水殿龙舟事,共禹论功不较多。"还有清初史学家谈迁说的:"吴(指春秋吴王夫差)、隋虽轻用民力,今漕河赖之。"这些评价是恰当的。

这条使南北物产交流畅通的水道,对经济发展起了很大的作用,许多商业城市也沿运河干线兴起,位于通济渠最南端的扬州,逐渐成为全国的经济中心。

上引皮日休诗中的"水殿龙舟事",指炀帝多次游巡特别是三下江都事,此事也最为后人所诟病。炀帝有他的理由:"自古天子有巡狩之礼,而江东诸帝（按，指南朝帝王）多傅脂粉，不与百姓相见，此何理也。"隋炀帝三下江都，也不宜简单看待。大业元年（605年）炀帝初即位，于开通济渠的同时，即命自长安至江都建离宫四十余所，又遣黄门侍郎王弘等往江都造龙舟及杂船，急于游巡江都，很难说这仅仅是为了目睹并尽享江都的"繁华"。

隋炀帝第一次下江都，曾有《幸江都赦淮南以南诏》：

> 昔汉桓过代，犹存于故人；曹丕幸谯，犹留念于旧室。朕昔在藩牧，宣抚江淮，日居月诸，年将二纪……言念于此，何尝忘寝与食。比虽遣大使，未若躬亲。而此江都，即朕之代也。方今时和世阜，巡省维扬，观览人风，亲见耆老，若不播滋恺泽，何以恤彼黎庶。

意思是说，江都（扬州）是他的发迹之地，他是抱着怀旧和感念的心情，来江都"观览民风""亲见耆老"，并弥补昔日的不足的，言词甚是恳切。但是透过表面，还可看到更为深刻的原因。唐诗人李商隐在七律《隋宫》中写道："欲取芜城作帝家。"这个"作帝家"并非无迹可寻。这里或许可借《剑桥中国隋唐史》中的一段话作些注解：杨广任扬州总管，"他在南方的任务是多方面和复杂的：缓和南方的怨恨和怀疑，在军事占领后推行合理的行政，打破阻碍南人成为隋室臣民的许多政治和文化隔阂……杨广集中全力进行可称之为文化战略的活动，旨在说服南人，说他们的新统治者非夷狄，而是珍视同一文化遗产的开化的人。"杨广所奠定的扬州的地位，包括他的好作"吴语"，对南方有很大的凝聚力。自此江都地区成为巩固隋政权的关键地区，是不能不特别加以重视的地区。所以有人说，隋有三都：西都长安，东都洛阳和南边的陪都江都，即把江都打造成代替南朝都城金陵的新的都城。规定江都郡守秩同京兆尹，即江都郡的行政长官和京城的长官平起平坐，也是这个意思。这对维护中央集权是非常重要的。说炀帝巡游江都纯是为了享乐，并不完全符合事实。当时江都的繁荣远未达到关中的水平。钱穆说："明明是浪费北方积存财力，并非有意来朘剥南方的脂膏。"缪凤林说："帝王之靡费，足以反映社会之富力，其时民生富庶，物力充盛，炀帝固未易逞此无厌之欲也。"这种富庶充盛，主要表现在北方。这从一个侧面说明了一些问题。

大业六年（610年）三月，隋炀帝第二次下江都。这一次南下正是江都宫建成之时。江都宫是一座规模巨大的宫殿建筑，内有十宫。《寿春图经》说："十宫在江都县北长阜苑内，依林旁涧，因高跨阜，随地形置焉，并隋炀帝立也。曰归雁宫、回流宫、九里宫、松林宫、枫林宫、大雷宫、小雷宫、春草宫、九华宫、光汾宫，是曰十宫。"在芳林门与玄武门之间，还有成象殿、水精殿、流珠堂等处。除了江都宫，炀帝在江都的宫殿还有建在扬子津口的临江宫

（一名扬子宫，内有凝晖殿，可眺望大江）和建于城东五里的新宫。据传炀帝还在江都建过"幽房曲室，互相连属"，使"真仙游其中，亦当自迷"的"迷楼"，杜牧在《扬州》三首之一中就说："炀帝雷塘土，迷藏有旧楼。"从有关记载如《隋书》和传为韩偓所作的《迷楼记》来看，"迷楼"当是建在长安而非江都。不论炀帝在江都是否建有"迷楼"，江都确有迷楼式的建筑是毋庸置疑的。江都有这么好的去处可供游乐，隋炀帝这一次在扬州待了近一年的时间。

大业十二年（616年）七月，江都新造龙舟成，送往东都洛阳。这时正是炀帝三伐辽东之后，国内矛盾激化，北方起事风起云涌的时候，他接受宇文述的意见，写下了"我梦扬州好，征辽亦偶然"的诗句，第三次来到江都。很显然，他是把江都和江南作为最后退路的。大业十三年（617年），在江都的炀帝知道归路为乱军截断，长安或洛阳回不去了，便决意迁都到江南，以保据一方。此前他已命人修筑江南的丹阳宫（在今南京）。他相信江南人对他是有好感的，当时江南没有乱就是证明。他用吴语对萧后说："（到江南后）侬（我）不失为长城公，卿不失为沈后。"即是说他还可以做陈后主那样的帝王，萧后还可以做帝后，甚至可以重整河山。如果真是这样，那就会是另一个局面了。

隋炀帝的计划没有等到具体实施，大业十四年（618年），炀帝的亲信宇文化及、司马德戡和裴虔通等策动北来的卫军，发动了江都宫之变，炀帝被缢死。迁都江南，成为泡影。

这场变乱，手腕极为残忍，炀帝十六岁的孙子燕王杨倓、炀帝的弟弟蜀王杨秀和七个儿子、炀帝的二子杨暕和两个二子先后被杀，凡隋氏宗室、外戚，无论少长皆死，株连了一大片。未参与兵变的大臣如虞世基、裴蕴、来护儿等及其亲属部下，一时均被杀害。

江都宫之变，有多种原因，其中有一项颇值得注意，就是在禁卫军制上，把府兵制的骁果军列入系统之内，使内外宿卫起了很大变化。谷霁光在《府兵制度考释》中说："大业元年隋炀帝去江都的以十二卫兵为主，大业十二三年却以骁果为主了；宇文化及在江都发动政变，卫士轻易被更换，宫廷外的宿卫者五里抵抗，这也决不是偶然的。"

还应注意的是，宗室而外，被杀的大臣多为南人，隋炀帝本身也是"南化"很深的。当时正是南风北渐。北人嫉恨南人，不愿南留，这里面有抵制北方南化的问题，也值得进一步研究。隋炀帝葬身于他长期经营的扬州，留下了许多给后人深思的东西，是一个永久的话题。

（作者为扬州文史专家）

北司前奏：唐初内侍制度的转型及运作

徐 成

唐中后期宦官居北司，自成一行政体系，与南衙并立，这是学界熟知的史实。但唐前期宦官在政治运作中的角色及地位却往往被学界忽略。① 其对唐中后期宦官参政之局究竟有何影响更少有学者关注。本文即拟从唐初宦官制度的来源及政治运作入手，揭示隋唐易代之际内侍机构的演变与唐代宦官参政的渊源。

一、内侍省抑或是长秋监——唐初的选择

唐代建国伊始，即着手建构本朝的内侍机构。《唐六典》卷一二《内侍省》载："皇朝依开皇，复为内侍省，置内侍二人，今加至四人。"《通典》卷二七《职官典九·内侍省》亦载："大唐武德初，改为内侍省，皆用宦者"，并清晰扼要地记载了唐初内侍省的职官架构情况，今摘录于下：

> 内侍四人【旧二人，开元中加二人。】，内常侍六人【通判省事。】，属官有内给事八人，内谒者监六人，内寺伯二人，寺人六人，领掖庭、宫闱、奚官、内仆、内府等五局。

内侍省作为内侍机构，是隋文帝时制定的。《隋书》卷二八《百官志下》所载隋初内侍省之构建甚为简明，兹转录于下：

> 内侍省，内侍、内常侍各二人，内给事四人，内谒者监六人，内

---

① 就笔者目力所及，对此类问题有较深入研究的有赵雨乐《唐前期宫官与官宦的权力消长》，氏著《从宫廷到战场——中国中古与近世诸考察》，[中国香港]中华书局，2007年。但此文重在分析唐初宫人、命妇等政治势力与宦官势力的角逐，对唐初宦官制度与运作涉及较少。

寺伯二人，内谒者十二人，寺人六人，伺非八人。并用宦者。领内尚食、掖庭、宫闱、奚官、内仆、内府等局【尚食，置典御及丞各二人。余各置令、丞，皆二人。其宫闱、内仆，则加置丞各一人。掖庭又有宫教博士二人。】①

当我们将《隋书·百官志》所载隋开皇初所置内侍省职官架构与前引《通典》之文进行比对时就会发现，二者架构大体相同。如果说细节方面有所变化的话，查《旧唐书·职官志》《新唐书·百官志》《唐六典》就会知道，细节的差异主要在于唐内侍省在各个局下多置了一些令史、掌固之类的流外官或吏职。② 综合现有材料来看，这些多出来的流外官或吏大致可以分作两类：一类是唐有其职名，然是否是仿照开皇之制而来，史书缺载，此类甚多；一类是史籍明确说明某职名为"皇朝置"，此类只占少数。笔者揣测，隋唐易代之际，文献流散③，唐修《五代史志》时，对隋代典章制度唯知宏旨，而难悉末端。因此，我们可以近似地得出这样的结论：唐初置内侍省袭用开皇之制而稍加损益。

单独分析以上几条材料虽然明了，却容易忽略这样的一个史实：隋炀帝时代的内侍制度没有被李唐所继承。个中原委是我们需要着重讨论的。

隋大业三年(607年)，隋炀帝重新定令，对官制进行大幅度调整，"改内侍省为长秋监"④。《隋书》卷二八《百官志下》载大业三年令所规定之长秋监建制曰：

长秋监置令一人，正四品，少令一人，从五品，丞二人，正七品。并用士人。改内常侍为内承奉，置二人，正五品；给事为内承直，置四人，从五品。并用宦者。罢内谒者官，领掖庭、宫闱、奚官等三

---

① 此处所载之"内府局"恐是唐制，隋代或称作"内者局"。《唐六典》卷一二《内侍省》"内府局"条："汉少府属官有内者令、丞。后汉长秋属官有中宫私府令，主中藏币帛缯物，裁衣被、补浣皆主之。后魏有内者令。北齐中侍中省有内者丞一人。隋内侍省统内者局令、丞各二人。皇朝改为内府令、丞。"中华书局，1992年，第361页。《通典》卷二七《职官典九·内侍省》："汉有内者局令。隋曰内者。大唐为内府"。中华书局，1988年，第758页。此唐初史臣撰《五代史志》时，或以唐内府局之名称隋内者局。

② 《旧唐书》卷四二《职官志一》："又有流外自勋品至九品，以为诸司令史、赞者、典谒、亭长、掌固等品。"中华书局，1975年，第1803页。

③ 《隋书》卷三二《经籍志》"序"："大唐武德五年，克平伪郑，尽收其图书及古迹焉。命司农少卿宋遵贵载之以船，沂河西上，将致京师。行经底柱，多被漂没。其所存者，十不一二。其《目录》亦为所渐濡，时有残缺。"中华书局，1973年，第908页。

④ 《隋书》卷二八《百官志下》，第793页。

署,并参用士人。后又置内谒者员。①

观炀帝对内侍省之改制,要点有三:

(一)更改内侍机构名称,改"省"为"监"。所谓"省",汉代蔡邕《独断》:"禁中者,门户有禁,非侍御者不得入,故曰禁中。孝元皇帝父大司马阳平侯名禁,当时避之,故曰省中。"此虽为汉制,然以之衡量北朝后期门下、中书之属,皆设于禁中②,故内侍机构称之曰"省",亦无不可。至于"寺",《日知录》卷二八"寺"条:"自秦以宦者任外廷之职,而官舍通谓之寺。"③汉代诸如少府、光禄等九寺,实亦为皇室私家机构。然"省"渐由一个方位(禁中)标识转化为职能(行政、出令)标识。"寺"则转化为事务机构的官司。所谓"总群官而听曰省,分务而专治曰寺"④。于是从北齐内侍机构起,虽然中侍中省与长秋寺并立,但中侍中省职员较少,多为内侍之管理层,而由长秋寺负责具体事务,故属员较多。长秋寺在操作中似乎总是从属于中侍中省。中侍中省与长秋寺共同运作,直接对皇帝负责。⑤ 隋初将中侍中省与长秋寺合并为一,置内侍省,使得内侍机构精简,事务操作连贯,这是其正面效果。但也正由于隋代内侍省集管理与事务于一体,所以在内侍省官司之称上总觉得不伦不类。加之炀帝有意削弱内侍机构的地位,所以这才有了大业三年改内侍省为长秋监的举措,将之降低为"监"级机构,成为附属于外朝政府的机构。

(二)精简职官及所属局署,使其职能更为简洁。细查,炀帝所省之内

---

① 《唐六典》卷一二《内侍省》亦载:"炀帝大业三年,改内侍省为长秋监,置令一人,正四品;少令一人,从五品;丞二人,正七品;并用士人。罢内谒者员,又省内仆、内谒者局,所领惟掖庭、宫闱、奚官三署而已,亦参用士人。大业五年,又置内谒者员。"第355页。所谓省"内谒者局",则大业三年前当有此局。然查《隋书·百官志》并无此局。又,此段文字,前既曰"罢内谒者员",下文又何必言省"内谒者局"而重复表述? 据前文考释,《隋书》卷二八《百官志》载隋初年之内府局为内者局之误。炀帝时无此局,当省于大业三年。其中"内谒者局"恐为"内者局"之讹,"谒"或为衍文。又,《隋书》卷二八《百官志下》所载《隋官品》中,正九品上阶有内谒者令,从九品下阶有内谒者局丞。则内谒者令似当为内谒者丞之上级,内谒者亦当似为一局级机构。《新唐书》卷四七《百官志二》"内侍省":"唐废内谒者局"(第1222页),亦似隋有内谒者局。另,《隋官品》中缺载内者、内府二局令、丞之官品,故疑内谒者局即内者局改名而来,其详待考。

② 参祝总斌《两汉魏晋南北朝宰相制度研究》第八章《两汉魏晋南北朝的门下》第五节《北朝的门下省》、第九章《两汉魏晋南北朝的中书》第四节《北朝的中书省》相关部分。

③ [清]黄汝成《日知录集释》,上海古籍出版社,2006年,第1594页。

④ 《新唐书》卷一八四《杨收传》,中华书局,1975年,第5394页。

⑤ 参《隋书》卷二七《百官志中》"中侍中省"条,第754页;"长秋寺"条,第757页。又,《隋书》该卷又载:"后齐制官,多循后魏。"第751页。则北齐之中侍中省与长秋寺并立的情形极有可能从北魏后期就已经存在了。惜史无确证,姑附于此。

侍部门,主要是内仆、内者二局。内仆局"掌车舆、杂畜及导等"①,内者局"主中藏币帛诸物,裁衣被、补浣皆主之"②。可见炀帝所罢除的都是涉及宫中财物的机构。这就使得内侍部门的职能被弱化,剥夺了与其侍奉相关联的财物管理权。这种格局与改"省"为"监"是相呼应的,是汉晋南朝内侍制度的常态。③ 所以我们不得不说,隋炀帝在追寻南朝典制方面确实走在了北朝系统统治者的前列。④

(三)明确规定,用士人入长秋监。但其范围仅限于长秋监之长官——令、少令及丞,而长秋监所属诸局署长官只是"参用士人",即"士阉杂用"。应该说,隋明确规定士人入长秋监似当是自北朝末期废除宫刑法令在政治上的表现。《北史》卷五《魏本纪·魏文帝纪》"大统十三年二月"条:"诏自今应宫刑者直没官勿刑。"此为西魏境内废除宫刑,然二十余年后,《北史》卷八《齐本纪下·世祖纪》"天统五年二月"条:"乙丑,诏应宫刑者普免刑为官口。"自此,北朝境内皆免除宫刑。及隋灭陈,则原南朝境内亦无宫刑矣。故孔颖达以为"大隋开皇之初,始除男子宫刑,妇人犹闭于宫。"贾公彦以为"宫刑至隋乃赦"⑤,亦由此《隋书·刑法志》中所载北周及隋时皆无宫刑。于是传统的阉人来源遂趋于枯竭,这也应当是杂以士人为内侍的原因之一。当然,这也是隋炀帝意欲使内侍机构从属于外朝,两者相衔接的一个表征。

但需要说明的是,免除宫刑,并不代表阉人为内侍现象的消失。因为此后以南方边地的买卖人口施以阉割而为宦官成为隋唐之常例,这一点唐长孺先生在《唐代宦官籍贯与南口进献》中有详细的研究,这里就不再讨论了。而在普废宫刑与人口买卖为阉人之习尚未大行的间隙之际,以士人为内侍也就顺其自然了。

在明晰了隋炀帝对内侍机构的改革及其意义后,我们就可以回过头来考察唐初内侍机构设置的意义了。我们可以分作两个问题来讨论:一,唐初内侍机构没有袭用隋大业三年后所改的"长秋监"的名称,而是采用开皇时的"内侍省"之称;二,唐初即明文规定,内侍省"皆用宦者"。今分别申

---

① 《通典》卷二七《职官典·内侍省》"内仆局"条,第758页。
② 《唐六典》卷一二《内侍省》"内府局"条,第361页。
③ 汉晋南朝内侍之职只涉及宫中侍奉,而财物管理皆归寺监。
④ 隋炀帝的仰慕南朝文化,此点诸多学者已经从诸多方面论及。主要有陈寅恪《隋唐制度渊源略论稿·职官》(三联书店,2001年);萧涤非《汉魏六朝乐府文学史》第三章《北朝文人乐府》(人民文学出版社,1984年);唐长孺《论南朝文学的北传》(《武汉大学学报》1993年第6期);王永平《隋炀帝之文化趣味与江左文风学风之北渐》(《学习与探索》2005年第2期)。
⑤ 分见《尚书正义》卷一九《吕刑》"疏",第250页;《周礼注疏》卷三六《秋官司寇·司刑》"疏",第880页。

论之。

所谓唐初用"内侍省"之称而不用隋炀帝改制之"长秋监",绝不是简单的名称选用问题。关于"省"与"监"的区别所在,前文已经有所辨析。内侍省官司之称的这种摇摆不定的状况,正反映了自北朝后期以来内侍机构整体逐步萎缩,至隋炀帝时降低到了谷底,自唐建立后又逐渐回升的演变过程。因此,唐初改"监"为"省"的举措,在本质上是旨在提高内侍机构的政治地位,而其具体表现就在于较之隋大业时,唐初内侍部门职能的扩大。

至于唐初内侍省专用阉人,这一点也是切实履行了的。《资治通鉴》卷二〇三"垂拱二年四月"条曾记载了这样一件事:

> 太后托言(薛)怀义有巧思,故使入禁营造。补阙长社王求礼上表,以为:"太宗时,有罗黑黑善弹琵琶,太宗阉为给使,使教宫人。陛下若以怀义有巧性,欲宫中驱使者,臣请阉之,庶不乱宫闱。"

可见,唐初内侍在原则上都是用阉人,这与史志所载唐初内侍制度也是吻合的。因此,我们可以近似地得出这样的结论:唐初对内侍制度的设定绕开了隋炀帝激进的内侍改革,重走开皇所定内侍制度的老路,将隋炀帝所裁撤的内仆、内者局(唐更名为内府局)等管理侍奉财物用度的机构重新纳入到内侍机构中。这与北齐、隋初所建内侍制度是一脉相承的。① 为什么会出现这种状况,笔者以为原因有二:

(一)隋炀帝大业改制,拟汉晋南朝模式,欲以内廷从属外朝,过于激进。李唐源流所自,亦出关陇,胡风未脱,北朝以来亲近内侍近习之风在李氏政治集团中犹存。② 《中华古今注》卷中"搭耳帽"条载:

> 本胡服。以韦为之,以羔毛络缝。赵武灵王更以绫绢皂色为之,始并立其名"爪牙帽子",盖军戎之服也。又隐太子常以花搭耳

---

① 这里要附带说明一下,内仆局和内府局重新划归内侍省给唐王朝以后带来的影响,绝非是宫中内财物用度及马匹归谁支配这么简单的事。随着唐代制度的演变,宫中财物用度渐变成皇家私藏,宫中马匹调配权则成为飞龙厩禁军由谁掌控的大事。这两点在唐中后期都是直接关系到宦官参政的大事。《中华古今注》卷上"靴笏"条:"贞观三年,安西国进绯韦短勒靴,诏内侍省分给诸司。"(附刊于《苏氏演义》,中华书局,2012 年,第 93 页)按,他国进奉诸物,当为皇帝私藏。太宗分私物以予有司,要由内侍省经手。而内侍省之内府局掌宫中用度开支,是宫中用度与皇帝私物不甚区分,皆由内侍省主之。至于唐代之内厩马匹在政治中的作用,可参赵雨乐《唐宋变革期之军政制度——官僚机构等级之编成》第一章《唐代之宫廷与宦官》,[中国台北]文史哲出版社,1994 年。

② 有关北朝胡风、亲近内侍之史实,可参《魏书》卷九三《恩倖传》、卷九四《阉官传》(中华书局,1974 年)、《北齐书》卷五〇《恩倖传》(中华书局,1972 年)。另,严耀中《北魏内行官试探》(《魏晋南北朝史考论》,上海人民出版社,2010 年)一文对北朝内侍官的政治作用有所探究。

帽子,以畋猎游宴,后赐武臣及内侍从。

可见太宗兄李建成就是一个胡风未脱、亲近侍从之人。《旧唐书》卷七六《太宗诸子·恒山王承乾传》又载:

> 常命户奴数十百人专习伎乐,学胡人椎髻,翦彩为舞衣,寻橦跳剑,昼夜不绝,鼓角之声,日闻于外。

是太宗子承乾也是一个胡人习气很严重的人。据《旧唐书》卷七三《薛元超传》、卷七八《于志宁传》,李承乾亲近身边阉人,故东宫僚属于志宁、薛元超等辈常以北齐幸宫奴阉人而亡之事以谏。又,唐初亲王常承北朝旧制,于左右常置库真诸职以参谋军事,伺察纠非,此唐初犹存之鲜卑习气。① 陈寅恪先生就认为"李唐一族之所以崛兴,盖取塞外野蛮精悍之血,注入中原文化颓废之躯,旧染既除,新机重启,扩大恢张,遂能别创空前之世局。"②也即由此,唐高祖、太宗汉化观念相对薄弱,较之炀帝之激进,难以为继,③不得不模仿开皇建置以定内侍制度。

(二) 李唐立国,乃是以李氏家族武装及太原幕下诸僚起家。这是一种典型的以家为国的立国模式。这种模式注定了李唐建国后家、国难以析分,国事皆为家事。将身边的奴仆阉侍视为政府行政官员也是情理中事。在这一点上,李唐倒是与高齐有几分相似。④ 于是唐初设内侍省,地位高于隋炀帝之长秋监也就容易理解了。至于说前面提到的内侍省必用阉人,我们应当视之为北朝部落解体、汉化百年来的演进结果。但即便如此,还应当看到这种演进中的调和色彩。在北朝与隋,常有养功臣贵戚子弟于宫中之习,遂多行淫恶之事。⑤ 而李唐亦有此习。《新唐书》卷八三《太宗二十一女·临川公主传》载太宗时事曰:

---

① 详参严耀中《唐初期的库真与察非掾述论》,《史林》2003 年第 1 期。
② 陈寅恪:《李唐氏族之推测后记》,《金明馆丛稿二编》,第 344 页。
③ 关于唐初统治者汉化观念,详参陈寅恪《唐代政治史述论稿》上篇《统治阶级之氏族升降》,三联书店,2001 年。
④ 据《北齐书》卷五〇《恩倖传》,高齐苍头、奴仆、阉人、胡小儿诸辈"封王者接武,开府者比肩。非直独守弄臣,且复多干朝政"。(第 685 页)
⑤ 《隋书》卷三七《梁睿传》:"周太祖时,以功臣子养宫中者数年。"(第 1125 页)《隋书》卷五〇《宇文庆传》:宇文皛"大业之世,少养宫中。后为千牛左右,炀帝甚亲昵之。每有游宴,皛必侍从,至于出入卧内,伺察六宫,往来不限门禁,其恩倖如此。时人号曰宇文三郎。皛与宫人淫乱,至于妃嫔公主,亦有丑声。萧后言于帝,皛闻而惧,数日不敢见。其兄协因奏曰:'皛今已壮,不可在宫掖。'帝曰:'皛安在?'协曰:'在朝堂。'帝不之罪,因召入,待之如初。"(第 1315 页)《隋书》卷七九《外戚·萧岿传》:炀帝萧后之侄萧钜,"炀帝甚昵之,以为千牛,与宇文皛出入宫掖,伺察内外。帝每有游宴,钜未尝不从焉,遂于宫中多行淫秽。"(第 1794 页)

> （周）道务，殿中大监、谯郡公范之子。初，道务孺褓时，以功臣子养宫中。范卒，还第，毁瘠如成人。复内之，年十四乃得出。

可见唐虽承旧习养少年于宫中，然防禁甚严，逾龄即出。从这个角度来理解唐初内侍省必用阉人就较为清晰了。

值得提出的是，李唐皇帝既以家为国，则其行事私人色彩浓厚，将内侍部门重新提升为"省"级机构，使之与中书、门下等省并列。原其本意，有一种内廷之事外朝不必插手之感。这与隋炀帝欲以内侍机构隶于外朝政府适相左。这里举两个例子以作佐证。《旧唐书》卷六二《李纲传》载：

> 高祖拜舞人安叱奴为散骑常侍，纲上疏谏曰："谨案《周礼》，均工、乐胥不得预于仕伍。虽复才如子野，妙等师襄，皆身终子继，不易其业。故魏武使祢衡击鼓，衡先解朝服，露体而击之，云不敢以先王法服为伶人之衣。虽齐高纬封曹妙达为王，授安马驹为开府，既招物议，大斁彝伦，有国有家者以为殷鉴。方今新定天下，开太平之基。起义功臣，行赏未遍；高才硕学，犹滞草莱。而先令舞胡致位五品，鸣玉曳组，趋驰廊庙，顾非创业垂统贻厥子孙之道也。"高祖不纳。

《大唐新语》卷二《极谏》又载：

> 房玄龄与高士廉偕行，遇少府少监窦德素，问之曰："北门近来有何营造？"德素以闻太宗。太宗谓玄龄、士廉曰："卿但知南衙事，我北门小小营造，何妨卿事？"玄龄等拜谢。魏徵进曰："臣不解陛下责，亦不解玄龄等谢。既任大臣，即陛下股肱耳目，有所营造，何容不知。责其访问官司，臣所不解。陛下所为若是，当助陛下成之；所为若非，当奏罢之。此乃事君之道。玄龄等问既无罪，而陛下责之，玄龄等不识所守。臣实不喻。"太宗深纳之。

类似的事情在唐代多次发生。又如为人所熟知的，高宗欲立武后，李勣以"陛下家事何必更问外人"对，皆可作如是观。① 皇家私意理念的确立，无疑为内侍地位的攀升提供了温床。

也即基于皇帝私意，内侍省虽在唐初被提升为"省"级部门，但在行事上却又似一皇帝直属私人机构。一个典型的例子就是内侍省成为皇帝幽禁皇

---

① 此类事件若发生在汉族士大夫社会，会是另一种情形。《三国志》卷二五《魏书·杨阜传》："阜又上疏欲省宫人诸不见幸者，乃召御府吏问后宫人数。吏守旧令，对曰：'禁密，不得宣露。'阜怒，杖吏一百，数之曰：'国家不与九卿为密，反与小吏为密乎？'"中华书局，1959年，第706页。

族的场所。贞观十七年(643年),太宗子齐州都督齐王祐谋逆被执,"赐死于内侍省"①;高宗之萧妃与武后为敌而被废,二女"义阳、宣城公主幽掖廷,几四十不嫁"②。《新唐书》卷七六《后妃上·中宗赵后传》又载:

> 中宗和思顺圣皇后赵氏,京兆长安人。……父瑰,尚高祖常乐公主。帝为英王,聘后为妃。高宗于公主恩尤隆。武后不喜,乃幽妃内侍省。瑰自定州刺史、驸马都尉贬括州,绝主朝谒,随瑰之官。妃既囚,扃键牢谨,日给饲料。卫者候其突烟数日不出,披户视之,死腐矣。

此则天时将皇子妃嫔幽死于内侍省一例。当然,需要说明的是:一,以内侍省囚禁皇族之习非唐代创制,隋文帝时就曾囚蜀王秀于内侍省③,只不过唐祚绵长,类似事件多载于史籍而流传至今,唐中后期此类情况亦屡见不鲜。这恰又是唐承开皇内侍制度的一个注脚。二,唐多囚宗室皇族于内侍省,亦偶有例外。太宗曾因太子承乾与魏王泰争储位而"幽泰于北苑"④,承乾则徙黔州安置,中宗李显亦曾被迁置于房州,然大抵皆由皇帝亲信看押。这说明皇帝处理皇室事务,特别事关夺嫡、争宠、谋逆、淫乱等丑闻,常以私意处理而不经外朝决议处置。于是内侍省有类皇室私家监狱。这实际上是从内侍省奚官局发展而来,与清代宗人府可圈禁宗室差可比拟。⑤

二、唐初宦官的运作

唐以马上得天下,入关中之后,次第平定关东诸雄,戎马倥偬。所以建国之初,基本上承用了隋室的内侍人员。《段伯阳墓志》载:

> 君讳伯阳,字思约,……既以龆年成器,故得弱冠登朝。武德初,特授朝散大夫、兼内仆局丞,迁上骑都尉、内仆局令。……龙朔元年十月十日卒于私第,春秋八十。⑥

以段伯阳卒年推算,段伯阳当生于开皇元年(581年)。武德元年时已经三十八岁了。志文说他"弱冠登朝",则其在隋时就已经为内侍了。又,《旧唐

---

① 《旧唐书》卷三《太宗纪下》"贞观十七年三月"条,第55页。
② 《新唐书》卷七六《后妃上·则天武皇后传》,第3477页。
③ 《隋书》卷四五《文四子·杨秀传》,第1242页。
④ 《唐会要》卷五《杂录》,上海古籍出版社,2006年,第68页。
⑤ 详参王钟翰《清代则例及其与政法关系之研究》,《王钟翰清史论集》,中华书局,2004年,第1695页。
⑥ 《全唐文补遗》第三辑,第378页。

书》卷二《太宗纪上》载贞观元年(627年)三月丙午诏曰:

> 齐故尚书仆射崔季舒、给事黄门侍郎郭遵、尚书右丞封孝琰等,昔仕邺中,名位通显,志存忠谠,抗表极言,无救社稷之亡,遂见龙逢之酷。其季舒子刚、遵子云、孝琰子君遵,并以门遭时谴,淫刑滥及。宜从褒奖,特异常伦,可免内侍,量才别叙。

这份诏书中提及的崔氏子弟在北齐时就遭受宫刑而成为阉官,历齐、周、隋三朝以至于唐,直至贞观元年才免其内侍之职。这也就说明非但唐承用前朝内侍人员,即北齐、北周、隋亦当如是。然军国多事之秋,内侍人员的运作就难免要突破常规了。《李憨墓志》就提供了这样一份信息:

> 君讳憨,字强,陇西成纪人也。……大业年中,起家事元德太子,遂居雍州新丰县焉。……遂得陪游望苑,翼从龙楼。竭忠敬而事君,馨丹诚而奉主。……有隋丧德,太宗起而平天下,……是以投诚委质,稽颡辕门。挟毂扶轮,驱驰左右。蒙预中涓之宠,遂登参乘之荣。……公乃运奇谋于幕府,敌若循环;逞剑伎于军中,卒皆袒裼。……(武德)五年,平东都,诏曰:"公等摧剪凶寇,功效克宣,……蒙授上大将军。"寻除内寺省寺伯,……贞观元年,太宗文皇帝以公是幕府旧臣,驱驰日久,勤劳之绩,功效实多,蒙授朝散郎,守内谒者监。……十五年,除内给事。……贞观年中,太宗文皇帝以公勋旧功臣,爪牙心膂,遂令询访蛮蜀之风,抚慰南夷之使。……自时厥后,褒赏日隆。出典宪章,入陪帷幄。①

"元德太子"为隋炀帝次子杨昭,大业二年(606年)去世。② 李憨早年本是隋皇子身边侍宦之人,在元德太子死后乃侍奉炀帝,遂得"陪游望苑,翼从龙楼"。唐入主关中,李憨乃降唐,成为军中幕员,参与平定关东诸侯。及唐平天下,李憨回到内侍省任职。类似的情况还出现在一个名叫张阿难的内侍身上。《全唐文》卷九九一录《内侍汶江县开国侯张公碑》之残文曰:

> 公禀灵川岳,(阙二字)标雄杰之姿;挺秀圭璋,(阙一字)泽(阙三字)之(阙一字)然(阙二十七字)仁寿二年改事勇,德(阙一字)子,属有隋失德,(阙六字)毡(阙二字)氛于(阙二十七字)云(阙一字)以先登,克解平城之围,(阙一字)殄广川(阙一字)寇,以功授

---

① 《全唐文补编》卷五,第57—58页。
② 《隋书》卷五九《炀三子·元德太子昭传》,第1435页。

（阙九字）存（阙一字）乃拔迹乱朝，……天兵遥掩，地阵斜交，曾未浃（阙二字）平两寇。（阙一字）时参幕府，勋居第一。乃（阙四十字）建德、黑闼（阙六字）候（阙二字）伐又以勋（阙一字）上柱国（阙二十二字）北（阙一字）肆射雕之技，西戎纵鸣镝之侮。文帝天行地止，（阙五字）激（阙二字）肃清汾（阙十九字）以勋（阙一字）为谒者监，寻转（阙一字）给事，驰芳（阙二字）受顾问于青规，（阙七字）于彤掖。俄迁内（阙十八字）肆虐，驱九种以挺灾，遮丹（阙一字）之师，迴振沧江之外。公（阙一字）参（阙一字）算（阙三字）律中权奋勇（阙一字）毅（阙二字）大树论公（阙二字）列（阙五字）县开国侯、食邑（阙一字）百户。……诏曰："内侍汶江县开国侯张阿难，……"加右监门将军，兼检校（阙十四字）心（阙二字）恪（阙一字）允资于恭慎。银青光禄大夫、行内侍汶江县开国侯张阿难，……荣兼司内省之任。……谋陈九德，勇冠三军。廓（阙一字）汧陇，扫定河汾。

此碑漫漶不清，残泐甚多，然其大意尚可窥之。张阿难本隋之内侍，早在隋仁寿二年（602年）就侍奉太子勇。志文所言"克解平城之围"，当喻指隋炀帝被突厥困于雁门关，时张阿难侍从护驾。"拔迹乱朝"者，指张阿难背隋降唐。此后乃在李世民幕府中参与平定窦建德、刘黑闼、刘武周诸役。及天下底定，张阿难乃复任职于内侍省。

当然，我们相信，唐初内侍人员参与军事行动是易代之际的权宜处置，并不具有普遍性①，只不过李憨、张阿难立有大勋，其事迹才得以碑铭传世。而众多内侍人员因无此际遇，遂湮没无闻。就这两份碑文，我们可以知晓：内侍人员有勋劳者，可授以散官、勋官、爵位，他们所能得到的这些荣秩的表征与朝官是没有什么区别的。而这种状况若在北朝，则为人所习见，若在唐初，则似乎有点匪夷所思。明代赵崡在释读前引《张阿难碑》时就说道：

> 碑书，大似李卫公。碑残泐特甚，中有云"内侍汶江县开国侯张阿难"，又有云"银青光禄大夫，内侍汶江县开国侯张"，又有云"勇冠三军，扫定河汾"等语。其人盖宦官而曰勇冠三军，得无溢美

---

① 唐初战乱之际，亦用官奴参僚幕。《旧唐书》卷五七《钱九陇传》："本晋陵人也，父在陈为境上所获，没为皇家隶人。九陇善骑射，高祖信爱之，常置左右。义兵起，以军功授金紫光禄大夫。"第2299页；《新唐书》卷八八《樊兴传》："樊兴，安州人。以罪为奴。从唐公平长安，授左监门将军。"第3744页。

乎？唐初开国宦寺为公侯，鱼李之祸兆矣。①

赵氏所见，高明之处在于点破了唐中后期宦官专权之萌芽在百余年前的隋唐易代之际即以存在。其实这种情况在史籍中是有隐约记载的。《旧唐书》卷四四《职官志三》"内侍省"条：武德时，"若有殊勋懋绩，则有拜大将军者，仍兼内侍之官。"只不过对个案的考察加深了我们对这话的理解。所以当我们解读"贞观中，太宗定制，内侍省不置三品官"②时，应当意识到，太宗所定之制是内侍省这个机构不置三品职事官，而内侍人员有勋绩者，所授散官、勋官或不在此令文的限制之列。

然而，需要我们进一步分析的是，前引《旧唐书·职官志》中所言内侍人员若有殊勋，"则有拜大将军者"，这里的大将军，究竟所指为何？有三种可能。

其一为勋官。前面引用过的《李憨墓志》中就提到李憨于武德五年（622年）被授予上大将军。据《旧唐书》卷四二《职官志一》，唐初杂用隋制，以上大将军、大将军为勋官。至贞观十一年（637年），乃改上大将军为上护军（正三品），大将军为护军（从三品）。李憨既可以勋劳被封为上大将军，则宦官被授予品级低于上大将军的大将军，亦当在情理之中。

其二，为武散官。查《旧唐书·职官志》所载《唐官品》，唐初武散官中，骠骑、辅国、镇军、冠军皆有大将军之称，皆正三品以上。《职官志》又载《武德令》曰："职事高者解散官，欠一阶不至为兼"，则对宦官"拜大将军者仍兼内侍之官"的解释可能是由于内侍省长官"内侍"为从四品，内侍若加有三品或高于三品的武散官，则其所任内侍省职事官前加"兼"字。但是前引《武德令》所载令文在唐前期就已不能严格遵行，《职官志》又言："永徽已来，欠一阶者，或为兼，或带散官，或为守，参而用之。其两职事者亦为'兼'，颇相错乱。"而且就笔者目力所及，所能寻及最早任武散官大将军的宦官是神龙三年（707年）从二品的镇军大将军吴文③，此距唐立国已近百年，似难以为证。当然，自玄宗以后，武散官任至三品以上诸大将军者比比皆是，就不足为奇了。但这种情况在唐初存在的可能性不大。

其三，为职事官。据《旧唐书·职官志》，唐初南衙十六卫及北门羽林军之长官皆为正三品，称大将军。现所能找到最早任职事官大将军的宦官为

---

① 《石墨镌华》卷二《唐将军张阿难碑》，《历代碑志丛书》据《知不足斋丛书》本影印，江苏古籍出版社，1998年。
② 《旧唐书》卷一八四《宦官传》"序"，第4754页。
③ 《镇军大将军吴文碑》，《全唐文》卷九九三，上海古籍出版社，1990年，第4560页。

则天长寿二年(693年)之监门卫大将军范云仙。① 王鸣盛《十七史商榷》卷八六《新旧唐书》"监门卫大将军范云仙"条曰:"方是时,宦官之兼任十六卫将军名号者多矣,内常侍乃其本职,监门大将军则其兼官也。"按王氏所论乃概李唐一朝而言之。自玄宗始,南衙诸卫大将军皆有宦官出任者,此历历可考。而长寿二年去唐建国亦七十余年,难为唐初以宦官为监门大将军之确证。然唐初任监门将军之宦官则有之。前引《张阿难碑》就载张阿难为右监门将军,唐初又有宦官王某为左监门将军。② 又,德宗曾自言:"武德、贞观时,中人止内侍,诸卫将军同正赐绯者无几。自鱼朝恩以来,无复旧制。"③可见,唐初中人为南衙诸卫将军者本是零星个别,且不加"大"字,即便授予其官者,又大都为"同正"而无实职。④ 故唐初以内侍为诸卫大将军之可能性亦微乎其微。

由此我们可以得出这样的结论:《旧唐书·职官志》所言唐初宦者若有勋绩,"则有拜大将军者"之意当指勋官,而与武散官、职事官关系甚微。

若再次考察李憨与张阿难的碑文,我们还可知晓,唐前期宦官可出使边地异域。这就不是宦官参与征伐这样的个案了,我们可以找出很多这样的例子来。这又大致可以分为两类。一类是出使荒蛮之地,一类是出使异域。前面提到的李憨"出典宪章,入陪帷幄",乃受命"询访蛮蜀之风,抚慰南夷之使",高宗龙朔中宦者苏永"奉使岭南"⑤,皆可归纳为前者。而唐前期,宦者出使异域者,如贞观中内侍王某出使吐蕃⑥,武后时又有宦官使突厥⑦。宦官出使异域,当是代表皇帝与邻国接洽,以私人情谊处理国事,此犹为唐室以国为家理念所致。宦官出使边地,亦当存中使代表皇帝抚慰蛮夷之意。但值得注意的是,宦官出使之边地大抵为蜀中、岭南,而中原诸地或有水旱之灾,则一般遣朝官前往宣慰。笔者揣摩其意,一者荒蛮之地,少有开化,以

---

① 参《资治通鉴》卷二〇五"长寿二年正月"条,中华书局,1956年,第6490页;《新唐书》卷七六《后妃上·武后传》,第3482页。
② 《石墨镌华》卷二《唐左监门将军王君碑》。
③ 《新唐书》卷一六五《郑纲传》,第5075页。
④ 《唐会要》卷六五《内侍省》:"玄宗在位,中官稍稍称旨者,即授三品左右监门将军,得门施荣载。"第1337页。张国刚以为:"北衙禁军兴起后,南衙诸卫基本成了闲司。……大将军、将军便成了武臣以至宦官表示资望的迁转之阶。"(《唐代官制》,三秦出版社,1987年,第117页)则唐中后期虽多有宦官任南衙诸卫将军,然多是荣宠,皆无其职。
⑤ 《苏永墓志》,《唐代墓志汇编》长寿026,上海古籍出版社,1992年,第851页。
⑥ 《石墨镌华》卷二《唐左监门将军王君碑》。
⑦ 《旧唐书》卷一四九《张荐传》载:"天后朝,中使马仙童陷默啜"。第4024页。

皇帝私恩宣抚为恰；二者自隋至唐前期，宦者多来自蜀中及岭南①，其中不乏豪酋之后②，熟悉其风土人情，且先世在边地多有威望，易于与边民沟通。

三、唐初宦官与南北衙

唐中后期有南衙北司之争，此为学界所习知。南衙为外朝机构，北司则指内侍省及宦官诸机构。在空间布局上，因后者在前者之北，故二者有南北之分。然唐初亦有所谓南衙、北衙之别。我们先从一方墓志谈起。《冯士良墓志》载：

> 公讳士良，……贞观九年，起家文林郎，出入宫闱，始终勤恪。至永徽元年，任掖庭局丞。三年，迁给事郎；至五年，任朝散郎。显庆之际转内谒者监；寻除内给事。乾封元年，奉敕检校合长年药，成，特垂优诏曰：士良……以旌劳旧可内常侍，判南北衙事。③

这里提供的一条重要信息是高宗乾封元年（666年）内常侍冯士良判南北衙事。与此时间相差无几的武后在给酷吏来俊臣定罪的判书中也提到南北衙曰："来俊臣闾巷小人，奸险有素，……诸王等磐石宗枝，必期毁败，南北衙文武将相，咸拟倾危。"④这里已经把南北衙的范围限定于"文武将相"了。那么这里所说的南北衙究竟分别指代什么呢？南衙，容易理解，宇文士及曾对太宗说："南衙群臣面折廷争，陛下不得举手。"⑤则南衙当指省、寺百官。宦官冯士良判南衙事者，即当为判百官正衙之事。那么，其具体所判为何事呢？《龙筋凤髓判》卷二收录了张鷟在中宗、睿宗时所作题为《本省状称寺伯蒙天建植性谨厚荐达贤良处事清勤惟知内外纠察必望百司清肃》的判文：

> 蒙天建职参永巷，位黄长门，出入后庭，驰驱卧内。……省司稽其桢干，兼以行能，久参内侍之雄，请肃外曹之职。但逐鹿之犬，必无捕豹之材；击雁之鹰，岂有追鹏之力？巷伯兴刺，周道所以沦

---

① 对此问题的权威研究是唐长孺《唐代宦官籍贯与南口进献》，《山居存稿续编》，中华书局，2011年。

② 这一点通过众多出土的宦官墓志可以得到证实。如高宗时宫教博士费智海，父祖皆为蜀中地方官（《费智海墓志》，《全唐文补遗》第三辑，三秦出版社，1996年，第438页）；宫闱局丞杜玄礼"本南容府人也，家惟豪杰，代袭酋渠"（《杜玄礼墓志》，《唐代墓志汇编续集》开元079，上海古籍出版社，2001年，第507页）；内寺伯段伯阳父为昆州同起县令（《段伯阳墓志》，《全唐文补遗》第三辑，第378页）。包括玄宗时宦官杨思勖、高力士，其亲身父祖皆为岭南豪酋。

③ 《唐代墓志汇编续集》光宅002，第271页。

④ 《册府元龟》卷九四二《总录部·祸败》，中华书局，1960年，第11100页下。

⑤ 《新唐书》卷一〇〇《宇文士及传》，第3936页。

骨;阉竖弄权,汉风由其大坏。景监见任,赵良寒心;同子参车,袁丝变色。骨鲠之士,足以纠正朝仪;刑余之人,岂可参谋国事?其言不次,无理告知。①

蒙天建本是宦官,因工作突出,内侍省便状呈吏部,请求让蒙天建"知内外纠察",以使"百司清肃"。张鷟以士大夫的口吻表示内侍人员不当任"肃外曹之职",便予以否决,但是他提不出任何法令上的依据。这至少说明没有明文规定宦官不可行纠察百官之职,否则,内侍省连申状也不会递呈。这虽然是一件发生在中宗、睿宗时的事,但若与冯士良判南衙之事相比较,不难发现二者有相通之处,即唐初宦官可行纠察南衙百官之事。唐代宦官侵夺南衙职权可谓渊源有自。

下面再释宦官与北衙的关系。《苏永墓志》载:

> 公讳永,字正长,……长秋之地邻金屋,严寄非轻;永巷之职御椒房,内游斯重。聿求良恪,公实应焉。贞观中,唐太宗文武圣皇帝命公北衙供奉;显庆中,唐高宗天皇大帝授公将仕郎、直内侍省。②

据墓志文意,太宗时宦官苏永初入仕为北衙供奉,高宗时乃令其"直内侍省"。若太宗时苏永即已任职于内侍省,则志文不当于高宗显庆时方言之。显然,苏永虽是阉宦,但开始入仕之北衙供奉绝非内侍省。即北衙与内侍省为不同的机构。与苏永经历类似的还有一个名叫莫义的宦官。《莫义墓志》载:

> 公讳义,字承符,……授云骑尉,转加陪戎校尉,又更加智果校尉。屡参武禁,历践戎班,警夜候于严更,罄丹诚于清傲,……以公忠孝在身,文武不坠,用辍执戈之仕,将从剖滞之曹。因授朝议郎行司宫台奚官局令。③

莫义与苏永的经历相似之处就在于莫义在任司宫台(武后改内侍省为司宫台)奚官局令之前,并非在司宫台任职。更为难得的是,《莫义墓志》交代了此前莫义任职的一些情况,"屡参武禁,历践戎班,警夜候于严更,罄丹诚于清傲",当他转任于司宫台后,志文称这种转变是"用辍执戈之仕,将从剖滞之曹"。可见奚官局为文职机构,即"剖滞之曹",莫义此前所任为禁卫武

---

① 田涛、郭伟成校注:《龙筋凤髓判》卷二,中国政法大学出版社,1996年,第90页。
② 《唐代墓志汇编》长寿026,第851页。
③ 《唐代墓志汇编》长寿006,第835—836页。

职,这从他先后带有云骑尉、陪戎校尉、智果校尉的武散官官衔也能看出来。① 又,《旧唐书》卷四四《职官志三》"左右羽林军"条载:"羽林将军统领北衙禁兵之法令,而督摄左右厢飞骑之仪仗,以统诸曹之职。若大朝会,率其仪仗以周卫阶陛。大驾行幸,则夹道驰而为内仗。"则羽林军本有北衙禁军之称,而羽林军仗内亦有"内供奉"之职②,适与宦官苏永为"北衙供奉"相合。于是大体可知,唐初所谓北衙即指北门禁军。③《新唐书》卷五〇《兵志》载"北衙者,禁军也"确为实录。而宦者早期亦可任职于北门禁军为武官,则宦官与禁军早在唐初即已有所关联。从这个角度来理解宦官冯士良判北衙事似就不显得突兀了。

宦官既可参与南北衙之事,特别可任军职,并行纠察百司之权,则宦官参预军事亦不为无因。《石墨镌华》卷二《唐左监门将军王君碑》曰:

> 碑书劲健可录。额题"左监门将军王君"而多泐。其存者有云"武德九年授内侍";有云"贞观四年迁左监门将军,进爵为公";有云"寻加正议大夫,内侍如故";有云"吐谷浑据龙沙";有云"又出使吐蕃";有云"二十二年迁使持节"云云。其人盖宦官,而曾与李卫公同征吐谷浑者也。碑缺其名,而史亦不书,当是唐初尚无观军容使之权耳。

惜此碑原文今日已难寻觅,详情难悉。然宦者既可在隋唐易代之际参军务,又可于唐初莅军职、察百僚、使绝域,则宦官为使持节行征伐事自当不足为奇。

通过结合几方碑铭对唐初南北衙进行考察,我们似乎可以得出这样的结论:在唐初,宦官即可干预百司、禁军,或纠察其行政,或任职其中。但我们相信,这种干预只是低层次、间歇性的。否则,此类情况不会只出现在随机出土的几方墓志碑铭之中,而传世史料对此不加叙述。然而,这已足以证明唐代宦官参与外朝政事在唐初即有其萌芽,只不过在唐中期扩大化而已。而这也正是北朝以来内侍任职内外朝的遗习在唐初的反映罢了。

---

① 叶炜认为,"大体在安史之乱以前,在制度上哪些职位为武职,是相当明确的,武散官作为武臣的身份标识,与武职事官有相当紧密的配合关系。"《武职、武散与武臣:唐代文武分途的一个侧面》(讨论稿),复旦大学历史系2010年11月主办"中古时代的礼仪,宗教与制度学术研讨会"论文集。

② 《高定方墓志》:"公讳定方,渤海人也。……爰拜云麾将军、守右威卫将军、员外置同正员、右羽林军上下仗、内供奉、上柱国兼知射生使"《唐代墓志汇编》开元407,第1436页。

③ 唐初北门禁军唯左右羽林军,开元中始以万骑为左右龙武军,此后次置左右神武、神策、神威军。

四、优宠抑或防禁——唐初宦官职权的再探讨

通过上文的论述,我们也许有一个大致的印象,即唐初宦官职责要远高于隋炀帝时,至少与开皇时持平,甚至是有过之而无不及。① 但我们对此的理解只能到此为止,而不能将此看作唐初统治者优宠宦者。下面就试作一些分析。

先来看一些唐初统治者防禁宦官的例子。《贞观政要》卷五《论诚信》载:

> 贞观十一年,时屡有阉宦充外使,妄有所奏,发太宗怒。魏徵进曰:"阉竖虽微,狎近左右,时有言语,轻而易信,浸润之谮,为患特深。今日之明,必无此虑,为子孙教,不可不杜绝其源。"太宗曰:"非卿,朕安得闻此语?自今已后,充使宜停。"

《资治通鉴》卷一九五"贞观十四年十一月"条载:

> 司门员外郎韦元方给给使过所稽缓,给使奏之;上怒,出元方为华阴令。魏徵谏曰:"帝王震怒,不可妄发。前为给使,遂夜出敕书,事如军机,谁不惊骇!况宦者之徒,古来难养,轻为言语,易生患害,独行远使,深非事宜,渐不可长,所宜深慎。"上纳其言。②

如果说《贞观政要》等书所载太宗对宦官无所假借诸事有所溢美的话,那么我们还可以找到高宗时的例子。据《旧唐书》卷一八五上《良吏上·韦机传》载:

> 拜司农少卿,兼知东都营田,甚见委遇。有宦者于苑中犯法,机杖而后奏。高宗嗟赏,赐绢数十匹,谓曰:"更有犯者,卿即鞭之,不烦奏也。"

《隋唐嘉话》卷中载:

---

① 由于隋代材料短缺,所以隋开皇时内侍之运作详情难以尽悉,这才有了唐初内侍职责或高于隋初的印象。

② 此事亦见载于《唐会要》卷六五《内侍省》:"贞观十四年,司门员外郎韦元方不过所给使,见左右仆射而去。给使奏之,上大怒,出元方为华阴令"云云(第1337页)。查《旧唐书》卷四三《职官二》,司门郎中、司门员外郎属尚书省刑部司门司,"掌天下诸门及关出入往来之籍赋,而审其政。……凡度关者,先经本部本司请过所,在京则省给之,在外则州给之。"(第1839—1840页)则此段文字之意当是太宗派给使出使,需要司门司发给过所,但是司门员外郎韦元方签发过所时稽缓滞留,所以给使直接去找尚书省长官左右仆射。有关过所制度详参程喜霖《唐代过所研究》,中华书局,2000年。

杨汴州德幹,高宗朝为万年令。有宦官恃贵宠,放鹞不避人禾稼,德幹擒而杖之二十,悉拔去鹞头。宦者涕泣袒背以示于帝,帝曰:"你情知此汉狞,何须犯他百姓?"竟不之问。

《大唐新语》卷七"容恕部"载:

> 高宗使中官缘江采异竹,植于苑内。中官科船载竹,所在纵暴。还过荆州,(荆州长史苏)良嗣因之上疏切谏。高宗谓则天曰:"吾约束不严整,果为良嗣所怪乎?"诏慰谕,便令弃竹于江中。

类似的情况还延续到则天朝。万岁登封元年(696年)二月十九日敕曰:"诸道逆人给使配役,送内侍省者,不得于州县附贯,亦不得共中官给使结义往来。"①《唐律疏议》卷三"工乐杂户及妇人犯流决杖"条:"诸工、乐、杂户及太常音声人,犯流者,二千里决杖一百,一等加三十,留住俱役三年;犯加役流者,役四年。若习业已成,能专其事,及习天文,并给使、散使,各加杖二百。"疏曰:"工、乐者,工属少府,乐属太常,并不贯州县。杂户者,散属诸司上下,……俱是配隶之色,不属州县,唯属太常,义宁以来,得于州县附贯,依旧太常上下,别名'太常音声人'。……依令:'诸州有阉人,并送官,配内侍省及东宫内坊名为给使。诸王以下为散使。'"可见,这些用于"配役"的"逆人",是用于侍奉皇家的贱民,他们的劳作是由内侍省统一安排的。但敕书明令禁止他们与中官"结义往来"。这也就说明,唐初统治者虽假以宦官事权,但这与宠信、纵容宦官并无关系。前文已经论及,唐初宦官职权主要来源于李唐皇室出自关陇、汉化未周及其以家为国之政治理念。在此理念的支配下,将宦官、家奴等视作家人看待,也是情理中事。在这种背景下,扩大内侍机构的权责,赋予宦官一定的权力自在情理之中。但唐初立国,凡事草创,君臣大皆怀有夕惕之思,以历代兴亡以为劝诫。前引魏徵谏太宗二事就是例证,这里再试举一例,唐初朱敬则在《隋炀帝论》中说道:

> 眇观史策,遍采兴亡。开役者多是爱臣,害上者无非近习。然庸君闇主,莫肯远之,复何言哉。②

朱敬则将隋炀帝之失政归结为亲信"近习",或为过当。但唐初鉴戒近习之风的存在却由此得到了证明。这种对近习无所姑息之风表现在制度上就是

---

① 《唐会要》卷六五《内侍省》,第1338页。
② 《文苑英华》卷七五三《论》,第3943页。

前面提到的太宗皇帝明令"内侍省不置三品官",并严格禁止宦官的越权之举。① 唐初亦曾多次放免掖庭宫女②,也间接地起到了控制内侍机构的规模和人数的作用。当然,在唐承北朝隋初重内廷的政治习俗的影响下,这种防禁内侍的状态能否维持,很大程度上取决于皇帝的个人意志。人在政在,人去政亡。一旦皇位更替,政局动荡,对宦官用而且禁的政治模式将受到极大的挑战,唐中后期的宦官参政就是在内有党争、外有叛臣的情况下凸显出来的。

(作者单位:扬州大学社会发展学院)

---

① 这里的"越权",指的是宦官越过法令赋予其职权而行事,并非指其越内侍省职权。因为通过前文考察,宦者参军务、纠百司之职本不在内侍省权责范围之内。所以《册府元龟》卷六六五《内臣部》"总序"所言"自贞观至永淳末,中人在阁门守御,黄衣禀食而已"(第7955页上)并不确切。

② 《旧唐书》卷二《太宗纪上》:武德九年(626年)八月"高祖传位于皇太子,太宗即位于东宫显德殿。……癸酉,放掖庭宫女三千余人。"(第30页)贞观二年(628年)九月,太宗谓侍臣曰:"妇人幽闭深宫,情实可愍。隋氏末年,求采无已,至于离宫别馆,非幸御之所,多聚宫人,皆竭人财力,朕所不取。且洒扫之余,更何所用?今将出之,任求伉俪,非独以惜费,亦人得各遂其性。"于是"遣尚书左丞戴胄、给事中杜正伦等,于掖庭宫西门简出之"(第36页)。

编后记

扬州是国务院首批公布的24座历史文化名城之一,历史悠久,文化遗产丰富。2013年4月,扬州曹庄隋炀帝陵的考古发掘,引起国际、国内社会广泛关注。之后进行的7个多月科学而规范的考古工作取得了重要的考古成果,2013年年底该项考古发掘被中国社会科学院评为当年考古六大新发现,并被新华社评为中国2013年度十大文化新闻。2014年4月9日,隋炀帝陵考古入选2013年度全国十大考古新发现。

隋炀帝杨广与扬州有着紧密的联系,他为晋王时镇守江都(今扬州),任扬州总管十余年。即帝位后又三下扬州,最后死于扬州、葬于扬州。他主持开凿了隋大运河,使扬州成为全国水陆交通的枢纽,奠定了唐代扬州繁盛的基础。因此,隋炀帝陵的发现对于中国尤其是对于扬州有着特别的意义。扬州市委、市政府高度重视隋炀帝陵的发现,专门成立了隋炀帝陵考古发掘工作领导小组和专家组。扬州市文物部门在认真做好隋炀帝陵考古发掘、出土文物保护、墓葬本体保护工作的同时,组织开展隋炀帝研究,力图还原一个客观、真实的隋炀帝。2014年4月起,我们开始组织筹备"隋炀帝与扬州"国际学术研讨会。经过几个月的精心准备,研讨会于当年10月22日至24日在扬州隆重举行。会议由中国考古学会、中国唐史学会、扬州市人民政府主办,北京大学中国古代史研究中心、扬州大学、扬州市文物局承办,南京博物院、扬州市博物馆、扬州市文物考古研究所协办。来自国内外的40多位专家学者以"隋炀帝与扬州"为主题,围绕隋炀帝与扬州、隋炀帝与大运河以及隋朝历史的研究等进行了深入研讨。会议共收到论文20余篇,这些论文内容丰富,观点新颖,研究性强,具有一定的理论水平和学术价值。

在隋炀帝陵考古发掘取得重要成果以及中国大运河成功列入世界遗产名录之际，"隋炀帝与扬州"国际学术研讨会的召开更具特别意义，其成果将为下一步全面科学利用隋炀帝陵考古成果、积极推进大运河遗产的保护利用夯实学术基础。作为此次会议的重要研究成果，《流星王朝的遗辉："隋炀帝与扬州"国际学术研讨会论文集》即将付梓问世。本书的编辑出版得到了扬州市领导和众多专家、学者的关心与支持，在此表示真诚的感谢。由于时间仓促和水平有限，本书难免有疏漏，敬请专家、学者批评指正！

编　者

2015 年 7 月